社会科学基金「十四五」规划2021年度教育学一般课题「基于国家事权的基础教育教材质量监控和评价指标体系研究」（BFA210071）

基础教育教材质量监控和评价研究

Research on Quality Monitoring and Evaluation of Basic Education Textbooks

孔凡哲 等◎著

科学出版社

北京

内 容 简 介

　　本书聚焦基础教育教材质量的监控和评价，通过深入的调查研究和比较分析，结合建模和案例研究，针对基础教育教材质量的监控和评价多层次、多主体的特点，巧妙融合全面质量管理理论、前沿评价技术与课程理论，全面反映教材质量及其影响要素间的互动关系。本书旨在打造一套基于全面质量管理理论、结合国家事权且具有实证支撑的评价体系，以有效补充和完善现有基础教育教材评价体系，为教材建设提供坚实的理论支撑，助力教育强国建设。

　　本书可供教育管理、课程与教学论、出版学等学科的师生及研究人员，以及教材管理部门、编辑出版部门、图书馆、教材研发部门人员参阅。

图书在版编目（CIP）数据

基础教育教材质量监控和评价研究 / 孔凡哲等著. 北京：科学出版社，
2024.6. -- ISBN 978-7-03-078827-6

Ⅰ. G632.3

中国国家版本馆 CIP 数据核字 202463UG80 号

责任编辑：崔文燕　张春贺 / 责任校对：王晓茜
责任印制：徐晓晨 / 封面设计：润一文化

科 学 出 版 社 出版
北京东黄城根北街 16 号
邮政编码：100717
http://www.sciencep.com
北京建宏印刷有限公司印刷
科学出版社发行　各地新华书店经销
*
2024 年 6 月第 一 版　开本：720×1000　1/16
2024 年 6 月第一次印刷　印张：21
字数：376 000
定价：128.00 元
（如有印装质量问题，我社负责调换）

序

　　教材质量是教材的生命线，直接关乎教材使用的价值实现，是教材建设的核心所在。教材评价事关教材发展方向，教材评价标准则是教材评价的关键所在。进入 21 世纪，中小学教材建设在教师教材观转变、教材政策优化、教材管理制度构建等方面均取得巨大成就，但也面临教材的基础理论研究不足、多样化格局下的无序等困境。《中华人民共和国国民经济和社会发展第十四个五年规划和 2035 年远景目标纲要》提出要建设高质量教育体系、加快建成教育强国，因此构建符合中国实际、彰显中国特色的基础教育教材质量监控和评价指标体系，具有重要的理论价值和现实意义。

　　读完《基础教育教材质量监控和评价研究》，我感到十分欣慰：一方面感觉到了这部专著具有独特的切入点，富有成效地开创了一个新的研究领域，即教材质量监控和评价；另一方面则是这部书稿的实用性，其在课程与教学论研究领域、教材评价领域做出了一些尝试，而这些尝试正是 21世纪基础教育课程改革所急需的。因此，这部专著在此时出版是合时宜的。

　　与孔凡哲教授的初次见面是在 2003 年。后来我了解了他的一些学术经历，如曾经是《义务教育数学课程标准》研制组的核心成员，主编过《义务教育数学课程标准实验教科书·数学》（八年级，北京师范大学出版社），参加过全国高考命题，还发表过一些有影响力的学术论文。2004 年 9 月，他师从我，攻读课程与教学论专业的博士学位。在学习过程中，我发现他工作勤奋务实、思维敏捷活跃，也有比较好的教育学基础和数学基础，尤其是对中小学教育教学研究有着强烈的兴趣，并积累了一些实践经验。他的博士学位论文《教科书质量研究方法的探索》富有成效地开创了教科书研究方法学，这是基于实证的综合研究。2007 年 6 月，他顺利通过博士学位论文答辩，评审专家对他给予了很高评价。

这部专著是孔凡哲教授持续几十年对教科书研究的重要成果，研究对象是新时代背景下基础教育教材质量监控和评价指标体系，包括教材质量监控和评价的内涵及其学理依据、基础教育教材质量监控和评价标准的国际比较研究、体现国家意志的基础教育教材质量监控和评价指标体系的构建，以及基础教育教材质量监控和评价指标体系的应用策略。

伴随着新时代的到来，中国基础教育的改革发展进入新时期，作为基础性工作，教材评价研究变得越来越重要，也正因为是基础性工作，就更加要求研究的科学性和实用性。这里的科学性，首先是指我们的研究必须有根基，这个根基在本质上不是纯理论的，而是调查研究与科学实验。其次是指我们的研究结果必须是合理的，也就是说，通过调查研究和科学实验得到的结论必须上升到一般，而这个过程是理性的、经得起推敲的。这里的实用性，就是指我们研究的问题应当是现实的，是中小学教育教学急需解决的。也只有这样，我们的研究成果才可能在实践中得到应用。孔凡哲教授的这部专著很好地体现了上述思想，也期望有更多的著述能体现这种思想。

国家教材委员会专家委员、东北师范大学资深教授

（东北师范大学原校长）

2023 年 12 月 28 日

目　录

第一章　绪　　论

"党的十八大以来，党中央高度重视教育工作，召开全国教育大会，印发《中国教育现代化 2035》，全面加强各级各类学校思想政治工作，推进教育领域综合改革，强化教材建设国家事权地位，教育面貌正在发生格局性变化。"[①]教材[②]是体现国家意志、传承民族文化的重要载体，是一切教育活动的基础性要件，其质量关系亿万青少年的健康成长，建设高质量教材涉及教育发展中的战略性、前瞻性的理论与实践问题。适应新时代发展的高质量教材建设是党和国家的重要事业。基础教育教材发展在新时期面临新挑战，如教材质量标准不统一、教材审核经验化、教材质量参差不齐等，给教材建设带来诸多困难和挑战。中共中央、国务院《深化新时代教育评价改革总体方案》提出要"完善教材质量监控和评价机制"[③]。教材质量监控和评价，是把握国家对教材价值导向的统一标准与教材发展之间辩证关系的重要抓手，是保障教材质量的关键，其主要依据和核心工具是教材质量监控和评价标准。

本书聚焦基础教育教材质量监控和评价，立足调查研究和比较研究，综合运用建模法和案例研究方法，探索基础教育教材质量监控和评价指标体系。针对教材质量监控和评价多层次、多主体的特点，本书将全面质量管理的新近理论、评价的前沿技术与课程理论相结合，构建教材质量监控和评价指标体系，通过教材质量影响要素之间的耦合关系来反映教材质量，检视教材正确价值导向的落实情况，监测教材培根铸魂、启智润心的育人成效。本书旨在形成基于全面质量管理理论、体现国家事权、有实证支撑的基础教育教材质量监控和评价指标体系，希望本书的出版有利于对现有教材评价体系进行有效补充和完善，为教材建设提供有力的理论支撑，呼

---

① 习近平. 在教育文化卫生体育领域专家代表座谈会上的讲话[N]. 人民日报，2020-09-23，第2版.

② 教材有广义和狭义之分。广义上说，教科书属于教材，但教材不一定是教科书；狭义上说，教材特指教科书。本书提到的"教材"采用狭义说法，"教材"与"教科书"通用。

③ 中共中央，国务院. 深化新时代教育评价改革总体方案[S]. 北京：人民出版社，2020：9.

应国家教育事业发展的战略需要。

一、研究意义

教材质量是教材的生命，是实现教材使用价值的决定因素，是教材建设的核心。《中华人民共和国国民经济和社会发展第十四个五年规划和2035年远景目标纲要》提出要建设高质量教育体系，到2023年基本建成教育强国。有学者指出，提升教材质量是教材建设的核心和关键任务[①]。面向2035年，构建符合中国实际、彰显中国特色的基础教育质量监控和评价机制，具有重要的理论价值。

本书在对我国基础教育教材质量监控和评价现状分析和把握的基础上，总结基础教育教材质量监控和评价的成功经验，审视基础教育教材质量监控和评价存在的问题，构建对教材质量监控和评价有指导意义的机制系统，并提出相应的保障措施，为国家有关部门开展教材质量监控和评价提供借鉴，具有重要的现实意义。

本书从多维度对教材质量监控和评价的核心问题进行研究，深化和拓展教材质量监控和评价的基础理论，丰富和发展教材质量管理的理论研究，为教材管理实践提供坚实的理论支撑。

学术价值包括：①建构教材质量监控和评价指标体系，是检视教材正确价值导向落实情况、监控教材落实立德树人目标的关键依托，是促进教材质量稳步提升的重要依据，是教材建设的基础。②建构教材质量监控和评价指标体系旨在丰富教材质量监控和评价理论的研究内容、提升研究水平，深化教材质量监控和评价的基础理论，揭示教材质量的内在规律，构建教材全面质量管理理论。

本书应用价值包括：①教材质量监控和评价指标体系将明确教材的价值导向，评估教材在落实立德树人根本任务方面所达到的要求，把控教材的理念、内容与德智体美劳全面发展培养目标的一致性。其现实意义在于，把控教材基本质量要求，促进教材多样化，评估教材的核心素养培育功能。②在充分了解基础教育教材质量监控和评价现状及存在的问题的基础上，构建对教材质量监控和评价有指导意义的指标体系及应用策略，有利于为国家有关部门开展教材质量监控和评价工作提供决策参考，为新时代基础

---

① 田慧生. 新时代教材建设的若干思考[J]. 课程·教材·教法，2019（9）：4-6.

教育教材建设提供理论支持。

二、研究内容

（一）研究对象

本书研究对象为新时代背景下基础教育教材质量监控和评价指标体系。研究内容涉及四个方面：一是教材质量监控和评价的内涵及其学理依据；二是基础教育教材质量监控和评价标准的国际比较研究；三是构建可行的、体现国家意志的基础教育教材质量监控和评价指标；四是提出基础教育教材质量监控和评价指标体系的应用策略。

（二）主要目标

第一，厘清教材质量监控和评价的理论基础。研读国内外已有研究成果，从多学科、多视角研究教材质量监控和评价的理论基础，探究教材质量及其监控和评价的内涵与性质、类型与价值、地位与功能，阐述新时代背景下完善基础教育教材质量监控和评价标准的必要性和重要性。在评价理论、治理理论和全面质量管理等多个视域下研究基础教育教材质量监控和评价，为构建与国家事权相匹配的教材质量监控和评价指标体系提供学理支持。

第二，审视基础教育教材质量监控和评价的现状，总结中国经验。审视基础教育教材质量监控和评价存在的问题，分析基础教育教材质量监控和评价的现状，总结教材质量监控和评价的中国经验。

第三，比较德国、美国等国家基础教育教材质量监控和评价标准。研究德国、美国等国家基础教育教材质量监控和评价标准，总结对我国基础教育教材质量监控和评价有借鉴和参考价值的经验。

第四，构建基础教育教材质量监控和评价指标体系的应用策略。构建基于国家事权、面向教育现代化的基础教育教材质量监控和评价指标体系，并健全学理、法理依据及操作规范；以语文教材、数学教材与数字教材为例，进行教材质量监控和评价指标具体运用的典型案例分析，形成教材全面质量管理的基础理论。

三、国内外相关研究的现状

（一）教材质量监控和评价的研究视角

教材质量监控和评价问题是丁朝蓬[①]、高凌飚[②]等针对基础教育提出的重要问题，是了解中国教材建设情况的关键线索之一。学界研究这个问题主要基于以下三个视角。

第一，教材评价视角，即从教材分析评估的维度，研究哪些要素影响教材的质量，是如何影响的，且以课程教材研究为主流。

影响教材质量水平的因素包括知识及其科学性、思想品德与文化内涵、认知与心理规律等，高凌飚由此构建了教材评估模型[②]。教科书是狭义的教材。教科书所要达到的目标，以及所具备的内容特色、教学特性是评价教科书的重要维度。教科书的用户才是教科书质量的真正评判者[③]。教材具有重要的意识形态教育功能[④]，教材评价是改进教材质量的重要参考，是检视与监测教材落实人才培养目标的重要手段[⑤]。教材评价体系建设的现实意义在于，检视教材正确价值导向的落实情况，把控教材基本质量要求[⑥]。在新时代人才培养目标下，尚缺少统一的教材评价标准[⑦]。

第二，教材质量视角，即从教材质量内涵入手，研究教材质量及其保障措施，以编辑学、教育学研究为主流。

教科书质量的核心在于满足学生、教师的需要，利学便教，包括内在质量与外在质量两个方面[⑧]。内在质量是教科书质量评价的基础[⑨]，目前国家对出版物质量的评价主要针对编校质量，因此更应加强对教材内在质量

① 丁朝蓬. 教材评价指标体系的建立[J]. 课程·教材·教法，1998（7）：44-47.
② 高凌飚. 义务教育教材分析评估方案[J]. 教育科学研究，2000（5）：25-33.
③ 孔凡哲，王郢. 提升教师教科书评价意识保障教科书质量[J]. 教育理论与实践，2006（19）：58-62.
④ 张珊珊，王晓丽. 社会主义核心价值观进中小学教材的现实意义和实践路径[J]. 教育研究，2017（8）：49-55.
⑤ 王晓丽，芦咏莉，李斌. 教材适切性评价指标体系的理论及实证研究[J]. 课程·教材·教法，2014（10）：40-45.
⑥ 张学鹏. 教材质量评价体系建设研究[J]. 教育评论，2019（8）：16-22.
⑦ 唐丽芳，丁浩然. 建构以质量为核心的教材评价体系[J]. 教育研究，2019（2）：37-40.
⑧ 孔凡哲，史宁中. 教科书质量及其影响因素[J]. 教育发展研究，2007（12）：13-17.
⑨ 梅松竹. 关于教科书内在质量的思考[J]. 天津师范大学学报（基础教育版），2014（1）：25-27.

的评价[①]。改进 ISO[②]质量管理是教材出版质量保障的途径[③]。新时代中小学教材建设必须明确教材的标准和要求：一是突出思想性，牢牢把握德育主线；二是坚持规律性；三是注重系统性，提升整体育人功能；四是体现时代性[④]。

第三，教材管理视角，即从提升教材管理效能入手，研究教材管理、质量监控的有效性，以管理学、质量学研究为主流。

教材建设须积极应对时代挑战、达到国家规定的要求。教材建设事关国家利益，教材传递主流价值和承载权威知识，是实现立德树人目标的重要依托，要实现从教材大国转变为教材强国的目标[⑤]，就必须加强教材基础研究、促进教材质量提升[⑥]、深化教材评价研究等[⑦]。另外，制定科学、客观、权威的教材评价标准是进行教材全面质量管理的核心，因此应加强教材质量标准编制工作[⑧]。其中，赵杰和刘继和[⑨]、康宁和孔凡哲[⑩]分别构建了化学教科书评价指标体系与音乐教科书插图质量分析指标体系。

（二）教材质量评价的发展脉络

2002 年，教育部副部长、总督学王湛提出，国家教育督导团将建立义务教育监测制度[⑪]。《教育部 2006 年工作要点》提出，建立国家教育质量监测和评估体系[⑫]。教材质量监测和评价是这一体系的重要组成部分，历经多年发展，成果显著，但也存在一些不足。

---

① 张海雁，高建. 加强教材内容质量评价刍议[J]. 中国编辑，2017（7）：47-52.

② ISO 是国际标准化组织的简称，其英文全称是：International Organization for Standardization。

③ 张怡，孔凡哲. 论基础教育教科书 ISO 9000 出版质量管理体系的基本内容[J]. 大学出版，2007（4）：35-39.

④ 郑富芝. 坚持正确方向 全面提升教材质量[J]. 人民教育，2017（22）：11-13.

⑤ 李冉，刘佳. 凝聚"教材强国"建设的强大合力——新时代教材建设体制机制的历程、结构与展望[J]. 课程·教材·教法，2020（4）：53-59.

⑥ 田慧生. 新时代教材建设的若干思考[J]. 课程·教材·教法，2019（9）：4-6.

⑦ 李倩，陈晓波. 我国基础教育教材研究现状及发展趋势[J]. 课程·教材·教法，2019（8）：20-26.

⑧ 张珊珊，王晓丽，田慧生. 质量管理学视角下教材管理效能的提升[J]. 课程·教材·教法，2020（1）：50-54.

⑨ 赵杰，刘继和. 化学教科书评价指标体系的制定[J]. 沈阳师范大学学报（自然科学版），2005（2）：220-222.

⑩ 康宁，孔凡哲. 音乐教科书插图质量分析指标体系的构建及其应用——以高中《音乐鉴赏》教科书为例[J]. 教育理论与实践，2018（20）：40-43.

⑪ 王湛. 与时俱进 求真务实 推动教育督导工作取得新的发展[J]. 人民教育，2002（4）：4-7.

⑫ 教育部. 教育部 2006 年工作要点[N]. 中国教育报，2006-01-01.

1. 教材质量、质量监控和评价机制

黎克林提出，我国基础教育质量监控和评价体系的基础条件已基本形成，并首次界定了"教育质量监控""教育质量评价"概念内涵（前者注重过程控制，后者侧重结果反馈）[①]。耿申主张从四个方面构建教育质量监控体系[②]。然而，这时的质量监控和评价尚未触及教材质量。王华女初步构建了基础教育课程质量监控机制的理论框架[③]。教材质量是课程质量的核心构件，王华女的研究尚未全面涉及国家、地方课程的质量监控。有学者就基础教育指出，初步建立的形成性教材评价管理和操作程序[④]可看作我国教材评价机制最初的萌芽，因此迫切需要建立与目前教材发展形势相适应的评价机制[⑤]。教科书是教材的核心。孔凡哲主张，教科书质量保障是课程质量保障的核心[⑥]，首次提出"教科书质量"概念，认为教科书质量包括内在质量与外在质量两个方面[⑦]。张海雁和高建指出，"（国家）除了进行教材编校质量的评价以外，更应该加强教材内容质量的评价"[⑧]。张怡和孔凡哲构建了基础教育教材出版质量保障的内容标准[⑨]。

2. 教材研究

孔凡哲等发表的论文《教科书研究方法与质量保障研究》[⑩]及笔者的专著《教科书质量研究方法的探索——以义务教育数学课程标准实验教科书为例》[⑪]是国内较早阐述教科书研究方法、教科书质量研究方法的著述；石鸥的专著《教科书概论》[⑫]较系统地阐述了教科书研究的内容领域等。

---

① 黎克林. 构建我国基础教育质量监控与评价体系探析[J]. 教育导刊，2008（8）：13-16.

② 耿申. 基础教育质量监控：回归"质"的评价——中国教育学会基础教育评价专业委员会2011年专题研讨会述评[J]. 中小学管理，2011（6）：20-25.

③ 王华女. 多维视野下的基础教育课程质量监控机制研究[D]. 长沙：湖南师范大学，2013.

④ 高凌飚. 关于教材评价体系的建议[J]. 全球教育展望，2002（4）：46-50.

⑤ 张廷凯. 走向新的教材观[J]. 人民教育，2002（4）：46-48.

⑥ 孔凡哲. 基础教育教科书质量保障机制的国际比较及启示[J]. 东北师大学报，2004（6）：36-42.

⑦ 孔凡哲，史宁中. 教科书质量及其影响因素[J]. 教育发展研究，2007（12）：13-17.

⑧ 张海雁，高建. 加强教材内容质量评价刍议[J]. 中国编辑，2017（7）：47-52.

⑨ 张怡，孔凡哲. 论基础教育教科书ISO 9000出版质量管理体系的基本内容[J]. 大学出版，2007（4）：35-39.

⑩ 孔凡哲，张怡，等. 教科书研究方法与质量保障研究[M]. 长春：东北师范大学出版社，2007.

⑪ 孔凡哲. 教科书质量研究方法的探索——以义务教育数学课程标准实验教科书为例[M]. 北京：人民教育出版社，2008.

⑫ 石鸥. 教科书概论[M]. 广州：广东教育出版社，2019.

这些研究奠定了教材研究的基础。丁朝蓬首提教材评价维度[1]，高凌飚构建了教材分析评估模型[2]。孔凡哲和王郢提出，教科书用户才是教科书质量的真正评判者，提升教科书的质量应首先关注师生需要的满足程度[3]。王晓丽等提出，完善教材评价体系是改进教材质量的重要措施[4]。赵杰和刘继和[5]、康宁和孔凡哲[6]分别构建了化学教科书评价指标体系和音乐教科书插图质量分析指标体系。张学鹏主张基于学段差异构建大中小学教材质量评价体系，教材质量评价体系建设的现实意义在于把控教材质量[7]。张珊珊等指出，基于质量管理学视角对我国教材管理工作进行审视具有较强的可行性和必要性，应加强教材质量管理的理论研究，重视教材管理效果评估，完善教材管理制度[8]。

3. 教材管理与教材建设

我国教材体制机制建设虽取得长足发展，但我们对教材编写、建设方面的现存问题应有清醒认识[9]。靳玉乐提出构建中国特色教材体系要坚持"四个统一"[10]。余宏亮提出了建设教材强国的标志性成就[11]。刘学智和王馨若主张统筹推进大中小学教材一体化建设[12]。李冉和刘佳主张推动实现由"教材大国"转变为"教材强国"的目标[13]。2017 年成立的中华人民共和国国家教材委员会（以下简称"国家教材委员会"）、中华人民共和国教

---

① 丁朝蓬. 教材评价指标体系的建立[J]. 课程·教材·教法，1998（7）：44-47.

② 高凌飚. 义务教育教材分析评估方案[J]. 教育科学研究，2000（5）：25-33.

③ 孔凡哲，王郢. 提升教师教科书评价意识 保障教科书质量[J]. 教育理论与实践，2006（19）：58-62.

④ 王晓丽，芦咏莉，李斌. 教材适切性评价指标体系的理论及实证研究[J]. 课程·教材·教法，2014（10）：40-45.

⑤ 赵杰，刘继和. 化学教科书评价指标体系的制定[J]. 沈阳师范大学学报（自然科学版），2005（2）：220-222.

⑥ 康宁，孔凡哲. 音乐教科书插图质量分析指标体系的构建及其应用——以高中《音乐鉴赏》教科书为例[J]. 教育理论与实践，2018（20）：40-43.

⑦ 张学鹏. 教材质量评价体系建设研究[J]. 教育评论，2019（8）：16-22.

⑧ 张珊珊，王晓丽，田慧生. 质量管理学视角下教材管理效能的提升[J]. 课程·教材·教法，2020（1）：50-54.

⑨ 韩震. 教材编写的意识形态维度[J]. 课程·教材·教法，2019（7）：9-13.

⑩ 靳玉乐. 努力构建中国特色教材体系[J]. 课程·教材·教法，2019（7）：4-8.

⑪ 余宏亮. 建设教材强国：时代使命、主要标志与基本路径[J]. 课程·教材·教法，2020（3）：95-103.

⑫ 刘学智，王馨若. 基于立德树人的大中小学教材一体化建设[J]. 课程·教材·教法，2019（8）：12-19.

⑬ 李冉，刘佳. 凝聚"教材强国"建设的强大合力——新时代教材建设体制机制的历程、结构与展望[J]. 课程·教材·教法，2020（4）：53-59.

育部教材局（简称"教材局"）等标志着我国教材建设工作步入新阶段。田慧生提出教材质量建设要遵循规律，加强研究，促进教材质量提升[①]。

4. 研究动态

2001 年以来，教材质量监控和评价备受关注，全国教育科学"九五"规划至"十三五"规划几乎都将其列为重点课题，全国教育科学"十四五"规划将"教材建设国家事权的基本理论及权责机制研究"列为重点课题。例如，全国教育科学"九五"规划课题"我国义务教育教材评价体系研究"（高凌飚）开发了教材评价工具，沿用至今，20 余年（2002 年正式结项）几乎未有实质性发展；全国教育科学"十五"规划重点课题"基础教育新课程新教材研制开发机制与质量监控的研究与实践"（孔凡哲）聚焦教材质量监控机制、教材研制开发机制。全国教育科学"十二五"规划课题"我国基础教育课程质量监控机制研究"（曹俊军）聚焦课程质量监控机制；全国教育科学"十二五"规划一般课题"百年中国教科书在文化传承与创新中的基础作用研究"（石鸥）、"百年中国教科书中的国民性建构研究"（吴小鸥），全国教育科学"十三五"规划重大课题"教材建设中创新性发展中华优秀传统文化研究"（田慧生）均提出中华优秀传统文化进教材的建议。同时，"教科书评价的理论与实践"（张增田）、"教科书的意识形态功能对'立德树人'根本任务的实践价值研究"（赵长林）、"我国教科书的舆论支持研究"（段发明）、"中小学理科教材国际比较研究"（史宁中等）均聚焦教材研究；"小学统编教材中图文整合效应研究"（王哲）、"数字时代的知识变革与教材编制研究"（余洪亮）、"基于核心素养视域下教材二次开发研究"（陈锦华）则是对教材编制、开发的研究。

中华人民共和国成立 70 多年来，基础教育教材建设取得了巨大成就，教材监控和评价机制基本形成。但是，伴随国际形势的巨大变化和国内经济的快速发展，教材多样化和现代化的趋势使得原有的经验式的教材评价方式、行政管理式的教材质量监控机制显现出一些弊端，迫切需要建立与新时代相适应的基础教育教材质量监控和评价机制。

我国基础教育教材评价方式方法及评价标准停留于（第八次）基础教育课程改革中期所产生的成果，20 余年间未发生实质性变化，滞后于时代发展。

教材质量不仅包括教材编辑印刷质量，而且包含内容质量，不仅包括内在质量，也包括外在质量。出版社能保障教材编辑印刷质量，教材内容质量则更多地依靠作者、编者的自觉和教材审查委员的严格把关。教材质

---

① 田慧生. 新时代教材建设的若干思考[J]. 课程·教材·教法，2019（9）：4-6.

量监控停留在单纯的"管理"层面，"监"的职能尚未完全发挥，"控"的职能尚未显现。

教材质量更新机制尚未完全建立，往往一审定终身，教材更新速度比较滞后。教材质量预防控制机制和教材质量跟踪监测机制尚待建立。

教材质量反馈机制亟待建立健全。教材用户涉及教师、学生、家长、地方行政部门等，只有构建教材质量反馈机制才能让政策制定者所代表的国家意志与公众意愿之间实现有效互动。

基础教育教材发展在新时期面临新挑战，教材体现国家意志不明确、教材质量标准不统一、教材审核经验化、教材质量改进滞后、教材质量监控形式化、教材评价制度不完善[①]，给教材建设带来诸多困难和挑战。中共中央、国务院印发的《深化新时代教育评价改革总体方案》将"完善教材质量监控和评价机制"列入"十四五"重点任务[②]。要推动新时代教材建设高质量发展[③]，建立有效的教材质量保障机制是关键。因此，我们应借鉴国外教材建设经验，把握教材建设发展时代趋势，深入研究相关问题[④]。

四、研究设计

（一）本书逻辑

在新时代背景下，本书主要研究基础教育教材质量监控和评价指标体系的构建问题。具体研究思路如图 1-1 所示。

第一部分为基础教育教材质量监控和评价的基本问题与多维分析（包括第二章、第三章），分析教材质量监控和评价的内涵与性质、类型与价值、价值取向与功能，阐述新时代背景下完善监控和评价的必要性和重要性。另外，分别从评价理论视野、全面质量管理视野、治理理论视野、国家事权视野等多个视域，分析基础教育教材质量监控和评价体系，并力图构建与国家事权相匹配的基础教育教材质量监控和评价体系。

---

① 张美静，关成刚. 新中国 70 年中小学教科书发展的历程与反思[J]. 当代教育科学，2019（6）：42-46，81.

② 中共中央，国务院. 深化新时代教育评价改革总体方案[S]. 北京：人民出版社，2020：9.

③ 袁帅，潘信林，吕建晴. 推动新时代教材建设高质量发展[N]. 中国社会科学报，2021-10-21，第 1 版.

④ 潘信林，陈思琪. 党的十八大以来教材建设研究评估与展望[J]. 课程·教材·教法，2019（9）：12-20.

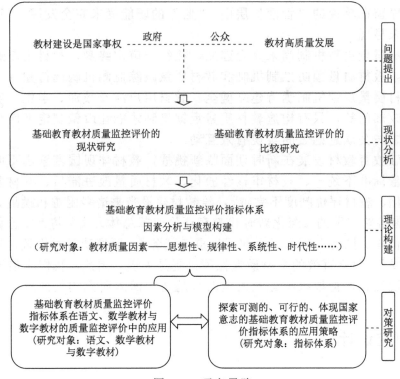

图 1-1　研究思路

　　第二部分为国内外研究现状分析（包括第四章、第五章）。一是基础教育教材质量监控和评价的现状审视与中国经验梳理，审视基础教育教材质量监控和评价的现状和问题，分析现有的系统导航机制、研制质量控制机制、审核评价机制、教材使用机制、反馈调节机制，总结教材质量监控和评价的中国经验。二是基础教育教材质量监控和评价标准的国际比较，分析比较美国、德国、俄罗斯、日本等国家基础教育教材质量监控和评价标准，总结对我国有借鉴和参考价值的经验。

　　第三部分为基础教育教材质量监控和评价指标体系（第六章）。按照"教材质量监控和评价不是简单地对教材管理控制，而是通过教材质量监控和评价来达成教材质量标准、促进教材质量提升和高质量发展"的基本观点[1][2]，构建可测的、可行的、体现国家意志的基础教育教材质量监控和评价指标体系，分析其理论和法理依据、实践操作规范。

---

　　[1] 孔凡哲，李潇萌，史宁中．美国基础教育教材质量保障机制及启示：基于教材评价视角[J]．全球教育展望，2023，52（10）：64-78.
　　[2] 中国质量协会．全面质量管理[M]．4 版．北京：中国科学技术出版社，2018.

第四部分为基础教育教材质量监控和评价指标体系的应用与对策（第七章）。选择语文教材、数学教材与数字教材为典型案例，阐述教材质量监控和评价指标体系的具体运用。通过教材研发、教材评审、教材使用和社会中介等渠道，探索基础教育教材质量监控和评价指标体系的应用策略。

（二）本书研究方法

1. 调查法与比较法结合

制作问卷、撰写访谈提纲，从国家教材委员、教材局领导、教材审查委员会委员、省教材委员会委员和教材研发人员中，选择一定数量的、有代表性的专家、管理者为调查对象，调研我国基础教育教材质量监控和评价的真实状况。以美国、德国、俄罗斯、日本等国基础教育教材质量监控和评价标准为对象进行比较研究。

2. 建模法与逻辑法结合

将教材质量监控和评价的影响因素以逻辑形式表现出来，使研究在分析与综合、归纳与演绎等逻辑框架中进行。通过分析影响因素构建教材质量评价指标体系（一种特殊模型），并对其进行试测和校正。

3. 综合研究与个案研究结合

由点及面、全面考察教材质量监控和评价的运行状况与内在规律，以数学、语文教材与数字教材为例，进行个案分析测试，对教材质量监控和评价指标体系进行规律性、综合性的考察。

本书研究建立在充分理解、透彻把握教材质量监控和评价的基础理论之上，吸收全面质量管理的最新理论和相关学科有关监控和评价的新技术。首先对基础教育教材质量监控和评价开展多视域分析，审视新时代背景下我国基础教育教材质量监控和评价体系，厘清存在的问题，提炼中国经验。其次，以美国、德国、俄罗斯、日本等国为比较对象，开展基础教育教材质量监控和评价标准的国际比较。再次，重点进行教材质量监控和评价指标体系的理论建构，以语文、数学教材与数字教材为典型案例，分析教材质量监控和评价指标体系的具体运用。最后，通过教材研发、教材评审、教材使用和社会中介等渠道探索基础教育教材质量监控和评价指标体系的应用策略。

本书的重点在于模型构建，即理清教材质量监控和评价指标体系中各要素（思想性、规律性、系统性、时代性等）之间的耦合关系，在国家事权的高度、全面质量管理等多个视域下进行分析，有助于揭示教材质量监控和评价的内在规律，建构教材质量监控和评价指标体系。

本书的难点在于以下几个方面：①现状审视。清晰地梳理基础教育教材质量监控和评价的现行状况，是研究的基本出发点。基础教育教材质量监控和评价的现行状况可能涉及多个方面，包括政策、制度、实践等多个层面。清晰地梳理这些现状，需要广泛收集资料、深入调研，并进行系统的分析和总结。在梳理现状的基础上，客观准确地分析教材质量监控和评价中存在的问题，是研究的难点之一。这需要对问题进行深入剖析，找出问题的根源和症结所在，为后续的改进提供有针对性的建议。②国际比较。从基础教育教材质量监控和评价标准的国际比较研究中获得的启示，有助于构建我国基础教育教材质量监控和评价指标体系。然而，不同国家和地区在基础教育教材质量监控和评价标准上可能存在较大的差异。如何理解和比较这些差异，并从中获得有益的启示，是研究的难点之一。此外，国际比较还需要考虑不同国家和地区的文化背景、教育体制等因素对教材质量监控和评价的影响。如何在比较中充分考虑这些因素，是研究的另一个难点。

第二章 基础教育教材质量监控和评价的基本问题

教材质量监控和评价研究作为课程论研究的一个重要领域，需要理论支持，因此应当努力夯实和加强其基本理论研究。基础教育教材质量监控和评价研究涉及的基本问题包括：基础教育教材质量监控和评价的内涵与性质；基础教育教材质量监控和评价的类型与价值；基础教育教材质量监控和评价的价值取向与功能定位。此外，本章还关注建构和完善基础教育教材质量监控和评价的必要性与重要性等内容。

第一节 基础教育教材质量监控和评价的内涵与性质

对基础教育教材质量监控和评价进行准确定义和性质识别相对困难：一方面是因为教材质量监控和评价的理论研究和实践运用本身就在不断发展；另一方面是因为研究者的立场、观点不尽相同，难以获得一致的意见。同时，随着教材质量监控和评价理论研究的深入开展与实践探索的持续推进，人们对基础教育教材质量监控和评价的内涵与性质的认识逐渐趋向成熟。

一、基础教育教材质量监控和评价的内涵

准确把握教材质量监控和评价的内涵有两个前提：第一，应准确把握管理学里的"质量""监控""质量监控"等基础性概念；第二，要把握课程领域的核心概念，如"教材""教材质量""教材质量监控"等的本质内涵。在充分理解这些概念的基础上，深入探究基础教育教材质量监控和评

价的内涵，是基础教育教材质量监控和评价研究的奠基性工作。

（一）质量、监控、质量监控及其相关概念

1. 质量

"质量"是现实生活中应用得非常广泛的词语，但国内外学者对质量的定义却不统一。《现代汉语词典》（第7版）将"质量"解释为"产品或工作的优劣程度"[①]。这种解释似乎让我们非常易于接受。

ISO对质量有着非常独到而令人信服的观点。在ISO官方文件中，质量是指客体的一组固有特性满足要求的程度。比如，《质量——术语》将"质量"定义为：反映产品或服务满足明确或隐含需要能力的特征和特性的总和。《质量管理和质量保证术语》将"质量"定义为：反映实体满足明确和隐含需要的能力的特性总和。

质量的定义通常被分为两类：一类是产品和服务的特性符合给定的规格要求，通常是定量化要求；另一类是产品和服务满足顾客期望。前者的代表人物为克劳士比，他认为，质量就是符合规定要求[②]；后者的代表人物是休哈特、朱兰、戴明、费根堡姆和石川馨，其中被广为传播的定义是美国质量管理学者朱兰提出的"适用性质量"，即"产品质量就是指产品的适用性，即适合使用的特性"[③]。

早在20世纪20年代，休哈特就对"质量"有过精辟的表述，他认为，质量兼有主观性的一面（顾客所期望的）和客观性的一面（独立于顾客期望的产品属性）；质量的一个重要度量指标是一定售价下的价值；质量必须由可测量的量化特性来反映，必须把潜在顾客的需求转化为特定产品和服务的可度量的特性，以满足市场需要。[④]

正是由于质量的主观性，质量的内涵非常丰富，而且随着顾客需求的变化而不断变化；同样也正是质量的客观性，使得对质量进行科学的管理成为可能。

随着ISO 9000标准在企业的广泛应用，ISO 9000关于质量的定义（客

① 中国社会科学院语言研究所词典编辑室. 现代汉语词典[M]. 7版. 北京：商务印书馆，2016：1689.

② 转引自菲利浦·克劳士比. 质量免费——确定质量的艺术[M]. 杨钢，林海译. 北京：中国人民大学出版社，2006.

③ J. M. 朱兰. 朱兰论质量策划——产品与服务质量策划的新步骤[M]. 杨文士，等译. 北京：清华大学出版社，1999.

④ 约瑟夫·M. 朱兰，A. 布兰顿·戈弗雷. 朱兰质量手册[M]. 5版. 焦叔斌，等译. 北京：中国人民大学出版社，2003.

体的一组固有特性满足要求的程度）逐渐为越来越多的人所接受。在该标准中，产品质量指的是产品满足要求的程度、满足顾客要求和法律法规要求的程度。我们平常所说的质量就是狭义的质量，主要指产品质量。这个定义中所指的"固有的"（其反义是"赋予的"）特性是指在某事或某物中本来就有的，尤其是那种永久的特性，包括产品的适用性、可信性、经济性、美观性和安全性等。适用性指产品适合使用的特性，包括使用性能、辅助性能和适应性。产品的可信性包括可靠性和可维修性。其中，可靠性指产品在规定的时间内、规定的使用条件下完成规定功能的能力，它是从时间的角度对产品质量的衡量；可维修性指产品出现故障时维修的便利程度。产品的经济性是指产品在使用过程中所需投入费用的多少；产品的美观性是指产品的审美特性与目标顾客期望的符合程度；产品的安全性指产品在存放和使用过程中对使用者的财产及人身不会构成损害的特性。

有学者从不同主体的满意度的角度出发把质量分为内部质量、社会质量、工作质量和服务质量等。杨德广认为，学校"满足校内外学习者的需求，毕业生满足社会某一方面的需求就是质量"[①]，这是典型的"社会质量观"。莫迪则认为，就教育领域里的质量而言，它在一定程度上是指某方面"卓越"[②]。国外学者也提出不同的质量观，如"目的与方法的适切性观""符合消费者的愿望和需求观""价值增值观"等。

赵中建认为，质量就是"一种与能满足或超过期望的产品、服务、人员、过程和环境相联系的动态的状态"[③]。也就是说，质量一方面取决于影响质量的静态要素，如人、财、物等；另一方面也与其动态发展过程有关，它不是一成不变的，而是随时间和环境的变化而变化，是一种动态的状态。谢安邦认为，质量是教育的利益相关人对学校人才培养活动过程及其结果的期望，它不是一种客观存在的"实体"，而是一个与主体需要密切相关的动态概念[④]。

综上观点，不难发现，关于质量的含义通常有六种基本观点：质量包括主观性和客观性两个方面的含义；质量即符合标准；质量即达成目的或适用于目的；质量即达成机构目标的效益；质量意味着卓越；质量意味着能满足顾客的需要，给顾客带来好处。[⑤]

---

① 杨德广. 高校必须树立正确的定位观与质量观[J]. 高等教育研究，2005（2）：6-9.

② 转引自陈玉琨. 教育评价学[M]. 北京：人民教育出版社，1999.

③ 赵中建. 高等教育全面质量管理的概念框架[J]. 外国教育资料，1997（5）：37-42，50.

④ 谢安邦. 中国高等教育研究新进展 2002[M]. 上海：华东师范大学出版社，2003.

⑤ 孔凡哲. 教科书质量研究方法的探索——以义务教育数学课程标准实验教科书为例[M]. 北京：人民教育出版社，2008.

质量在本质上是一种动态和静态相结合的状态。质量既是一种"状态函数"（state function），也是一种"过程函数"（process function），也就是说，其最终结果不仅取决于初始状态，也与过程相关。

2. 监控、质量监控

监控，顾名思义即"监"与"控"。《现代汉语词典》（第 7 版）将"监控"解释为：①监测和控制（机器、仪表的工作状态或某些事物的变化等）；②监督控制；监视并控制。

在现代管理中，监控是指参与监控的双方或多方相互作用，使被监控者保持某种相对稳定的运动状态，以达到监控目的的过程。监控过程首先是从制定目标和确定业绩考核标准开始的，然后对行为过程进行监测，获得行为过程的真实信息，再将此信息与预期的目标和事先确定的标准进行比较，发现其中的差异并对行为进行调控。由此可知，监控一般由三个部分组成：一是制定标准；二是检测信息；三是对行为的调控。其中，制定标准和检测信息是行为调控的基础。

质量监控是质量管理的一部分，致力于满足质量要求，为满足监测质量需求所使用的操作技术等。根据管理学的基本原理，质量管理的一项主要工作就是通过收集数据、整理数据，找出波动的规律，把正常波动控制在最低限度，消除系统性因素造成的异常波动，并将实际测得的质量特性与相关标准进行比较，对出现的差异或异常现象采取相应的措施予以纠正，从而使工序处于监控状态，这个过程叫作质量监控。

借用英国韦斯特的观点：监控主要回答"我们正在做的是我们想做的事情吗"的问题；评价主要是回答"我们所做的事情的价值是什么"的问题[①]。

（二）教育质量、教材质量、教材质量监控的内涵

1. 教育质量

进入 21 世纪，几乎所有国家都把改善教育质量确定为国家教育政策的重中之重。从某种程度上说，对高质量教育的规划需求已经取代了早期对教育规模发展的重视。目前，国际上一致认为，决策者和国际机构应该关注改进教育质量的政策、项目和活动。

---

① West N. Middle Management in the Primary School: A Development Guide for Curriculum Leaders, Subject Managers and Senior Staff[M]. 2nd. London: David Fulton Publishers, 1998.

对"教育质量"的大量研究和讨论表明：教育质量和一个国家或地区的社会、经济、文化发展的水平紧密相关，在不同的历史时期，人们对之有不同的理解。"教育质量"是一个非常复杂的理论概念，如何改进质量则是教育实践上亟须解决的一个实际问题。教育质量一般是指教育水平高低和效果优劣的程度，教育质量有时意味着投入（教师数、培训教师数、课本数）、过程（直接的教学时间、积极学习的程度）、产出（毕业率、测验分）和结果（就业中的表现）的优劣程度。有时，教育质量可能简单地意味着达到了特定的目标。

从教育的国际比较研究结果可以发现，国家对教育系统运行质量宏观监控的指标经历了一个不断发展的过程。20 世纪 80 年代以前，此监控指标主要与参与教育的人口数量有关，入学率是当时的核心监控指标。以世界银行发布《1982 年世界发展报告》①为标志，教育系统运行质量宏观监控指标除关注参与教育的人口数量外，还将办学条件纳入监控范畴。到 20世纪 90 年代，以"世界全民教育大会"为标志，伴随知识社会和经济全球化发展，各国对宏观教育质量的关注焦点越来越趋向教育的实际效果，即政府所提供的教育究竟使学生学到了什么，学校是否使学生做好了面对未来挑战的准备，学生是否具备了分析问题、解决问题和有效表达自己见解的能力，他们是否具备了终身学习的能力，他们是否掌握了成为未来公民所应具备的基本知识和基本技能。这些考虑已成为当前世界各国测量和评价教育质量的重要依据。

2. 教材质量

课程是确保教育目标得以实现的基本载体，是教育最重要的组成部分之一。课程质量作为教育质量必不可缺的核心组成部分，对教育目标的达成起着至关重要的作用。

课程质量实际上就是课程为了实现促进学生发展、教师发展等既定目标而使教科书的各类使用者的合理需要得以满足的属性，既包括课程的内在质量，也包括课程的外在质量②。

教育部于 2019 年 12 月印发的《中小学教材管理办法》将"中小学教材"定义为"根据国家课程方案编写的、供义务教育学校和普通高中学校使用的教学用书，以及作为教材内容组成部分的教学材料（主要包括教材

---

① 赵穗生. 论述世界经济发展的重要文献——评介世界银行《1982 年世界发展报告》[J]. 世界经济，1982（11）：74-77.

② 孔凡哲. 教科书质量研究方法的探索——以义务教育数学课程标准实验教科书为例[M]. 北京：人民教育出版社，2008：43，45.

配套的音视频、图册和活动手册等)"①。

教材是课程内容的重要载体,是课程的外显形式。教材的内容和表现形式决定着教学的质量和效率,制约着课程质量。

教材质量一方面体现了与教材有关的各个群体对教材质量的主观期待,另一方面也涵盖教材本身所包含的一些物理质量指标与潜在的内容质量指标。教材质量的本质在于,符合课程标准等的有关规定,特色明显,能够最大限度地满足学生"学"与教师"教"的合理需求,确保预期课程目标的实现。①

3. 教材质量监控

教育质量监控是根据教育质量目标和标准,对教育过程进行监测和控制,以确保教育过程中各阶段及其最终结果达到预期目标。教育质量评价则根据教育质量标准体系,对教育质量进行整体或专项评价,据此做出诊断,提出改进建议。二者各有侧重,前者注重过程控制,后者重在结果的定性和反馈,二者相互配合、相互作用、相互促进。②

基础教育质量监控和评价通过对影响基础教育质量的各相关要素进行系统、科学、有效的监控和评价,为实施素质教育、落实课程标准、改进课堂教学、提高教育质量提供服务,为政府和教育行政部门做出相关决策提供依据,以有效实现我国全面实施素质教育的质量目标②。实施基础教育质量监控和评价,旨在引导学生全面、主动、和谐地发展,促进教师专业成长,增强学校自我发展的能力,并使全社会逐步形成正确的教育观和质量观。

广义的基础教育教材评价有一般意义的教材评价和特殊意义的教材评价之分。其中,一般意义的教材评价是指根据教材质量标准体系,采用科学客观的方法,通过收集和分析资料,对教材质量进行整体或专项评价,据此做出诊断,提出改进建议。一般意义的教材评价是由教材评价主体实施的,评价主体多元,各级各类教育行政部门、中小学校以及第三方机构或出版社都可以对基础教育教材进行评价。其基于科学的评价标准,对教材的质量进行分析。这种评价主要是结果性评价,具有一定的导向性,既包括教材评审、全国教材建设奖评选工作等,也包括各省级教育行政部门、中小学校开展的教材选用、使用评价等工作。

---

① 比较我国教育部历年颁布的《中小学教材编写审定管理暂行办法》(2001年)、《中小学教科书选用管理暂行办法》(2014年)、2018年教材审定标准、《中小学教材管理办法》(2019年)等可以发现,我国教育领域的政策文件并未严格区分"教材"和"教科书"。

② 黎克林. 构建我国基础教育质量监控与评价体系探析[J]. 教育导刊,2008(8):13-16.

　　一般意义的教材评价涉及的范围非常广泛，更多地体现其工具性价值，教材评价涉及对教材的特点、适用范围和优缺点等进行评判和分析的过程及结果，是事实判断和价值判断的统一[①]。一般意义的教材评价简称"教材评价"。

　　基础教育教材质量监控是一种特殊意义的教材评价，指的是教材主管部门根据预定的教材质量目标，基于相对稳定、权威的教材质量标准，采用一定的方法和手段，对教材建设过程各环节进行监控，确保教材建设过程中各阶段及其最终结果达到预期目标，以推进教材建设质量的实践活动。教材建设作为国家事权决定了基础教育教材质量监控由国家主导。教材是贯彻落实党的教育方针的重要载体，确保教材坚持正确的政治方向和价值取向，既是基础教育教材首要恪守的原则，又是必须坚守的底线。

　　教材质量监控重在描述事实，主要是一种发展性评价，最终目的是培养德智体美劳全面发展的社会主义建设者和接班人。教材质量监控包括监测和控制两个层面，"监"是对教材建设进行实时监测的过程，"控"是在科学监测的基础上，依据对所反馈的建设信息的分析，对教材建设实施有效控制的过程。"监"是基础，是手段；"控"是反馈，是调节，是目的。监控的对象是影响教材建设质量的相关因素，监控的主体是教材建设管理人员及教材的广大编者。

　　教材质量监控和评价的对象是在进行教材建设过程中所做的每一项工作，涉及教材建设的各个层面，其最终目的是保证教材有利于学生德智体美劳全面发展。教材质量监控的机构主要是教材主管部门、出版单位及根据工作需要设立的其他监控机构，如各省的教材委员会、教材质量专家检查组、教材出版质量控制组和读者（以学生、家长为主）等[②]。教材质量监控体系是以教材质量为监控与保障对象，实时监测和控制教材建设全过程，旨在提高教材建设质量的教材建设管理系统。教材质量监控体系的构建，是对教材质量的全方位监控，把教材质量管理从事后把关转变为事前预防和过程监控。

　　教材质量监控与教材评价，二者各有侧重，前者注重过程控制，后者重在结果的定性和反馈，彼此之间相互配合、相互作用、相互促进。虽然教材质量监控与教材评价各有侧重、不尽相同，但为了研究方便，我们将教材质量监控与教材评价简称为"教材质量监控和评价"。

---

① 王晓丽. 国外教材评价：基本特征、发展趋势及启示[J]. 课程·教材·教法，2016（9）：107-113.
② 于群，张奎斌，孟建国，等. 关于高等院校教材编写出版全程质量监控体系的研究[J]. 辽宁教育研究，2004（7）：75-77.

目前，我国基础教育教材质量标准主要包括纸质教材标准、教材审定标准和数字教材质量标准三类。

一是纸质教材标准。我国现行的中小学纸质教材（或教科书）国家标准和行业标准共有 5 项，分别是《中小学教科书发行服务标准》（CY/T 206—2019）、《纸质印刷产品印制质量检验规范　第 4 部分：中小学教科书》（GB/T 34053.4—2017）、《中小学教科书卫生要求》（GB/T 17227—2014）、《中小学教科书幅面尺寸及版面通用要求》（GB/T 18358—2009）及《中小学教科书用纸、印刷质量要求和检验方法》（GB/T 18359—2009），涉及中小学教材发行、教材印刷、卫生要求、版面要求和用纸印刷检验[①]。

二是教材审定标准。我国按照 2019 年《中小学教材管理办法》进行教材审定，其内容可作为教材的指导性规范。

三是数字教材质量标准。2022 年 4 月 15 日，国家颁布《数字教材　中小学数字教材质量要求和检测方法》（GB/T 41470—2022）[②]、《数字教材　中小学数字教材元数据》（GB/T 41469—2022）、《数字教材　中小学数字教材出版基本流程》（GB/T 41471—2022），于 2022 年 11 月 1 日实施。

二、基础教育教材质量监控和评价的性质

教材质量监控和评价是教材质量管理的一个重要"软件"，是教材质量管理体系的重要组成部分。认识和把握基础教育教材质量监控和评价的性质，不仅有利于准确理解基础教育教材质量监控和评价的内涵，而且有利于深刻地领会基础教育教材质量监控和评价的价值和地位，从而更好地促进基础教育教材高质量发展。

（一）基础教育教材质量监控和评价是基础教育教材质量的重要保障

教材质量直接关系到国民素质，也是我国从人口大国走向人力资源强国的关键所在，处于整个国民教育体系基础地位的基础教育教材质量是国家教育的生命线，必须得到充分保障。基础教育教材质量监控和评价是基

---

① 朱斌. 论我国中小学教材标准的现状与建议[J]. 中国标准化，2023（2）：158-161.
② 全国新闻出版标准化技术委员会. 数字教材　中小学数字教材质量要求和检测方法[EB/OL]. https://std.samr.gov.cn/gb/search/gbDetailed?id=DD3D95E5C0F771EBE05397BE0A0AF33F.（2022-04-15）[2023-06-09].

础教育教材质量的重要保障。完善基础教育教材质量监控和评价的根本目标不在于教材质量监控制度的建立或教材质量监控本身，而在于保障基础教育教材质量。

一个完整的基础教育教材质量监控和评价体系由监控机构设置、监控依据（制度形成）和实施程序三大部分组成。无论是教材质量监控机构设置，还是教材质量监控制度的形成，都是为有效实施教材质量监控提供保障，而有效实施教材质量监控的目的并不只是提供某种权威的关于基础教育教材质量的终极报告，而是为改进基础教育教材提供依据和对策，从而为基础教育提供高质量的教材保障。可以说，这是完善基础教育教材质量监控和评价最根本的目的与价值所在。

从本质上看，教材质量监控和评价具有很强的形成性功能，既有助于学校改进教师的教学行为和学生的学习，也有助于各级教育行政部门特别是相关教材管理部门改进自己的教材管理决策。科学的教材质量监控和评价能够引领教材评价实践，保障基础教育教材质量，提升教育教学的品质。基础教育教材质量监控和评价，可以为各级教育行政部门提供基础教育教材质量依据。借助对基础教育教材质量的监控，特别是对教材运作中的一些关键环节进行跟踪监控，发现国家、地方和学校在教材管理中存在的问题，客观、公正、全面、深入地描述基础教育教材质量，使各级教材管理部门能够及时掌握基础教育教材质量的动态信息，从而为各级教材管理部门制定教材发展规划、进行科学决策和有力的课程领导提供依据。基础教育教材质量监控和评价也能为校长、教师、学生乃至家长提供有针对性的关于教材质量状况的反馈，不仅描述教材质量现状，而且通过对不同学校、不同年级的教材质量进行比较，找出影响教材质量的因素，提供改进教材质量的指导性意见，为改进教材、提高教材质量提供专业支持。

（二）基础教育教材质量监控和评价是国家对基础教育责任担当
　　　的突出体现

对基础教育教材质量进行监控是许多国家通行的做法，而且已上升为当前主要发达国家的政府行为。

布什政府于 2001 年向美国国会提出改善基础教育质量的法案——《不让一个孩子掉队法案》，其中，加强教育质量监控就是一项重要举措。在此计划中，核心条款之一就是提高学术标准，如提高对学术课程的要求，强化对教材的控制。

英国自 20 世纪 80 年代开始对基础教育教材的实施情况及其效果进行

全面的质量监控。1992 年，英国成立国家教育标准办公室，这是一个旨在对全国的公立学校实施督导检查而建立起来的独立于行政体系之外的全国督导体系，其目标是"通过定期督导、公开报告、提出建议来提高工作水平和教育质量"[①]。1997 年成立的"资格与课程委员会"（Qualifications and Curriculum Authority，QCA）则负责制定国家课程和各种教育证书标准，组织统一的教学水平检测活动[②]。资格与课程委员会组织的统考分为两类：第一类是教育证书考试。资格与课程委员会只负责制定考试标准，然后委托专业中介机构实施。第二类统考放在课程实施过程中，主要在义务教育阶段，由资格与课程委员会策划、实施，目的在于检查学校教学质量，监控国家课程实施情况。[③]通过教育、儿童服务及技能标准局（Office for Standards in Education，Children's Services and Skills，Ofsted）、国际高级教育证书（Advanced International Certificate of Education，AICE）与课程管理局（The Qualifications and Curriculum Authority，QCA）和相应的专业考试局（英国政府认可的共有七个 A-Level 考试局），英国从国家层面构建了一个相对完整的官方课程教材质量监控系统。

1998 年，韩国成立韩国教育课程评价院（Korean Institute of Curriculum and Evaluation，KICE），其一项重要任务就是对基础教育质量进行监控，着重对六年级、九年级、十年级学生的韩语、社会、数学、英语和科学等学科的学习质量进行评价。

为了制定和实施全国性的基础教育质量标准，2004 年，德国各州文教部长联席会组建了国家教育质量研究所，办公地点设在洪堡大学内。该所的主要任务是研究和制定适用于德国的教育质量指标体系，对各州的基础教育质量开展研究，推动各州学业考试难度逐步一致，以此提高各州教育的平衡性。

基础教育教材质量监控和评价制度的建立与完善体现了国家对基础教育教材的责任与重视。国家对基础教育的责任不仅体现在对数量、规模的保障，更体现在对质量的保障；不仅体现在投入上的保障，更体现在产出上的保障。质量是教育事业的生命线。党和国家把提高质量确立为教育改革发展的核心任务，提出要树立科学的教育质量观，坚持规模与质量的统一，走内涵式发展道路。这是在充分考察社会主义现代化建设对人才要

---

① 李世恺. 英国教育督导制度之考察[J]. 江苏高教，2001（3）：86-90.

② 张姝，黄培森. 英国中小学督导制度的新进展及启示[J]. 首都师范大学学报（社会科学版），2015（5）：127-132.

③ 高凌飚. 课程与教学质量监控——英国的经验对我们的启示[J]. 基础教育课程，2005（7）：23-27.

求的基础上做出的科学判断。没有一流教育就没有一流人才，就不能建设一流的国家。提高教育质量是面对全面建成小康社会的新形势、面对人民群众接受优质教育的新期盼做出的战略选择,反映了教育发展的内在要求，是办好人民满意教育的迫切要求，当前我国必须切实把教育工作的重点放在提高质量上。

国家对基础教育教材进行质量监控和评价，体现出国家对基础教育的重视。国家、政府应当在基础教育方面有更强的责任意识，实施国家基础教育教材质量监控正是政府履行其引导、规范、服务教育职责的重要举措。

（三）基础教育教材质量监控和评价是基础教育质量监控的重要组成部分和有力支撑

教育质量监控就是在不同层面，以教育质量标准为参照，开展对教育投入、教育过程和学生学业能力的综合考查，对监控结果进行追踪的质量监控活动。

近年来，在实践层面，各地对教育质量监控愈加重视，纷纷建立教育质量监控中心，教育质量监控活动不断开展。教育部基础教育质量监测中心的质量监测结果得到了政府和学者的认可。从国内外的经验来看，国际组织和各国政府在进行教育质量评估和监测时，一般在一定时间间隔内对某国某个年龄段学生学习的若干主要课程进行抽样测试，及时发现可能存在的质量问题，以便改进教育行为，从而提高教育质量。国际学生评估项目、国际数学与科学教育趋势研究等教育质量评估与监测项目无一例外采取了用教材质量来映射教育质量的模式或方法[1]。如此看来，基础教育教材质量监控和评价是基础教育质量监控的重要组成部分。

显然，基础教育教材质量监控是发展基础教育、提升基础教育质量的一项基础性工作。监控过程同时也是提升教材质量的过程。对监控结果进行分析就是我们评价教材、评价教育质量的基础。比如，基础教育的质量要看国家规定的课程标准是不是得到很好的落实，落实中还有哪些需要改进的地方，学生是不是得到了全面发展，学生的负担是轻还是重，课程安排进度是快还是慢，这些都要有非常科学的依据。在教材质量监控过程中，进行大量基础性数据的收集整理和大量实证性的研究分析，就是要为我们的基础教育教材质量监控提供依据。只有有了这些基础的依据，我们才能准确地判定基础教育的质量。

---

[1] 王定华. 德国基础教育质量提高问题的考察与分析[J]. 中国教育学刊，2008（1）：10-16.

第二节　基础教育教材质量监控和评价的
特点、类型与价值

一、基础教育教材质量监控和评价的特点和类型

对基础教育教材质量监控和评价进行适当的分类，不仅有助于进一步准确理解基础教育教材质量监控和评价的内涵与性质，而且有利于在教材不同领域根据实际情况采用合适的教材质量监控和评价，更有效地开展针对性的教材质量监控活动。

（一）教材质量监控和评价的特点

教材质量监控是教材主管部门根据预定标准，采用一定的方法和手段，对教材进程的各个环节进行监测和控制，以推进教材质量的实践活动。教材质量监控是依照法规文件要求对教材的进程进行的控制，监控的目的是保证法规或文件要求被正确贯彻。也就是说，教材质量监控是一种控制活动，因而具备控制与管理的一般功能和特性，哪里有人有事，哪里就存在监控。

质量监控是指为了达到规定的要求，对实体状况进行连续的监视和验证并对其结果进行分析的过程。质量监控的目的是防止实体的状态随时间和环境的推移或变化而偏离要求。

任何质量监控都必须具备五个要素，缺少任何一个要素，质量监控都无法开展下去，或者成为无效的质量监控。质量监控的五个要素包括：①质量监控主体，即从事质量监控活动的法人或自然人，也即质量监控组织或监控者，它回答了由谁来进行质量监控的问题。②质量监控客体，即作为监控客体的人和事，也即质量监控的对象，它回答了对谁进行监控的问题。③质量监控内容，即对实体形成过程中有可能影响结果的因素进行监控，它回答了针对哪些因素或问题进行监控的问题。④质量监控依据，即质量监控工作有关的法规、文件和标准，它回答了质量监控工作以什么为准绳的问题。⑤质量监控方式方法，即如何进行质量监控，通常因质量监控的

主体、客体的不同而采取不同的质量监控方式。常用的方式方法有过程监控、结果监控等。五个要素之间关系复杂，同一主体可对不同客体进行质量监控，同一客体可以接受不同主体的质量监控。质量监控的内容、依据、方式可以是单一的，也可以多种并用。

教材质量监控的核心要素有质量监控主体、质量监控客体等。建立科学合理的教材质量标准是做好教材质量监控的基础与前提，建立完善的教材监控和评价运行制度是做好教材质量监控的重要保障和必要手段，开展有效的教材质量评价是监控教材质量的物化表现。

（二）教材质量监控和评价的类型

基础教育教材质量监控就是对教材质量进行全面管理，是对教材编制、教材实施、教材评价、教材管理等环节进行监控的过程。对教材编制的监控就是对教材开发所秉承的课程理论、教育理念，以及选择内容和编排顺序等的监督与调控；对教材实施的监控就是对教材实施的价值取向、模式、条件、过程、效果及其存在的问题的督导与控制；对教材评价的监控就是对教材评价过程及其结果的监督与调控；对教材管理的监控就是对课程管理模式、方法的监督与控制。

教材质量监控有不同类型，基本上可以分为内部监控和外部监控。其中，外部监控可以细分为用户监控、第三方监控和社会监控等。

1. 内部监控

内部监控是指由教材编制出版方内部的质量保障人员实施的质量监控。质量保障人员在履行质量监控职责时应该是独立的。实际上，内部监控的组织形式通常由教材编制出版质量部门领导的一个专职质量保障机构或部门负责，监控者应了解质量管理和监控的相关法律法规，且业务水平较高、专业技术较好、经验丰富。

内部监控的任务会随着内部质量活动的不同而变化，如对"教材的过程质量符合规定的要求"进行质量监控活动，内部监控的具体任务是监控操作者是否按章操作和严格自检，检验员是否忠于职守，是否以图样、工艺、规范等质量文件为标准，过程质量是否符合规定要求等。

2. 外部监控

1）用户监控

用户监控是指在合同环境下由用户或用户代表直接对教材编制出版

方或者教材编制出版方的外协方进行的质量监控。这里所说的"用户"是指合同或具有法律效力的协议规定的接受者,如教师、学生和家长等都是教材用户。用户或用户代表可以直接去教材编制出版方进行质量监控,以获取自己满意的教材。

教材用户涉及教师、学生、学生家长、地方教育行政部门等。一直以来,学生和家长的意见没有得到充分考虑。然而,教材的使用者主要是教师和学生,利学便教是教材的第一要求,因而,教材决策应该充分尊重师生的意见、充分考虑师生的建议。

同时,课程必须体现党和国家意志,教材承载着党、国家和社会的价值期待,具体体现为,教材是否符合国家相关政策法规的要求,是否有利于培育学生的爱国主义精神、社会主义核心价值观、国家主权意识和国家安全意识。家长也是教材用户,受中国长期以来的人才观影响,读书是大多数家长为孩子设定的成才之路,教材质量受到家长的广泛关注。[①]因而,在教材质量监控和评价过程中,应充分考虑各类主体的意见。

2)第三方监控

第三方监控是由国家法定或国际公认的质量监控机构直接或受委托进行的质量监控。第三方监控是独立于供方(第一方)内部监控机构的一种外部质量监控形式。在组织形式上,由法定质量监控机构负责,并对监控对象进行质量监控。

在我国,第三方监控的最高管理机构是国务院授权成立的国家质量技术监督局[②],它负责全国的质量监控管理工作。国务院有关部委也相应地组建了分支机构负责各自范围内的质量管理工作。在国际上,ISO及其下属的各行业的监控、认证机构也是第三方质量监控机构。

3)社会监控

社会监控主要是指自发的、群众性的监控活动,是人们对与自身息息相关的教材及其环境质量的监控,一般采用向供方进行查询、向社会做出如实的评价和宣传、向国家法定或国际公认的质量监控机构申诉等监控形式,以保护自己的合法权益。社会监控一般无确定的组织形式。在实际生活中,消费者协会、各种社会性投诉站等都是社会监控的表现形式。

教材质量监控有多种表现形式:从监控主体看,有国家监控、地方监

---

① 张珊珊,王晓丽,田慧生. 质量管理学视角下教材管理效能的提升[J]. 课程·教材·教法,2020(1):50-54.

② 国家技术监督局先更名为国家质量技术监督局,后国务院决定国家质量技术监督局与国家出入境检验检疫局合并,组建中华人民共和国国家质量监督检验检疫总局(正部级,简称国家质检总局)

控和学校监控；从监控对象看，可分为对教师"教"的监控和对学生"学"的监控；从拥有的法定权力看，可分为官方渠道及专业机构的监控；从监控性质看，可分为量化监控和质性监控。当前，我国对基础教育教材质量的监控主要是量化监控。

质量监控是一个由原理、原则和方法构成的管理系统，是有规律可循的，具有以下几个特点：①实践性，产生于实践而又指导实践；②客观性，从实际出发研究质量监控活动，揭示其客观规律；③真理性，质量监控的原理、原则经过实践反复的检验；④系统性，质量监控理论已形成相对完善的体系；⑤发展性，质量监控管理需要在发展中充实、在充实中完善。

二、基础教育教材质量监控和评价的价值

实施基础教育教材质量监控和评价，旨在引导学生全面、主动、和谐地发展，促进教师专业成长，增强学校自我发展的能力，并使全社会逐步形成正确的教育观和质量观。

基础教育教材质量监控和评价的价值应包括：①基础教育教材质量监控和评价的目的是保证基础教育教材被正常、有序地使用，促进基础教育目标的实现，最终促进人的全面发展。②基础教育教材质量监控和评价的核心是价值判断，而价值判断必须以一定的教育事实为依据。③基础教育教材质量监控和评价对基础教育教材的显性效果和隐性效果都要进行价值判断。

教材审核是保障教材质量的重要环节和关键手段，审核有助于提高教材水平，满足中小学教育教学需要。教材管理效果评估是指为管理主体提供效果反馈和改进依据，通过特定的标准、方法和程序，对教材管理的效果、效率以及价值进行判断，对教材管理工作的投入和产出进行评价。完善教材管理评估体系应充分考虑影响教材管理的各个要素。以教材审核环节为例，专家素质和水平的高低、审核时间是否充足、审核程序是否科学、如何进行过失追责等问题都要着重考虑。通过评估决定管理政策是否需要调整、终结或者延续，从而提高教材管理效能，可以避免管理的重复性、低效性和人财物力资源的浪费[①]。

---

① 张珊珊，王晓丽，田慧生. 质量管理学视角下教材管理效能的提升[J]. 课程·教材·教法，2020（1）：50-54.

第三节　基础教育教材质量监控和评价的
价值取向与功能定位

建立健全基础教育教材质量监控和评价体系，旨在通过对影响教材质量的各相关要素进行系统、科学、有效的监控和评价，及时准确地把握基础教育教材各个阶段的质量情况，充分发挥评价促进发展的功能，引导教材改革健康协调发展，为学校实施素质教育、落实课程标准、改进课堂教学、提高教育质量提供服务；为教育行政部门做出教育教学改革决策提供依据，确保基础教育教材质量稳步提高和推进素质教育的实施。

教材质量监控和评价是以教材质量为监控和评价对象，对教材发展过程中影响教材质量的各环节进行系统监控和评价，通过教材的外显表现及相关认知表现分析来获取对教材质量的整体评价，并对教材效果进行反馈的过程。教材质量监控和评价是教育质量监控和评价体系的核心环节。

一、基础教育教材质量监控和评价的价值取向

（一）基础教育教材质量监控和评价所遵循的价值观

基础教育教材质量监控和评价的价值取向，主要指基础教育教材质量监控和评价所遵循的价值观。我国基础教育教材质量监控和评价的价值取向表现为如下几个方面。

1. 时代性与前瞻性相统一

我国在构建基础教育教材质量监控和评价体系的过程中，要确立与新时代政治经济文化相适应、着眼未来可持续发展的质量监控和评价的价值取向，使之更好地为我国政治、经济和文化的进步与发展服务。

2. 由注重甄别转变为注重质量全面提升

传统的教育评价过于强调甄别与选拔的功能而忽视评价的发展性功能。基础教育教材质量监控和评价并非人们通常所理解的一般意义上的教

材评估、教材审核，它站在国家教材治理的高度上，对教材质量状况进行宏观把握。这就要求教材质量监控和评价由强调结果评价转为注重过程评价，即以教材研制为起点，注重教材编写、审核、出版、发行、选用等各要素之间的关联，注重对教材的过程性管理，提高教材建设质量和效率。

3. 由强调个体需要转为重视社会价值和个体价值的辩证统一

过去的教育评价过于强调教育的工具价值，强调从社会需要出发培养个性化的学生，而对教材的价值导向作用重视不足。因此，我国基础教育教材质量监控和评价，必须以教育活动满足社会与个体需要的适宜程度作为价值判断的准则，从而达到二者的辩证统一。

4. 注重评价主体的多元化

教材管理的对象是教材，教材的用户涉及教师、学生、学生家长、地方教育行政部门等。一直以来，我国教材管理对用户的实际需求关注不够，教材政策制定和质量评估涉及的主体大多是高校与科研机构的研究人员，一线教师和教研员的声音不够多，而学生和家长的意见没有得到充分考虑。然而，教材的使用者主要是教师和学生，教材决策应该充分尊重师生的意见、充分考虑师生的建议。同时，课程必须体现党和国家意志，教材承载着党、国家和社会的价值期待，其判断标准为，教材是否符合国家相关政策法规的要求，是否有利于培育学生的爱国主义精神、社会主义核心价值观、国家主权意识和国家安全意识。

家长也是教材的用户[①]，家长在孩子的教育过程中扮演着至关重要的角色，他们不仅是孩子的监护人，也是孩子学习过程中的重要参与者和支持者，同时也是监督者和反馈者、额外资源的提供者。除了学校提供的教材外，家长还会为孩子购买额外的教材、参考书或在线学习资源。从这个角度来看，家长完全可以被视为教材的用户，尤其是当这些教材涉及孩子在学校或家庭中的学习时。基础教育教材质量监控和评价应注意评价主体的多元化，建立由国家、教师、学生、家长、管理者甚至专业研究人员共同参与的交互评价网络，建立自评与他评相结合的制度，使教育更加民主化、人性化。一线教师是课程改革的主要参与者和主要执行者，应在课程方案制定、课程标准研制、教材审查等一系列专业工作中发出更多声音。同时，一线教师对课程改革的意见和建议，从国家政策制定到课程的具体

---

① 张珊珊，王晓丽，田慧生. 质量管理学视角下教材管理效能的提升[J]. 课程·教材·教法，2020（1）：50-54.

实施，都应该引起政策制定者的更多关注。不仅是教师，地方教育行政部门、家长、学生、关心教材质量的各界人士、教材研发团队、教材出版发行团队、教材评审团队皆与教材建设息息相关。因此，有必要进一步完善畅通的意见表达渠道，充分听取公众合理的意见和建议，实现以决策者代表的国家意志与公众意愿之间的有效衔接和积极互动。特别是，国家要重视对教材的舆论监测，建立第三方评价，及时发现并合理吸收对教材本身和教材管理的意见和建议，提高教材管理效能。

（二）基础教育教材质量监控和评价的价值定位[①]

从价值维度对教材质量监控和评价的功能进行定位，就是指人们利用其价值尺度对教材的功能做出合乎自己需要的取舍或裁剪，换言之，从人们需要的角度看，就是教材质量监控和评价应当具有哪些职能或不应具有哪些职能。一方面，教材质量监控和评价作为满足社会发展需要的工具，与社会的政治、经济有着密切的联系，作为满足学生发展的主要手段又必须对人的需要做出应答；另一方面，教材质量监控和评价还必须满足自身发展的需要。这样，教材质量监控和评价的职能主要可划分为两个方面：一是内在职能，即满足教材质量监控和评价者自身发展需要的固有职能；二是外在职能，即用以满足社会、政治、经济发展需要以及满足学生发展需要的工具职能。

1. 基础教育教材质量监控和评价所具有的内在职能

教材质量监控和评价不仅对价值主体——学生发展具有意义，它对评价者自身发展也具有重大意义。这一意义主要表现为教材质量监控和评价所具有的内在职能。教材质量监控和评价的内在职能集中表现在，通过推动建立具有中国特色的教材质量监控和评价体系来实现教材质量监控和评价者自身发展的需要。我国教材质量监控和评价理论作为一个独立的研究领域，目前尚处于起始阶段。教材质量监控和评价者对教材质量监控和评价过程及其规律的研究才刚刚开始，在理论上还有很多重要课题有待探讨。因此，我们应增强教材质量监控和评价研究，促使评价人员在评价实践中不断总结相关经验，逐步完善教材质量监控和评价的基本理论体系，建立相应的教材质量监控和评价制度；不断研究和制定出适合我国国情的、科学客观的评价标准和实施办法，引导我国教材质量监控和评价走向科学化

---

① 邝丽湛. 教材评价的本质及其价值分析[J]. 教育研究，2002（7）：33-36.

与现代化，促进具有中国特色的教材质量监控和评价体系的建立。目前，在评价人员的努力下，教材质量监控和评价空前地强调合理性与科学性的统一，独立、完整的教材质量监控和评价理论正在生成。

首先，在评价指标设计上，评价人员应努力构建旨在促进学生全面发展的评价指标体系。评价人员通过建立新的评价指标和改进评价方法，发现影响教材促进学生发展的相关要素。其次，在评价过程和方式上，依据评价目的，依据相关理论和实际情况，对教材质量监控和评价的内容、范围、标准、方法、手段等方面进行规范，建立起相应的教材质量监控和评价模型。最后，促进教材质量监控和评价系统内部机制的良性运行，以充分调动教材质量监控和评价人员和教材编写人员的主动性和积极性为原则，力求使评价成为一种开放的、持续的行为，以确保教材质量监控和评价系统不断完善。

2. 教材质量监控和评价的外在职能

教材质量监控和评价的外在职能主要表现为教材质量监控和评价的工具价值、目标价值、特殊价值、调控价值。

1）工具价值

工具价值，即甄别教材的导向性、科学性和适用性，分析、判断教材文本在设计和编制方面的价值，为国家发展或教材选用者服务。在当前我国基础教育学校中，教材是学生学习的重要资源和工具。因而，甄别教材的导向性、科学性和适用性显得尤为重要。

教材的导向性主要表现为，教材体现党和国家意志，反映人民重大关切，传承中华优秀文化和人类文明先进成果，是解决培养什么人、怎样培养人、为谁培养人这些根本问题的重要载体，直接关系党的教育方针的有效落实和教育目标的实现。

教材的科学性主要表现在教材的知识内容、教材体现出来的思想教育性、教材与学生心理规律和能力发展的契合度、教材的编写质量和出版工艺水平等方面。甄别教材的科学性包括：在教材的知识内容方面，判断教材是否将人类在长期的实践中所积累的丰富知识予以精练概括，并以学生能够理解的方式表达出来，是否为学生学习有关的知识或解决所面临的问题提供必要的参考方法；在思想教育性方面，判断教材是否蕴含培养学生的思想品德修养的思想文化、道德观和价值观；在教材与学生心理规律和能力发展的契合度方面，判断教材是否符合学生认知发展水平和规律，是否符合学生的年龄特征和心理特点，是否合理地向学生展示知识内容，是否逐步地向学生展示获得知识的过程和学习的方法，让学生逐步体验到如何从实践中发现和提出问题、认识和解决问题，从模仿发展到独立思考，从学习发展到创新；在编写质量和出版工艺水平方面，判断教材的版式、装帧、字体变化、章节标题的表现手法，以及图表设置等是否具有适用性、活泼性和艺术性。其中，甄别教材的适用性，主要是判断教材与使用教材的地区、学校的经济和人文环境相匹配的程度，与教师的能力和水平相适应的程度。教材质量监控和评价的这种甄别功能，为教材评价者提供教材是否合格的判断依据或信息，同时也为教材选用者提供教材是否适用的信息。

2）目标价值

目标价值具体体现为总结经验成果，指出不足和问题，推进教材改革和发展。教材质量监控和评价的基本目标并不仅仅是甄别教材，更重要的是促进教材的优化。对经验成果进行总结，认识其问题与不足，既是教材的科学性和适用性鉴定评估的重要组成部分，也是教材质量监控和评价功能的延伸和发展。在一定意义上可以说，没有对教材经验成果的认识和总结，教材质量监控和评价就失去了基础；没有对教材问题与不足的认识，对教材的科学性和适用性的鉴定也就无从谈起。教材质量监控和评价能够为教材改革提供丰富的信息，进而为教材的改革和完善提供依据，并以发展的观点聚焦教材编写的变通、拓展和创新，研究其变通、拓展和创新的合理性及意义。用发展的观点评价教材，很可能突破教材适用性的意义，即不仅鉴定教材的适用性，而且发现教材的创新内容，从而成为推进教材改革和发展的新视窗。

3）特殊价值

特殊价值，即探索教材知识结构体系、内容整合方式与学生素质提升的关系，使教材的属性与学生需要的价值关系呈现在人们面前。教材对学生综合素质的提升有着重要意义，因而，教材在结构体系、理论梳理、知识整合、取材选材、教育形式和方法等方面均需要具有开拓性、创造性。教材质量监控和评价是一个能动的过程，它不是对教材与学生、社会构成的价值关系的机械映射和简单认定，而是评价主体对价值主客体关系的能动的、创造性的反映。它既包含对教材特定价值关系可能后果的预见与推断，又包含对教材未来理想价值关系的创造性设想、意向，这使得教材的特殊价值在较大程度上得到丰富和拓展。由此看来，教材质量监控和评价内在地构成了教材价值的一个重要环节。

4）调控价值

调控价值具体体现为，教材质量监控和评价引导并调控教材编写出版，促使教材编写人员不断地改进教材质量，更好地实现教育目标。教材编写是一种有目的、有计划的活动，教材编写目标总是指向实现国家规定的培养目标，但在教材编写过程中，由于种种原因，教材编写目标有时会偏离培养目标，这就需要有一个监督机制不断地校正教材编写方向。教材质量监控和评价正是这样一个监督机制，评价人员通过对所收集到的信息进行整理，分析确定教材的成就和存在问题，为编写人员提供符合社会发展的价值判断，引导教材编写每前进一步都是向着既定的目标迈进。

二、基础教育教材质量监控和评价的功能定位

基础教育教材质量监控和评价的功能定位，本质上说就是确定基础教育教材质量监控和评价究竟起到什么作用。一般来说，它应具有以下几种功能。

（一）导向功能

教材质量监控和评价是根据确定的教材质量目标和价值标准，引导和控制评价对象的行为，既使其按照既定目标努力，又保证教育目标的实现，从而把教育活动引导到既符合国家发展需要又满足个体发展需要目标上。

我国基础教育教材质量监控和评价，就是要引导我国基础教育教材以党和国家的教育方针政策、法律法规为指导，以课程标准为依据，树立"以学生发展为本"的现代教育理念，通过监控和评价体系的正常运行，积极促进学生成长、教师进步、教学改进和学校发展，促进教材质量稳步提升。

（二）预警控制、诊断功能

与强调甄别和选拔的传统教育评价相比，教材质量监控和评价更注重预警控制、诊断功能。诊断功能表现为对教材发展过程中存在的质量问题等进行诊断，了解它的优势和不足，从而为进一步提高教材质量提供信息和建议。

当前，我国主要依靠审核进行教材质量控制。事实上，教材审核属于事后检验，单纯依靠教材审核也只能做出判断，并不能在教材编写过程中起到很好的预防和调控作用，不利于提升教材管理效能。因而，必须建立教材质量的预防和控制机制，预判教材管理各环节可能出现的问题，提前给出解决预案，从教材编写、教材审核、出版发行、选用使用等各环节进行全面管理。

（三）发展功能

基础教育教材质量监控和评价的发展功能，集中体现了"一切为了学生发展"的教育理念，强调教材监控和评价的意义在于引导和促进教材高质量发展。因而，发展性评价应为教材确定有针对性的发展性目标，不断收集教材发展过程中的信息，根据教材的具体情况判断教材存在的优势与不足，并在此基础上提出具体的、有针对性的改进建议。

（四）服务功能

教材质量监控和评价的服务功能在于重视对教材的过程性管理和基于事实的决策。重视对教材的过程性管理，通过规范教材管理程序、编写教材管理手册、明晰教材管理流程等，对教材建设全过程进行有效管理和全程监督。运用信息化手段，完善教材质量跟踪监控机制，建立数据库，日常监控与集中研究相结合，充分吸收各方意见，从收集数据、查找相关事实、分析事实、充分利用数据，到形成决策，充分获取教材的第一手资料、有效利用原生态的真实信息。

第三章　基础教育教材质量监控和评价的多维分析

从评价学、管理学、政治学、政策学等多维视角来分析基础教育教材质量监控和评价，有助于我们树立科学的教材质量监控观，构建合理的教材质量监控和评价体系，指导教材质量监控和评价实践，推动教材质量提升。

第一节　评价理论视野下的基础教育教材质量监控和评价

一、教材评价的内涵

教材评价是对教材一定价值关系的可能后果的预见和推断，教材评价的本质是评价主体对教材价值的判断过程[①]。

第一，教材作为课程内容的重要载体，必然满足一个国家政治、经济、文化等方面发展的需要，其现实性和可能性构成了教材的政治价值、经济价值和文化价值。这些价值的总和构成了教材的社会价值。教材评价作为对教材价值的判断过程，首先表现在教材评价主体对评价客体之一——教材的社会价值做出判断、评估。这种判断是对教材促进社会进步程度的判断，它既不是纯技术性的工作，也不是对现象的客观叙述。

第二，教材作为知识的载体作用于学生，是通过传承文化科学知识和现代生产的技能技巧，去培养学生的认识能力，去发展学生的聪明才智，从而使学生在尽可能短的时间内获取足够的知识和技能；教材作为学生学

---

① 邝丽湛. 教材评价的本质及其价值分析[J]. 教育研究，2002（7）：33-36.

习的资源和工具，其作用于学生，是通过自身的工具性来促进学生发展的。因而，教材对于学生发展具有直接的内在价值。教材评价的价值目标就是对教材促进学生发展程度的判断、评估。

第三，教材评价活动作为价值判断的过程，它总是依据一定的价值目标审视、评估教材，是一种以实际状态与预定价值目标相比较的活动过程。它通过分析和判断教材与价值目标之间的差距，有效促使教材不断逼近预定的价值目标。

第四，教材评价活动是一个关于教材的较为深刻的、对于教材的发展变化具有重要影响的价值判断过程。这一判断过程不是随意的，而是通过系统地收集信息、按照严格的科学程序，有计划、有组织进行的活动。

二、教材评价的标准

在教材评价中，"评价指标"（indicator）与"评价标准"（criterion）这两个概念有一定差异。当我们要衡量某个事物的价值时，一方面要从该事物中找到表征它的属性、特征的那些维度，这些维度被称为评价指标；另一方面要从作为价值主体的角度找出表征它自身需要的那些维度，这些维度被称为评价标准。将评价指标与评价标准进行对照，便可以做出价值判断。因而，评价指标的确定是以价值客体的属性为根据的[1]，评价标准的确定是以价值主体的需要为根据的。

如果说教材评价的标准是以价值主体的需要为基础的，那么学生个体和社会对教材又有哪些需求呢？

学生是教材最直接和最根本的价值主体，真正搞清学生需要，是科学评价教材的前提条件。学生需要是共性与个性的统一，即全体学生有其共有的需要，每位学生又有自己的特殊需要。概括地说，学生需要是在身体和心理两个方面都获得全面、持续的发展。具体地说，学生需要通过教材学习知识、提升能力、形成健全人格，以及树立积极的人生观、世界观和正确的价值观。

社会对教材的需要包括以下几个方面：①教材应该为社会培养劳动者服务，学生通过接受相关教育能够将知识转化为生产力，为社会创造财富；②教材应能够传承文化，即将人类优秀文化传递给下一代，使人类文明得以延续并持续发展；③教材应为促进学生社会化服务，即帮助学生内化社会价值观念、道德规范、政治法律制度等；④教材还应该培养学生的创新

---

[1] 丁朝蓬. 教材评价的本质、标准及过程[J]. 课程·教材·教法，2000（9）：36-38.

精神和创新能力，为人类文明的宝库增加新的财富。

在确定教材评价的标准时，需要思考四个问题。

第一，学生与社会都是价值主体，教材评价应综合考虑学生与社会的需要。学生的需要与社会的需要是一种对立统一的关系，它们之间虽然会有些矛盾，但其根本目标是一致的。因此教材评价的标准要整合学生的需要和社会的需要。

第二，教材评价的标准如何体现学生主体需要的共性和个性。由于教材的价值主体是学生群体，因而价值主体的需要具有多样性，应满足学生多方面的要求；但处于相同年龄段的学生的需要必然有其共同之处，因而个性之中又包含共性。因此，教材评价标准应该既体现学生的共性需要又体现学生的个性需要。

第三，当评价主体与价值主体不一致时，价值主体的需要只有通过评价主体的意识和理解才能起作用，即只有那些为评价主体意识到的、理解到的价值主体需要，才能成为评价标准的基础。例如，语文教材编写者对语文教材的评价，由于编写者不是教材使用者，评价主体与价值主体不一致，这时，评价主体所采用的评价标准只是根据自己所理解的学生需要而制定，评价主体心中的学生需要与学生真实的需要往往有一定差距。因而，评价主体对价值主体需要的认识、理解是影响评价成败的重要因素。

第四，当评价主体与价值主体一致时，也并非万事大吉。价值主体的需要严格说有两种含义：一种是狭义的需要，这是一种真实状态，是有机体因缺乏某种重要刺激而引起的紧张状态，是价值主体客观存在的状况；另一种是愿望，是紧张状态在价值主体意识中的反映，是价值主体认为需要满足的自身需要[①]。价值主体的愿望和价值主体的真实需要往往有一定差距，价值主体的愿望可能是其真实的需要，也可能并非其真正需要的。当评价主体就是价值主体时，评价主体必须清醒地认识自身的需要，尽量使"愿望"与"需要"一致，使主观价值标准与客观价值标准一致。这种现象产生的根源是人的认识能力和自我意识的有限性。特别是对于中小学生而言，他们的自我认知还不是很成熟，他们对自己的真正需要并不是十分清楚，这也正是不能完全采纳中小学生对教材的评价意见的原因。

三、教材评价的过程

教材评价的过程，一方面可指在评价者头脑中进行的分析、综合、演

---

① 冯平. 评价论[M]. 北京：东方出版社，1995.

绎、归纳等一系列思维过程；另一方面指教材评价的实践活动过程。这里主要讨论前者。教材评价的过程包括以下几个步骤[①]。

（一）明确评价目的

评价目的即评价的原因。教材评价的目的主要有以下几个：检视教材对于特定的学校、特定的学生是否适用；对正在使用的教材进行改进；在几种可供选择的教材方案中选择最优方案。

（二）确定评价参照系

教材评价的语言表现形式是××教材是好的（差的）或有价值的（无价值的）。其准确含义包括五个层面：①教材对谁是有价值的；②教材的哪一方面（对谁）是有价值的；③教材（的哪一方面）与什么相比（对谁）是有价值的；④以什么为标准衡量教材（的哪一方面与什么相比对谁）是有价值的；⑤谁认为教材（的哪一方面以什么为尺度与什么相比对谁）是有价值的。第五个层面指的是评价主体，前四个方面指的是判定价值客体的意义（或价值）所参照的因素。"对谁""哪一方面""与什么相比""以什么为衡量标准"分别指的是价值主体、评价视角、评价视域和评价标准，这四个方面就构成了评价的参照系统。评价参照系统的确立是进行评价的前提[②]。

评价首先要确定价值主体，价值主体的需要是处于支配地位的，是衡量客体价值的尺度。客体的价值都是相对于特定的价值主体的特定需要而言的，而人的需要是多层次、多维度的复杂体系，因而，某一事物的价值总是相对于某一种或几种需要而言的。

评价视角是价值关系中的主体与客体的交汇点，或者说是评价主体所意识到的价值关系中的主体与客体的交汇点。价值客体无论多么渺小简单，都是一个混沌的多面体，而人的需要也是多方面的且不断变化的。所谓以人的需要来衡量客体，是根据实践的需要选择确定的评价视角，即在对客体和主体都作了必要限制的前提下，以主体某一时空内的某种需要来衡量某一时间内的价值客体的某一方面[①]。简单地说，只有确立了评价视角，评价者才能知道要评价的究竟是客体的哪一方面。评价视域是评价者所选择的评价客体的比较范围。当有一系列与客体甲相似的价值客体都与主体形成

---

① 丁朝蓬. 教材评价的本质、标准及过程[J]. 课程·教材·教法，2000（9）：36-38.
② 冯平. 评价论[M]. 北京：东方出版社，1995.

了或可能形成价值关系时，为了评价客体甲的价值，就需要将客体甲与其他客体进行比较。"评价视域是评价者根据评价活动的目的，基于自身的知识水平而对客观存在着的客体与主体关系的可比较范围的观念性把握。"①因而，为了评价客体价值，评价者必须更多地掌握与客体相关的其他客体的信息，只有这样才能对价值客体的意义做出比较有效的判定。

评价标准是评价参照系统的核心，建立评价标准是评价活动的逻辑前提。评价标准的差异则是评价者在哲学观、教材观、学生观、社会观等思想意识方面差异的反映。

（三）获取价值主体的信息

所谓获取价值主体的信息，实质是要把握作为价值关系一端的价值主体的需要。这包含以下含义：一是既要把握价值主体的愿望，又要把握价值主体的真实需要；二是既要把握价值主体此时此地的需要，又要把握主体将来的需要；三是既要把握主体需要的现实状态，又要把握主体需要发展变化的内在机制。

对于教材评价的价值主体来说，要获取关于学生与社会的如下信息。

（1）要明确使用教材的学生的特征，包括学生在不同年龄段的生理、心理发展特征和动态发展趋势，以及学生所处的家庭环境、社会环境、学校环境等。

（2）要尽量了解学生的个性特征，包括学生的兴趣爱好、能力、价值观念等，了解学生对自我发展的预期和对教材的期望。

（3）要明确教材使用的社会背景，包括社会的时代特征，如经济发展的阶段、全球政治和文化发展趋势、本国生产力发展水平与政治经济制度、本民族的文化传统与价值观念，以及当地经济和文化发展情况、人口状况等。

（4）要预见社会发展的前景，如人类社会生产生活情况及其发展趋势、人们价值观念的变化、未来社会对人才的需求等等。

（四）获取价值客体的信息

评价者需要获取有关价值客体的一切信息，包括客体的属性、结构、功能、背景等。教材作为价值客体，其相关信息包括教材自身的信息和教

---

① 丁朝蓬. 教材评价的本质、标准及过程[J]. 课程·教材·教法，2000（9）：36-38.

材的背景信息。教材自身的信息指该教材的价值取向、教材目标、教材内容、学习活动方式、教材的使用情况、学生成绩、教材取得的预期与非预期的效果等。教材的背景信息指教师因素、学校因素、行政管理因素以及这些因素之间的交互作用和这些因素与教材之间的交互作用等。教师因素包括教师对教材的接纳程度、教师对教材的忠实度、教师的教学能力和水平等；学校因素包括学校拥有教学资源（如经费、人员、设备、媒体）的情况、学校对教学的组织情况、学校对教师所采取的激励措施等；行政因素包括教育相关部门对教材实施的监控情况、赋予学校和教师自由度的情况、教材使用过程中的信息沟通情况、相关决策的落实情况等[①]。

此外，评价者还应掌握其他客体的相关信息，并将之作为评价参考。在评价一个正在试用的教材方案时，评价者总是要对现行教材乃至过去的教材有清晰的认识，因此评价者要尽量收集现行教材或过去教材的相关信息，以作为参考。

（五）做出价值判断

评价者获得了比较充足的信息后，就要对教材进行价值判断。不仅评价者要做出价值判断，教材决策者或审议者也要做出自己的价值判断。每个人进行价值判断都不可避免地会受自身价值观的影响，因此评价者应时时反思自身价值观对评价的影响，以做出尽量客观的评价。

通过以上分析可以看出，教材评价总是具体的，是针对特定的价值主体、在一个特定的参照系中进行的，如果价值主体和参照系发生改变，评价的结果也必然发生改变。因而，评价者在做出教材评价结论时，最好同时提供评价参照系的资料，包括教材使用者的特征与需求、作为比较的其他教材的有关情况等，只有这样才是一份完整的教材评价报告。

第二节　全面质量管理视野下的基础教育教材质量监控和评价

教材建设涉及国家事权，对教材质量进行管理是一项重要的政府职

---

① 黄政杰. 课程评鉴[M]. 台北：师大书苑有限公司，1987.

能。如何快速提升教材质量监控效能、改进教材管理质量，成为新时代教材质量监控面临的新挑战。

一、全面质量管理：基础教育教材质量监控和评价研究的新视角[①]

（一）质量管理学的要义与发展

传统的教材研究缺乏坚实的理论支撑。近年来，全面质量管理理论的兴起为教材研究提供了借鉴和依据。

全面质量管理是以产品质量为核心，建立起一套科学、严密、高效的质量体系，以提供满足用户需要的产品或服务的全部活动。质量管理是为了达到质量标准而组织实施的所有活动，包括确定质量管理目标、制定质量管理政策，以及进行质量策划、质量控制、质量保障和质量改进等一系列活动。

全面质量管理是关于质量管理的科学，最初兴起于企业管理，大致经历了三个阶段：18世纪末以前是质量检验阶段，主要强调被动的事后把关；19世纪至20世纪40年代是统计质量控制阶段，主要强调事先积极预防；20世纪50年代至今是全面质量管理阶段，强调将质量提升的思路和方法应用于管理工作的方方面面。全面质量管理强调以质量为中心，倡导前馈控制和全面管理[②]，是当今世界质量管理领域相关经验和成果的总结，体现了管理的标准化、规范化和可操作化，是一种提高效率、降低成本的现代管理方式。

全面质量管理理论来源于全面质量控制理论[③]。全面质量管理最初是企业提高产品质量的一种管理方法，有学者认为它的创始人是德明、朱兰[④]和石川薰[⑤]，其核心理念获得美国管理界广泛认可，其应用也从工业领域传播到卫生保健、教育领域等，一度成为学术研究热门话题，但"全面质

---

① 张珊珊，王晓丽，田慧生. 质量管理学视角下教材管理效能的提升[J]. 课程·教材·教法，2020（1）：50-54.

② 曹伟. 中国政府全面质量管理问题研究导论[D]. 北京：中共中央党校，2006.

③ 中国质量协会. 全面质量管理[M]. 4版. 北京：中国科学技术出版社，2018.

④ 中国质量协会. 全面质量管理[M]. 4版. 北京：中国科学技术出版社，2018.

⑤ Hackman J R，Wageman R. Total quality management：Empirical，conceptual，and practical issues[J]. Administrative Science Quarterly，1995（2）：309-342.

量控制"一词却是费根鲍姆于 1961 年提出的。可以说，全面质量管理是一种革命性的有效管理方法[①]。

（二）基于全面质量管理进行教材质量监控和评价的可行性及必要性

20 世纪 80 年代，西方学术界对全面质量管理的理念和方法在行政管理领域的应用进行了研究，并将全面质量管理运用到政府工作中。进入 21 世纪，我国加快推动行政改革、政府转型，建设服务型政府，在税务、公安、技术监督等部门实施 ISO 9000 系列标准，逐渐取得了成效。

开展全面质量管理是提高政府管理效能的现实需要，是建设服务型政府的重要工具和途径，也是依法执政、依法治教的重要体现。

教材是重要的公共产品，一套成熟的教材从编写到使用需经历审核、审定、出版、发行以及选用等多个环节，对教材质量进行管理是一项重要的政府职能。从全面质量管理视角对我国基础教育教材管理工作进行审视是可行的。同时，全面质量管理应用于我国基础教育教材管理工作也是必要的。

教育行政部门以教材为对象所采取的决策、规划、开发、组织、协调、实施、评价等管理活动和行为可统称为教材管理，教材管理所达成预期目标以及达成目标的方式或过程的有效性[②]，其核心都在于教材质量监控。

全面质量管理用质量哲学的思维帮助人们解决所遇到的质量问题，给我国教材管理工作带来了很多启示。借鉴全面质量管理的基本理念、工作原则等改进教材管理，对教材管理工作效果进行评价，有助于促进教材管理工作向更高质量和更高效率方向发展。

二、基于全面质量管理的教材质量监控[③]

全面质量管理要求全方位涉及、全过程贯穿、全员参与。根据其特征，有学者结合教育质量提出全面质量管理的五个关键原则，分别是关注事实

---

① Ahire S L, Landeros R, Golhar D Y. Total quality management: A literature review and an agenda for future research[J]. Production and Operations Management，1995（3）：277-306.

② 张珊珊，王晓丽，田慧生. 质量管理学视角下教材管理效能的提升[J]. 课程·教材·教法，2020，40（1）：50-54.

③ 在读研究生叶晓艳参与本小节的研制和写作。

（focus on facts）、全员参与（everybody's participation）、持续改进（continuous improvement）、关注用户和员工（focus on the customer and the employee）、领导性（leadership）①，以此对照全面质量管理金字塔模型②反思教材质量监控情况（图 3-1），其中，领导性是基础，其余四个为金字塔的四个侧面。全面质量管理活动的全部过程，就是质量计划的制订和组织实现的过程。

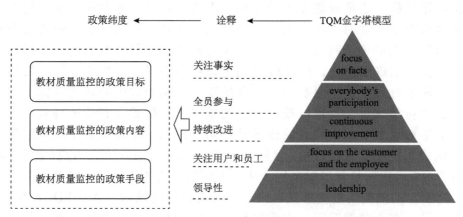

图 3-1　对照全面质量管理金字塔模型反思教材质量监控情况

（一）基础教育教材质量监控

对照这些原则，我们对我国基础教育教材质量监控情况做出如下反思。

1. 教材质量监控的政策目标的变化

政策目标的制定影响政策的制定和执行，只有确定了一个科学合理的目标和计划，质量改进才会是持续和有效的。通过对收集的政策文本进行分析可以发现，教材政策目标的内容变化体现了不同时期教材治理要解决的时代问题，研究者从政策目标的变化可以看出每个时期教材建设的重要工作，从而基于全面质量管理视角对教材政策目标进行对照和反思。

1）"领导性"反思：目标比较缺乏具体指导性

政策制定既要从宏观层面体现国家意志和国家的战略目标，又要从微观层面对相应工作起到规范、引导、协调的作用，那么，基础教育教材质量监控的政策目标的确定就既需要进行整体规划，又需要层层梳理、细致

① 全面质量管理的几项原则[J]. 中外管理导报，1992（2）：58-59.
② TQM 金字塔模型是由美国匹兹堡大学商学院 John E.Prescott 教授提出的，主要用于对竞争对手的跟踪分析。参见：戴维·赫西，珀·詹斯特. 竞争对手分析[M].高文瑾译.北京：经济科学出版社，2004.

体现。对中华人民共和国成立以来我国基础教育教材政策目标的分析表明，基础教育教材质量监控的政策目标大多偏向整体目标，"政策目标规范过于笼统，目标层次不够鲜明"[①]，涉及教材建设和管理、教材供应以及坚持正确政治方向等，都是相对宏观的目标，比较缺乏明确而具体的指导。在实施质量管理时，一项重要任务是根据全面质量管理金字塔的四个侧面勾勒出质量目标、质量政策和质量计划，因而，质量目标和政策必须符合全面质量管理金字塔的"四个侧面"的要求，并且这些目标和政策有必要对系统内所有成员予以明示，只有这样才有意义。教材政策的质量目标为所有成员提供明确的方向，质量政策则更详细地描述了如何实现这一目标。为了提高教材质量，需要制定相应有层次、明确而详细的政策目标。

2）"持续改进"反思：政策目标比较缺乏整体设计和长远规划

虽然政策制定的主要目的便是解决当前问题，但是从各个时期政策目标的制定和发展的过程分析，目标大多注重当下亟须解决的问题，属于"救火式"治理。在质量管理发展历程中，事后诊断式的管理对于提升质量已经相对落后，高效能促进质量发展则需要有前瞻性的预判，结合 PDCA 循环[②]调整提升。在一些情况下，由于教材工作比较复杂，涉及的管理主体也比较多元，有时工作难免受到某些限制，因此，"救火式"教材治理是不可避免的，但绝不能成为动辄采用的习惯性模式。《中国十八届三中全会在京举行 中央政治局主持会议 中央委员会总书记习近平作重要讲话》明确提出，"要改进社会治理方式"，强调坚持系统治理、综合治理、源头治理，首次提出"推进国家治理体系和治理能力现代化"[③]。对于现阶段社会情况而言，从"救火式"教材治理转向"均衡式"教材治理，就是方向之一。

2. 教材质量监控的政策内容的变化

我国基础教育教材质量监控的政策内容涉及教材编写、审定审查、出版发行、选用使用、保障、综合或交叉管理六个方面，由教材统编"一纲一本"，到多样化发展的"一标多本"，再到统编与多样结合阶段的发展过程中，参与主体、政策措施、施策对象等都随之发生变化，各时期各有侧重。

---

① 张晓辉. 新中国成立 70 年我国教材管理政策内容分析[D]. 沈阳师范大学，2022.

② PDCA 循环又叫戴明环，是美国质量管理专家戴明博士提出的，它是全面质量管理所应遵循的科学程序。其中 P（plan）为计划，D（do）为执行，C（check）为检查，A（action）为行动（或处理）。

③ 十八届三中全会《决定》解读：改进社会治理方式[EB/OL]. http://www.gov.cn/govweb/jrzg/2014-02/17/content_2606543.htm. （2014-02-17）[2023-01-06].

1)"关注用户"反思：参与主体扩大，但"生产"人员多，使用人员少

根据全面质量管理金字塔模型关注用户和员工，由于教材的最终使用者是学生和教师，有学者认为教材用户还包括家长和教育行政部门[①]，那么，教材质量的提升势必要关注学生、教师、学生家长以及相关教育行政部门（代表国家）的需求。这一要求意在表明，教材的用户都是系统流程的一部分，只有足够关注用户需求并不断致力于使其满意，才能不断提高教材质量。

通过对政策文本内容进行分析[②]，国家对涉及主体的关注度不断提升。比如，随着教材生产各个环节的逐渐规范化和制度化，国家鼓励编写多样化的高质量教材，也鼓励更多专业化、经验丰富的专家、学者等参与到教材编写、审核、选用等工作中。另外，我国还制定了一些人员参与标准，使得教材"生产"人员队伍扩大，且更加专业化，但是最终生成的教材归根结底由学生、教师使用，在各类规章制度和标准中，关注师生、注重师生使用方面的政策还比较少。在一些政策文本中，有"建立使用跟踪机制"等文字叙述，但内容比较简单，措施的可操作性比较差。

2)"全面性"反思：政策实施规范制度增加，但编写与审查权责仍不明晰

根据全面质量管理相关理论，提升教材质量需要全面统筹、全过程推进。全面是指构建横向和纵向结合的全面完整的体系。纵向上，要形成由整体到具体、层层推进的质量提升细则，如从教材总体质量到各个环节的质量，再到各个部门的质量要求，最终细化到个人，权责统一；横向上，教材质量保障不能只靠某个单独的环节或者部门来完成，如在编、审、用、监、管、研等全过程都应为质量负责。通过对政策文本的内容分析可以发现，国家对教材的重视程度不断提升，也对各个环节（如教材编写、审定等的规范性、标准等）提出了相应的要求，对教材的审定审查的要求更加严格。比如，教材审定标准经历了一系列修改和完善的过程，主要集中在两个方面：一是在制度层面，对教材审定人员的相关要求和程序规范性进行完善，使之更加科学和具有公信力；二是根据实际情况和时代特性对标准文本的具体内容进行更新与补充，其他标准也是如此，但在教材生成过程中，编写与审查各自的权责仍不明晰。

---

① 张珊珊，王晓丽，田慧生. 质量管理学视角下教材管理效能的提升[J]. 课程·教材·教法，2020（1）：50-54.

② 叶晓艳. 新中国成立以来我国基础教育教材政策发展研究[D]. 武汉：中南民族大学，2023.

3）"注重事实"反思：缺乏具有可操作性的质量标准

教材治理政策的最终目的是提高教材质量、促进人才培养质量的提升。那么什么样的教材是高质量教材呢？是否有确切可行的质量标准能够衡量教材质量呢？目前我国教材质量标准大致包括三类：一是纸质教材标准，我国现行纸质教材国家标准和行业标准可分为五类，分别涉及教材发行、教材印刷、卫生要求、版面要求和用纸印刷检验，但是有些标准存在内容上的交叉，即使同一问题，有的在表述上也存在不一致的情况①；二是教材审定标准，我国目前按照《中小学教材管理办法》（2019 年版）进行审定，其内容更多的是关于教材的指导性规范，尚无可操作的条目式细则；三是数字教材质量标准，我国在 2022 年颁布了《数字教材　中小学数字教材质量要求和检测方法》，并于 2022 年 11 月实施②。

在学术研究方面，国内学者对教材质量评价进行研究，代表性人物有高凌飚③、丁朝蓬④、翟志峰⑤等，但未有官方的教材质量标准发布。

在现实情境中，促进教材高质量发展一定不能缺少教材质量标准，尤其是具有可操作性的、全面的（能涵盖各学科的评价体系）、有特色的（针对不同学科、类别教材）的教材质量标准，只有这样才能保障教材的质量。

3. 教材质量监控的政策手段的变化

我国基础教育教材质量的政策手段，主要包括权威手段、系统变革手段、象征和劝诫手段、激励手段。根据不同时期的特点，政策手段在使用过程中进行了适当调整，以促进政策目标顺利实现、政策措施顺利实施。

1）"多元治理"反思：以使用权威手段为主，其他手段使用频率较低

在具体的教材政策文本中，国家一直鼓励专家、学者、资深教师等参与到教材建设中，鼓励编写多样化的高质量教材，但激励手段占比较低。在经济迅猛发展的大背景下，传统的单一治理格局已不能有效适应社会发展的需求，政府部门应积极进行职能转变，对权力进行合理分配，并明确各部门的职责；对相关的资源进行高效整合，促进各部门之间的协作共赢。

2）"协调性"反思：政策目标的实现，政策手段匹配度不够

根据解决问题、实现目标的流程，国家应为目标制定与之相匹配的政

---

① 朱斌. 论我国中小学教材标准的现状与建议[J]. 中国标准化，2023（2）：158-161.
② 全国新闻出版标准化技术委员会. 数字教材　中小学数字教材质量要求和检测方法[S]. https://std. samr.gov.cn/gb/search/gbDetailed?id=DD3D95E5C0F771EBE05397BE0A0AF33F.（2022-04-15）[2023-06-09].
③ 高凌飚. 教材评价维度与标准[J]. 教育发展研究，2007（12）：8-12.
④ 丁朝蓬. 教材评价的本质、标准及过程[J]. 课程·教材·教法，2000（9）：36-38.
⑤ 翟志峰. 核心素养视域的中学语文教科书评价指标体系建构[D]. 上海：华东师范大学，2021.

策内容，并辅以合适的政策手段。研究发现，我国基础教育现有的教材政策目标与政策内容、政策手段之间的联系不太紧密。[①]通常在政策执行、解决实际问题过程中，政策制定者应针对不同的问题，为实现不同的目标，合理匹配政策内容和选用合适的政策工具，有时还要构建反馈模式，根据结果动态调整工具的使用，以促进政策落实。在教材建设过程中，也需要对政策工具做出合理选择，并且建立反馈调整机制，根据政策执行结果进行及时调整。例如，针对政策实施对象动力不足问题，应及时采取激励措施，政策实施效果不显著时，应建立完善的监测监督机制，合理使用各种政策工具。

（二）基础教育教材质量监控和评价的改进对策[②]

1. 加强教材质量管理的理论研究

全面质量管理是西方国家在新公共管理运动中为提高政府绩效和公众满意度，向企业学习而引入的一种管理工具和手段。这种管理方式在我国当前的政府管理中得到广泛应用，并取得了较好的效果。但是，这种方法的优势和局限到底有哪些，在教材质量监控领域应该如何应用以取得更好的效果，尚无专门研究。建议大力支持相关研究工作者进一步加强对于教材质量管理的理论研究，夯实教材质量监控的理论基础，为教材质量监控实践提供坚实的理论支撑。

2. 重视教材质量监控效果评估

教材质量监控效果评估可以为管理主体提供效果反馈和改进依据，通过特定的标准、方法和程序，可对教材质量监控的效果、效率及价值进行判断，对教材质量监控工作的投入和产出进行评价。完善教材质量监控评估体系应充分考虑影响教材质量监控各要素。以教材审核环节为例，专家素质和水平的高低、审核时间是否充分、审核程序是否科学、如何进行过失追责等问题都需着重考虑。通过评估可以决定管理政策是否需要调整、终结或者延续，从而提高教材质量监控效能，避免管理的重复性、低效性，以及人、财、物力资源的浪费。在具体实施上，可通过第三方机构进行评估，以充分发挥专业力量的作用，调动社会资源，对教材质量监控的实施

① 叶晓艳. 新中国成立以来我国基础教育教材政策发展研究[D]. 武汉：中南民族大学，2023.
② 张珊珊，王晓丽，田慧生. 质量管理学视角下教材管理效能的提升[J]. 课程·教材·教法，2020（1）：50-54.

情况和效果进行有效监督，推动教材质量监控水平不断提升。

3. 进一步完善教材审核制度

教材审核是保障教材质量的关键环节和重要手段，教材审核有助于提高教材水平，满足中小学教育教学需要。从当前基础教育教材质量监控的现状看，教材审核还存在一些有待改进之处。

1）加强教材初审，摒除科学性错误

有些国家制定了严格的教材初审制度，如德国明确"教科书不得包含任何事实错误"[①]。这样的制度设计对教材编写者和出版单位来说具有很强的威慑性，能够督促其主动提升教材编写和出版质量。我国教材质量监控应进一步加强教材初审，从制度上杜绝送审教材中出现多个错别字、标点符号使用混乱、科学性错误频出等现象，以便教材审核专家能够将精力更多地集中于"把好教材的思想关、政治关、科学关"。

2）注意成本控制，提高审核效率

根据全面质量管理理论，所有工作都要有成本概念，因此教材审核也要考虑成本问题。质量成本指的是为保证和提高产品质量而发生的一切费用，包括为提高产品质量而产生的预防成本，以及生产中或销售后质量事故造成的损失、评估检验等质量鉴定成本等。教材审核的成本主要指教材审核过程中所花人力、物力、财力，包括聘请专家的费用、会议费、交通费等，以及为处理教材质量事故（如政治问题、装订问题）等所花成本。教材审核通常包括初审、复审以及必要的专题审核、复核等环节，应在各环节做好成本控制，提高审核效率。

3）加强标准研制，确保科学客观

质量管理最重要的是"标准"，建立科学、客观、权威的教材质量标准是保障教材质量的重要手段，是教材审核的根本依据，也是将事后检验变为事先预防的重要方式。研制各学科教材质量标准，可以为教材审核工作提供依据，避免教材审核工作过于依赖专家个人学识和经验。教材质量标准的编制不仅要注重学科知识体系的完备性、逻辑性，考虑教材要满足社会发展需要，也要考虑教材使用者的需求，判断教材是否符合学生认知发展规律，此外还要判断教材是否满足教师教学需要和教学适宜性。

4）增强教材质量监控决策的科学性

在实践层面，ISO 从全面质量管理的理念出发，确立了质量管理基本

---

① Ivić I，Pešikan A，Antić S. Textbook Quality：A Guide to Textbook Standards[M]. Göttingen：Vandenhoeck & Ruprecht，2013.

原则，如重视领导作用，以及强调全员参与、过程方法、系统管理、持续改进、基于事实决策等。①借鉴这些原则，可从以下几个方面进一步提升教材质量监控效能。

第一，进一步明确教材质量监控的基本原则。一是从重数量向重质量和特色转型。在"一标多本"的教材多样化管理格局下，我国出版了众多教材，满足了不同地区、不同群体对教材的需求。但并非所有教材都能在保证质量的前提下具有鲜明的特色，因此需要进一步完善教材相关管理政策，让教材质量监控更注重质量和特色。二是变事后检验为预防控制。当前我国主要依靠教材审核进行质量控制。而教材审核事实上是一种事后检查，仅能做出判断，而不能在教材编写过程中起到防控作用。因而，有必要建立教材质量防控机制，预设教材管理各环节可能出现的问题，提出解决预案，对教材编写、审核、出版、发行、选用等方面进行全程、全方位的全面管理。

第二，设定教材质量监控目标。教材是公共产品，教材建设涉及国家事权，从国家战略来讲，提高教材质量具有重要的意义。从全面质量管理观点来看，高质量的教材应该是科学性零缺陷，而不是"可接受"，因此可将"零缺陷"作为教材质量监控的长期目标，建立提高教材质量的长效机制。

第三，增强教材质量监控的系统性。将教材建设工作作为一个系统进行管理，充分认识并正确把握教材编写、审核、出版、发行、选用等各要素之间的关联，提高教材建设的质量和效率。从研制课程教材政策到编写教材、出版社内审、教育行政部门审核，再到出版、发行、选用等环节都应严格把关，进行有效监督控制。

比如，在教材编写过程中，应加强对教材编写团队的资质管理，对教材编写人员的水平和能力提出更高要求，同时确保主编主导教材编写过程，控制教材质量，避免出现主编只挂名不工作等现象，以消除编写环节中影响教材质量的各种可能因素。

第四，增强教材质量监控过程的科学性和民主性。为保证教材质量监控的科学性，从问题提出、目标确定、调查研究、方案评估、咨询论证到做出决策，都应该按照科学决策的要求严格落实，决策程序、论证过程、方法技术和方案确定都应保证科学性，保证程序规范合理。同时，应加强教材质量监控过程中的民主性，加大政策宣传力度，完善政策传达机制，提高政策执行水平，避免出现政策漏洞。加强教材质量监控部门、教材编写团队、教材出版部门以及教材审核团队之间的沟通。另外，教材质量监

---

① GB/T 19000-2000 质量管理体系　基础和术语[J]. 世界标准信息，2001（4）：11-30.

控部门应及时公布相关管理政策，供编写、审核、出版部门学习和掌握；在教材编写、出版、审查时如果遇到问题，教材质量监控部门应及时给予回复和帮助。

第五，注重过程管理和基于事实决策。重视教材的过程管理，通过规范教材管理程序、编订教材管理工作手册和教材管理工作流程图，对教材建设全过程进行有效的管理和监控。运用信息技术，完善教材质量跟踪监控机制，建立数据库，日常监控与集中研究相结合，充分吸收各方意见，从收集数据、分析事实到形成决策，都要充分重视一手信息的价值。

第六，多主体参与教材决策。教材质量监控的对象是教材，教材用户涉及教师、学生、家长、地方教育行政部门等。教材用户主要是教师和学生，便教利学是教材的首要要求，因此教材决策需要充分尊重和考虑师生意见。同时，课程必须体现党和国家意志，教材承载着党、国家和社会的价值期待，具体体现为，教材是否符合国家相关政策法规的要求，是否有利于培育学生的爱国主义精神、社会主义核心价值观、国家主权意识和国家安全意识。受中国惯有的人才观的影响，读书是绝大多数家长为子女设定的成才道路，因而，教材受到家长广泛关注，家长同样是教材用户。

第七，建立完善的信息反馈机制。来自教学一线的教师，是课程教学改革的主要参与者和重要实践者，因而，理应在课程方案制订、课程标准研制、教材评审等专业性工作之中更多地发出自己的声音。同时，一线教师对课程教学改革的意见和建议，大到国家政策的制定，小到课程教学的具体实施，都应该引起决策者的关注重视。不仅教师，地方教育行政部门、学生、家长、关心教材质量的社会人士、教材研发团队、教材出版团队、教材评审团队，也都与教材建设息息相关。因而，必须建立健全通畅的意见表达沟通渠道，多方听取公众的合理意见和建议，旨在在政策制定者所代表的国家意志和公众意愿之间实现有效衔接和良性互动。特别需要注意对教材的舆论监督和第三方评价，及时发现并合理吸收针对教材本身和教材管理的意见和建议，从而优化教材管理、提升教材管理效能。

第三节　治理理论视野下的基础教育教材质量监控和评价

治理理论最早兴起于公共行政管理领域。1989 年，世界银行在描述非洲面临的可持续发展危机时使用"治理"（governance）一词，"治理"随后便成为政治和管理领域使用频率较高的词汇[①]。进入 20 世纪 90 年代，随着全球对公共治理的关注，治理理论得到广泛应用，被广泛地应用于教育、经济、医疗等领域。

一、治理理论的基本观点

"治理"概念源自古典拉丁文或古希腊语"引领导航"（steering）一词，原意是控制、引导和操纵，指的是在特定范围内行使权威，在众多不同利益者共同发挥作用的领域达成一致或取得认同，以便实施某项计划。

在治理理论的大量研究者中，最负盛名的是治理理论主要创始人之一罗西瑙（Rosenau），他将"治理"定义为一系列活动领域里的管理机制，这些管理机制"虽未得到正式授权，却能有效发挥作用"[②]。

在关于"治理"的定义中，联合国全球治理委员会（Commission on Global Governance，CGG）的表述比较具有代表性和权威性。该委员会于 1995 年对"治理"做出如下界定：治理是或公或私的个人和机构经营管理相同事务的诸多方式的总和，它是使相互冲突或不同的利益得以调和并且采取联合行动的持续的过程，包括有权迫使人们服从正式机构及其规章制度，以及种种非正式安排。[③]

世界银行认为，治理是通过建立一套被接受为合法权威的规则而对公共事务进行公正而透明的管理，是"为发展而在管理一个国家的经济和社会资源方面的权力"[③]。治理覆盖个人、私人机构与公共机构，是管理其共同事务的全部行动。这是一个连续的过程，在这个过程中，各种矛盾的利益和由此产生的冲突得以调和，各参与主体一起合作。这一过程既建立在现有的机构和具有法律约束力的体制基础之上，也离不开非正式的协商与和解。[④]

治理理论为教育公共治理注入新的价值因素，对公共产品的供给方式、公共价值的复兴重建、公共决策的公众参与产生深远影响。[⑤]

---

① 王晓辉. 关于教育治理的理论构思[J]. 北京师范大学学报（社会科学版），2007（4）：5-14.

② 俞可平. 全球治理引论[J]. 马克思主义与现实，2002（1）：20-32.

③ 皮埃尔·卡蓝默. 破碎的民主——试论治理的革命[M]. 高凌瀚译. 北京：生活·读书·新知三联书店，2005：6.

④ Gaudin J P. Pourquoi la Gouvernance?[M]. Paris：Presses de Sciences Po，2002：45-46.

⑤ 刘孙渊，马超. 治理理论视野下的教育公共治理[J]. 外国教育研究，2008（6）：15-19，58.

教育治理过程就是教育决策民主化的过程。[①]教育治理就是各级党委政府和教育行政部门、学校、社会教育组织，通过充分沟通、协商、合作，共同管理教育公共事务。[②]

二、基础教育教材质量监控和评价的治理属性

教材是开展教育活动的基本要素和基本依托，对学生的价值观念培养、新知习得与素养养成至关重要。加快推进课程教材治理体系和治理能力现代化，是新时代的课题和新时代的历史使命。[③]《全国大中小学教材建设规划（2019—2022 年）》和相关教材管理办法文件的颁布是国家层面进行教材管理制度顶层设计的重大举措，为全面提高教材治理能力现代化水平提供了有力的基础制度支撑。如何进一步完善教材规划和系列管理办法，加强相关配套机制建设，逐步形成中国特色的教材治理体系，进一步完善教材工作体系、制度体系、标准体系、研究体系，全面规范教材编写、修订、审核、出版、发行、选用、使用、评价、研究等各环节、全流程、全方位的质量管理？如何把握信息化、数字化对教材治理体系和治理能力所带来的新机遇、新挑战，推动教材数字治理的跨越式发展？如何科学总结和挖掘中国传统社会以及国外在教材建设方面的经验教训，为推进中国教材治理体系和治理能力现代化提供有益借鉴？如何发挥现代数字技术优势以攻克数字教材的关键技术和进行标准体系建设，实现数字教材领域的弯道超车？如何适应网络社会，建立全流程、广覆盖的教材信息报送和舆情监控处置机制，及时回应并满足人民群众的需要，真正建设人民满意的教材？[④]这些都是我们要深刻思考和解决的问题，也是我们努力的方向。

教材质量监控和评价不只是教育问题和管理问题，隐藏在其背后的是国家治理过程中复杂的政治、经济、社会、历史和文化等问题。教材治理是教育治理，尤其是教育内容治理的核心抓手。教材质量监控和评价是教材治理的核心。2016 年，党中央、国务院出台《关于加强和改进新形势下大中小学教材建设的意见》，从制度层面明确了教材建设为国家事权，把大中小学教材建设纳入国家治理现代化的轨道之中。教育部印发的《全国大中小学教材建设规划（2019—2022 年）》《中小学教材管理办法》和《普通

① 王晓辉. 关于教育治理的理论构思[J]. 北京师范大学学报（社会科学版），2007（4）：5-14.
② 范国睿. 学校治理的逻辑[J]. 教育发展研究，2022（12）：3.
③ 潘信林. 教材建设研究的使命与挑战[J]. 基础教育课程，2021（9）：47-51.
④ 薛二勇，李健. 教材治理体系和能力现代化的政策分析[J]. 中国电化教育，2022（7）：16-22，42.

高等学校教材管理办法》等文件为全面提高教材治理能力现代化水平提供了有力的基础制度支撑,在我国教育史上首次对教材制度进行了全面规划,进一步细化了教材建设的国家事权。

新时代,教材质量监控和评价有必要从国家治理的宏观视角出发,全面考察教材质量监控和评价与国家治理之间的互动逻辑,直面当前我国教材质量监控和评价中的困难与挑战,创新教材体制,构建一套具有中国特色的教材质量监控和评价体系,推进现代中国教材治理体系和治理能力现代化。

对国家治理而言,教材治理的重点不在于控制一般知识或思想的供给,而在于为国家治理提供所需要的知识或思想。[①]因而,清醒地认识教材治理在国家治理进程中的价值定位与互动逻辑是处理好国家、教育与教材之间复杂动态关系,以及落实国家教材事权的前提条件和重要步骤。

(一)教材治理是国家治理的政治产物

今天,围绕着教材的审定与选用问题而产生的分歧,已经成为社会广为关注的话题。[②]教材本质上是争夺知识控制权的政治产物,是一种"国家产品"。各个国家都试图通过改变教材管控模式,以保证教材能够集中体现本国社会经济、政治和文化环境的特殊性。因而,教材治理只有与广泛的国家治理实践活动相联系,积极探索国家治理中政治、经济、文化等各要素与教材质量监控和评价之间的互动规律,合理设置教材组织机构,完善教材编审、选用等规章制度,创新优化教材管理机制,才能建立起满足国家治理需要的中国特色教材制度体系。[①]

(二)教材治理是国家治理的权力媒介

作为现代国家所特有的一个概念,"国家治理"一般是指国家政权的所有者、管理者和利益相关者等多元行动者,在一个国家的范围内对社会公共事务进行的合作管理,其目的是保障公共利益、维护公共秩序。[③]国家治理是一种复杂的支配性艺术,包括各种方式、方法、举措、手段,体现为国家的各种制度、法律法规、政策等。国家意志与战略目标的实现有

---

① 张振,刘学智. 教材制度建设的困境与超越:国家治理视角[J]. 中国教育学刊,2020(10):53-57.

② 筑波大学教育学研究会. 现代教育学基础[M]. 钟启泉译. 上海:上海教育出版社,1986:257.

③ 何增科. 理解国家治理及其现代化[J]. 马克思主义与现实,2014(1):11-15.

必要借助一定的制度结构（教育制度体系、课程制度体系、教材制度体系以及教学制度体系等）实现。[①]教材作为承载着国家精神和价值的权力媒介，其治理的建构过程正是国家权力积极嵌入教材的实践过程，国家凭借其政治权力，决定由谁来参与建设教材，哪些教材的编写具有优先性，谁来具体负责教材建设的工作，谁来为教材建设可能出现的问题负责，等等。同时，国家将预想的共同价值和国家理想转化为法定的教材规章制度及管理程序，以确保这些价值观和理想渗透到教材建设的全部过程和各环节之中。

（三）教材治理是国家构建的具体方式

教材质量监控和评价与国家治理是一个同生互构的过程，教材治理不仅是国家治理的政治产物和权力媒介，还是促进国家积极建构的具体方式。教材质量监控和评价的根本动力植根于国家对于教材治理的需求与教材质量监控和评价滞后之间的矛盾。因此，教材治理的改革本质上就是要保持教材质量监控和评价需求与教材治理供给之间的动态平衡。新时代，教材质量监控和评价要从推进国家治理现代化的宏观视角出发，综合研究不同类型、不同目标、不同内容和不同形式教材治理供给对国家治理的合力作用，构建一套与国家治理相适应的中国特色教材治理体系，以巩固教材建设在国家治理中的基础性和战略性地位。

三、基础教育教材质量监控和评价面临的困境

改革开放以来，我国教材质量监控和评价取得了一系列重大成就。但是，进入新时代，随着我国经济建设高质量发展，国家参与全球治理的力度进一步加大，教育发展理念、育人模式发生深刻变革等，教材质量监控和评价面临诸多困难与挑战。在教材建设过程中，教材质量监控和评价工作面临巨大挑战，并受到多重因素的影响，主要表现在以下几方面。[②]

（一）多元文化相互碰撞，教材核心价值引领性须进一步增强

国家治理的有效程度在很大程度上与其价值目标的凝聚度息息相关，

---

① 张振，刘学智. 新时代中小学教材制度的解构与重构[J]. 课程·教材·教法，2020（2）：51-57.
② 薛二勇，李健. 教材治理体系和能力现代化的政策分析[J]. 中国电化教育，2022（7）：16-22，42.

因而，确立并维护共同信条实则是国家建设的核心任务与关键所在。[①]但是"这场争夺文化权威的战争是不易控制的，这是一场持久而激烈的战争"[②]，特别是随着网络媒体的迅速普及，不同文化价值观相互碰撞，使教材治理面临诸多挑战。

一是教材治理国际环境的复杂化。随着经济全球化的深入发展，信息网络技术的突飞猛进，社会思潮纷纭激荡，这使现代教育中具有共识性、普遍性和权威性的价值观遭到前所未有的冲击，使教材在凝聚社会主义核心价值观、渗透国家主流文化方面面临着巨大考验。二是教材治理意识形态的薄弱化。随着我国社会经济全球化、政治多样化、文化多样化、科技智能化的深入发展[③]，一些教材内容出现与国家意识形态不相符、观点与国家倡导的主流价值观不一致的情况，这在一定程度上削弱了国家在教材建设领域中的意识形态领导地位。三是教材治理中马克思主义理论有待增强。习近平总书记指出："我们对思想政治工作高度重视，始终坚持马克思主义指导地位，大力推进中国特色社会主义学科体系建设，为思政课建设提供了根本保证。"[④]但在教材建设推进过程中，在一定程度上存在马克思主义被边缘化、空泛化、标签化的现象，存在马克思主义理论在一些学科中"失声"、在一些教材中"失踪"、在某些论坛上"失声"的问题[⑤]。

（二）强化教材行政管理，主体协同性有待增强

教材管理体制体现着国家权力对教材治理工作的管理力度。随着我国分层分类教材管理体制的建立，教材管理的主体不再局限于党和政府，还包含各类社会组织的协同和公民的参与，但是教材建设中的多元共治格局尚未形成。

一是教材治理主体之间的分化程度不够，行政地位凸显。由于我国长期实行高度集中的管理体制，学校自主建设、自主发展的能力较弱，市场、

---

① 安东尼·奥罗姆. 政治社会学——主体政治的社会剖析[M]. 张华青，孙嘉明，等译. 上海：上海人民出版社，1989：343-344.

② M.阿普尔，L.克丽斯蒂安-史密斯. 教科书政治学[M]. 侯定凯译. 上海：华东师范大学出版社，2005：4.

③ 李太平，王俊琳. 教材建设与国家认同[J]. 国家教育行政学院学报，2019（9）：23-30.

④ 田鹏颖. 新时代办好高校思想政治理论课的学理支撑[EB/OL]. heory.people.com.cn/n1/2019/0521/c40531-31095600.html（2019-05-21）[2024-04-12].

⑤ 习近平：在哲学社会科学工作座谈会上的讲话[EB/OL]. http://www.xinhuanet.com/politics/2016-05/18/c_1118891128_2.htm，（2016-05-18）[2022-10-17].

第三部门发育还不够成熟。①具体到教材管理过程中，表现为教育行政部门既是课程教材改革的发动者，又是教材编写的主导者，还是教材选用和实施的审查者。学校、社会和市场在教材管理过程中基本上处于从属性的地位，多元共治的格局难以形成。

二是教材治理主体间权责不清，治理乱象初现。不同教材治理主体间具有相对的独立性，其各自治理的范围、职能、界限和层次有其特定的内涵。但是由于缺少对教材建设各个主体之间权利、义务及职责的明确规定，各个治理主体间的责任比较模糊，治理乱象初现，特别是"地方和学校的主体角色还比较模糊，主体责任还未得到很好的落实"②。

三是学校教材制度存在一定空白，校内教材管理能力受限。学校层面的教材质量监控应包括落实与国家教材政策配套的措施和校本教材管理制度两部分。但是由于受外部资源的限制、学校教材管理者知识与经验的不足等因素的影响，在某些学校缺少与国家、地方教材建设相配套的学校教材管理制度，学校层面的教材质量监控和评价在整体上处于一种低水平状态。

（三）教材法治体系仍有疏漏，制度规范性有待加强

完善的法治体系是衡量国家治理现代化水平的重要标准，是保证教材建设权力得到理性化和权威化使用的基础。而完善教材法治体系就是要把教材管理行为全面纳入法治规范体系中，为各级各类教材管理提供稳定和透明的行动框架。改革开放以来，我国试行教材免费供应制度，推行教材选用制度，尝试了教材循环使用管理制度等，教材管理的"四梁八柱"基本已经建立。特别是2019年《中小学教材管理办法》的出台，进一步健全了中小学的教材制度，但是教材管理制度还不够细致，教材法治体系还存在疏漏之处。

一是教材政策落实不到位，政策衰减（甚至变异）问题尚存。不能实施的法律政策是无效的法律政策。任何教材政策制度只有转化为政策实践活动，才能成为促进教材发展的持久动力。因而，教材制度的法治化建设不仅应关注教材立法体系的建设问题，还应关注教材执法体系、司法体系、监控体系和保障体系的建设问题，以保证教材政策制度能够内化为建设者的常识、态度和生活方式。

---

① 褚宏启. 漫漫现代路：我国基础教育管理60年简评[J]. 中小学管理，2009（10）：4-9.

② 刘学智，张振. 改革开放40年基础教育教材制度改革的回顾与展望[J]. 课程·教材·教法，2018（8）：27-33.

二是缺少专业化的义务教育教材制度，一定程度上存在政策操作形式化、实施虚无化和管理主观化现象。义务教育制度实施体现的社会民主平等观念已经深入人心。[①]义务教育的高质量发展，迫切要求建立与之相匹配的专业化的义务教育教材制度。但是，当前义务教育教材制度专业化的程度还不够，如缺少专门的义务教育教材审定标准和教材质量标准。同时，已有的教材编写、选用和循环制度又缺少细化、可操作性的行为规范，导致义务教育教材管理过程存在一定程度的随意性和主观性。

三是缺少相对独立的普通高中教材管理制度，一定程度上存在政策操作泛化、实施出现盲区的现象。普通高中虽然隶属于基础教育范畴，但是高中教材管理制度却具有自己独立的属性。为此，一些国家建立了相对独立的高中教材管理制度。[②]由于我国普通高中缺少相对独立的教材管理制度，因此经常性地被纳入中小学教材管理范畴中笼统论之，难以凸显高中教材的特点。

（四）教材管理机制单一，运行效能性须增强

教材管理不仅包括"管什么"的问题，还包括"怎么管"的问题。随着科技的进步、市场经济的繁荣、社会交往范围的扩大，我国教材管理机制不断完善。但总体上，由于受传统政府主导型发展模式的影响，多采用直接的、政治的和行政的管理机制，而间接的、市场的和服务的教材管理机制尚不完善。

一是教材建设的宏观调控机制不健全。现代教材制度发展趋向于将大中小学不同阶段和各种类型的教材制度整合到一个共同的制度框架中。这一方面增强了不同教材制度之间的依赖性，另一方面又增加了它们之间的矛盾性。只有完善教材建设的宏观调控机制，才能更好地协调大中小学教材制度体系之中错综复杂的关系。但是，我国教材建设的宏观调控机制还不完善，亟须构建国家层面的教材建设宏观调控机制。

二是教材监控机制不到位。监控机制旨在确保教材管理主体及其人员能够依法准确行使权力，进而防止权力的滥用。我国还没有形成多元的监控和反馈机制[③]，这使得多源头（即使是专业意见）的表达渠道比较有限，

① 段丽华,柳海民. 文化视域下的中国教育公平制度变迁[J]. 东北师大学报（哲学社会科学版），2013（1）：149-153.

② 靳晓燕. 教材建设是国家事权——对话国家教材委员会委员[N]. 光明日报，2017-07-14，第6版.

③ 屠莉娅. 课程政策过程的权力生态：从课程政策概念化的一般形态与中国特征谈起[J]. 全球教育展望，2009（11）：15-28.

多方位的教材问题识别和预警机制还未形成，教材建设中多元的外在的问题也难以被识别。

三是教材工作协调机制不完善。教材质量监控和评价本身是一项复杂工程，它涉及地方政府、学校、社会、出版社等多个主体，编写、审定、选用、出版、评价等多个环节，以及基础教育、职业教育、普通高等教育等多个领域。随着我国对教材整体性和协同性要求的提高，教材质量监控和评价中各主体、各环节和各领域间难免出现分裂、脱节、冲突等现象。因此，如何协调好教材制度中各主体、各环节和各领域教材管理之间的关系，形成一体化的教材运行机制就成为我们推进教材改革过程中需要重点关注的问题。

（五）教材编写出版机制不健全，造成教材质量下降

由于基础教育教材数量庞大，利润率高，各家出版社对教材出版十分重视，不少出版社设立了教材出版中心以专门负责教材出版。然而，有的出版社在编印教材时，只关注教材的用量，对教材质量提升缺乏持续研究，更缺乏对使用效果的持续跟踪监测，导致出版的教材出现低水平重复、同质化现象。在这种情况下，教材质量很难得到保证。

就国外的教材出版而言，虽然教育行政部门不直接组织高校编写、出版、印刷和发行教材，而是由出版商组织，但出版商对教材编写的要求很高。通常，出版商手下有各学科专业知识丰富、学术水平较高的组稿编辑，他们经常深入中小学校进行调研，了解学校开设的课程、需要的教材以及教师的学术水平；在计划编写出版一本教材时，还要进行全方位论证，在教材会议上，他们与教师广泛商讨，收集一切有用的信息材料，仔细听取使用单位的意见和建议；最后才进行申报、签约，制订出版计划。由此编写出版的教材往往更具实践性、开放性、灵活性和竞争性，这种编写出版机制不但有利于教材内容更新、结构完善、体系创新，而且能有效保障教材的质量，值得我国借鉴。

（六）教材选用制度不健全，缺乏具有可操作性的教材质量监控和评价指标

学校订购的教材主要是由省区市审查后指定的，按理说省区市审查后指定的教材经过了层层审查，教材质量完全可以得到保证，但由于缺乏客观有效的教材质量监控和评价指标，对于一些省区市来讲，审查往往只是

走形式，而教材质量无法得到切实保障。

学校对教材质量的使用评价通常是给定一个指标框架，由学生、教师和领导进行网上评分，得到的结果多不具客观性，主要原因在于对不同的对象采用同一个指标框架是不合理的。例如，让学生回答该教材的创新之处如何？该教材在国内同类教材中的地位如何？该教材的知识更新程度如何？该教材的知识结构体系怎样？通常，学生很难准确回答这些问题，因而，最终获得的评价结果的客观性欠缺。

四、新时代基础教育教材质量监控和评价的超越

针对当前教材质量监控和评价中面临的困难和挑战，迫切需要转换教材质量监控和评价范式，使新时代的教材制度具有足够的前瞻性、创新性、灵活性和多样性，以更好地适应国家经济社会的现实需要与未来发展需求，推进现代中国教材治理体系和治理能力现代化。

根据 1995 年全球治理委员会对"治理"的定义[①]，有学者提出教育治理是指"国家机关、社会组织、利益群体和公民个体，通过一定的制度安排进行合作互动，共同管理教育公共事务的过程"[②]。教材属于公共治理范畴[③]，教材治理是教育治理，尤其是教育内容治理的核心抓手[④]。孙绵涛对现代教育治理的基本要素进行研究，提出基本分析框架[⑤]，为构建现代教材治理体系提供了新思路。基于图 3-2 所示的分析框架，我们构建了现代化教材治理框架。

首先，从"由谁治理"维度来看，教育是国事，教材体现国家意志，同时，教材也是公共产品，因而，构建现代化教材治理体系过程中，政府、学校、社会应成为现代教育治理的参与者；其次，从"治理什么"维度来看，教材工作涉及多个环节，教材使用也涉及多个用户，在教材工作中，各工作环节需协调推进，各用户也需要协作共同促进教材质量的提升，因而，构建现代化教材治理体系需要协调各要素之间的关系；最后，从"如何治理"维度来看，关于教材治理的依据、原则等，在现实情况中还不足

---

① Commission on Global Governance. Our Global Neighbourhood: The Report of the Commission on Global Governance[M]. New York: Oxford University Press，1995.

② 褚宏启. 教育治理：以共治求善治[J]. 教育研究，2014（10）：4-11.

③ 刘学智，张振. 教育治理视角下教材一体化建设的理论建构[J]. 教育研究，2018（6）：139-145.

④ 薛二勇，李健. 教材治理体系和能力现代化的政策分析[J]. 中国电化教育，2022（7）：16-22，42.

⑤ 孙绵涛. 现代教育治理的基本要素探析[J]. 中国教育学刊，2015（10）：50-53.

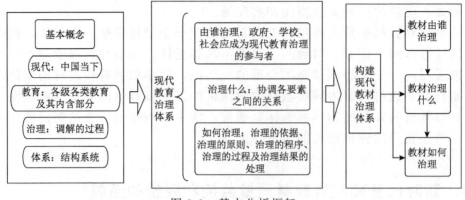

图 3-2　基本分析框架

资料来源：孙绵涛. 现代教育治理的基本要素探析[J]. 中国教育学刊，2015（10）：50-53.

以完全支撑教材质量监控和评价体系的正常运行，还需要采取更加完善且切实可行的措施。

（一）由谁治理：国家主导，社会参与

1. 坚持党和国家对教材建设的领导地位

教了什么，没有教什么，如何教学生，教育活动如何组织，从本质上来说都是政治问题。[①]教材作为教学最重要的工具，应该体现国家意志，反映国家政治导向和价值倾向，因此，教材建设要坚守政治立场，强化党的领导地位。教材是学生学习最具"权威"的材料，其传递的知识、体现的价值观等都将会对学生产生深刻、长远的影响。随着时代的发展和新课程理念的变革，我国教材呈现多样化发展趋势，教材品质显著提高，但仍需坚持国家立场这一原则不容动摇。在教育国际化的今天，教材应紧跟时代，寻求更多新的发展，在教材内容选材上，应取其精华、去其糟粕，大胆尝试新的教学思路。值得注意的是，这些都需要坚定国家立场，教育的根本任务在于立德树人，新的教材、新的技术、新的呈现方式也应当"不忘初心"，体现正确的价值导向，传递国家主流思想。教材对学生的影响远胜于一般读物，变与不变，制定教材相关政策时，应慎之又慎。

---

① Bell L A. Education policy：Development and enactment—The case of human capital[J]. Handbook of Education Policy Studies：Values，Governance，Globalization，and Methodology，2020（1）：31-51.

2. 严把教材治理政治方向与价值导向①**，建立健全教材价值观导向审查制度**

教材作为培养什么人、怎样培养人和为谁培养人的重要载体，决定了教材质量监控和评价必然要成为加强党在意识形态领导权的重点领域和关键环节。

推进教材治理体系现代化建设，关键是要建立健全教材价值导向审查制度，建立健全教材编写、教材出版、教材使用的全过程管理体系，建立健全常态追踪监测预警机制，建立健全终身责任追究处罚办法②。为此，新时代教材质量监控和评价必须做到以下几点。

一是要坚持马克思主义指导地位。马克思主义作为指导无产阶级及其政党认识世界和改造世界的思想武器，是引领中国特色教材制度建立、发展和创新的根本指导思想。教材质量监控和评价必然要坚持以马克思主义为指导，通过把马克思主义基本原理与基础教育教材质量监控和评价的具体实践结合起来，不断探索创新教材评价机制，筑牢教材意识形态建设中的制度防线，为落实国家教材建设事权提供有力的制度保障。

二是要坚持社会主义发展方向。坚持社会主义发展方向是我国各项制度改革发展必须遵循的根本原则。《中共中央关于坚持和完善中国特色社会主义制度　推进国家治理体系和治理能力现代化若干重大问题的决定》指出，"我国国家治理一切工作和活动都依照中国特色社会主义制度展开"③。新时代教材质量监控和评价要坚持社会主义发展方向，在遵循社会主义制度建设基本原则的基础上，从建设方案的制定到组织机构的设置，从研究编写到审查、从出版发行到选用、从使用到评价的每个环节都要融入社会主义核心价值观，充分体现社会主义制度的优越性。

三是要贯彻党的教材方针政策。党的方针政策从国家发展的战略高度出发，回答了一系列根本性和全局性的重大问题。新时代教材质量监控和评价要体现党对教材建设的基本要求，坚持以习近平新时代中国特色社会主义思想为指导，强化党在教材建设意识形态领域的领导作用，完善党总揽全局、协调各方的政治制度，将立德树人根本任务融入教材建设的全过

---

① 张振，刘学智. 教材制度建设的困境与超越：国家治理视角[J]. 中国教育学刊，2020（10）：53-57.

② 薛二勇，李健. 教材治理体系和能力现代化的政策分析[J]. 中国电化教育，2022（7）：16-22，42.

③ 中共中央关于坚持和完善中国特色社会主义制度　推进国家治理体系和治理能力现代化若干重大问题的决定[EB/OL]. https://www.gov.cn/zhengce/2019-11/05/content_5449023.htm. （2019-11-05）[2023-06-13].

程之中。

四是要坚持教材建设的公益性原则，把落实立德树人根本任务放在首位，坚决纠正片面市场化运作方式。教材建设必须坚持以立德树人为统领，正确处理好人才培养方向性和人才培养质量与规格之间的关系。教材建设要把社会效益放在首位，而不是首先追求经济效益、商业价值，教材建设的全流程主体都要切实履职尽责。2018 年 5 月 2 日，习近平总书记在北京大学师生座谈会上强调，"人才培养体系涉及学科体系、教学体系、教材体系、管理体系等，而贯通其中的是思想政治工作体系"①。教材的内容选取、组织方式与呈现形式必须以马克思主义为指导，着力培育学生国家安全意识，遵循学生的生理、心理、心智发展规律，教会学生做人、做事道理及生活常识等，使其学会生存、学会生活，具备创新能力。教材建设必须以正确的价值观为指导，明确规定各类主体参与教材建设的程序，并建立责任承担机制。一字一句、一图一画等都必须科学、严谨，不得利用中小学和幼儿园教材、教辅材料等发布商业广告，更不能把教材编辑、出版、发行等当作赚钱的生意，层层"发包、分包、外包"，杜绝教材出现价值导向的问题。②

（二）治理什么：增强部门协同的科学性和系统性

编制高质量教材不能仅依靠某个部门的努力，而应结合全面质量管理要求全方位涉及，贯穿全过程，全员参与。教材质量的提高需要对编写、审查、出版印刷等流程进行严格把关，需要编写者、审查人、出版印刷人员、管理人员等的共同努力，只有各个环节协同有序开展、科学有效运行，才能促进教材质量的提升。

目前，我国已经建立了教材编审分离制度，初步形成教材管理框架体系，对于一些环节制定了管理办法及实施指南等，但实际上，仍有部分教材存在质量问题。2014 年，"仁爱版"英语教材被质疑 114 页教材含 6 页广告，因此涉嫌违法③；2020 年，巴彦淖尔更换教材被质疑程序不规范④；

① 立德树人：高水平人才培养体系建设的核心[EB/OL]. http://theory.people.com.cn/n1/2018/0712/c40531-30142142. html. （2018-07-12）[2023-06-13].

② 薛二勇，李健. 教材治理体系和能力现代化的政策分析[J]. 中国电化教育，2022（7）：16-22，42.

③ 仁爱版初中英语课本涉嫌违法广告[N]. 南方教育时报，2014-10-24，第 8 版.

④ 更改中考试卷倒逼换英语教材？巴彦淖尔市教育局否认指责[EB/OL]. https://www.360kuai. com/pc/950291f96cef94a36?cota=3&kuai_so=1&tj_url=so_vip&sign=360_57c3bbd1&refer_scene=so_1，（2020-11-14）[2023-12-22].

2022 年，人教版小学数学教材插图事件引起社会广泛关注①。教材是国事，虽然相关部门已对上述事件做出处理，但教材监管环节失守问题仍值得反思。②其实，早在 2018 年，就有网友在抖音上指责统编版小学语文教材有错误，统编版小学语文教材主编温儒敏表示，"教材作为公共产品，大家都可以批评指正，但要通过正常渠道"③。2022 年 5 月 28 日，教育部公布对教材插图问题做出回应，并公布反映邮箱④，对相关事件负责人也进行了处理。为了杜绝上述事件的再次发生，需要继续强化教材建设全过程监管。

因而，还需要进一步细化、落实国家制定的政策制度、规范流程，优化教材分层管理体系，构建上下贯通与多方联动的教材体制⑤，形成国家治理统筹下协同发展格局。

1. 能治：社会积极鼓励专业人才加入、全员参与教材治理工作

治理的过程是国家与公民共同合作、互动的过程。我国鼓励专业化人才、资深教育工作人员等参与到教材建设中，社会更多的普通人群，如家长也逐渐以用户的身份参与到教材使用中，与教师、学生共同参与到教材质量监控工作中。从全面质量管理的角度出发，在国家的统一领导下，应鼓励社会成员作为教材质量监督人，参与到促进教材质量提升的工作中。因而，为构建教材治理新格局，应营造良好的社会支持氛围，促进教材质量不断提升。教材质量与国家利益息息相关，更与民众利益息息相关，更多专业人员的加入、全民有意识的参与有利于提升教材质量。例如，2022 年人教版数学教材"插图事件"，通过群众发现和反映，在全民关注下，人民教育出版社对教材插图进行了整改，及时解决了教材中存在的问题。

2. 善治：建立健全教材质量管理体系

厘清个人和社会共同体之间存在的真实界线是任何有远见的人类社会必须要解决的最高问题。⑥教材管理体制改革作为教材质量监控和评价

① 人教版小学数学教材插图问题调查处理结果公布[N]. 人民日报，2022-08-23，第 6 版.
② 维辰. 教材插图问题，哪些环节失守了[N]. 南方日报，2022-06-01，第 4 版.
③ 张焱. "抖音"上讨论教材问题也无可厚非[N]. 光明日报，2018-11-05，第 10 版.
④ 教育部关于人教版小学数学教材插图问题的回应[EB/OL]. http://www.moe.gov.cn/jyb_xwfb/gzdt_gzdt/s5987/202205/t20220528_632055.html，（2022-05-28）[2023-03-19]
⑤ 张振，刘学智. 教材制度建设的困境与超越：国家治理视角[J]. 中国教育学刊，2020（10）：53-57.
⑥ 格奥尔格·耶利内克. 《人权与公民权利宣言》：现代宪法史论[M]. 李锦辉译. 上海：商务印书馆，2012：59.

的核心，其问题在于，如何设计和协调各治理主体之间的公共权力关系，构建上下贯通与多方联动的教材管理体制。

新时代，完善教材治理体制要做到以下几点：一是强化国家统筹职能，整体规划教材建设。教材建设不可避免地受到市场等的影响，但市场不能替代国家元治理功能的发挥。教材质量监控和评价既要重视授权与分权的必要性，也要认识到更为强大的国家控制与指导的必要性，通过研究制定基本的教材方针政策，为多元主体间的联动提供共同的行动目标和准则，以建立既能加强国家统一领导作用又能调动其他多元主体积极性的宏观教材管理体系。二是整合教材管理权力，完善教材治理网络。教材制度是一个逻辑严密、环环相扣的体系，其中涉及各种不同性质和不同类型的权力。教材质量监控和评价要将散落在不同政府部门之中的公共权力进行科学合理的整合与分类，然后根据不同权力的类别和性质，被分配给国家、地方和学校等不同层级的教材管理主体，并在相应的法律框架内明确不同主体之间的职能、权限、责任等，以形成一个科学合理的教材治理网络。三是创生校本教材质量保障制度，调动学校参与教材建设的积极性。校本教材质量保障制度既包含学校对国家教材政策落实情况的监管，又包括对校本教材的设计、开发、编制、实施和评价的全过程管理。因此，实施校本教材质量保障制度，既要严格执行国家和地方关于课程教材的有关规定，制定配套的教材制度以保证国家和地方的课程教材政策能够被严格执行和落实；又要立足学校特色，积极探索校本教材管理模式，通过合理设置校本教材管理机构、划分教材管理职能、明确人员配备，以服务于学生个性化和多样化的学习需求。

2023 年颁布的《教育部关于加强中小学地方课程和校本课程建设与管理的意见》指出，"将提高课程质量贯穿在建设与管理的全过程"，"严格审议审核标准。依据《中小学教材管理办法》等有关规定，重点从思想性、科学性、时代性、规范性、协同性等方面加强审核，提高建设质量。在思想性方面，要以习近平新时代中国特色社会主义思想为指导，坚持正确的育人导向，始终在政治立场、政治方向、政治原则、政治道路上同党中央保持一致。在科学性方面，体现培养目标要求，满足学生多样化发展需求，课程结构合理，内容准确无误，资源适宜可用，密切联系学生的学习、生活和思想实际，符合学生认知特点和学习规律，体现学习方式变革要求。在时代性方面，注重反映马克思主义中国化时代化最新成果，关注经济社会发展新成就、科技发展新进展，体现课程改革新理念、课程建设新趋势。在规范性方面，课程设置合理，课程要素齐全，文字表述、插图等符合相关规定。在协同性方面，三类课程功能定位准确，内容无交叉重复、错位、脱节等现象"①。这为地方课程、校本课程质量提供了制度保障。

（三）如何治理：完善教材制度，提升教材治理水平

为促进教材高质量发展，国家成立了专业部门，建立了系列专业机构，因此，这些部门、机构需要发挥其专业效能，在专业化管理方面下功夫，不断完善教材管理制度，建立现代化教材治理体系。

1. 进一步设定明确管理目标，使政策的制定和实施有的放矢，科学客观

目标是政策制定和实施的导航塔，也是进行科学规划的指引，因此，制定科学有效的政策目标是治理行之有效的保障。教材质量的保障、质量水平的提升是一个综合性问题，涉及多个方面，受到众多因素的影响。在这些因素中，有的需要把控宏观方向，有的则需要关注微观操作，有的需要修正过往的弊端，有的则需要预判差错。对于政策目标的确立，横向上，要兼顾宏观和微观，因为它们具有相互促进和相互依存的关系；纵向上，要认真考量修正现有弊端，避免因修正而产生其他弊端，不能顾此失彼。

具体来说，横向上，宏观教材政策目标制定包括：坚持党和国家有关方针、政策；根据教育政策方针和教育发展规划，确定各层次、各类别教材的人才培养目标；建立完善的教材管理和治理办法，明确权力和责任；探索高水平教材管理治理新途径，与时俱进、创新理念等。微观上，针对教材编写、审查、出版发行、选用、使用等各个环节，制定与之相应、明确的目标。纵向上，教材政策不能只着眼于"哪儿破补哪儿"，更应注重全局性、平衡性，从全局考虑设定合适的政策目标。

2. 建立层次清晰的规范，厘清概念范围，力求有法可循、有据可依

为了提高教材质量水平，我们需要建立更加规范有效的程序，同时，制度的实施必须有可靠依据，这就要求我们建立层次清晰的制度规范。对于基础教育教材而言，针对编写、审核、选用等程序应制定明确可行的质量标准、实施规范和细则。比如，在编写环节，要有规范的对编写人员的要求、编写内容的标准；在审核、选用等环节，设计的标准、流程是否科学规范，参与主体是否专业素质高、具有代表性，评判标准是否合理、明

---

① 教育部关于加强中小学地方课程和校本课程建设与管理的意见[EB/OL]. http://www.moe.gov.cn/srcsite/A26/s8001/202305/t20230526_1061442.htm，（2023-05-17）[2023-06-15].

确无争议，流程是否规范、简明？各个环节的有法可循、有据可依都依靠完善的制度。因此，要想全面提升教材质量、建立完善的现代化教材治理体系，相关部门和机构还须钻研实践，建立健全管理、使用和评价的机制、标准，完善配套措施。

3. 细化教材规章制度，形成有章可循与依法管理的法治格局[①]

教材治理要求针对各级各类教材，建立从内容到形式的全面、系统的政策体系，不仅针对教材的思想价值、文字表达进行规范，还要对教材的呈现形式、整体设计进行规范。从治理主体看，政府主导、多元主体参与教材建设；从治理内容看，既要注意价值观念的引导，也注意语句表述的合理性；从治理工具看，既要使用标准工具，也要合理利用奖惩措施；从治理评价看，既要注重过程的监测评价，也注重追踪监测评估，建立全过程的监测评价机制。[②]

完善管理制度建设是实施教材质量监控的重要保障。因此，完善教材管理法治体系要做到以下几点：一是建立专业化的义务教育教材制度。构建专业化的义务教育教材制度的核心在于深刻把握义务教育教材编写、审定、选用等活动的运行规律，凸显义务教育教材制度发展的具体化、个别化特征。为此，国家要制定专门的义务教育教材管理办法，明晰"义务教育教材"的法律概念，完善义务教育教材的行政组织形式，推进义务教育教材管理机构、职能、权限和程序的法治化建设，构建专业化的义务教育教材制度体系。二是形成独立化的普通高中教材质量监控制度。普通高中教育在教育层次、教育目标和教育任务上都不同于义务教育，因此亟待建立与之相对应的独立的普通高中教材质量监控制度。要建立独立的普通高中教材质量监控制度，关键是明确普通高中教材建设的基本原则、建设目标、重点任务和重大措施，建立能充分体现高中教材质量监控和评价的内在机理和发展规律的编写、审定、选用和出版发行等管理规章制度，以满足于高中多样化和综合化的发展需要。三是完善教材政策实施系统。教材建设目标的实现，不仅有赖于支持和维护教材建设正常秩序的一系列法律法规和政策制度，还有赖于建立一套完善的保障监控法律法规有效实施的制度体系。为保证教材政策制度的有效实施，必须加快形成高效的教材法治实施体系、严密的教材法治监控体系和有力的教材法治保障体系，切实

[①] 张振，刘学智. 教材制度建设的困境与超越：国家治理视角[J]. 中国教育学刊，2020（10）：53-57.

[②] 薛二勇，李健. 教材治理体系和能力现代化的政策分析[J]. 中国电化教育，2022（7）：16-22，42.

保证教材建设各项制度有效实施。

4. 构建终身责任追究办法，建立健全常态追踪监测预警机制

教材问题具有一定的隐蔽性，但是往往造成巨大的社会隐患和长远危害。教材在实践中出现问题后，由于缺乏常态追踪监测预警机制，如果师生及社会有关人员反映的问题不能及时得到有效反馈，不能尽快做出精准有效的研判，那么会影响教材后续的优化改进，进而危害社会。为此，教材常态追踪监测预警机制的建立十分必要。高等院校、科研院所等应依靠专业科研力量建立教材常态追踪监测预警机构；鼓励建立由教师、家长、学生、专家等组成的社会监督评估机构，形成主体多元、领域多样的第三方教材监测评估机制，推进教材政策全面和系统地执行。

围绕教材建设全过程（包括教材编著、编辑、出版发行、选取使用等的整个过程），建立监测评价指标，形成常态化、定期化、抽查化的评价机制，实时向社会公开监测评价结果，以作为推进教材优化的重要依据。建立针对教材思想政治、文字表达、知识呈现、形式美感等方面的追踪监测基点和问题反馈机制；基于问题的性质、数量、紧急程度建立教材预警机制，根据阈值启动警示，以问题出现的时间、范围、频率展开对教材的召回、调整、修正和优化工作。对教材建设的全过程进行追踪监测，通过监测人员主动反馈与定期抓取数据，充分利用现代信息技术，运用大数据筛查和反馈教材在使用中的经验、存在的问题等，不断优化整个教材建设体系。

建立终身性责任追究处罚机制是教材治理体系现代化建设的重要保障。由于教材使用的长期性、效果的滞后性、问题的极端严重性和影响显现的隐蔽性，建立教材编写、编辑和出版、发行的终身责任追究处罚管理机制十分必要。国家主导、多方主体参与完善教材编写、编辑、审定的责任标准，清晰划分教材编写、审定、发行、使用主体的责任。国家统筹确定教材建设的基本原则、主要标准和实施程序，指导出版机构、专家学者、地方政府、各类学校积极参与教材建设，各尽其责、守土有责，坚持谁编写谁负责、谁出版谁负责、谁发行谁负责、谁选用谁负责的治理思路，编好管好用好教材。一经发现教材问题，教材领导与管理部门便启动终身责任追究处罚机制。根据问题的性质、危害程度、范围和时间，针对教材建设不同环节责任人、部门的具体过错，依据规定进行严肃问责和处罚，对出现问题的责任人员、有关机构从事教材有关行业进行从业限制等，以杜绝教材问题。建立教材出版行业的退出机制，促使不再具备教材编写、出版发行资格的主体及时退出教材出版领域；建立劣质教材的退出机制，促

使有严重问题的教材及时退出教育领域。

（四）强化教材管理，建立民主对话与共同协调的长效机制

教材建设作为一项系统复杂的教育工程，要改变原来单一的计划行政机制，建立与法律、财政和市场等配套的长效机制，以促使教材管理由"控制型"向"服务型"转变。为此，强化教材管理，一是要健全国家宏观调控机制中最重要的治理机制。首先要明确国家在哪些领域必须强化，在哪些领域必须弱化，在此基础上结合不同层次、不同领域和不同环节教材管理的特点，综合运用法律、政策、财政拨款等方法，构建一套动态的国家宏观调控机制。二是要完善教材监控机制。根据国家的统一部署和要求，从中央到地方建立上下协调的教材监控机构，完善相应的教材监控规章制度，制定教材监控标准，并依据监控标准对教材建设的实际运行状况进行动态监测，形成即时高效的教材问题识别和预警机制，为教材政策制定、实施和改进提供科学支撑。三是强化教材工作协调机制。健全的教材工作协调机制，能够有效地防止出现政出多门、政策效应相互抵消的问题。强化教材工作的协调机制要充分发挥中央、地方和学校等教材管理主体间的协调作用，统筹规划教材建设中各层次、各领域和各环节的权力分配，完善相应的法律法规及相关政策，形成民主对话与共同协调长效机制。

第四节　国家事权视野下的基础教育教材 质量监控和评价

党的十八大以来，以习近平同志为核心的党中央高度重视教材建设，将教材建设作为国家事权加以统筹规划、精心安排、狠抓落实。习近平总书记在全国高校思想政治工作会议上指出，"教材建设是育人、育才的重要依托。建设什么样的教材体系，核心教材传授什么内容、倡导什么价值，体现国家意志，是国家事权"[1]。这深刻揭示出教材建设的意识形态属性。

---

① 张烁. 习近平在全国高校思想政治工作会议上强调：把思想政治工作贯穿教育教学全过程 开创我国高等教育事业发展新局面[N]. 人民日报，2016-12-09，第 1 版.

一、教材建设国家事权的要义

教材是传播知识的主要载体，是教师教学、学生学习的重要工具，体现着一个国家、一个民族的价值观念体系。从基业初创到迎头赶上，党和国家对中小学教材始终倾注着巨大关切，教材也始终与国家命运紧紧相连。现在的学生学什么样的教材，就决定未来我们有什么样的国民。"教材体现党和国家意志，反映人民重大关切，传承中华优秀文化和人类文明先进成果，是解决培养什么人、怎样培养人、为谁培养人这一根本问题的重要载体，直接关系党的教育方针落实和教育目标实现。"[①]教材必须反映国家的主流意识形态和社会价值。从内容属性来看，教材体现的是国家意志、民族精神、集体权威、科学真理和主流文化等。[②]

1. 教材是国家主权的无形边界

教材集中反映国家发展需求、安全需求、利益需求，关系国家前途命运。把教材建设和监管作为维护国家主权、安全的重要防线，是各主权国家的惯例。[③]

第一，要建立对国家、民族、文化的认同感，教材的独特作用不容忽视。中国幅员辽阔、文化多样，只有把爱国主义情怀和民族精神植根于人民心中，才能增强国家和民族的凝聚力与向心力。新中国成立以来，我们党注重以教育制度建设以及作为教育主要载体的教材体系建设，注重弘扬中华优秀传统文化，增强民族认同感，充分调动人民群众建设国家、振兴民族的积极性。还应当指出，出现的某些教材问题可能导致青少年在民族认同、国家认同和文化认同等方面出现偏误，使他们在敌对势力的蛊惑和煽动下迷失方向，从而对国家造成严重破坏。

第二，弘扬社会主义核心价值观，教材是必不可少的。当下，世界范围内意识形态的对抗日趋激烈，在意识形态多元、多样、多变的复杂环境中，如果没有正确的教育思想作为引导，后果将不堪设想。作为凝聚全社会价值共识的社会主义核心价值观，继承了中华优秀传统文化，与中国特色社会主义事业相契合。"根据中共教育部党组关于学习贯彻习近平总书记五四重要讲话精神的通知，各地教育部门和各级各类学校要联系实际，拓

---

① 王湛. 强化国家事权，确保教材质量[EB/OL]. http://www.moe.gov.cn/jyb_xwfb/xw_zt/moe_357/jyzt_2020n/2020_zt04/jiedu/zhuanjia/202001/t20200108_414669.html,（2020-01-08）[2023-06-12].

② 刘启迪. 论基础教育教材建设的中国特色[J]. 全球教育展望，2021（8）：67-75.

③ 米博华，王梓. 国家事权视域下的教材建设[N]. 光明日报，2021-11-19，第11版.

展有效途径，坚持由易到难、由近及远，把培育和践行社会主义核心价值观融入国民教育全过程，落实到教育教学和管理服务各环节。"①教材是弘扬和培育社会主义核心价值观的关键抓手。通过优质教材向青少年学生传递正确的人生观、世界观与价值观，是坚定青少年理想信念、增强其抵御错误思潮能力的重要途径，这有助于青少年将个人奋斗目标融入国家发展需求，把个人追求融入国家梦想，从而使其在广阔天地中大显身手、寻获人生价值。

第三，坚持教材建设与中国特色社会主义事业密不可分。改革开放以来，我们党坚持以马克思主义为指导，坚持把马克思主义基本原理与中国国情实际相结合，坚持与中国优秀传统文化相结合，形成了与时俱进、一脉相承的马克思主义中国化理论成果，坚持、捍卫和开创、发展了中国特色社会主义。历史证明，马克思主义是党和国家建设的根本指导思想，中国特色社会主义是实现中华民族伟大复兴的正确道路。当下，中国经济发展迅速，美国等西方国家对中国的封锁和遏制越来越猖獗。面对挑战，青年人应该始终清楚为谁奋斗、如何奋斗，教材建设也应该明确培养什么人、如何培养人、为谁培养人的问题。通过教材建设，深化青年一代对共产主义的信仰和对中国特色社会主义的信念，使他们不迷失方向、不怕坎坷，心中有梦，脚下有路，前途有方向。

2. 教材管理是国家治理的重要组成部分

教材管理不仅涉及教育系统建设，也是国家治理体系的重要组成部分。维护教材的"主权防线"，离不开健全的教材管理体制和有效实施教材管理制度的能力。

第一，教材管理是国家治理的重要组成部分。大多数现代国家把建设和完善教材管理体制作为国家治理的出发点之一。早在 19 世纪末，美国各州就立法规定教材的审定和选用程序；德国、法国、加拿大等国也根据治理传统和实际需要，建立了系统、详细的教材管理机制。新中国成立之初，我们党就明确指出，教材对国民经济和人民生活影响巨大，必须坚持国家经营、国家管理，并专门成立人民教育出版社，从全国调集一大批优秀人才编写和出版中小学教材。改革开放以来，为适应时代发展的需要、促进经济社会发展，教材编选的具体工作得到了调整和改进，但国家在教材建设中的主体地位始终未变，党管教材的政策也始终没有改变。实践证明，只

---

① 教育部：把培育和践行社会主义核心价值观融入国民教育全过程[EB/OL]. https://news.12371. cn/2014/05/06/ARTI1399384339044963.shtml，（2014-05-06）[2024-04-12].

有国家进行战略规划和顶层设计，构建教材管理体系，规范各种行为，教材建设才能明确自身定位，并在国家发展战略总体布局下发挥应有的作用。

第二，提高教材管理能力，是提升国家治理现代化水平的重要基础。当今世界，国家之间的竞争日趋集中在"软实力"上，包括政治价值观和社会教育水平。教材管理能力的高低直接影响到一个国家的教育发展水平，也反映了一个国家的综合治理水平和综合国力。建立教材管理体系就像建立"骨架"，只有不断提高教材管理能力，才能"血肉"丰富，推动教育健康发展。改革开放以来，我国建立了符合中国特色社会主义发展要求的教材管理体制，但教材管理能力水平与发展要求之间仍存在较大差距。例如，存在对中小学教材的管理不够细致的问题。党的十八大以来，党中央站在国家事权的高度，把教材管理能力作为国家治理能力的重要组成部分，采取多种措施促进教材管理效能的提升。2017年，国家教材委员会成立，指导和统筹全国教材工作；2020年，国家教材委员会印发《全国大中小学教材建设规划（2019—2022年）》。目前，中国已建立起以国家教材委员会为主导机构、以教育部为主要管理部门、以课程教材研究所为国家级科研平台、以国家教材建设重点研究基地为实体机构的相对完整的教材建设工作体系，以管理促进研究，以研究推动管理。这一系列重要措施对于提高教材管理能力具有重要意义。

3. 教材建设作为国家事权地位的重大意义①

第一，教材是国家意志的体现，这是其核心要求，能否建立完善的教材体系直接影响国家对人才的培养。教材建设是育人育才的重要依托，决定国家下一代人学什么、信什么，事关中国特色社会主义事业兴旺发达、后继有人。加强教材建设首先就要体现国家意志，坚持正确方向，弘扬主流价值，帮助广大青少年学生从小打好中国底色、植入红色基因，成为拥有中国心、饱含中国情的一代人。

在这样一个不同社会思潮和不同教育思想激荡、碰撞、融合的时代，课程教材如何更好地体现国家意志，明确主流价值导向，发挥应有的正本清源的作用和在人才培养各环节中的统领作用，帮助广大青少年学生从小打上中国底色，植入红色基因；如何在课程教材中强化与时俱进意识，拓宽国际视野，及时反映世界科技新进展，吸收人类文明新成果，创新学术话语体系，大力提升课程教材质量，更好地为国家经济社会发展提供人才

---

① 潘信林，陈思琪. 党的十八大以来教材建设研究评估与展望[J]. 课程·教材·教法，2019（9）：12-20.

支撑，我们在这些方面的任务还很艰巨。

第二，坚持党的领导是根本保证，教材建设必须坚持正确的政治方向，体现社会的主流价值。加强党对教育工作的全面领导，是办好教育的根本保证。教材是国家意志在教育领域的直接体现，是落实党的教育方针的重要抓手，是解决培养什么人、怎样培养人、为谁培养人这一根本问题的重要载体。必须牢牢把握党对教材工作的领导权，把党的领导和党的主张落实到教材建设的各个方面，把好育人育才的重要关口，使教材领域成为坚持党的领导的坚强阵地。

第三，服务国家发展战略是重要使命。教材建设对实现中华民族伟大复兴中国梦具有重大的战略意义，为实现"第二个百年"奋斗目标和中华民族伟大复兴的中国梦提供支撑。实现中华民族伟大复兴，需要一代代人为之不懈努力，归根结底靠人才。教材建设要紧密围绕党和国家事业发展对人才的要求，扎根中国大地，拓宽国际视野，以全面提高质量为目标，以增强思想性、科学性、民族性、时代性、系统性为重点，形成适应中国特色社会主义发展要求、立足国际学术前沿、门类齐全、学段衔接的教材体系，为培养担当民族复兴大任的时代新人提供有力支撑。

第四，强化政府统筹管理是基本手段。在新时期突出教材建设的国家职责，坚持统筹管理，实行统筹为主、统分结合、分类指导。一方面，强化国家层面的统筹指导；另一方面，积极落实地方政府、学校的管理职责，建立健全国家主导、多方参与的体制机制,调动各方力量形成教材建设合力。

第五，教材建设能否做到与时俱进，能否反映世界科技新进展、吸收人类文明新成果、建立学术话语新体系，还关系到我国能否在世界舞台上拥有更多的话语权。教材体系建设实质上是要树立文化自信，这也是树立教育自信的基础和根据。教材体系建设中，特别要坚定文化自信和学术自信。要在教材体系建设中彰显中国立场、中国智慧，形成体现中国教育现代化发展而又立足国际学术前沿、学科门类齐全而又规范有序的教材体系，为完成培养什么样的人、怎样培养人和为谁培养人的任务奠定坚实基础，并为增强国家教育和文化力量、提高国家综合实力做出更大贡献。要统筹各种优质学科和学术资源，全面提升教材质量，完善教材建设体系。要合理利用中华优秀传统文化的资源，这是中国特色教材建设和发展的最为宝贵、最具特色的资源。加强对中华优秀传统文化的挖掘和发扬，使中华民族最基本的文化基因与当代文化相适应、与现代社会相协调，把其中蕴含的具有当代价值的思想、文化和学术资源加以弘扬，融入不同阶段的教材中，构建适合时代发展要求和学生成长成才需要的新内容。同时还要了解国外哲学社会科学的资源，包括世界其他国家哲学社会科学方面取得的积极成果，使之成为有助于中国教材建设的有益因素。①

教材建设国家事权的中国化表达凸显的是对"党领导教材建设、人民对优质教材的期望和依法进行教材建设"所进行的新型法理诠释。这种具有鲜明法理特征的教育行政事项与建设社会主义法治国家、构建中国特色社会主义法治体系、完善与创新中国特色社会主义法治理论的旨趣内在契合。作为教材建设国家事权的法理依据，中国特色社会主义法治理论的核心指向和发展内容可构成教材建设作为国家事权的内在理由。②

教材建设事关国家的长远发展。国家教材委员会的主要职责是管总、把关、协调，教材建设的重大方针政策、基本制度、发展规划、重点教材等，都要由国家教材委员会审核决定。

根据中央决策部署，中小学三科教材实行国家统一编写、统一审核、统一使用。从 2012 年开始，教育部统一组织编写义务教育道德与法治、语文和历史三科教材。2017 年，普通高中道德与法治、语文、历史教材完成统编工作。2017 年，义务教育阶段的道德与法治、语文、历史三科统编教材开始在全国小学和初中的起始年级使用，2019 年实现所有年级的"全覆盖"；2022 年，全国所有省区市普通高中起始年级全部使用三科统编教材，2025 年实现所有年级的"全覆盖"。在新的历史时期，国家统编教材是落实立德树人根本任务的基础工程，可以将爱党、爱国、爱社会主义从基础教育阶段注入学生心田，对打好中国底色、铸牢中国魂、培养社会主义合格建设者和可靠接班人具有重要的现实意义。

二、国家事权视野下的基础教育教材质量监控

新时代的教材建设任重而道远，面对人民日益增长的优质教材需要与不平衡不充分的教材建设之间的矛盾，教材建设主体亟须明晰国家教材建设的新特征，优化国家教材建设的权力结构，并探索建立国家建设的权力行使机制，以体现教材建设作为国家意志与国家事权的重要属性。

（一）新时代加强教材建设的顶层设计

国家教材委员会印发的《全国大中小学教材建设规划（2019—2022

---

① 靳晓燕. 教材建设是国家事权——对话国家教材委员会委员[N]. 光明日报, 2017-07-14, 第 6 版.
② 罗生全, 杨柳. 论教材建设国家事权的法理逻辑[J]. 湖南师范大学教育科学学报, 2021（5）：35-43.

年)》(简称《规划》),旨在为加快推进现代化的基础教育提供优质教材。该规划的制定是新时代加强教材建设所做出的重要的顶层设计。确保教材质量,是它的落脚点。要贯彻实施该规划,就必须深刻领会其政治导向和目标导向作用。强化国家事权,是制定该规划的出发点,也是其鲜明的政治导向所在。[①]

正本清源需要各个主体协力担当,在权力行使过程中廉洁高效,力求整个教材建设健康有序,实现教材一体化建设目标。具体来说:

一是将坚持育人为本作为教材建设的基本原则。[②]教材体现国家意志,其核心功能是育人。教材建设要遵循教育教学规律、人才成长规律,注重提升学生核心素养,促进学生全面发展。要严把编—审—用—评等各个环节,着力打造与教育强国相适应的优质教材。只有教材建设方向正确,明晰各主体的权责界限,才能保证教材建设过程的顺利推进。党的二十大报告明确提出,"教育是国之大计、党之大计。培养什么人、怎样培养人、为谁培养人是教育的根本问题。育人的根本在于立德。全面贯彻党的教育方针,落实立德树人根本任务,培养德智体美劳全面发展的社会主义建设者和接班人"。因而,教材建设既要"立德",又要"树人",要尊重教育规律与学生成长规律,这就需要科学选择教材内容。

二是将教材质量地位显著提升,确定为教材建设的主要目标。《全国大中小学教材建设规划(2019—2022 年)》提出,经过一段时间的努力,不仅教材体系日趋完备,而且使教材"更具中国特色和国际视野,育人功能显著增强",产生一批具有国际影响力的优质教材。

三是明晰教材质量提升的评价标准。教材质量显著提升应充分体现在思想性全面增强,科学性、时代性进一步提升,适宜性进一步增强,师生对教材的满意度显著提高等方面。

四是分类分段部署了提升教材质量的工作任务。中小学三科统编教材不仅要更好地融入社会主义核心价值观,而且要更加符合教育教学规律,联系生活实际,增强吸引力和感染力。

五是建立健全教材建设质量保障体系。坚持培养和培训并举,支持吸引优秀人才编写教材,建立教材审核专家库,打造高素质专业化教材建设队伍。教材建设不仅需要法律法规以及规章制度等外在保障,还需要教材编写审定队伍内部结构合理。教材建设何以诠释国家事权的权力实质,不

① 王湛. 强化国家事权,确保教材质量[EB/OL]. http://www.moe.gov.cn/jyb_xwfb/xw_zt/moe_357/jyzt_2020n/2020_zt04/jiedu/zhuanjia/202001/t20200108_414669.html.(2020-01-08)[2023-06-12].

② 罗生全. 论教材建设作为国家事权[J]. 课程·教材·教法,2019(8):4-11.

仅需要立法机关或行政部门制定相应的法律法规或管理办法，还需要在优化教材管理结构以及管理制度上下功夫，创新教材管理机制，激发教材编写者的内驱力。①审定者不能只是学科专家，心理学、教育学特别是教材研究等方面的专家也应该有效介入，以防止审查过于偏重学科，而忽视心理、教育和意识形态层面的影响因素。②加强课程教材研究平台和教材编写配套资源平台建设，服务、支撑教材编修工作。建立教材使用培训体系，不断提高教师用好教材的能力。加强教材建设的经费保障、督促检查，做出制度性安排。

六是教材体系布局要合理。保持统编与多样并存是教材建设的总体原则，在这一背景下，还要关注民族教材开发、国际学校教材监管、数字教材研发以及乡土教材重拾等。只有全要素组合重构，才能推动新时代教材体系生态建设的实现。③

（二）构建国家教材建设的新型权力结构④

教材作为诠释国家意识形态权力的重要载体，就必然要从顶层设计机构到中间的省区市核定机构，再到基层的教学机构，层级组织机构必须时刻保持对意识形态的高度重视，统筹做好编写、审定、出版、选用以及供应等方面的权力配置工作，只有这样才能保证决策机构科学高效运转。这里面既包括国家教材委员会以及教材局、课程教材研究所，也包括地方教材审定与研究机构以及学校等基层单位。这是自上而下权力结构合理运行的一条线。另一条线是自下而上的教材使用反馈评价权力。教材编写的适切与否，最终要靠使用人员的实践反馈。因而，应重视教材使用的真实反馈，搭建教材评价反馈平台，及时修订违反国家意志、违背教育发展规律以及脱离学生发展真实水平的教材内容。两条主线的双向运作，既可以保证国家权力的科学分配与行使，又能及时接收权力作用恰当与否的真实反馈。只有这样，教材建设作为国家事权才能落到实处。

（三）构建具有中国特色的基础教育教材质量监控的国家主体机制

新时代国家教材建设需要各责任主体遵从权力行使的既定标准，即

① 罗生全. 论教材建设作为国家事权[J]. 课程・教材・教法，2019（8）：4-11.

② 石鸥，张文. 改革开放 40 年我国中小学教材建设的成就、问题与应对[J]. 课程・教材・教法，2018（2）：18-24.

③ 石鸥，张学鹏. 改革开放 40 年教科书建设再论[J]. 教育学报，2018（2）：26-33.

④ 罗生全. 论教材建设作为国家事权[J]. 课程・教材・教法，2019（8）：4-11.

执政者在权力行使过程中，要明确权力行使的职责，履行权力行使程序，坚持权力行使原则，使权力行使达到科学化、规范化、制度化与法制化的要求。①

第一，国家、地方与学校要明确自己的权力范畴。特别是国家层面，要不断加强课程教材统筹指导和宏观管理，创新课程教材编审、使用体制机制，不断推出高水平课程教材，确保课程教材的政治方向、价值取向、学术导向、话语体系等始终牢牢掌握在自己的手中。②任何权力的越位、错位和缺位，都会造成权力运行的无序，造成权力执行的混乱。

第二，要创新教材管理机制，使教材建设过程中的权力行使既科学高效又合法有序。一是创建以项目为主导的教材多样化管理机制。教材管理以项目化形式进行，其目的是在教材编审过程中避免可能出现的机制体制障碍，特别是出现一些权力滥用现象。这就要求科学制定教材编写和审定标准，以明确教材编写、审定主体的权利和权力边界，保证教材的编写和审定独立进行。③二是完善教材准入与退出机制。对教材建设来说，完全依托市场调控具有较大风险。教材自身的特殊性需要国家在准入环节制定资格标准，对涉及教材建设的人员以及机构设立门槛，并辅以细则做具体规定和解释。同时，要健全教材退出机制，对教材市场进行定时审查，对违背政治性、科学性以及适宜性的教材要及时清理。三是建立健全监督机制④，充分发挥教育智库在教材质量监控和评价中的功能。党的二十大报告明确指出，要"坚持科学决策、民主决策、依法决策，全面落实重大决策程序制度"。教材建设要与教材评价相结合，顶层设计教材质量监控和评价的国家标准，强化国家事权在监控和评价中的特殊作用，统筹资源和专家力量，搭建平台，统一规划和协同推进，保证教材建设的内在效度。创新评价方法、创生评价机制，充分发挥政治觉悟好、专业水平高的机构和专业人员的作用，合理吸纳公众反响和实践反馈，从外部为教材建设提供动力①，以保证教材结构及教材质量监控和评价体系的科学合理。

第三，构建具有中国特色的基础教育教材质量监控的国家主体机制。教材质量监控和评价作为国家监控教材管理的重要手段，是提高教材质量的有效机制。提升教材质量是教材建设的核心任务。其中，政府应当加强宏观质量调控与省级监控力度，社会力量应当积极融入基础教育教材质量

---

① 邢植朝. 权力行使与权力生态[M]//刘海藩. 构建和谐社会与领导科学创新. 北京：九州出版社，2006：377-379.

② 王湛. 落实国家事权的重大战略举措[J]. 云南教育（视界时政版），2017（8）：43-44.

③ 刘学智，张振. 教育治理视角下教材一体化建设的理论建构[J]. 教育研究，2018（6）：139-145.

④ 罗生全. 论教材建设作为国家事权[J]. 课程·教材·教法，2019（8）：4-11.

监控体系，出版机构等相关部门则应加强自律，从而构建全社会参与质量监控的组织保障与制度保障。促进多元主体平等参与教材建设，就要求健全相应体制机制，包括多元主体平等对话的共同体建设以及监督机制的完善等，保障多元主体参与教材建设，在充实教材建设共同体力量的同时，也要关注利益诉求的多样性，利益协调的复杂性。①

---

① 罗生全，董阳. 教材建设国家事权的权力属性及运行原则[J]. 课程·教材·教法，2022（11）：74-81.

第四章 基础教育教材质量监控和评价的现状审视与中国经验梳理

第一节 基础教育语文教材质量标准发展分析

改革开放以来，我国针对教材管理方面出台了一系列政策，涉及教材编写、审定、出版、选用、评价等方面。本节[①]根据改革开放以来国家颁布的与我国中小学语文教材质量标准相关的重大教育政策文件、课程标准（教学大纲），以及学者提出的与中小学语文教材质量标准相关的文献进行梳理和分析，从历史发展的角度，探讨中小学语文教材质量标准的发展变化。

一、概念界定

与"教材"的定义一样，语文教材也有广义和狭义之分。从广义上讲，基础教育语文教材是按照语文课程标准（或教学大纲）来制订语文学科的文本材料，包含中小学语文教科书、教学辅导用书、练习册、教参等。而狭义的中小学语文教材特指中小学语文教科书。本节采用后者，即中小学语文教科书的说法。

"发展"一词在词源上来源于生物学，与"进化"相对应，用于描述生物结构、规模、功能等不断优化的过程。从哲学的角度看，发展的本质是新事物取代旧事物。本章提到的"发展"，是社会领域范围内的"发展"。基础教育语文教材质量标准的发展变化，指的是改革开放以来，基础教育语文教材质量标准从"一纲一本"时期到"一标多本"时期，再到"统编教材"时期的发展变化规律。

---

① 本节初稿由孔凡哲、许丽梅执笔，孔凡哲修改定稿。

二、改革开放以来，我国中小学语文教材质量标准发展历程及特点

笔者结合社会发展及语文教育发展的历程，将改革开放以来中小学语文教材质量标准的发展历程划分为三个时期，探讨各个时期教材质量标准的特点，研究总结其发展变化规律。

（一）发展历程及其划分依据

我们以国家教育部门颁布的重要政策、文件、课程标准、教学大纲等作为关键节点，把中小学语文教材质量标准的发展历程划分为三个时期："一纲一本"时期（1978—2000 年）、"一标多本"时期（2001—2016 年）、"统编教材"时期（2017 年至今）。

1."一纲一本"时期（1978—2000 年）

中华人民共和国成立至 20 世纪 80 年代中期，我国在全国范围内都使用统一的中小学教材，实行中小学教科书国家统编制（又称"国定制"），即"一纲一本"教材政策。在中华人民共和国成立初期，由于我国社会经济发展水平较低，教育资源稀缺，很多学生只能在有限的时间里学习知识，因而采取"一纲一本"的教材政策是非常有必要的。它有利于满足学生需求，提高学生学习效率，为社会主义建设培养大量人才。在此期间，全国上下所有的中小学都使用统一的教材。

改革开放后，社会发展突飞猛进，"一纲一本"的教材政策在我国社会主义建设进程中显露出诸多问题。为此，国家对新的教材政策进行摸索。为了推进基础教育改革，适应国际国内形势的发展，1985 年，中共中央颁布《中共中央关于教育体制改革的决定》。第二年，国家成立了"全国中小学教材审定委员会"以及各学科的"学科教材审定委员会"，其中"语文教材审定委员会"主要负责中小学语文教材的审查与审定工作。教材审定委员会的成立，为教材审定制的实施奠定了基础。1987 年，教育部印发《全国中小学教材审定委员会工作章程》，其中指出："为了在统一教学基本要求的前提下，有领导、有计划地实现教材的多样化，以适应不同地区的需要，建立有权威的教材审定制度，促进中小学教材质量的提高，成立全国中小学教材审定委员会（以下简称审定委员会）。"从这之后，我国逐步从"国定制"向"审定制"过渡，教材呈现出多样化发展的趋势，但并未实行

真正意义上的"一标多本"教材政策。直到 20 世纪初新课程改革后,"一标多本"的教材政策才被正式确定下来。2001 年国家颁布的《基础教育课程改革纲要(试行)》,提出,"实行国家基本要求指导下的教材多样化政策,鼓励有关机构、出版部门等依据国家课程标准组织编写中小学教材"。

2. "一标多本"时期(2001—2016 年)

随着《基础教育课程改革纲要(试行)》的颁布,我国开始了基础教育第八次课程改革(以下简称"新课改")。我国"一标多本"的教材政策也是在新课改背景下实行的。《基础教育课程改革纲要(试行)》明确规定,我国实行国家基本要求指导下的教材多样化政策。

新课改将目光聚焦在持续发展变化的国内国际环境上,将课程改革作为一个切入点推动我国教育水平的全面提升,从而改变以往在课程管理方面过于严格的状况,实现国家对课程的三级管理。这就要求有多样化的教材供应,以满足课程改革的需要。为此,2001 年,国家颁布《中小学教材编写审定管理暂行办法》(以下简称《暂行办法》)。《暂行办法》对教材的编写、审定等各项工作都提出了具体要求。随着《暂行办法》的颁布,"一标多本"教材政策正式确立。同年,教育部颁布《全日制义务教育语文课程标准(实验稿)》,这是中华人民共和国成立以来第一个以课程标准命名的义务教育语文课程标准。此后,我国由"教学大纲"时代进入"课程标准"时代。按照"一标多本"教材政策的要求,各出版主体根据《全日制义务教育语文课程标准(实验稿)》要求编写不同版本的中小学语文教材,如人教版、苏教版、北师大版等。继这些版本之后,又有众多版本的中小学语文实验教材出版,如语文 S 版、语文 A 版、鄂教版、湘教版、冀教版、西师版等。我国中小学语文教材在出版发行上呈现"大发展、大繁荣"的景象。

3. "统编教材"时期(2017 年至今)

"一标多本"教材政策也不是十全十美的,在其政策促进教材多样化发展的同时也显露出一些弊端。比如,各出版社出版的教材质量参差不齐、西方文化的渗透入侵等,使得一些语文教材失去了培养学生主流价值观、传承社会主流文化的重要功能。党的十八大以来,党中央从国家战略的角度出发,高度重视新时代教材建设。2017 年,国家收回了语文教材编写权,义务教育语文教材实行统编制,由教育部统一组织进行编写和出版。"习近平总书记站在教育是国之大计的战略高度,旗帜鲜明地提出教材建设是国家事权"①，这进一步强调了党对教材建设的高度重视与精心筹划。2020年，国家颁布《全国大中小学教材建设规划（2019—2022 年）》，为我国大中小学的教材建设工作提供了全新的思路。在新时代背景下，语文教材建设向前推进了一大步，统编教材获得进一步发展。

（二）特点分析

本小节从编写标准、审定标准、出版标准、选用标准、评价标准五个维度对改革开放以来我国中小学语文教材质量标准特点进行阐述。对前四个标准，本小节以国家相关部门颁布的政策、法规等文件为文本进行分析，探寻政策层面各时期中小学语文教材质量标准的特点，并将这四个标准归纳为政策考察分析；对于评价标准，本小节以学者提出的教材质量标准为文本，从评价内容、评价理念、评价主体、评价方法、评价应用五个方面，分析学界层面各时期中小学语文教材质量标准的特点，因此，将评价标准归纳为现状分析。

1. "一纲一本"时期（1978—2000 年）

1）中小学语文教材质量标准政策考察分析

第一，编写标准。在国家统一教学大纲的指导下编写教材。"文化大革命"对我国各项事业造成了严重破坏，全国各地教育质量普遍低下。针对这一情况，国家采取统一学制和统一教学大纲的做法。在教材使用上，全国范围内使用同一套教材。由于建设初期缺乏教育管理的实践经验，我国在学制方面展开了一段艰难的探索，有些时候还没有对当时社会的形势进行深入探究，就对改革方案进行了快速调整，造成中小学教学计划与教学大纲的变动较为频繁。这一时期，仅中小学语文教学大纲，国家就颁布了 6 次。此外，中小学语文教材的编写一直紧跟改革步伐，按照教学计划和教学大纲的要求对教材进行改编或改写。例如，1988 年颁布的《九年制义务教育教材编写规划方案》提出，"必须根据国家教委新订的义务教育全日制小学、初级中学教学计划、教学大纲的要求，总结我国教育改革的经验，编写出适应社会主义建设需要的、符合我国国情的、质量较高的新的教材来……鼓励各个地方，以及高等学校，科研单位，有条件的专家、学者、教师个人按照国家规定的教育方针和教学大纲的基本要

---

① 强化国家事权，确保教材质量[EB/OL]. http://www.moe.gov.cn/jyb_xwfb/moe_2082/zl_2020n/2020_zl102/202001/t20200108_414669.html.（2020-01-08）[2023-12-26].

求编写教材"[①]。

　　第二，审定标准。确立并逐步完善教材审定制，审定标准不断规范化。从改革开放到 20 世纪 80 年代中期，我国各项社会主义建设工作处于恢复与调整状态。1986 年颁布《中华人民共和国义务教育法》（以下简称《义务教育法》）。《义务教育法》指出，"国务院教育主管部门应当根据社会主义现代化建设的需要和儿童、少年身心发展的状况，确定义务教育的教学制度、教学内容、课程设置，审订教科书"。[②]同年，"全国中小学教材审定委员会"及各"学科教材审定委员会"成立。语文教材审定委员会主要负责中小学语文教材的审查与审定工作。《义务教育法》的颁布和全国中小学教材审定委员会的成立，为教材审定制的实施奠定了基础。1987 年，国家颁布《全国中小学教材审定委员会工作章程》[③]，明确指出要不断完善中小学教材审定制度，以规范中小学教材审定工作，提高教材质量。《全国中小学教材审定委员会工作章程》还规定了教材审定委员会的职责、任务、组织结构以及管理制度等内容，规定中小学教材审定工作的原则和要求，这对保证中小学教材质量、规范中小学教材审定工作发挥了重要作用。此后，我国确立并逐步完善了教材审定制。在此期间，国家颁布了一系列与教材审定有关的政策，并对其原则与标准进行了细化，不断增强其可操作性。比如，1996 年，国家对《全国中小学教材审定委员会工作章程》进行了修订，修订后的《全国中小学教材审定委员会工作章程》从教材内容、教材体系、文字插图、作业和练习等方面对送审的中小学语文教材的审查原则与标准做出了详细规定[④]。关于教材审定，除了《全国中小学教材审定委员会工作章程》外，1995 年，国家颁布《关于中小学教材编写、审查和选用的规定》，并在此基础上我国进一步加强了对中小学教材的管理。总体而言，我国中小学语文教材审定标准随着《全国中小学教材审定委员会工作章程》的颁布与修订完善，经历了从无到有、从粗略到具体、不断制度化与规范化的过程。从某种程度上来说，我国中小学语文教材审定及管理制度开始走向制度化与规范化。

　　第三，出版标准。一是在教材出版主体上，由单一化向多元化发展。改革开放推动了我国各项事业的发展进程，社会发展取得了长足进步。国

---

　　① 国家教育委员会关于颁发《九年制义务教育教材编写规划方案》的通知[EB/OL]. https://www.pkulaw.com/chl/d7c2282f91f6fd02bdfb.html?keyword.（1988-08-21）[2022-12-30].

　　② 中华人民共和国义务教育法[EB/OL]. https://www.pkulaw.com/chl/27bc0f58a13f5a17bdfb.html.（1986-04-12）[2022-12-30].

　　③ 全国中小学教材审定委员会工作章程[J]. 课程·教材·教法，1988（1）：2-5.

　　④ 全国中小学教材审定委员会工作章程[J]. 课程·教材·教法，1996（12）：1-4.

际国内形势也在不断发生变化，"国定制"教材政策显露出一些弊端。尽管此时我国还并未实行"一标多本"的教材政策，但教材多样化发展已成为一种不可逆的趋势。从中华人民共和国成立初期实行的教材"国定制"，再到如今的审定制，我国的中小学教材政策经历了一次重大的变革。[①]中小学教材从刚开始的编审一体，到后来的编审分离；从"一纲一本"，到呈现"一标多本"的趋势[②]。20 世纪 80 年代中期，有关部门提出中小学教材出版改革的新思路，即利用竞争方式，鼓励各出版社编写各具特色的教材，推动教材多样化发展，进而提高教材质量。80 年代末，在新思路的指引下，我国开启了新一轮基础教育课程教材改革，其主要特点是教材的多样化。比如，在中小学教材审定委员会统一领导下，多家出版社根据我国各地区不同的地理特征和受教育者的实际情况，编写出版了"八套半"教材。[③]这些出版主体包括人民教育出版社、语文出版社、北京师范大学出版社等。这是各教材出版主体利用自己的专长，在政府的大力支持下，为实现义务教育教材的多样化而进行的初步探索。在国家教育部门的大力扶持下，语文教材出版主体从原来单一的人民教育出版社，演变成教育部门、教材出版社、地方出版社、高校教材研究所等多个主体参与的编写模式。二是在定价标准上，遵循"低价微利"的原则。在"一纲一本"时期，为规范教材出版发行的价格，国家颁布了一系列控制教材定价的政策文件。1986 年印发的《关于中小学课本定价和供应问题的通知》提出："为了有利于教育事业的发展，减轻中小学生的经济负担，提高中小学课本质量，保证按期供应，并有利于出版事业的发展，对中小学课本（包括教学参考书，下同）按照'保本微利'的原则，适当降价。""今后，全国通用的中小学课本定价，由国家教委会同国家出版局统一规定，经国家物价局会签同意后下达。"[④]1986 年下发的《关于中小学课本定价和供应问题的通知》又一次对中小学教材价格做出规定，要求按照"保本微利"的原则，适当降价。1995 年，国家颁布《普通中小学教材出版发行管理规定》，再次明确提出要加强对教材定价的监督，继续以"低价微利"为原则，教材生产纯利润控制在 5%之内，最终定价标准由省级物价管理部门批准。[⑤]

---

① 张晓辉. 新中国成立 70 年我国教材管理政策内容分析[D]. 沈阳：沈阳师范大学，2022.

② 李文田. 改革开放 30 年我国中学地理教科书变革研究[D]. 武汉：华中师范大学，2011.

③ 葛越. "八套半"教材之内地版教材的研究[D]. 长沙：湖南师范大学，2012.

④ 国家教育委员会、国家计划委员会、国家经济委员会、财政部、轻工业部、国家出版局、国家物价局关于中小学课本定价和供应问题的通知[J]. 中华人民共和国国务院公报，1986（15）：497-498.

⑤ 普通中小学教材出版发行管理规定[EB/OL]. https://www.pkulaw.com/chl/c352baf5672c58c1bdfb.html.（1995-02-16）[2022-12-30].

　　第四，选用标准。一是在选用制度上，实行教材选用目录制。在这一时期，中小学语文教材在选用上实行教材选用目录制，教材选用由教育部统一出版使用转变为由各地区教育行政部门或学校选用。例如，1992 年《关于九年义务教育小学、初级中学教材选用工作的意见》在第一条就开门见山地提出："九年义务教育小学、初级中学教材中经全国中小学教材审定委员会审查通过的，由国家教委列入中小学教学用书目录，供全国各地选择试用。"①1995 年，为了进一步规范中小学教材的出版发行，教育部颁布《普通中小学教材出版发行管理规定》，再次明确教材选用目录制的具体规定，即"国家教委每年春秋两季分别印发《全国普通中小学教学用书目录》，供全国中小学选用"②。同年颁布的《中小学教材编写、审查和选用的规定》也指出："经审查通过的教材，由国务院和省级教育行政部门列入中小学教学用书目录，供学校选用。未列入目录的教学用书，各地教育行政部门和学校一律不得选用。"③二是在选用主体上，教材选用主体不断扩大，选用权力不断下放。在改革开放初期，我国实行"一纲一本"的教材政策，教材选用的权力主要集中在教育部。20 世纪 80 年代中期以来，中小学语文教材选用主体不断扩大，选用权力不断下放。1988 年印发的《九年制义务教育教材编写规划方案》提出："当前，全国有一百多种单科试验教材，这些教材推动了中小学教学思想、教学内容和教学方法的改革，为编写中小学教材提供了非常宝贵的经验。这些教材经全国中小学教材审定委员会审定通过的，可向全国推荐，供学校选用。"④该文件明确提出要下放教材选用权力，任何部门不得随意干涉。同样，1992 年印发的《关于九年义务教育小学、初级中学教材选用工作的意见》也明确提出应逐步下放教材选用权力。有条件的学校，可赋予其选用教材的权利。⑤

　　2）中小学语文教材质量标准（评价标准）现状分析

　　"一纲一本"时期，涉足中小学语文教材评价标准研究的学者主要有黄政杰、李慧君、丁朝蓬等。本小节使用 NVivo 11.0 软件对学者提出的教材评价标准进行三级编码，并结合国家政策文件的文本内容，从评价内容、评价理念、评价主体、评价方法、评价应用诸方面分析"一纲一本"时期

　　① 关于九年义务教育小学、初级中学教材选用工作的意见[J]. 课程·教材·教法，1993（1）：1.
　　② 普通中小学教材出版发行管理规定[EB/OL]. https://www.pkulaw.com/chl/c352baf5672c58c1bdfb. html.（1995-02-16）[2022-12-30].
　　③ 中小学教材编写、审查和选用的规定[J]. 学科教育，1995（10）：1-3.
　　④ 国家教育委员会关于颁发《九年制义务教育教材编写规划方案》的通知[EB/OL]. https://www. pkulaw.com/chl/d7c2282f91f6fd02bdfb.html.（1988-08-21）[2022-12-30].
　　⑤ 关于九年义务教育小学、初级中学教材选用工作的意见[J]. 课程·教材·教法，1993（1）：1.

语文教材评价标准的发展特点。

（1）编码过程。在"一纲一本"时期，本小节共搜集 17 位学者提出的 115 条教材评价标准。对这些评价标准进行分析，可提炼出具有共性的范畴，从而总结出学者在提出教材评价标准时普遍关注的内容。研究使用 NVivo 11.0 软件进行三级编码，具体包括以下过程。

第一，开放式编码。通过对该时期各学者提出的教材评价标准进行阅读和精练，采用重组、合并或删除节点的方法，最终提炼了 331 个高频节点，对这些高频节点进行归纳、合并，最终形成了 56 个类属。

第二，关联式编码。对开放式编码得到的 56 个初始范畴进行反复对比和归类，按照概念的相关性以及它们之间的逻辑顺序，提炼了 11 个主范畴。

第三，核心式编码。在核心式编码环节，对关联式编码中所确定的 11 个主范畴作进一步的抽象和概括，使其成为一个更宏观的类别，从而构成了表 4-1 中"核心范畴"一栏的内容。经过对 11 个主范畴的归纳，提炼出 3 个核心范畴，即内容属性、教学属性、表征属性。

表 4-1　核心式编码形成的核心类属

核心范畴（频次）	主范畴（频次）	范畴的具体含义
C1：内容属性（56）	B1：目标一致性（4）	内容属性主要体现为目标一致性、内容选择和组织等方面。目标一致性，是指教材内容只有以达到既定目标为基础和基本出发点，才能有效地解决学生在学习过程中可能遇到的各种问题，帮助学生更好地获取新知、发展自我。内容选择是指教材中的内容能够有效地满足学生的学习需求和兴趣，并能够帮助学生更好地掌握知识。内容组织指教材内容应该以恰当的方式被组织起来，以保证教学活动顺利进行，达到最佳的教学效果
	B2：内容选择（47）	
	B3：内容组织（5）	
C2：教学属性（28）	B4：教学设计（25）	教学属性特指教材在教材内容设计、学习评价、教学资源诸方面的属性，其核心是教材利学便教的程度
	B5：学习评价（2）	
	B6：教学资源（1）	
C3：表征属性（31）	B7：语言表达（1）	表征属性体现为教材语言表达、教材设计等方面
	B8：教材设计（21）	
	B9：物理属性（2）	
	B10：出版发行（1）	
	B11：印刷装订（6）	

（2）评价标准特点分析。对我国中小学语文教材评价标准特点进行分析后，本章将根据 NVivo 11.0 的量化分析结果以及与中小学语文教材质量标准相关的政策文件来进行研究，从评价内容、评价理念、评价主体、评

价方法和评价应用五个方面来阐述。

第一，评价内容：注重教材的内容属性。编码最终形成了"内容属性""教学属性""表征属性"3个核心范畴。其中，"内容属性"被编码的次数最多，高达56次，占比为48.70%；"教学属性"和"表征属性"被编码的次数大体持平，分别为28次和31次，占比分别为24.35%和26.96%。可见，在"一纲一本"时期，学者在构建教材评价标准时，更多地关注教材的内容属性。同时，在子节点编码中，"内容选择"是"内容属性"中编码次数最多的子节点，达47次，这说明学者更多地强调教材内容的科学性、思想性、教育性、准确性等属性。

第二，评价理念：注重语文"双基"（基本知识和基本技能）的培养。"文化大革命"对我国各项事业造成了严重的破坏。"文化大革命"结束后，我国积极对教育进行修复，以重振教育。该时期的评价理念强调对学生"双基"的培养和强化。这有利于学生快速掌握知识技能，以适应社会主义现代化建设的需要。柳斌指出，这一时期"加强'双基'，培养能力，重视思想品德教育。加强'双基'，即加强基础知识，加强基本训练"[①]。语文"双基"既注重语文知识的教授，又注重语文技能的培养，这使得语文教育教学质量得到了较大幅度的提升。然而，由于过于注重语文学科的严谨性和系统化，课程内容存在明显的"学科中心"趋势，同时也在一定程度上忽视了对学生情感的培养，造成学生情感态度观有所缺失。

第三，评价主体：以教育行政人员为主。根据评价主体的价值诉求，评价主体可被分为三大类：①公共权力型评价主体，这类评价主体主要是各级党委和政府，其首要关注点是教材的意识形态属性，审视教材是否体现了党和国家的意志，是否满足政府需要，特别强调教材的政治性和思想性；②专业型评价主体，主要由专门的第三方机构，如课程教材研究所以及国家教材委员会等专家机构构成，其价值诉求以公共利益为主导，兼顾教材的使用价值；③使用型评价主体，这类评价主体是教材的直接使用者，包括教师、学生、学生家长、社会人员等，其价值诉求直接指向教材的使用效果，即"好教好学""易教易学""利教利学"。1978—2000年，我国处于社会主义现代化建设的初级阶段。为了适应社会主义教育的发展要求，语文教材实行"国定制"，即根据国家教育方针，由人民教育出版社统一出版并发行教材，学校则直接使用这些教材。因而，在"一纲一本"时期，我国中小学语文教材评价的主要参与者是教育行政人员，评价焦点更多地放在教材的意识形态属性上。此时，对教材的评价是自上而下的审查性评

① 柳斌. 关于义务教育教材建设的几个问题[J]. 课程·教材·教法，1988（7）：5-7.

价，评价人员主要局限于国家教育行政部门，在评价主体上存在较大的局限性，导致教材的使用者，如教师、学生等缺乏参与教材评价的意识。

第四，评价方法：侧重定性评价。"一纲一本"时期，中小学语文教材评价在评价方法上侧重于定性评价。定性评价方法大多采用内容分析法、综合分析法，从社会学视角对教材所蕴含的文化和价值观进行分析。在"一纲一本"时期，我国中小学语文教材由人民教育出版社统一编写，此时对教材的评价主要以教材审查为主，评价主要是对教材文本内容进行静态分析，着重强调教材的思想性和科学性，重视教材的出版和印刷质量，突出语文教材评价的行政管理功能。由于我国教材评价处于起步阶段及"一纲一本"教材政策的制约，"一纲一本"时期我国对语文教材的评价与审查以质性评价方法为主，依赖教材审查委员的经验及个人判断，缺乏语文教材评价指标体系和可供操作的实践方法，基本停留在经验层面。

第五，评价应用：以审查性评价为主。国内对教材的评价按评价目的可划分为三类：审查性评价、选用性评价和使用性评价。审查性评价是针对教材内容的质量和相关政策进行审查，其一般由教育行政部门主导，以确保教材内容符合国家规定以及社会发展的要求，以便加强对教材的管理；选用性评价指由教材选用委员会在教学用书目录中为当地或学校选择一套合适的教材而展开的一种评价，这种评价强调对教材的使用功能进行评价，以确保教材在教学过程中能够发挥最佳效果；使用性评价指的是教师、学生、学生家长、社会人士等特定的教材使用者，对教材的实际使用情况进行的评价。"一纲一本"时期，对中小学语文教材的评价侧重于审查性评价，主要是语文教材审定委员会根据《全国中小学教材审定委员会工作章程》对教材做必要的审定。"一纲一本"时期，中小学语文教材编写始终以教学大纲为依据。但自20世纪80年代中期起，教材已展现多样化趋势，即使在该时期，教材领域也在探索多样化发展。

2. "一标多本"时期（2001—2016年）

1）中小学语文教材质量标准政策考察分析

第一，编写标准：体现课程理念，突出时代精神。2001年、2011年版"义务教育语文课程标准"都在"实施建议"中对语文教材的编写提出具体的意见和建议，从9个方面对其编写应遵循的标准进行了高度概括。这些标准要求包括指导思想、教材内容的选择和组织、现代知识与优秀传统文化的关系、教材的组织结构等。[①]与以往相比，教材编写标准作为语文教

---

① 中华人民共和国教育部. 义务教育语文课程标准（2011年版）[S]. 北京：北京师范大学出版社，2012.

材编写的总纲领，在教材编写理念和教材内容选择上都有所创新，特别是强调了在编写教材时须体现新的课程理念，突出时代精神。在教材内容的选择上，编写标准不再对语文教材的基本篇目做具体的限定，也未限制每一种文本所占的比重，而是鼓励不断更新和丰富教材选文，以反映当今社会的思想和潮流，关注科技进步和突出成就，确保教材与时俱进。

第二，审定标准。2001 年，为了适应中小学教材多样化发展的趋势，国家颁布《暂行办法》。该文件详细规定了教材编写与审定的具体要求，明确了我国中小学教材的编写、管理标准与内容，使这些标准更具针对性和实操性。

首先，从教材审定主体上看，审定主体逐步实现了多元化与专业化。《暂行办法》第二十条明确提出，全国中小学教材审定委员会和省级中小学教材审定委员会下设各学科教材审查委员会（或学科审查组），由该学科专家、中小学教学研究人员及中小学教师组成，负责本学科教材的审查，向审定委员会提出审定报告。其主旨是希望学科专家、一线教师、教研员等参与到教材审定工作中，强调教材审定委员会的组成要秉承多元化的原则。[1]对于中小学语文教材而言，审定主体应包含语文学科专家、语文教育研究者、教育行政人员等，以确保审定主体的专业化和多元化。除此之外，《暂行办法》还对教材审定人员的专业性和任用制度做出明确规定，进一步规范了工作人员的管理，从而减少了审定主体的主观性，有效保证了教材审定的准确性和公平性。

其次，在教材审定标准上，拓宽教材审定标准的维度。《暂行办法》实现了对《全国中小学教材审定委员会工作章程》中提出的教材审定原则与标准的修订，并明确指出，在新的历史条件下，教材要"体现基础教育的性质、任务和培养目标，符合国家颁布的中小学课程方案和学科课程标准的各项要求"。此外，送审的教材应通过一定的实验和测试，并附有教材送审报告和试验报告。这表明中小学语文教材审定标准已经不再单纯地局限于教材的文本层面，更加注重教材的实际使用效果和使用价值，从而实现了教材审定标准维度的较大拓展。《暂行办法》对我国中小学语文教材审定标准进行了实质性改革，推动了审定工作的进一步完善与发展，使得审定工作逐步向规范化、科学化发展。

第三，出版标准。首先，在教材出版制度上，我国实施了教材出版发行招投标办法。2001 年之前，我国中小学语文教材由人民教育出版社统一编辑出版，并由各地区指定新华书店代为发行。为了进一步推动教材出版

---

① 中小学教材编写审定管理暂行办法[J]. 司法业务文选，2001（30）：35-41.

的市场化竞争，2001 年 10 月，国家颁布《中小学教材出版招标投标试点实施办法》和《中小学教材发行招标投标试点实施办法》，对教材出版和发行单位的招投标资格、招投标范围和程序、招投标对象及其权力和责任、评标标准和中标权限等作出明确规定[1]，为我国基础教育教材招投标工作的顺利开展提供了有力保障。随后，2005 年，国家有关部门对这两个文件进行了修订，并再次强调了构建教材出版发行投标招标制度的重大意义。自 2008 年秋季学期起，我国中小学教材招投标制度已在全国范围内推行。其次，在教材定价标准上，我国采用了全面降低中小学教材价格的措施。20 世纪 90 年代末，受多种社会因素的影响，基础教育教材价格不断上涨，给家长带来较重的经济负担。这些负担最终可能影响欠发达地区、有困难家庭学生的学习，甚至可能导致他们辍学。针对这一问题，一些家长和老师将情况直接反馈到中央有关部门，要求纠正高额的教材定价，并彻查教材高额定价衍生出的系列腐败行为。中共中央高度重视此事，成立国家调查组，对全国各地中小学教材的生产和经营情况进行了一次全面摸查。随后，2001 年，国家出台《关于核定 2001 年秋季中小学教材价格有关问题的通知》，其宗旨是全面降低中小学教材价格。[2]

第四，选用标准。选用标准具体包括以下几个方面的内容。

首先，在选用制度上，继续沿用了教材选用目录制。在"一标多本"时期，我国中小学语文教材实行多样化发展的方针，不同的教材出版单位出版了众多不同版本的教材。因而，教材选用目录制有利于适应"一标多本"时期教材多样化发展的需要。2005 年，国家针对教材选用出台《教育部办公厅关于做好义务教育课程标准实验教材选用工作的通知》，明确各地应在《2005 年义务教育课程标准实验教学用书目录》的范围内选用教材。此后，教育部每年都发布《教学用书目录》以供各地在每学年（秋、春学期）选用教材时使用。[3]2013 年，国家又颁布了《中小学教材选用管理办法（征求意见稿）》，进一步提出"国务院教育行政部门负责制定中小学教材选用政策，指导、检查、监督各地中小学教材选用工作；编制和公布《全国中小学教材目录》，供各地选用""省级教育行政部门负责本省、自治区、

---

① 新闻出版总署、教育部、国家计委关于印发《中小学教材出版招标投标试点实施办法》和《中小学教材发行招标投标试点实施办法》的通知[EB/OL]. https://www.pkulaw.com/chl/9ea6241b7daa9439bdfb.html.（2001-10-25）[2022-12-30].

② 国家计委、新闻出版署关于核定 2001 年秋季中小学教材价格有关问题的通知[EB/OL]. https://www.pkulaw.com/chl/af01e84beaba809bbdfb.html.（2001-11-08）[2022-12-30].

③ 教育部办公厅关于做好义务教育课程标准实验教材选用工作的通知[EB/OL]. https://www.pkulaw.com/chl/1b0f2632eaf8fb44bdfb.html.（2005-02-02）[2022-12-30].

直辖市中小学教材选用工作。省级教育行政部门应当成立省级教材选用工作领导小组，负责指导、检查、监督本省、自治区、直辖市中小学教材选用工作。省级教育行政部门应当全文转发《全国中小学教材目录》，供各地教材选用委员会选用时使用"。①中小学语文教材选用目录制持续十多年，直到 2017 年统编教材的发行，这一制度才结束。

其次，在教材选用主体上，政策进一步扩大了选用主体，并下放了选用权力。2005 年，《教育部办公厅关于做好义务教育课程标准实验教材选用工作的通知》不仅提出了教材选用目录制的具体要求，还对教材选用的主体进行了详细规定。针对教材选用委员会的人员构成，该通知提出，"教材选用委员会应由骨干教师、校长、学生家长代表及教育行政、教研人员组成。教材选用委员会的成员要具有高级教师职务，在本地区有一定知名度，能秉公办事，且与教材编写、发行无任何关联。教材选用委员会要通过民主程序产生，进行公示，并报上级教育行政部门备案。教材选用委员会选用的结果应予以公示，并报省级教育行政部门备案"。针对教材选用主体，2013 年《中小学教材选用管理办法（征求意见稿）》规定，"教材选用委员会由教育行政人员、课程教材专家、教研员、中小学校长和优秀教师等组成，其中一线教师不得少于 1/2；学校教材选用委员会本校人员不得少于 1/2"。这些规定明确了教材选用主体的构成和权力，使得教材选用工作更加规范和科学。

最后，从教材选用主体来看，"一标多本"时期，我国中小学语文教材选用对选用主体的多样化构成及专业性要求都做了明确规定。这不仅有利于规范教材的选用工作，也进一步明确了选用主体的权利和义务，减少了选用主体的主观随意性，增强了中小学语文教材选用工作的科学性。从教材选用权力来看，随着教材选用权力的下放，我国正逐步构建一套民主、科学的教材选用机制，为各地提供更多优质教材选择，提高教材质量，并充分利用集体智慧，选择最适合的教材。

2）中小学语文教材质量标准（评价标准）现状分析

"一标多本"时期，涉足中小学语文教材评价标准研究的学者主要有高凌飚、胡军、方红峰、王晓丽等。本章使用 NVivo 11.0 软件，针对学者提出的教材评价标准进行三级编码，同时结合国家政策文件的文本内容，从评价的五个方面，分析"一标多本"时期中小学语文教材评价标准的发展特点。

---

① 关于《中小学教材选用管理办法（征求意见稿）》公开征求意见的公告[EB/OL]. http://www.moe. gov.cn/jyb_xwfb/s248/201303/t20130326_149309.html. （2013-03-26）[2022-12-30].

（1）编码过程。研究共搜集 44 位学者提出的 243 条教材评价标准。对这些评价标准进行分析，可提炼出具有共性的范畴，从而总结出已有研究在提出教材评价标准时普遍关注的内容。研究使用 NVivo 11.0 软件进行编码，包括以下步骤。

第一，开放式编码。通过对本时期各学者提出的教材评价标准进行阅读和精练，采用重组、合并或删除节点的方法，提炼出 685 个高频节点，对这些高频节点进行归纳、合并，形成 71 个类属，如表 4-2 所示。

表 4-2　开放式编码概念化

范畴（频次）	原始语句概念化
A1：与教育方针的一致性（1）	罗生全（2019 年）：国家性，即教材建设要紧密结合党的教育方针与政策，把握正确方向和价值导向
A4：思想性（2）	唐丽芳等（2019 年）：思想性指标
A6：内容选择（2）	吕玉曼等（2021 年）：知识选择、知识组织和知识表述的质量如何
A7：科学性（17）	罗生全（2019 年）：科学性 高凌飚（2001 年）：知识性与科学性
A8：内容组织（2）	罗新兵和罗增儒（2014 年）：内容选择与组织
A25：印刷水平（1）	翟志峰和董蓓菲（2022 年）：编辑和印刷
A16：认知与心理规律（2）	罗生全（2019 年）：尊重教育发展规律与学生成长规律
A27：文字图表（2）	侯前伟等（2019 年）：文本的阅读流畅度与挑战性，文本的可读性与适读性
A23：可读性（1）	侯前伟等（2019 年）：文本的可读性与适读性
……	……

第二，关联式编码。对开放式编码得到的 71 个初始范畴进行反复对比和归类，按照概念的相关性以及它们之间的逻辑顺序，提炼出 13 个主范畴。

第三，核心式编码。在核心式编码环节，对关联式编码所确定的 13 个主范畴做进一步抽象概括，使其成为一个更宏观的类别，经过对 13 个主范畴的归纳，提炼出 3 个核心范畴：内容属性、教学属性、表征属性。

（2）评价标准特点分析。对我国中小学语文教材评价标准的特点分析，将从 NVivo 11.0 软件的量化分析结果以及与中小学语文教材质量标准相关的政策文件来进行，从评价的五个方面来阐述。

第一，评价内容：注重教材的内容属性。此次编码最终形成了"内容属性""教学属性""表征属性"3 个核心范畴。"一标多本"时期的编码结果与"一纲一本"时期基本一致，"内容属性"被编码的次数最多，高达113次，占比达到48.29%；"教学属性"和"表征属性"被编码的次数大体持平，分别为59次、62次，占比分别为25.21%和26.50%。在"一标多本"时期，学者在构建教材评价标准时，关注的还是教材的内容属性。

第二，评价理念：从语文"双基"教学走向语文"三维目标"的全面培养。20世纪初，我国开始实行义务教育课程改革。教育部于2001年颁布《基础教育课程改革纲要（试行）》，明确了课程改革的主要内容及发展趋势。基于这一纲要，各学科依据其要求研制了相应的课程标准。同年，教育部颁布了《全日制义务教育语文课程标准（实验稿）》，从"知识与技能""过程与方法""情感、态度与价值观"三个维度出发，着眼于学生全面发展的目标，提出了"三维目标"。通过分析学者在"一标多本"时期提出的教材评价标准可以看出，他们对语文"三维目标"的重视程度。比如，何秋钊提出，"知识应用的迁移能力。教材中的科学理论，不仅作为理论存在，更要利于解决实际问题，才有助于学生对知识的理解，也才能培养学生知识的'迁移'能力，促进学生思维能力、问题解决能力和自学能力的培养"[①]。语文"三维目标"旨在促进学生的全面发展，期望在这个过程中，学生能够掌握正确的学习方法、提升知识水平、形成基本能力，并培养积极的情感态度和价值观，从而全面提升学生的语文素养。

第三，评价主体：转变为省、市级语文教材审查委员会成员。根据评价目的的不同，评价主体可被分为三大类：公共权力型、专业型、使用型。2001年，我国开始实行"一标多本"教材政策。在此期间，语文教材评价主要目的是服务于全国各地各学校对教材的选用。因而，语文教材评价主体由"一纲一本"时期的国家教育行政人员，转变为省、市级语文教材审查委员会成员。这些委员会的成员构成相对多元，涵盖语文学科专家、语文教育研究者、教育行政人员等。然而，值得注意的是，尽管组成上已有多元化尝试，但由于对语文教材建设规律认识的局限性，当前语文教材委员会的组成仍有待进一步丰富。在对语文教材进行评价时，如何更好地扩大评价队伍，特别是如何实质性地引导学生参与评价，以调动其评价积极性，并对其评价成果给予充分关注，是科学评价语文教材的必要环节。

第四，评价方法：侧重定量评价。"一标多本"时期，对教材评价的研究由单纯的定性分析，逐步向科学化、规范化的量化方向发展。量化评价方法主要是通过一系列具体指标对教材使用状况和效果进行评价。"一标多本"

---

① 何秋钊. 现代课程理论指导下的教材质量标准评析[J]. 中国民航飞行学院学报，2003（3）：40-42.

时期，学者普遍采取大维度套小指标的方法，构建教材评价标准。比如，教育部《基础教育教材评价工具制定》项目组从知识、思想与文化内涵、认知与心理规律、编制与工艺水平、可行性与效果 5 个维度建构量表，研制了一套教科书评价的标准和工具。[①]该量表以这 5 个维度为一级指标，下设 19 个二级指标。张志刚采用文献研究方法，从思想文化、语文教材内容、编写制作、效果和可行性等方面确定了语文教材评价的评价指标。[②]

第五，评价应用：以教材选用为主。"一标多本"时期，我国中小学语文教材实行多样化教材政策。按照"一标多本"政策，各出版主体根据"课程标准"（实验稿）要求编写出不同版本的中小学语文教材。因此，"一标多本"时期，语文教材评价侧重于选用性评价，评价主要是为学校或教师选择合适的教材提供指导。以教材选用为目标的语文教材评价指标研究，大多采用文献研究方法，对现有的教材评价指标进行总结，并与语文学科特点相结合，构建出一套具有语文学科特色的教材评价指标体系，以更好地满足对语文教材的选用需求。比如，张志刚确定的语文教材评价的 6 个评价指标[②]，为语文教材选用提供了依据和参考。方红峰从教材选用角度进行教材评价，他主张评价教材的尺度，应该立足于教材使用者的真实需求，也就是从"达到课程标准所设定的教学目的的程度"与"符合地方需求的程度"两个维度来确定。在这两个维度下，明确了 5 个维度的评价指标，即内容、语言文字、教学设计、编印水平及课堂使用，下设 23 个标准，细化出 26 条评价指标，每个指标分为 5 个等级。[③]以教材选用为基础的学科教材评价指标，明显地反映出学科特色和教材的教育性。它注重将教材的内容与学科理论之间的关系密切联系起来，对学科教学的效果进行持续关注。"一标多本"时期，随着各项教材质量标准的建立与完善，我国教材质量标准不断朝着科学、规范化的方向发展。在这一时期，我国实行多样化发展的教材政策，无论是教材的编写标准、审定标准、出版标准还是选用标准，都呈现出多元化特征。

3."统编教材"时期（2017 年至今）

1）中小学语文教材质量标准政策考察分析

其一，编写标准：体现语文核心素养。语文课程标准作为教材编写、教师教学、学生学习的总纲领，必须体现国家意志，全面贯彻党的教育方

---

① 教育部《基础教育教材评价工具制定》项目组. 新课程实验教科书的初步分析评价[J]. 全球教育展望，2002（9）：35-41.

② 张志刚. 语文教材评价研究[D]. 上海：华东师范大学，2003.

③ 方红峰. 论教材选用视野中的教科书评价[J]. 课程·教材·教法，2003（7）：19-24.

针。《义务教育语文课程标准（2022年版）》首次提出"核心素养"概念，并将这一理念贯穿语文课程教材体系之中。在《义务教育语文课程标准（2022年版）》教材编写建议部分，第四条明确提出了教材编写的核心素养具体要求，即"要落实学习任务群要求，致力于学生核心素养的整体提升"[①]。素养立意作为语文教材编写的指导思想和基本依据，是《义务教育语文课程标准（2022年版）》的突出特点。教材编写要体现语文核心素养，要把培养学生的核心素养作为编写教材的立意。在编写教材时，要始终坚持核心素养导向，与语文学科特点相结合，编写出能够引领学生素养发展的教材。"统编教材"时期，教材编写标准体现了对新课程、新教材的重视，也为高质量教材编写指明了方向。

其二，审定标准：重点审查教材的政治性。在"统编教材"时期，国家明确教材建设是国家事权。语文作为三科统编教材的主学科，为更好地体现国家意志，国家于2017年收回了中小学语文教材的编写权，并实行统编、统审、统用。因此，在"统编教材"时期，对中小学语文教材的审定重点放在了教材的政治性上。同时，在审定过程中，也充分考虑了学科性质，将学科的内容、结构等因素纳入教材审定的范畴。比如，2018年颁发的《中小学国家课程教材审定·审查工作细则》（简称2018年教材审定标准）提出的5个审定标准中，第一条便是对教材的思想导向进行审定，重点对教材的政治立场、价值导向等进行把关。[②]2019年颁发的《中小学教材管理办法》第四章明确提出，"严把政治关、科学关、适宜关……实行政治审核，重点审核教材的政治方向和价值导向"[③]。

其三，出版标准：教材定价严格遵守"保本微利"原则。在"统编教材"时期，我国中小学语文教材实行教育部统编、统审、统用，其出版标准主要体现在教材的定价上。在"一纲一本"时期，教材遵循"低价微利"的原则；在"一标多本"时期，教材定价标准上全面降低了中小学教材价格；在"统编教材"时期，中小学语文教材在定价上同样严格遵循"保本微利"的原则。比如，2019年《中小学教材管理办法》在第五章第二十四条指出："教材定价应严格遵守'保本微利'原则。教材发行应确保'课前到书、人手一册'。"[③]

① 中华人民共和国教育部.义务教育语文课程标准（2022年版）[S].北京：北京师范大学出版社，2022.

② 石钦莹.中美基础教育教材审定制度特征比较研究[D].长春：东北师范大学，2021.

③ 教育部关于印发《中小学教材管理办法》《职业院校教材管理办法》和《普通高等学校教材管理办法》的通知[EB/OL].http://www.moe.gov.cn/srcsite/A26/moe_714/202001/t20200107_414578.html.（2019-12-16）[2023-01-03].

其四，选用标准：建立教材选用的长效机制。2019 年《中小学教材管理办法》第六章第三十条规定："教育行政部门应……对教材选用使用进行跟踪调查，定期对教材的使用情况进行评价并通报结果。教材编写、出版单位须建立教材使用跟踪机制，通过多种途径和方式收集教材使用意见，形成教材使用跟踪报告，在教材进行修订审核时作为必备的送审材料。"这些条例使得中小学语文教材的选用不仅仅局限于选用当时，还对选用后的情况进行持续监督，从而有利于建立教材选用的长效机制。以上措施的实施有利于加强教材的管理，进而提高教材质量。

2）中小学语文教材质量标准（评价标准）现状分析

"统编教材"时期，涉足教材评价标准研究的学者主要有侯前伟、胡军、唐丽芳等。本小节使用 NVivo 11.0 软件对学者提出的教材评价标准进行三级编码，结合国家政策文件文本内容，从评价的五个方面分析"统编教材"时期中小学语文教材评价标准的发展特点。

（1）编码过程。"统编教材"时期，研究共搜集了 9 位学者提出的 47 条教材评价标准。对这些评价标准进行分析，可以提炼出具有共性的范畴，从而总结出学者在提出教材评价标准时普遍关注的内容。研究使用 NVivo 11.0 软件进行三级编码，具体包括以下过程。

第一，开放式编码。通过对该时期各学者提出的教材评价标准的阅读和精练，采用重组、合并或删除节点的方法，笔者最终提炼了 144 个高频节点，对这些高频节点进行归纳、合并，最终形成了 42 个类属。

第二，关联式编码：对开放式编码得到 42 个初始范畴进行反复对比归类，按照概念的相关性以及它们之间的逻辑顺序，提炼了 9 个主范畴。

第三，核心式编码。在核心式编码环节，对关联式编码中所确定的 9 个主范畴作进一步的抽象和概括，使其成为一个更宏观的类别，经过对 9 个主范畴的归纳，提炼出 3 个核心范畴：内容属性、教学属性、表征属性（表 4-3）。

表 4-3　核心式编码形成的核心范畴

核心范畴（频次）	主范畴（频次）	范畴的具体含义
C1：内容属性（16）	B1：目标一致性（2）	内容属性主要体现为目标的一致性、内容选择和内容组织等方面。目标一致性指的是教材中的内容应以达到既定的目标为依据，能够有效地解决学生在学习过程中可能遇到的各种问题，并帮助学生更好地掌握知识。内容选择是指教材中的内容能有效地满足学生的学习需求和兴趣，并能够帮助学生更好地掌握知识。而内容组织是指，教材内容必须以恰当的方式被组织起来以确保教学活动顺利施行，以求达成最佳教学效果
	B2：内容选择（7）	
	B3：内容组织（4）	
	B4：社会文化（3）	

续表

核心范畴（频次）	主范畴（频次）	范畴的具体含义
C2：教学属性（14）	B5：教学设计（12）	教学属性是指教材在内容设计、学习评价、教学资源各方面的特有属性，其核心是教材利学便教的程度
	B6：学习评价（2）	
C3：表征属性（16）	B7：语言表达（1）	表征属性体现为教材语言表达、印刷装订、教材设计等方面
	B8：印刷装订（2）	
	B9：教材设计（13）	

（2）评价标准特点分析。对我国中小学语文教材评价标准的特点分析，将从 NVivo 11.0 软件的量化分析结果以及与中小学语文教材质量标准相关的政策文件来进行，从评价内容、评价理念、评价主体、评价方法和评价应用五个方面进行阐述。

第一，评价内容：由关注教材的内容属性到开始关注教学属性。与前两个时期相比，"统编教材"时期，"内容属性"被编码的次数与占比呈现下降趋势，"教学属性"被编码的占比上升（前两个时期均是"内容属性"被编码的次数和占比最大）。"统编教材"时期，研究者由关注教材的内容属性到开始关注教材的教学属性。对我国以前过于强调教材的内容属性评价的情况而言，充分认识教材的教学性并将之作为教材的重要属性，是非常难得和值得肯定的。

第二，评价理念：从语文"三维目标"走向语文"核心素养"。"核心素养"是"学生在接受相应学段的教育过程中，逐步形成的适应个人终身发展和社会发展需要的必备品格和关键能力"[1]。与传统的结果导向不同，核心素养强调过程感悟，关注学生对学习过程的体验，让他们在学习过程中能够更好地理解和掌握知识，并且在实践中获得经验和实践能力。它从知识、技能、情感、态度和价值观多个方面对学生提出要求，这些要求旨在帮助学生更好地适应未来生活和工作的需要，实现终身发展和社会发展的目标。语文核心素养是在语文素养的基础上发展而来的，包括"语言建构与运用""思维发展与提升""审美鉴赏与创造""文化传承与理解"四个方面。从"一纲多本"时期到"统编教材"时期，我国中小学语文评价标准实现了从语文"三维目标"到语文"核心素养"的重要转变。这一转变标志着教育理念的进步，由"学科中心"向"以人为中心"的转变、由"教书"向"育人"的转变是对"立德树人"根本任务的深入实践。

第三，评价主体：涵盖范围逐步扩大。由于社会形势的变化以及国际

---

① 林崇德. 对未来基础教育的几点思考[J]. 课程·教材·教法，2016（3）：3.

环境的复杂性，"一标多本"的教材政策显露出一些弊端。2017 年，国家收回三科教材的编写权，三科教材实行统编、统审、统用。同年，教育部教材局和国家教材委员会成立。在"统编教材"时期，对中小学语文教材进行评价的主体主要是语文教材委员会成员，评价主要以教材审查为主。值得注意的是，由于以前评价主体的单一性带来的诸多问题以及教材评价方法的增多，在"统编教材"时期，评价主体的范围大大扩展，教材评价主体除了语文学科专家、语文教育研究者、教育行政人员外，开始关注教材使用者——教师和学生对语文教材的期待。比如，张增田和彭寿清从"主体性需求"的视角切入，对教材的价值主体进行了深入的分析，认为其价值主体应是"学生、社会和教学"①。张珊珊等指出，我国在过去很长一段时间里，教材评价大多由大学和研究所的研究员主导，而忽略了其他方面的意见，他们主张以质量管理学为基础，以教材用户的需求为出发点，号召多个教材评价的主体参与到教材的决策中来，提出教师、学生、教育行政部门、家长均是教材的用户，应该对用户的意见进行充分考量。②

第四，评价方法：定性评价和定量评价有机结合。"统编教材"时期，评价者意识到单纯的质性评价或单纯的量化评价不能满足评价的需求。在对教材进行综合评价时，学者往往综合运用定性和定量结合的方法。如刘亚楠通过文献分析提出中小学语文教科书适切性评价指标，并结合问卷调查法筛选出科学合理的评价指标，为教科书适切性评价提供有效工具。③"质""量"结合的研究方法能更好地保证教材评价结果的全面性与真实性。

第五，评价应用：教材审查与教材使用相结合。"统编教材"时期，国家收回了语文、历史、道德与法治教材的编写权，实行统编制。我国中小学语文教材评价重新聚焦教材审查，特别关注教材的意识形态属性和政策要求。然而，这种以教材审查为目的的教材评价，往往强调教材的外在质量而忽略了其教育性。因此，许多学者建议，在进行教材评价时，应全面考量教材使用者，即教师和学生的需求。"统编教材"时期，教材应用除了以审查为主，还关注师生对教材的使用。统编教材有利于体现国家意志，保证教材的基本质量，但如何更好地满足教师和学生的教学和学习需求，也是我们需要深入考虑的问题。

---

① 张增田，彭寿清. 主体需要：教科书评价的出发点和基本依据[J]. 教育研究，2018（9）：133-138.

② 张珊珊，王晓丽，田慧生. 质量管理学视角下教材管理效能的提升[J]. 课程·教材·教法，2020（1）：50-54.

③ 刘亚楠. 小学语文教科书适切性评价指标体系研究[D]. 开封：河南大学，2019.

三、研究结论

本小节对各时期中小学语文教材质量标准的特点进行整理与分析，从编写标准、审定标准、出版标准、选用标准、评价标准五个维度对其变化规律进行归纳与总结，并分析其发展变化规律，并进行经验提炼、问题分析与反思展望。

（一）中小学语文教材质量标准发展变化规律

1. 编写标准：教材编写始终以课程标准/教学大纲为编写依据

"一纲一本"时期，中小学语文教材质量标准要求教材编写必须以国家的教学计划、教学大纲为依据；"一标多本"时期，根据《义务教育语文课程标准（2011 年版）》，"语文课程致力于培养学生的语言文字运用能力，提升学生的综合素养……增强民族凝聚力和创造力，具有不可替代的优势"，而"教材编写要依据课程标准"；"统编教材"时期，随着"核心素养"的提出，从《义务教育语文课程标准（2022 年版）》的具体规定可以看出，教材编写围绕"核心素养"立意，全面落实义务教育语文课程标准要求[①]。梳理三个时期中小学语文教材质量编写标准的发展变化可以发现，中小学语文教材的编写始终是以课程标准（或教学大纲）为主要的编写依据。

2. 审定标准：从确立到完善，审定标准不断制度化、规范化

"一纲一本"时期，中小学语文教材由国家统一审定；20 世纪 80 年代，我国教材实行"编审分开"后，设立了"全国中小学教材审定委员会"，并确立了教材审定制度，中小学语文教材的审定由语文教材审定委员会负责。此后，随着国家对教材建设力度的不断加大，我国的教材审定制度也在不断完善。比如，在审定主体上，教材审定主体不断专业化、多元化；在教材审定标准上，拓宽审定标准维度的同时实现了有法可依。

3. 出版标准：出版主体由单一走向多元，教材定价"低价微利"

在"一纲一本"时期，人民教育出版社承担中小学语文教材的出版和发行工作。进入"一标多本"时期，我国引进了竞争机制，并采取招投标的方式，进而改变了人民教育出版社"一家独大"的状况。教材实现多样

---

① 中华人民共和国教育部. 义务教育语文课程标准（2022 年版）[S]. 北京：北京师范大学出版社，2022：52.

化发展，出版主体由单一走向多元。同时，三个时期中小学语文教材出版发行的定价标准都始终坚持"低价微利"的原则。中小学教材是特殊的公共产品，由于我国东西部、城市和农村经济发展差距较大，因此教材定价必须充分考虑不同地区、不同群体的经济状况，坚持"低价微利"的原则，切实减轻家长的经济负担。

4. 选用标准：选用主体由单一走向多元，建立起教材选用长效机制

在"一纲一本"时期，中小学语文教材由人民教育出版社统一编写，确保了教材内容的统一性和规范性。进入"一标多本"时期，我国实行教材多样化发展的政策，语文教材选用委员会负责教材的选用，其成员包括语文学科专家、语文教育研究者、教育行政人员，选用主体由单一走向多元。"统编教材"时期，2019年《中小学教材管理办法》提出，"对教材选用使用进行跟踪调查，定期对教材的使用情况进行评价并通报结果。教材编写、出版单位须建立教材使用跟踪机制……形成教材使用跟踪报告"。这意味着中小学语文教材在选用的过程中，不再局限于当时的情境，而是在选用后展开跟踪监测，从而建立起教材选用的动态监督机制。这一机制的建立对于提升我国中小学语文教材的质量具有重要意义。

5. 评价标准

通过对我国三个时期中小学语文教材评价标准的分析，我们发现评价五个维度的发展变化具有以下几个特点。

1）评价内容：由关注教材的内容属性到开始关注教学属性

各时期核心范畴频次统计及各属性占核心范畴编码总频数的百分比，如表4-4所示。

表4-4　各时期核心范畴频次统计及各属性占核心范畴编码总频数的百分比

属性	"一纲一本"时期 （1978—2000年）		"一标多本"时期 （2001—2016年）		"统编教材"时期 （2017年至今）	
	频次/次	占比/%	频次/次	占比/%	频次/次	占比/%
内容属性	56	48.70	113	48.29	16	34.78
教学属性	28	24.35	59	25.21	14	30.43
表征属性	31	26.96	62	26.50	16	34.78

注：表格中数据加和不等于100%，是由于四舍五入导致的，余同

如表4-4所示，"一纲一本"时期与"一标多本"时期，内容属性被编码的次数最多，在三个核心范畴中的占比都接近50%；而教学属性和表征

属性被编码的次数基本相当。到了"统编教材"时期，内容属性被编码的次数的占比大幅下降，教学属性、表征属性的占比都有所上升，且内容属性和表征属性的占比相同。由此可以看出，在传统教材观的影响下，教材评价将重点放在了教材的内容属性上，主要考察教材的内在质量（如内容的科学性与逻辑性等），以及外在质量（如教材的编排、印刷、封面等），相对忽视教材的教学性。随着课程改革及教材研究的不断深化，研究者逐渐开始关注教材的教学属性，即师生对教材的使用过程。这一转变对于我国过去过于强调教材的内容属性评价的情况而言，无疑是一个值得肯定的重要进步，因为它使我们更加全面地认识到教材的教学属性在教材评价中的关键地位。

2）评价理念：语文"双基"—"三维目标"—"核心素养"

根据前文的分析，我们能清楚地看到三个时期中小学语文教材评价标准中评价理念的发展和变化："一纲一本"时期，评价理念注重"使学生牢固地、系统地掌握语文基础知识与基本技能"；"一标多本"时期的评价理念由语文"双基"向语文"三维目标"转变；"统编教材"时期中小学语文教材评价理念着眼于提高学生的语文核心素养。中小学语文"核心素养"的提出具有明显的时代特点，它不仅体现了新时期中小学语文的发展趋势，也符合时代发展对中小学语文教材提出的要求。在新的历史时期，学生不仅需要掌握更多的语文知识，同时也需要具备一定的综合素质能力，以达到全面发展的目的。因此，语文"核心素养"的提出是非常必要的，它有助于推动学生对语文知识和技能的掌握以及综合素质能力的提高。从语文"双基"到语文"三维目标"，再到语文"核心素养"，从本质上讲，语文教材评价理念的发展演变，反映出从"以学科为本"到"以人为本"、从"教学"到"育人"的转变，是对立德树人根本任务的实践。

3）评价主体：从单一走向多元，涵盖范围逐步扩大

"一纲一本"时期，中小学语文教材评价的主体主要是教育行政人员；"一标多本"时期评价主体主要是语文教材审查委员会成员，包括语文学科专家、语文教育研究者、教育行政人员；到了"统编教材"时期，中小学语文教材评价的主体除了上述提到的人员以外，教材的直接使用者（教师和学生）和间接使用者（如学生家长）对教材的期待也逐渐得到关注（师生应该成为教材评价的主体，但尚未成为教材评价的真正主体）。目前，在对教材评价研究不断深入的情况下，实现教材评价主体多元化已成为各方共识。

4）评价方法：侧重定性评价—定量评价—定性评价与定量评价有机结合

我国中小学语文教材评价标准的发展经历了侧重定性评价到侧重定

量评价再到定性和定量相结合的过程。"一纲一本"时期，我国实行统一的教材管理，教材评价工作处于起步阶段，主要由教育行政人员进行文本的分析，判断教材内容是否符合当时经济建设的需要；进入"一标多本"时期，我国在借鉴国外教材评价的基础上，主要以定量的方式进行评价，这体现在建立各具特色的评价标准体系上；到了"统编教材"时期，评价者意识到这两种评价方法存在局限性，因此选择定性和定量结合的研究方法，以确保教材评价结果的全面性与真实性。现阶段，我国教材部门及教材研究者广泛采用的评价方式就是这一定性与定量相结合的方法。

5）评价应用：教材审查为主—教材选用为主—教材审查与教材使用相结合

"一纲一本"时期，我国中小学语文教材实行"国定制"，教材评价服务于教材的审查工作；"一标多本"时期，随着教材版本的多样化，教材评价主要为选用教材服务；"统编教材"时期，国家收回了中小学语文教材的编写权，由教育部统一出版和使用，此时教材评价的目的再次回归到以教材审查为主。除此之外，从教材评价主体的变化趋势来看，教材使用者（即师生）的需求得到了越来越多的关注。然而，仅仅停留在对教材审查或教材选用的分析与评价是远远不够的，语文教材评价应该更多地关注教材主体性需求（支持教师的高效"教"和促进学生的自主"学"），以推动语文教材的编写与建设向"育人"和"促学"的目标迈进。

（二）中小学语文教材质量标准的经验提炼、问题分析与反思展望

1. 经验提炼

中小学语文教材的发展经历了从"国定制"到"审定制"再回到"国定制"的变迁。改革开放以来，随着教材建设工作的不断推进，中小学语文教材质量标准也随着时代的发展而不断发生演变和完善，取得了令人瞩目的成就。

1）建立起宏观的教材质量标准体系

我国教材评价工作起步于改革开放后，相对于国外，虽然起步较晚，但在评价指标体系的构建上，取得了一系列成就，如被学界公认的高凌飚的"六维度"教材质量评价指标体系、丁朝蓬的"三特性"教材质量标准评价指标体系、方红峰的"五方面"教材质量标准评价指标体系等。除此之外，还有很多学者从学科特征出发，以教材评价的一般理论和模式为依据，构建相应学科的教材评价指标，进而形成了特定学科的教材质量标准。

比如，翟志峰和董蓓菲基于核心素养的视角，建构了一套中学语文教科书评价指标体系。该评价指标体系由纵向 4 个维度和横向 4 个向度组成，以"四维度、四向度"为参照，最终形成了一个由 4 项评价维度、10 项评价子维度和 39 条评价指标构成的核心素养视域的中学语文教科书评价指标体系。[①]相对于以往依据教材评价主体的个人经验评价教材，教材质量标准评价指标体系的建立无疑是较大的进步。

2）关注教学与内容双重属性

对教材质量进行深入探讨的根本目的在于提高教师的教学水平和促进学生的个性发展，因此，教材质量标准必须强化对教与学的支持。在早期，我国对教材评价的研究更多地聚焦在其内容特性上。随着"核心素养"的提出，研究者越来越强调教材对教学和学习的指导作用，即强调教材的教学属性。比如，2018 年教材审定标准就将"对教与学的引导"列为教材评价标准体系的一个重要指标。

3）坚持党对语文教材建设的正确领导

从"一纲一本"时期中小学语文教材的"国定制"到"一标多本"时期的"审定制"，再回到"统编教材"时期的"国定制"，中小学语文教材的发展是不是回到原点，是历史的倒退呢？其实不然，这恰恰体现了党对语文教材建设的正确领导。教材建设是国家事权，在思想观念"千帆竞发"、观点表达"百舸争流"的现代社会，统编语文教材的实施，并非对 20 世纪"国定制"教材的简单回归，它是新时期社会发展的必然要求。统编语文教材坚持党对教材建设的领导，强化语文教材培根铸魂、启智增慧的功能。

2. 问题分析

我国中小学语文教材质量标准建设取得了一定成就，但也存在着一些问题。

1）以宏观性教材质量标准研究为主

现有的中小学语文教材质量标准以宏观的、通用的教材质量标准为主，而对本学科教材质量标准的研究却很少。大部分情况是采用教材评价的一般理论和模式，如将一般的评价标准与语文学科的特点相结合，形成语文学科的教材评价框架。但是，它对指标的表述较为粗糙和模糊，并不具备真正意义上的语文学科特色。

---

① 翟志峰，董蓓菲. 中学语文教科书评价指标体系的建构[J]. 课程·教材·教法，2022（9）：129-135.

2）中小学语文教材质量标准的可操作性不强

虽然我国对教材质量标准的研究取得了一定成果，但总体来说，中小学语文教材质量标准还存在可操作性不强等问题，还没有真正法律政策意义上的小学语文教材质量标准，且这些标准基本零散分布于国家一般的教育政策中，或由学者构建出一般学科通用的教材质量标准。同时，中小学语文教材质量标准在实施中面临严峻挑战。例如，有的研究构建的一级指标只有三四项，过于简单化；有的研究构建的一级指标有五六项，而二级指标则累计几十个，这又显然过于繁杂，其可操作性有待考证。教材质量标准体系究竟分为几级指标，每一级指标又具体分为几项，目前尚无定论。

3）构建标准的视角过于狭窄

师生作为教材的直接使用者，在教材评价上本应最具有发言权，而实际情况并非如此。虽然教师在一定程度上参与了各种教材评价的活动，享有一定的话语权，但学生基本被排除在教材评价活动之外，这是亟待关切并改进的问题。一方面，教材并非一般意义上的产品，而是作为国家事权的公共产品，必然体现党和国家的意志；另一方面，只有真正让学生喜欢学、教师乐于教的教材，才能被视为真正符合大众趣味的教材。

3. 反思展望

1）借鉴外国先进经验，构建本土化指标

国外对于教材评价的研究工作开展得较早，也取得了丰硕的成果，如美国的"2061 计划"、英国的"苏塞克斯方案"等都取得了较好的成效。我国在研制教材质量标准的过程中，既要具备全球视野，也要坚持本土化意识。目前，西方国家在建立教材质量标准时是从自身的制度、文化等方面制定的，因而这些质量标准体系可能并不完全适应我国的国情。因此，我们要从本国实际出发，借鉴国外的先进经验，研制出具备学科特色的教材质量标准。

2）加快中小学语文教材质量标准的研制

中小学语文教育作为国民教育的基础，其教材质量直接关系到基础教育的整体质量，进而影响国民的整体素质。在培养学生的国家认同、民族认同和文化认同上，语文教材发挥着不可替代的作用。《教育部高等教育司2022 年工作要点》中提出，要"加快构建中国特色高质量教材体系"，从建立教材质量标准着手，以促进教材高质量发展。目前，我国基础教育不同学科教材评价的主要依据是 2018 年教材审定标准和 2019 年《中小学教材管理办法》，而非纲领性文件。同样，对于中小学语文教材来说，也尚未形成国家层面统一的教材质量标准。因此，中小学语文教材质量标准的研制相对滞后，亟待加强。我们应依据国情和实际需要，研制具有中国特色的中小学语文教材质量标准体系，包括但不限于教材的编写标准、审定标准、出版标准、选用标准、评价标准等，旨在为教材的编制、审查、选用与评价等工作提供科学依据，进一步增强教材建设的专业性和规范性。

3）中小学语文教材质量标准需要满足多元化的用户需要

教材是汇集了教育的属性、社会的属性、文化的属性、市场的属性和意识形态等多种属性于一体的公共产品，并非一般的产品。因此，评价教材不能仅就某一方面进行，而需要全面、综合地考量与评价。回顾我国三个时期的中小学语文教材质量标准的发展变化历程，我们不难发现，每个时期的教材评价主要基于教材管理者、编写者和专家的视角，自上而下地进行评价，而较少考虑教材使用者（学生和教师）的视角。然而，作为教材的主要用户，教师和学生对教材的评价有不可或缺的发言权。因此，在教材评价过程中，我们不仅要关注国家和教育行政部门的需求，还要充分兼顾教材使用者的诉求，将教师和学生的意见作为中小学语文教材编写与评价的重要依据之一。

第二节　基础教育数学教材质量标准发展分析

本节①根据改革开放以来国家颁布的与我国中小学数学教材质量标准相关的重大教育政策文件、课程标准（教学大纲），以及学者提出的与中小学数学教材质量标准相关的文献进行梳理和分析，探讨数学教材质量标准的发展变化。

一、改革开放以来我国中小学数学教材质量标准发展阶段划分

本小节将我国中小学数学教材质量标准的发展分为三个阶段，分别是启蒙期（1978—2000 年）、构建期（2001—2011 年）和深化期（2012年至今）。

---

① 本节初稿由孔凡哲、祝芳执笔，孔凡哲修改定稿。

（一）启蒙期（1978—2000 年）

中华人民共和国成立以来，在较长时间内，我国中小学数学教材实行"一纲一本、编审合一"的管理政策。国家制定教学大纲和计划，人民教育出版社编写中小学数学教材，并在全国范围内统一使用。改革开放初期，我国中小学数学教材实施"编审分离""一纲多本"政策，成立"全国中小学教材审定委员会"，并出台了《全国中小学教材审定委员会工作章程》（1987 年）和《中小学教材审定标准》（1987 年）等一系列文件，对中小学数学教材的编制和评价提出了要求，引发了学术界对教材评价问题的关注，中小学数学教材评价研究的相关工作逐步开展起来，学术界开始关注教材评价问题，并逐步开展中小学数学教材评价研究的相关工作。

1993 年颁布的《中国教育改革和发展纲要》明确提出深化教育改革，普通高中的办学体制和办学模式要多样化。之后，伴随着第三次全国教育工作会议（1999 年）确立了基础教育试行国家课程、地方课程和学校课程"三级课程、三级管理"的课程管理政策，新一轮基础教育课程改革正式启动与全面展开。这一时期共颁布了以下大纲：1986 年颁布的《全日制小学数学教学大纲》《全日制中学数学教学大纲》，1992 年颁布的《九年义务教育全日制小学数学教学大纲（试用）》《九年义务教育全日制初级中学数学教学大纲（试用）》和 2000 年颁布的《九年义务教育全日制小学数学教学大纲（试用修订版）》《九年义务教育全日制初级中学数学教学大纲（试用修订版）》。2000 年，教育部在制定课程标准的同时，成立了《基础教育教材评价工具制定》项目组，以高凌飚为首席专家的研制小组制定了多维度的教材评价指标体系之后，又将其在数学等学科中具体化，形成评价中小学数学教材等具体的评价标准，为我国教材评价奠定基础。这一时期，我国中小学数学教材质量标准的研究处于启蒙期。

（二）构建期（2001—2011 年）

2001 年，教育部印发了《基础教育课程改革纲要（试行）》，标志着我国第八次基础教育课程改革正式拉开序幕。《基础教育课程改革纲要（试行）》提出要完善教材管理制度，鼓励尽可能多地使用多样化的中小学数学教材。2001 年 4 月颁布的《全日制义务教育数学课程标准（实验稿）》强调：教材为学生的学习活动提供了基本线索，教材编写应以《标准》为依据，教材内容的编排和呈现要突出知识的形成与应用过程，教材的编写还要有利于调动教师的主动性和积极性，重要的数学概念与数学思想的呈现应体现螺旋上升的原则。①2000 年，教育部成立《基础教育教材评价工具制定》项目组，以高凌飚为首的研制组制定了教材评价指标体系，之后又将其在数学等学科中具体化，于 2002 年形成中小学数学教材评价标准。

2005 年，国家发展改革委、新闻出版总署、教育部印发了《中小学教材出版招标投标试点实施办法（修订）》和《中小学教材发行招标投标试点实施办法（修订）》，这为教材评价研究的开展提供了新的机遇。

鉴于新课改过程中出现的各种问题，国家在推行新课改的过程中，不断向一线教师征求反馈，重组标准修订组，对课程标准进行修订，并于 2011 年发布了《义务教育数学课程标准（2011 年版）》。与 2001 年版课程标准相比，其基本理念、课程目标、内容标准及实施建议都更加精确、规范、明确和全面。

随着基础教育课程改革提倡教材多样化，教材评价研究也得到进一步深化。其中，最具代表性的是高凌飚、丁朝蓬、方红峰等提出的教材质量标准，这些标准涵盖了中小学数学教材质量标准所需关注的主要问题。这一时期，中小学数学教材质量标准的研究不仅在数量上所有增加，质量上也有了大幅度提升。

（三）深化期（2012 年至今）

党的十八大以来，党和国家从国家意志的体现和国家事权彰显的角度出发，高度重视教材建设的价值和意义。以习近平同志为核心的党中央对教材工作给予了极大的重视，明确强调教材建设是国家事权，必须健全国家教材制度，成立国家教材委员会，统筹指导管理全国教材工作。

2014 年，"核心素养"这一概念首次出现在《教育部关于全面深化课程改革落实立德树人根本任务的意见》中，并成为修订课程标准、研制学业质量标准的重要依据。2016 年，教育部正式发布了《中国学生发展核心素养》，以进一步推进各学科核心素养的落实。其中，将"数学核心素养"融入中小学数学教材，成为教材发展的重要方向，标志着我国教育从知识本位向核心素养时代的转变。此阶段，人们对中小学数学教材质量标准的认识不断深化。例如，胡军提出教材质量标准应包含"社会化考量"维度②，即教材评价标准不仅强调教学和内容属性，还要求符合社会需要，反映时

---

① 中华人民共和国教育部. 全日制义务教育数学课程标准（实验稿）[S]. 北京：北京师范大学出版社，2001：113.

② 胡军. 发达国家教材评价标准的特点与启示[J]. 课程·教材·教法，2019（4）：138-143，125.

代要求。

2020 年 1 月，《全国大中小学教材建设规划（2019—2022 年）》的颁布为新时代教材建设发展提供了指导方针。2021 年，政府强调加快建设高质量教材体系，党和国家颁布的一系列文件和措施推动了学术界关于教材质量标准的研究，为中小学数学教材质量标准的研究发展和繁荣提供了重要机遇。2022 年 5 月，小学数学教材插图事件凸显了教材插图主要存在三方面的问题：一是不够美观向上，缺乏审美价值，与立德树人的根本要求存在差距；二是不够严肃规范，个别插图甚至存在错误；三是不够细致准确，部分插图容易引人误读①。这一事件引发了研究者对教材质量的思考，他们认识到以往的教材评价存在不足，如关于评价插图的标准操作性不强，导致标准被"悬空"。在评价过程中，评价者更多地关注插图情境、内容的衔接性以及教材的本体性知识。因此，有必要进一步完善教材评价标准，融入体现国家和民族基础价值观、坚持正确政治方向和价值取向的评价要求。这一时期，学者进行教材评价的视角更加多元，中小学数学教材质量标准的研究也更加深入。

二、启蒙期（1978—2000 年）的中小学数学教材质量标准特点

本小节从编写标准、审定标准、出版标准、选用标准和评价标准五个方面对改革开放以来各个时期我国中小学数学教材质量标准特点进行分析。其中，针对编写标准、审定标准、出版标准和选用标准这四个维度，应以国家颁布的与中小学数学教材质量标准有关的政策文件为出发点，分析我国中小学数学教材质量标准的特点，因而，本小节是从这四个维度进行政策考察分析的。对于评价标准，本小节以学者提出的适用于中小学数学教材的评价标准为基础，并结合访谈和文献分析的结果，从评价的五个维度分析各时期中小学数学教材质量标准的发展特点，并将评价标准归纳为现状分析。

（一）中小学数学教材质量标准政策考察分析

1. 编写标准：在教学大纲指导下编写中小学数学教材

从改革开放到 2001 年开始的新课改前，我国中小学数学教材一直利

---

① 俞越，顾昱洁. 教育部通报教材插图问题调查处理结果 新版教材插图完成 下月开始使用[N]. 美术报，2022-08-27，第 2 版.

用"教学大纲"指导教材的编写工作，即中小学数学教材的编写标准一直以教学大纲为依据。这一时期，我国中小学数学教学大纲经历了数次修改，从1978年《全日制十年制学校中小学数学教学大纲（试行草案）》的正式公布，到1992年《九年义务教育全日制小学数学教学大纲（试用）》的印发，再到2000年《九年义务教育全日制小学数学教学大纲（试用修订版）》的颁布，均体现了教学大纲的不断完善。1985年，我国颁布《中共中央关于教育体制改革的决定》，明确提出了在统一的教学计划和教学大纲下，实行教材多样化，鼓励各地、高校科研机构及有条件的教育专家、学者和教师参与编写教材，以编制不同风格的数学教材。1988年颁布的《九年制义务教育教材编写规划方案》提出，要根据新修订的全日制小学、初级中学、教学计划、教学大纲的要求，总结我国教育改革的经验，编写出适应社会主义建设需要的、符合我国国情的、质量较高的新的教材来。1995年《中小学教材编写、审查和选用的规定》中也提出教材的编写在统一基本要求的前提下实行多样化方针，为提高教育质量服务。[①]总体来说，这一时期我国的中小学数学教材的编写标准始终围绕教学大纲展开，并在教学大纲的指导下进行教材编写的工作。

2．审定标准

1）审定标准从无到有，逐步完善

中华人民共和国成立后，我国教材实行"国定制"，即"一纲一本"制，由国家统一编写、出版和供应，并规定教材的使用。然而，在"文化大革命"时期，这一制度被打破，统一教学大纲和教材被取消，各省、市被允许自编教材。"文化大革命"结束后，国家恢复了"国定制"，重新采取统一学制和教学大纲，统一编写和使用教材的政策。

改革开放后，我国基础教育课程改革不断深化，统一教材逐渐不再适应发展需要，也不利于教材质量的提高。因此，1986年，《中华人民共和国义务教育法》正式颁布实施，其中明确规定国家实行教科书审定制度，并随后成立了全国中小学教材审定委员会。这标志着教材由"国定制"转向"审定制"。1987年，为了规范教材审定工作，国家发布了《全国中小学教材审定委员会工作章程》，并附带《中小学教材审定标准》《中小学教材送审办法》两个重要文件（以下简称"1987年教材评价标准"），首次对中小学教材审定标准做出明确规定。从此，教材编写和审定工作正式分离，

---

① 中小学教材编写、审查和选用的规定[EB/OL]. https://www.pkulaw.com/chl/519e5043852b5e1ebdfb.html.（1995-05-03）[2022-07-03].

各学科教材也从"一纲一本"转变为"一纲多本"。

由于发现 1987 年制定的工作章程在实践中存在一些问题，内容过于笼统，国家教委于 1995 年颁布了《关于中小学教材编写、审查和选用的规定》。随后，1996 年《全国中小学教材审定委员会工作章程》经过修订后正式颁布，明确了审定中小学教材的原则和标准。这一时期，我国教材的审定标准经历了从无到有的过程，并且标准制定者也在实践中不断时俱进，对其进行了修改和完善。

2）审定标准逐步规范化和细化

与 1987 年教材评价标准相比，《全国中小学教材审定委员会工作章程》（1996 年修订）在表述上有所不同，其侧重点也有所变化。比如，在"教材内容"方面增加了"教材的容量和深度广度"标准；在"音像教材与教学挂图"的基础上，增加"教学软件和音像教材要充分体现先进的教学思想和科学的教学方法"以及"教学软件符合国家有关部门规定的技术标准"的审定标准，删除"要注意教学实效，音像、图画要具有启发性、趣味性"审定标准。1987 年教材评价标准和《全国中小学教材审定委员会工作章程》（1996 年修订）均对教材的思想性、科学性、适用性、先进性等方面提出了明确的要求。从这些审定标准中可以看出，教材审定工作的很多方面是从学生角度、时代发展需求、知识的科学性和教材编排方式角度来进行的。此外，教材是否满足国家利益和需要，以及与国家意愿的一致程度，也是这个时期教材审定的重要考量标准。

综上所述，在教材审定的启蒙期，我国中小学数学教材审定标准经历了从无到有的过程，并逐渐增多、细化和规范化。

3. 出版标准

1）在出版主体上，由单一走向多元

中华人民共和国成立后，我国中小学数学教材由人民教育出版社独家出版。随着政治、经济、文化素养的提升，人们越来越认识到有必要改变在全国范围内统一使用一套"统编通用"的中小学数学教材的现状，应出版多样化的中小学数学教材。20 世纪 80 年代后期，在国家宏观政策指导下，相关教育部门采取教材多样化的改革思路，实施课程教材改革。通过竞争的方式，鼓励出版社出版适合不同地区、不同教学水平的中小学数学教材，从而实现教材的多样化。1985 年，国家颁布《中共中央关于教育体制改革的决定》，我国中小学数学教材由"编审合一"转变为"编审分离"，开始从"一纲一本"向"一纲多本""多纲多本"转型。由于国家政策的大力支持，中小学数学教材出版市场的主体已经从人民教育出版社，发展为教育部门、专业出版社、地方出版单位、大学教材研究机构等多种主体，中小学数学教材的种类日益丰富，总量逐年增长。

2）在定价标准上，降低价格，执行低价微利的原则

这一时期，国家颁布了一系列相关文件对教科书价格进行调整，以控制中小学数学教材价格。为了减轻学生经济负担，1986 年颁布《关于中小学课本定价和供应问题的通知》，下调全国通用教材的定价[①]，中央和各省、自治区、直辖市财政将承担降价后的差价金额。1986 年 6 月颁布《关于 1986 年秋季全国通用的中小学课本和教学参考书售价及供应问题的通知》，强调自 1987 年春季开始，中小学教科书按人民教育出版社供型的定价执行，不允许各地自行涨价。1995 年《普通中小学教材出版发行管理规定》提出"出版社和印刷厂要建立完善的责任制和监督系统，建立严格的质量标准，加强对教材印制质量的管理和监督"，"要严格教材的价格管理，中小学教材的定价应执行"低价微利"的原则，严格控制在 5%的出版利润以内"。从这些政策文件中可以明显看出，中小学数学教材价格被设定得较低，并且教材价格还在不断下调，遵循低价微利的原则。

4. 选用标准

1）在选用制度上，由教材指定制走向教材品种多样化

1986 年前，我国中小学数学教材的使用基本不存在"选择"问题，国家采取统一编写和统一供应的教材选用政策，教育部掌控教材选择权。1992 年，《关于九年义务教育小学、初级中学教材选用工作的意见》要求地方各级教育行政部门和学校应根据印发的中小学教学用书目录，考虑到各地实际情况，要在教材选用方面注重本地化、地方特色、适应性等因素，为学生提供更加符合实际需要的教材。1995 年印发的《中小学教材编写、审查和选用的规定》中规定，只有被列入全国中小学教学用书目录的教材才能被学校选用。由于国家明确了中小学数学教材建设应基于"在统一基本要求的前提下实行多样化"的政策，中小学数学教材出现"一纲多本"局面，这为教材选用制度的真正实施提供了前提条件。在这一背景下，中小学数学教材选择方式也由过去的"指定制"改革为"选用制"，使得教材选用品种更加多样化。

2）在选用主体上，选用主体逐渐增多，选用权力下放

1986 年以前，我国中小学数学教材一直实行"一纲一本"的政策，教

---

① 王仿子. 制订《一般书籍、课本定价标准表》忆旧（连载·下）[J]. 中国出版，2007（2）：37-41.

材选用权主要由教育行政部门掌握。1988 年,《九年制义务教育教材编写规划方案》明确提出,在"必须在统一基本要求,统一审定的前提下,逐步实现教材的多样化,以适应各类地区、各类学校的需要",明确"经过审查,审定通过的中小学教材,由教育行政部门向学校推荐,实事求是地介绍各套教材的特点,由学校的校长和教师,根据本校的实际情况选用"。从此方案可以看出,中小学数学教材的选用主体范围得到扩大,学校校长和教师也被赋予教材选用的权力。由于同一省区市内学校之间的教学条件、学生水平等情况存在较大差异,因而有必要将教材选用权下放给各个学校。从启蒙期颁布的政策文件可知,这一时期我国中小学数学教材选用权由教育部扩展到了地方、学校以及教师,选用的主体也呈现增多的趋势。

（二）中小学数学教材质量标准现状分析

将启蒙期学者提出的适用于中小学数学教材的评价标准利用 NVivo 12.0 软件进行三级编码,并结合启蒙期颁布的与中小学数学教材质量标准相关的国家政策文件以及调查访谈的结果,从评价理念、评价内容、评价主体、评价方法和评价应用五个方面分析启蒙期我国中小学数学教材质量评价标准的特点。

1. 编码分析

NVivo 12.0 软件能够协助研究者进行文字资料的整理、分析与呈现,可以提升质性研究的严谨性和信实度。[①]研究将分析文本导入质性分析软件 NVivo 12.0 进行处理,分四个循序渐进的步骤进行:

第一步,词频粗略统计。

第二步,开放式编码。根据扎根理论,采用自下而上的归纳方式,经过开放式编码、轴心式编码、选择式编码三个阶段,将收集到的资料进行整理、重组和归纳。在完成材料编码之后,按照节点内容对节点名称进行调整和修改,并对部分节点进行合并、重组或删除。

第三步,轴心式编码。轴心式编码的目的是在开放式编码的基础上,将发现和建立的一级编码进行联系与贯穿,寻找一级编码节点之间的类属关系,构建出更高一级的概念范畴。

第四步,选择式编码。在开放式编码和轴心式编码的基础上,通过系统分析和比较,得到更高层次的概念范畴。

---

① 刘世闵,李志伟. 质化研究必备工具:Nvivo 10 之图解与应用[M]. 北京:经济日报出版社,2017: 4.

1）文本选取

如何选择分析文本，将影响到研究的合理性和可靠性。研究从中国知网、万方数据库等网络平台，输入主题词"教材评价标准"，经仔细阅读、谨慎筛选，确定了我国 1978—2000 年学者发表的 17 篇文献与中小学数学教材评价标准高度相关，并将其列为研究对象。我们将 17 篇文献中学者提出的适用于评价中小学数学教材质量的教材评价标准逐个进行整理，形成一个分析文本，然后将分析文本导入质性分析软件 NVivo 12.0 进行处理。

2）结果分析

第一，词频统计。字词是文本的最小语义单元，统计文本中出现的词语的次数，可以反映出与某个主题的相关程度。用 NVivo 12.0 进行文本分析，能够统计词汇频率，并设置检索条件以显示前 50 个出现频率最高的词语。由表 4-5 可知，启蒙期我国学者提出的教材评价标准中出现频次较高的词汇有科学性、有效性、先进性等。词汇出现频率最高的是科学性，高达 10 次；其次是有效性，高达 5 次；其他出现频次较高的还有：先进性、创造性、系统性，高达 4 次；历史唯物主义、可读性、合理性、趣味性等词汇出现频次为 3 次。从统计结果可以发现，教材的科学性、有效性、先进性等是在评价教材质量时所关注的重点。然而，"词汇云"和词频统计并不能全面反映此时期评价中小学数学教材所关注的指标。因此，在 NVivo 12.0 软件中，继续对整理形成的教材评价标准分析文本进行三级编码。

表 4-5　开放式编码结果

编码（频次）	编码举例
A1 科学性（23）	张治本（1994 年）：教学内容和观点无科学性错误； 高凌飚（2000 年）：教材所选用的知识内容是否科学合理、准确适度？
A2 教学指导（22）	阎金铎等（1989 年）：关于课外活动、课外阅读等方面，教材是否有安排和建议； 高凌飚（2000 年）：教材是否考虑到配合多样化的课堂教学活动的需要？
A3 认知规律（16）	张卫国（1993 年）：教材内容的结构、编排和表述是否符合学生的认知规律； 丁朝蓬（2000 年）：表达方式是否适合学生心理特点，易于为他们接受和理解
A4 容量（13）	刘电芝（1996 年）：考察教材总知识点的数量与总课时的关系； 阎金铎等（1989 年）：关于内容的份量
A5 装帧（13）	张增顺（1995 年）：印装质量； 李慧君（1996 年）：装帧等
A6 可读性（12）	王玉杰等（1997 年）：语言应准确、通俗、流畅，符合学生的年龄特征和接受水平，适于学生阅读； 高凌飚（2000 年）：文字是否通畅，是否生动？可读性强不强？

续表

编码（频次）	编码举例
A7 学习者适应性（11）	张卫国（1993 年）：教材的水平、分量是否适当，便于因校制宜，因材施教； 上海市（1995 年）："内容方面"的指标，包括教材的适切性
A8 与教学大纲的一致性[10]	张治本（1994 年）：体现教学大纲规定的教学内容、教学要求，能在规定的课时内完成教学任务； 王玉杰等（1997 年）：体现"高等农业院校数学教学大纲"所规定的教学内容和教学基本要求
A9 知识逻辑（10）	张治本（1994 年）：学生学习规律与学科知识逻辑体系恰当结合，具有由浅入深，循序渐进的系统性和整体性； 丁朝蓬（2000 年）：组织体系是否违反知识的内在逻辑；
A10 能力培养（10）	杨保安等（1997 年）：教学适用性维度下包含能力培养；是否有利于学生打好基础、培养能力、发展智力； 高凌飚（2000 年）：知识内容是否有利于启发学生的思维，对学生能力的发展有良好的作用？
……	……

注：①频次指节点被提及的次数；②为控制篇幅，表中范例仅呈现 1—2 个具有代表性的例子

第二，开放式编码。研究利用 NVivo 12.0 分析软件对整理形成的教材评价标准分析文本进行逐行编码、逐句编码，得到了 308 个参考点。通过对众多子节点进行反复归纳、分类、合并，最终形成具有概括性的 45 个子节点，同时统计出编码频次并呈现举例。

第三，轴心式编码。在开放式编码的基础上，对编码进一步调整，对 57 个子节点编码进一步概括和归纳，将较低层次的概念整理成更高层次的范畴，最终得到了 12 个二级节点，每个二级节点下都包含子节点。

第四，选择式编码。在开放式编码和轴心式编码的基础上，进一步提炼出概念范畴，将 12 个二级节点再次整合提炼，精练为更具有意义和概念化的 3 个核心范畴：内容属性、教学属性和表征属性（表 4-6）。

表 4-6　选择式编码形成的核心范畴

核心范畴（频次）	主范畴（频次）
C1 内容属性（138）	B1 内容选择（91）、B2 内容组织（37）、B3 目标一致性（10）
C2 教学属性（73）	B4 教学设计（55）、B5 学习评价（16）、B6 教学资源（2）
C3 表征属性（97）	B7 语言表达（12）、B8 符号与单位（6）、B9 版面设计（16）、B10 出版印刷（35）、B11 编校质量（24）、B12 发行（4）

2. 评价标准的特点

对我国中小学数学教材评价标准特点的分析，将结合 NVivo 12.0 软件

量化分析的结果、访谈调查以及与中小学数学教材相关的政策文件内容，从评价理念、评价内容、评价主体、评价方法以及评价应用五个方面去分析阐述。在 NVivo 12.0 软件三级编码中，编码词语出现的频次越高，说明在学者提出的教材评价标准中对此关注的人数越多，体现出此标准越被学者看重，这一标准越重要。

1）评价理念：注重教材学科本位，突出"双基"的培养

启蒙期我国中小学数学教材质量标准中被编码次数最多的是内容属性维度下的"内容选择"，编码次数高达 91 次。进一步细化内容选择主范畴下，编码次数较多的是科学性、容量，编码次数分别为 22 次和 13 次，其次是基础性和难度，编码次数都为 7 次。编码的结果说明，启蒙期的中小学数学教材评价比较重视教材内容的科学性，特别强调知识的基础性，确保内容能被大多数学生所掌握，并注重评价教材内容的容量以及学生的接受程度。在这一时期，对中小学数学教材的评价主要关注其内容能否全面体现本学科的重要性和知识的系统性，而忽视了对创新精神和实践能力的培养。比如，霍雨佳和黄翔通过对我国中小学数学教材（人教版[①]）分析后提出，"教材中涉及的评价主要关注的是学生基础知识与基本技能的评价，很少有涉及数学思想方面的评价内容"[②]。

在访谈中，国家教材评审专家 S[③]表示："2000 年以前，对中小学数学教材的评价主要还是看教材里面有哪些知识内容。"

在教师访谈中，6 位教师都表示对这一时期的中小学数学教材感到满意。例如，T1[①]、T3[①]教师在访谈中都表示："对 1995 年版的课本感到满意，这个版本的中小学数学教材能够清楚地呈现出要教授的内容以及学生要学习的内容。"

T5[①]教师表示："我记得那个版本的教材知识内容还是挺丰富的，能够让学生获得基础知识和基本技能。"

在家长访谈中，对于 2000 年之前孩子使用的中小学数学教材，3 位家长都提到对教材知识内容感到满意，教材里的知识内容能让孩子获得系统的数学基础知识。

结合以上访谈调查和文献分析结果可知，启蒙期我国中小学数学教材

---

① 课程教材研究所，小学数学课程教材研究开发中心. 义务教育课程标准实验教科书：数学（1—6 年级）[M]. 北京：人民教育出版社，2004：89.

② 霍雨佳，黄翔. 发掘数学教材的评价功能——对美国加州小学数学教材的分析与启示[J]. 数学教育学报，2011（3）：76-79.

③ 访谈信息：国家数学教材评审专家 S（2022 年 11 月 8 日）；一线小学数学教师 T1（2022 年 11 月 30 日）；一线小学数学教师 T3（2022 年 11 月 25 日）；一线小学数学教师 T5（2022 年 11 月 28 日）。

评价注重教材学科本位，教材突出基础知识和基本技能。在启蒙期，中小学数学教材是一种"知识仓库"式的存在，强调教材尽可能详尽地呈现学科知识、启发学生思考，但是对引导学生观察、分析等活动的重视程度不够。

2）评价内容：注重对教材文本内容进行评价

从表 4-6 中可知，启蒙期中小学数学教材评价标准中编码次数最多的是内容属性和表征属性，编码次数分别为 138 次和 97 次。进一步细化，在内容属性维度下"内容选择"被编码的次数最多，在中小学数学教材评价中注重对教材文本内容选择的评价，强调教材文本内容的准确性，所选用的教学内容和观点无知识性错误，同时注重对中小学数学教材的基础性、容量和难度等进行评价。在表征属性维度下，出版印刷、编校质量、版面设计和语言表达被编码的次数较多，分别为 35 次、24 次、16 次和 12 次。

综上，结合相关数据可知，启蒙期的中小学数学教材评价大多数主要关注教材文本质量，包括教材的知识内容、科学性和容量等，此外也注重对中小学数学教材文本的形式、结构以及物理特征等进行评价。

3）评价方法：以质性的文本分析为主

按照教材的评价结果类型划分，可分为质性分析、量化分析和质量分析方法。由于我国教材评价研究起步较晚，这一时期我国对中小学数学教材的评价和审定主要以质性评价方法为主，由教材审查委员会成员依据自身经验对教材进行评价。同时由表 4-5 可知，启蒙期的中小学数学教材评价关注对教材"内容属性""表征属性""教学属性"的评价，在评价方法上以质性的文本分析为主，主要对教材文本内容的科学性、教材的内容体系、教材出版印刷质量和编校质量等进行评价，评价者在质性分析过程中，依据自身的知识和经验对教材质量进行评价，评价停留在经验层面。

4）评价主体：以国家教材委员会为主

通过政策文本进行分析可知，1987 年发布的《全国中小学教材审定委员会工作章程》对审定机构的构成做出说明：审定委员会，由国家教育委员会聘请专家、教师和教育行政领导干部组成；审定委员会设立各学科教材审查委员会；国家教育委员会聘请若干名专家、学者担任审定委员会顾问；顾问由若干名专家、学者担任；全国中小学教材审定委员会，设立办公室，作为常设工作机构，与国家教委中小学教材办公室合署办公，联系并协调各学科教材审查委员会的工作，处理审查、审定中小学教学大纲和教材的日常事务。这些审定人员的任期均为 3 年。

在访谈中，专家 K 表示："2000 年前，大家都关注统考，对教材好不好没有评判标准，教材的审定和评价主体是国家教材审定委员会，通过审定后的教材被发放到学校供师生使用，教师用的是同一套教材，没有第二套教材，没有横向比较，他们无法参与教材评价。"[1]

T2 老师表示："国家有没有中小学数学教材评价的标准我不知道，这个时期我们一线老师只是看这教材是否有利于教学。"[2]

T4 教师表示："那个时候，我是严格的以课本为根本，以教学大纲为依据，我觉得课本上讲的都是好的。因为没有标准可以供我参考，我没有机会对教材提出评价建议。"[2]

综上，在此阶段，我国中小学数学教材评价的权力集中在国家层面，由国家层面领导全国教育事业和中小学数学教材评价工作，评价主体是国家教材审定委员会，评价团队由专业研究人员构成。

5）评价应用：以教材审查为主

长期以来，我国对中小学数学教材实行集中管理，实施"统编通用"的教材管理制度。20 世纪 80 年代中后期，开始实施"一纲多本"，逐步建立了教材评价制度，成立了中央和省级两级教材审定（审查）委员会，对教材的质量进行全面审查。

访谈中，国家教材审查委员 S 表示："早些时候，全国只有一套教材，没有选择概念，通过审查的数学教材必须得用。"[1]通过梳理教材政策及访谈结果可以看出，启蒙期的教材评价主要是以教材审查为主，主要由数学教材审定委员会对数学教材进行审查，确保教材内容符合国家规定和社会发展的需要，评价的目的是让教材通过评审。启蒙期，以教材审查为主的数学教材评价具有强烈的行政管理色彩。

三、构建期（2001—2011 年）的中小学数学教材质量标准特点

（一）中小学数学教材质量标准政策考察分析

1. 编写标准：以课程标准为依据，体现课程理念

《全日制义务教育数学课程标准（实验稿）》对数学教材提出编写建议，要求教材选取密切联系学生生活、生动有趣的素材，为学生提供积极思考与合作交流的空间，呈现方式要丰富多彩，重要的数学概念与数学思想宜

---

① 访谈信息：教材评价专家 K（2022 年 11 月 17 日），国家教材评审专家 S（2022 年 11 月 8 日）。
② 访谈信息：小学数学教师 T4（2022 年 11 月 26 日），小学数学教师 T2（2022 年 11 月 25 日）。

逐步深入，内容设计要有一定的弹性和介绍有关的数学背景知识。《义务教育数学课程标准（2011 年版）》对教材编写建议进行了更新完善，提出了具体"标准"：教材编写应体现科学性，教材编写应体现整体性，教材内容的呈现应体现过程性，呈现内容的素材应贴近学生现实，教材内容设计要有一定的弹性，以及教材编写要体现可读性。

这一时期，中小学数学教材编写的直接依据是数学课程标准，体现了教育理念的转变，从以知识为本转向以能力为本。不再过分追求学生对数学知识的掌握，而是开始重视素质教育，关注学生的全面发展，同时也更加关注中小学数学教材在培养学生正确的世界观、人生观、价值观方面的独特作用。

2. 审定标准

1）审定主体不断专业化和多元化

《暂行办法》第二十条明确指出，学科专家、中小学教学研究人员以及中小学教师需要加入教材审定的队伍中，教材审定委员会的构成要体现多样化与科学化的原则，这在某种程度上保障了教材审定的专业化与科学化。为了保证教材审定的质量，我国还设立了专门的教材审定机构，对审定主体的政治立场和专业水平的标准要求更加严格，并注重确保专家组整体结构的合理性。这一时期，我国教材审定对人员的专业性和任用制度提出了明确要求，进一步规范了教材审定中对人员的管理，审定主体的主观随意性减弱。

2）审定标准维度增加，开始重视教材的使用效果

进入 21 世纪，我国开展第八次课程改革。教材是课程改革的重要部分，其审定标准也在逐步完善。《暂行办法》在原有审定标准的基础上，增加了教材的审定原则的维度，即国家的有关法律、法规和政策，贯彻党的教育方针，体现教育要面向现代化、面向世界、面向未来的要求；体现基础教育的性质、任务和培养目标，符合国家颁布的中小学课程方案和学科课程标准的各项要求；符合学生身心发展的规律，联系学生的生活经验，反映社会、科技发展的趋势，具有自己的风格和特色；符合国家有关部门颁发的技术质量标准。

《暂行办法》规定，中小学教材的送审必须提供送审报告和教材试验报告。其中，教材试验报告包含教材试验情况、效果以及试验学校对教材的评价。这表明，我国审定中小学数学教材已经不再仅仅局限于教材文本内容方面，而是开始关注教材在实际教学中的使用效果。

3. 出版标准

1）实施教材出版发行招投标办法，深化出版发行体制改革

为了减轻学生和家长负担，提升教材管理水平，降低教材价格，深化教材出版发行体制改革，我国自 2001 年起，开始对持续实施了 50 多年的教科书出版制度进行改革。2001 年，中华人民共和国新闻出版总署等印发了《中小学教材出版招标投标试点实施办法》，"经研究决定，中小学教材出版发行招标投标试点工作从 2002 年开始先在安徽省、福建省、重庆市进行。从 2003 年开始，各省、自治区、直辖市都要进行面向本地区的招标投标试点工作。从 2004 年起，中小学教材的出版、发生招标投标面向全国进行"。《中小学教材出版招标投标试点实施办法（修订）》于 2008 年颁布，对中小学教科书投标的时间、招标人、投标人、招标项目、招标公告、评审程序以及招投标的监督和管理等都做出详细规定，自 2008 年秋季开始在全国范围内全面推行。中小学数学教材出版发行体制改革促进了教科书出版业市场竞争机制的建立健全。

2）在定价标准上，持续降低中小学数学教材价格

2000 年，我国对中小学教材出版情况进行调研，发现教材价格较高，给学生家长，特别是农村学生家庭增加了负担，这不仅不利于义务教育的普及，也会阻碍基础教育的进一步发展，因而引发强烈的社会反响。2001 年，《关于核定 2001 年秋季中小学教材价格有关问题的通知》要求，严格核定教材价格，减少租型费率和发行折扣率，强化对教材出版环节利润率的监管。从 2002 年起，教材价格遵循保本微利的原则，核定教材印张金额，并进一步降低教材价格。同时加强对中小学教材出版各环节的规范管理，更好地控制教材价格。随着改革力度的加大、改革范围的扩展以及有效竞争的增强，教材价格出现较大幅度的下降。

4. 选用标准

1）在选用制度上，继续贯彻执行教材选用目录制

进入 21 世纪，随着新课改的实施，教科书选用制度也随之发生重大变革。《基础教育课程改革纲要（试行）》明确提出改变用行政手段指定教科书的做法。2005 年，《教育部办公厅关于做好义务教育课程标准实验教材选用工作的通知》[①]明确规定，"各省级教育行政部门要完整转发《书目》，不得删减或增加。各地应严格在《书目》范围内选用教材，不得选用《书

---

① 教育部办公厅关于做好义务教育课程标准实验教材选用工作的通知（已废止）[EB/OL]. http://www.moe.gov.cn/srcsite/A26/moe_714/201006/t20100611_177733.html.（2005-02-02）[2022-03-13].

目》以外的教材"。

从这一时期颁布的政策文件可以看出，中小学数学教材一定要在教育部公布的目录中选用，体现了这一时期的教材选用制度要继续贯彻执行教材选用目录制。每年春、秋两季，国家教育行政部门将已通过审查的中小学数学教材选用目录提供给各省，为地方教育行政部门选择教材作参考。

2）在选用主体上，选用主体继续扩大到学生和家长

针对教材选用的主体，2001 年颁布的《基础教育课程改革纲要（试行）》明确指出，学校校长、教师、学生、家长有权利参与到教材的选用过程中。2005 年颁布的《教育部办公厅关于做好义务教育课程标准实验教材选用工作的通知》中规定，各地（市）教育行政部门应当成立教材选用委员会，负责教材选用工作。教材选用委员会应由骨干教师、校长、学生家长代表及教育行政、教研人员组成。根据《教育部办公厅关于印发〈2006 年义务教育课程标准试验教学用书目录〉的通知》，"各教材选用单位须成立教材选用委员会，负责教材选用工作"。"教材选用委员会应由教育专家、骨干教师、校长、学生家长代表及教育行政、教研人员组成，其中教育行政和教研人员不得超过总人数的四分之一。"从颁布的文件中可以看出，中小学数学教材选用的主体逐渐扩大，包括教育专家、骨干教师、校长、学生家长代表等，说明我国在教材选用时开始重视骨干教师、校长、学生家长代表等的参与，体现了中小学数学教材选用制度的科学性和公平性。

（二）中小学数学教材质量标准现状分析

将构建期学者提出的适用于中小学数学教材的评价标准利用 NVivo 12.0 软件进行三级编码，并结合构建期颁布的与中小学数学教材质量标准相关的国家政策文件以及实践调查访谈的结果，从评价理念、评价内容、评价主体、评价方法和评价应用五个方面分析构建期我国中小学数学教材质量评价标准的特点。

1. 编码分析

1）文本选择

在中国知网上输入主题词"教材评价标准"，时间定位于 2001 年 1 月到 2011 年 12 月，一共出现了 128 条结果。经仔细阅读、谨慎筛选，本研究确定其中 33 篇文献与中小学数学教材评价标准高度相关，将其列为研究对象，并将 33 篇文献中学者提出的适用于中小学数学教材质量的教材评价标准逐个进行整理，形成一个分析文本，然后将分析文本导入质性分析软

件 NVivo 12.0 进行处理。

2）编码过程

第一，词频统计。用 NVivo 12.0 软件对分析文本中的词汇频数进行统计，设置检索条件为显示前 50 个频率最高词语且为同义词。结果显示，在构建期，我国学者提出的关于中小学数学教材评价标准中出现频次最高的是科学性，高达 17 次；其次是价值观、思想性、先进性和可读性，分别为 14 次、11 次、10 次和 9 次；其他出现频次较高的还有历史唯物主义、启发性、统一性和辩证唯物主义，次数均为 8 次。逻辑性出现 7 次。但"词汇云"并不能完全说明教材评价标准制定时所关注的内容指标，因此本小节继续对构建期学者提出的适用于中小学数学教材的评价标准的文本内容进行编码分析。

第二，开放式编码。本小节利用 NVivo 12.0 软件，对分析文本进行逐行编码、逐句编码，得到了 562 个参考点。通过对众多子节点反复归纳分类、合并重复，最终形成了具有概括性的 56 个子节点，并统计出编码频次，呈现了具体示例。

第三，轴心式编码。在开放式编码的基础上，笔者对编码进一步调整，对 56 个子节点进一步进行概括和归纳，将较低层次的概念抽象概括成较高层次的概念，最终得到 15 个二级节点，每个二级节点下都包含子节点。

第四，选择式编码。在开放式编码和轴心式编码（表 4-7）的基础上，进一步提炼出概念范畴，将 15 个二级节点再次整合提炼，精练为更具有意义和概念化的 4 个核心范畴，即内容属性、教学属性、表征属性和使用属性，具体情况如表 4-8 所示。

表 4-7　轴心式编码形成的主范畴表

主范畴（频次）	子范畴
B1 内容选择（188）	A8 学习兴趣和动机（20）、A7 科学性（20）、A10 理论联系实际（18）、A12 主动性（17）、A14 思想性（16）、A19 典型性（13）、A20 容量（13）、A21 先进性（13）、A25 难度（11）、A30 生活化（10）、A31 时代性（10）、A34 多元文化（9）、A37 基础性（7）、A41 系统全面性（6）、A43 开放性（5）
B2 内容组织（80）	A1 知识逻辑（28）、A4 组织结构合理性（23）、A16 认知规律（15）、A18 统整性（14）
B3 目标一致性（43）	A3 与课程标准的一致性（23）、A24 体现学科特色（11）、A33 目标合适（9）
B4 思想水平（27）	A13 精神与价值观（17）、A44 没有偏见（5）、A45 无政治性错误（5）
B5 教学设计（79）	A6 学习指导（20）、A22 教学指导（11）、A23 个别差异（11）、A27 创造性和创新性培养（10）、A28 能力培养（10）、A39 知识发生的过程（6）、A38 教学手段创新性（6）、A42 启发性（5）
B6 学习评价（10）	A40 改善教学（6）、A50 评价方式（4）

续表

主范畴（频次）	子范畴
B7 教学资源（13）	A29 相关教材（10）、A54 信息技术与课程的整合（3）
B8 语言表达（18）	A9 可读性（18）
B9 符号与单位（9）	A32 准确性（9）
B10 版面设计（32）	A11 图文搭配（17）、A15 版式设计（15）
B11 出版印刷（37）	A5 印刷质量（20）、A26 装订质量（10）、A48 装帧（4）、A53 图文清晰度（3）
B12 编校质量（62）	A2 适用性（27）、A17 编写质量（14）、A36 教材特色（7）、A46 绘图水平（4）、A47 理论基础（4）、A51 教材趣味性（3）、A52 校对水平（3）
B13 发行（5）	A49 费用（4）、A56 服务水平（1）
B14 实际使用效果（9）	A35 学业成就和目标达成情况（9）
B15 用户满意度（3）	A55 用户需要的满意程度（3）

表 4-8 选择式编码形成的核心范畴

核心范畴（频次）	主范畴（频次）
C1 内容属性（338）	B1 内容选择（188）、B2 内容组织（80）、B3 目标一致性（43）、B4 思想水平（27）
C2 教学属性（102）	B5 教学设计（79）、B6 学习评价（10）、B7 教学资源（13）
C3 表征属性（163）	B8 语言表达（18）、B9 符号与单位（9）、B10 版面设计（32）、B11 出版印刷（37）、B12 编校质量（62）、B13 发行（5）
C4 使用属性（12）	B14 教材实际使用效果（9）、B15 用户满意度（3）

2. 评价标准的特点

1）评价理念：以学生的发展为中心，强调教材体现"三维目标"

《全日制义务教育数学课程标准（实验稿）》中的课程目标从"知识和能力""过程和方法""情感、态度和价值观"三个维度设计。从表 4-7 可知，构建期的中小学数学教材评价标准中增加了"学习兴趣和动机"，且编码次数最高，为 20 次。此外，还增加了"学习指导""主动性""精神与价值观""创造性和创新性培养""知识发生的过程""启发性"等评价指标，编码次数分别为 20 次、17 次、17 次、10 次、6 次、5 次。

在访谈中，6 位教师表示 2001 年版中小学数学教材的内容选择和组织等能够很好地体现"三维目标"。其中，T3 教师表示："教材在内容的呈现方式上，越来越多地注重学生的学习兴趣和经验，符合儿童的认知发展规律。"[①]

---

① 访谈信息：小学数学教师 T3（2022 年 11 月 25 日）；国家数学教材评审专家 S（2022 年 11 月 8 日）。

T6 教师表示："课本中对知识的呈现，更加注重学习的过程。"[①]

在学生的访谈中，在询问对使用的中小学数学教材的优点和不足的问题时，使用过 2001 年版中小学数学教材的部分学生表示有一定的遗忘，但部分学生还有印象。访谈结果显示，她们都谈到了教材图文并茂、内容新颖。如 S 同学表示："我感觉那个教材生活性、活动性还挺强的，学起来挺有趣。"

结合文本分析数据结果及访谈可以看出，构建期的中小学数学教材评价标准强调教材在体现"双基"目标的基础上，增加了体现过程方法、情感态度价值观的评价，强调教材体现"三维目标"，体现出以学生的发展为中心的评价理念。

2）评价内容：关注对教材使用情况的评价

统计数据显示，构建期的中小学数学教材评价标准，在启蒙期的中小学数学教材评价标准的"内容属性""教学属性""表征属性"的基础上增加了"使用属性"维度，编码次数达到了 12 次。中小学数学评价标准增加了对"教材实际使用效果"和"用户满意度"的评价，编码次数分别为 9 次和 3 次。这一时期，方红峰提出，教材评价要看学生"使用教科书进行正常教学后，学生的学业成就情况如何，学生是否喜欢该教科书等"[①]。孔凡哲、张恰等认为，教材质量评价的核心在于教科书满足教师、学生等用户需要的程度。[②]

启蒙期的中小学数学教材评价标准聚焦教材文本质量，缺乏对实际使用效果的评价。而教材在教学实践中能否满足教材的主要使用者——教师和学生的需要，是衡量教材质量的重要标准。构建期的中小学数学教材评价标准开始关注教材评价的过程性，教材评价不局限于静态的形式，除了评价教材本身，还对教材的实际使用效果做出评价。同时，中小学数学教材作为一种"产品"，这一时期的教材评价关注到根据教材满足用户需求的程度进行评价，其用户包括在教学活动中直接接触教材的师生。

3）评价主体：充实数学教材审查委员会力量，教师缺乏教材评价的意识

构建期，我国中小学数学教材呈现"一标多本"的特点，根据这一时期的教材相关政策可知，中小学数学教材评价的主体主要是数学教材审查委员会成员，包括学科专家、课程专家、教育心理学专家和教育行政领导，

---

① 方红峰. 论教材选用视野中的教科书评价[J]. 课程·教材·教法，2003（7）：19-24.

② 孔凡哲，张恰，等. 教科书研究方法与质量保障研究[M]. 长春：东北师范大学出版社，2007：301-318.

也包括中小学教学研究人员，以及富有经验的一线教师。构建期的中小学数学教材评价主体进一步增多，充实了数学教材审查委员会力量。一些中小学教科书制度研究课题组的相关调查数据显示，"我国中小学教师在教科书审查工作中地位还是有些薄弱"[①]。

在访谈中，国家数学教材评审专家 S 表示："这个时期，教师的角色还没有从以往'课程执行者——以本为本'的观念下转变过来，对于一线教师而言，他们更多地认为课程开发、教科书评价是专家们的事，而与自己无关。"[①]

综上可以看出，构建期的中小学数学教材评价的主体扩大到了一线教师，教师是教学过程中的重要参与者以及教科书的直接使用者，但实际上构建期一线教师的评价意识比较薄弱，更多地关注"用教材"，缺乏"评教材"的意识，然而一线教师具有良好的教材质量评价意识是"用教材教"的基本前提。

4）评价方法：以量化分析为主

由表 4-6 可知，构建期的中小学数学教材评价标准的维度增加了"使用属性"，关注到了对教材"实际使用效果"的评价，被编码的次数达到了 9 次。在构建期，刘勇兵和汤丽英提出教材质量包括"实际使用效果好，深受师生广泛好评，有效提高教学质量"[②]。高凌飚提出，要关注教材的教学设计与实际使用情况的符合程度，教材预定的教学目标在实际中的达成情况[③]。学者在研究中采用了量化评价的方法对教材进行评价，通过计算不同维度下分项的均值，确定每个维度的平均分，最终教材的整体得分即所有维度的平均分。

为了了解中小学数学教材的实际使用效果，进而更好地评价教材的质量，这一时期，学者强调量化分析，将问卷法应用到教材评价领域，将教材评价的指标以问题的形式编制成表格，通过邮寄、当面作答或者追踪访问的方式收集相关数据，对于问卷结果的处理采用求平均分的方法，通过对数据的分析和处理了解教师和学生在使用教材之后对教材的看法与意见。此外，这一时期，访谈法也被应用到了中小学数学教材评价领域，通过深入访谈获得教师和学生对所使用教材的评价，了解教材的实际使用效果，从而获得教师和学生对教材的客观看法。

由此可见，构建期的中小学数学教材评价方法不再只是仅仅局限于对

---

① 党晓梅. 中美中小学教科书制度的比较研究[D]. 重庆：重庆师范大学，2011.

② 刘勇兵，汤丽英. 浅析教材质量标准及编写质量控制[J]. 中国电力教育，2009（13）：92-93.

③ 高凌飚. 基础教育教材评价：理论与工具[M]. 北京：人民教育出版社，2002：23-25.

教材客体本身的静态评价，而是强调对教材实际使用效果的量化评价，利用实证研究，对教材的评价更加系统、客观、高效，对数据进行统计分析，能够保证研究结果的客观性，从而使教材质量的评价更加客观、科学。

5）评价应用：以教材选用为主

2001 年，国家颁布《国务院关于基础教育改革与发展的决定》和《基础教育课程改革纲要（试行）》，提出教材多样化的政策。自实施新课改以来，我国中小学数学教材发生了重大变革，打破了以往一套教材"一统天下"的局面，教材的种类增多，出现了人民教育出版社、北京师范大学出版社、西南大学出版社、江苏教育出版社等多种版本的教材。采用多样化的中小学数学教材的初衷是通过引入竞争机制来提升教材质量，让各地区都能结合本地教育的实际情况选择适合本地特点的中小学数学教材，从而提高教育的针对性，进而全面提升教育的质量。

在访谈中，国家数学教材审查委员 S 专家表示："国家审定通过了多套中小学数学教材，各省可以根据本省的实际情况选择适宜本地区特点的中小学数学教材，这对促进我国中小学数学教育的发展产生了积极影响。"[①]

数学教材评价专家 K 也表示："过去，国家审定完了，就不需要再选了。后期'一标多本'，因为出版了多个版本的中小学数学教材，国家允许各省自己选教材。"[①]

结合国家颁布的教材政策文件以及对专家的访谈可以看出，构建期的教材评价以教材选用为目的，通过对中小学数学教材的评价来选择适合本省区市的教材。这一时期，国家和省级教材审定委员会对中小学数学教材的质量进行全面评价，各地教材选用委员会在教育部公布的教材目录中选择教材。同时，以教材选用为目的的评价对推进中小学数学教材的多样化、提高各地的教育教学质量大有裨益。

四、深化期（2012 年至今）的中小学数学教材质量标准特点

（一）中小学数学教材质量标准政策考察分析

1. 编写标准：坚持素养培养理念

在深化期，《义务教育数学课程标准（2022 年版）》提出了义务教育数

---

① 访谈信息：数学教材评审专家 S（2022 年 11 月 8 日）；数学教材评价专家 K（2022 年 11 月 17 日）。

学教材编写标准：体现核心素养培养要求、有利于引发学生思考、素材选取要贴近学生的现实、真实可信以及注重教材创新。《义务教育数学课程标准（2022 年版）》为义务教育数学教材编写提供了新的编写标准，体现了基础教育已进入注重内涵发展和全面提高育人质量的新阶段。不仅面向全体学生，更注重学生个性发展，关注数学核心素养的形成和健全人格的培养，引导学生探索知识之间的内在联系，培养学生综合解决问题的能力，促进全面和个性化发展，从而培养具备综合性实践能力和创新精神的复合型人才。

2. 审定标准：科学化和学科性加强

与《全国中小学教材审定委员会工作章程》相比， 2018 年教材审定标准中，中小学数学教材审定的维度得到拓宽，审定标准进一步细化、科学化，考虑到了数学学科特性，中小学数学教材在审定过程中，将数学学科的内容、结构等要素纳入审定标准。

2018 年教材审定标准对中小学教材审定时应依据的标准做出了新的具体规定和要求，提出了从思想导向、与课程标准的切合度、内容的选择和呈现、对教和学的引导以及教材的编辑符合规范这五个方面的审查标准，每个审查标准下分别设有 3—8 个具体要求，共计 24 条要求。2019 年《中小学教材管理办法》第十八条提出，"教材审核应依据教材规划、课程方案和课程标准，对照本办法第三条、第九条的具体要求进行全面审核，严把政治关、科学关、适宜关"①。该管理办法针对义务教育教材审定应依据的标准做出了新的规定，提出重点对教材的五个方面进行审核，分别是政治审核、专业审核、综合审核、专题审核和对比审核五个类别："实行政治审核，重点审核教材的政治方向和价值导向，政治立场、政治方向、政治标准要有机融入教材内容，不能简单化、'两张皮'；政治上有错误的教材不能通过。选文篇目内容消极、导向不正确的，选文作者历史评价或社会形象负面的、有重大争议的，必须更换。实行专业审核，重点审核教材的学科知识内容及其对学生的适宜度。实行综合审核，重点审核教材的内部结构、跨学段衔接和相关学科横向配合。实行专题审核，由党委和政府相关职能部门按照职责审核教材涉及的专门领域的内容。实行对比审核，审核修订教材的新增和删减内容。"

---

① 教育部关于印发《中小学教材管理办法》《职业院校教材管理办法》和《普通高等学校教材管理办法》的通知[EB/OL]. http://www.moe.gov.cn/srcsite/A26/moe_714/202001/t20200107_414578.html.（2019-12-19）[2022-10-09].

3. 出版标准：强调保本微利的原则

2019 年《中小学教材管理办法》根据《出版管理条例》等法律法规及相关政策，对教材出版、发行、印制等事项做出原则性规定："教材出版单位要严格规范编辑、审稿、校对制度，保证教材编校质量。教材出版和印制应执行国家标准，实施'绿色印刷'，确保印制质量。教材定价应严格遵守'保本微利'原则。教材发行应确保"课前到书、人手一册。"

4. 选用标准：关注教材动态使用情况

2013 年印发的《中小学教材选用管理办法（征求意见稿）》中指出，教材选用要统筹考虑教材的售后服务等因素。2019 年《中小学教材管理办法》提出，教育行政部门应建立教材选用、使用监测机制[①]，对教材的选用使用进行持续的跟踪调查。教材编写和出版单位须建立教材使用跟踪机制，通过多种途径和方式收集教材使用的反馈意见，生成教材使用跟踪报告，这些报告在教材进行修订审核时作为必备的送审材料。

深化期的中小学数学教材选用标准提到了关注售后服务、对教材使用进行跟踪调查，体现了这一时期不再只关注教材静态文本的选用标准，也开始考虑教材动态使用过程这一标准。教材动态选用标准的建立有助于教材选择过程的客观化、科学化和规范化，体现了动态发展性的原则。

（二）中小学数学教材质量标准现状分析

将深化期学者提出的适用于中小学数学教材的评价标准利用 NVivo 12.0 软件进行三级编码，并结合这一时期颁布的与中小学数学教材质量标准相关的国家政策文件以及调查访谈结果，从评价理念、评价内容、评价主体、评价方法和评价应用五个方面分析深化期我国中小学数学教材质量评价标准的特点。

1. 编码分析

1）文本选择

笔者在中国知网上输入主题词"教材评价标准"，时间定位于 2012 年 1 月到 2022 年 6 月，一共出现 292 条结果。经仔细阅读、谨慎筛选，笔者确定其中 14 篇文献与中小学数学教材评价标准高度相关，并将其列为研究

---

① 教育部关于印发《中小学教材管理办法》《职业院校教材管理办法》和《普通高等学校教材管理办法》的通知[EB/OL]. http://www.moe.gov.cn/srcsite/A26/moe_714/202001/t20200107_414578. html.（2019-12-19）[2022-10-09].

对象。笔者将这 14 篇文献中学者提出的适用于中小学数学教材质量的教材评价标准逐个进行整理，形成一个分析文本，然后将分析文本导入质性分析软件 NVivo 12.0 中进行处理。

2）结果分析

第一，词频统计。用 NVivo 12.0 软件对分析文本中的词汇频数进行统计，设置检索条件为显示前 50 个频率最高的词语并选择同义词。在深化期，国内学者提出的关于中小学数学教材评价标准词频出现较高之一是科学性，其次是社会主义、价值观多样性，其他出现频次较高的还有前沿性、复杂性、多样化、实践性和思想性等。但该"词汇云"并不能完全说明制定教材评价标准的关注内容，因此本小节继续对深化期学者提出的适用于中小学数学教材评价标准的文本内容进行编码分析。

第二，开放式编码。研究利用 NVivo 12.0 分析软件，对分析文本进行逐行编码、逐句编码，得到 278 个参考点。笔者对众多子节点进行归纳分类、合并重复，形成了具有概括性的 56 个子节点，同时统计出了编码频次并呈现了具体示例。

第三，轴心式编码。在开放式编码基础上，对 56 个子节点进一步归纳概括，得到 14 个二级节点（表 4-9），每个二级节点下包含子节点。

第四，选择式编码。在开放式编码和轴心式编码基础上，进一步提炼出概念范畴，将 14 个二级节点再次整合提炼，形成 4 个核心范畴：内容属性、教学属性、表征属性和使用属性（表 4-10）。

表 4-9 轴心式编码形成的主范畴

主范畴（频次）	子范畴
B1 内容选择（73）	A6 学习兴趣和动机（9）、A12 科学性（8）、A11 容量（8）、A16 理论联系实际（7）、A22 多元文化（6）、A19 时代性（6）、A20 难度（6）、A27 先进性（4）、A42 基础性（3）、A43 典型性（3）、A37 生活化（3）、A36 思想性（3）、A35 系统全面性（3）、A51 核心素养的培养（2）、A56 数学文化（1）、A54 主动性（1）
B2 内容组织（34）	A5 认知规律（10）、A4 知识逻辑（10）、A9 组织结构合理性（8）、A17 统整性（6）
B3 目标一致性（21）	A3 与课程标准的一致性（12）、A18 体现学科特色（6）、A40 目标合适（3）
B4 思想水平（26）	A7 没有偏见（9）、A15 社会主义核心价值观（7）、A41 精神与价值观（3）、A28 无政治性错误（4）、A38 全体学生、全面发展（3）
B5 教学设计（57）	A1 学习指导（15）、A2 实践性（14）、A21 教学指导（6）、A24 能力培养（5）、A30 创造性和创新性培养（4）、A26 个别差异（4）、A25 知识发生的过程（4）、A39 启发性（3）、A48 教学手段创新性（2）
B6 学习评价（6）	A29 评价方式（4）、A52 改善教学（2）
B7 教学资源（9）	A13 相关教材（7）、A47 信息技术与课程的整合（2）

续表

主范畴（频次）	子范畴
B8 语言表达（9）	A8 可读性（9）
B9 符号与单位（3）	A32 准确性（3）
B10 版面设计（11）	A14 图文搭配（7）、A31 版式设计（4）
B11 出版印刷（14）	A23 图文清晰度（5）、A34 印刷质量（3）、A33 装订质量（3）、A45 循环利用（2）、A53 装帧（1）
B12 编校质量（13）	A50 教材趣味性（2）、A49 教材特色（2）、A10 适用性（8）、A55 校对水平（1）
B13 实际使用效果（2）	A46 学业成就和目标达成情况（2）
B14 用户满意度（2）	A44 用户需要的满意程度（2）

表 4-10　选择式编码形成的核心范畴

核心范畴（频次）	主范畴（频次）
C1 内容属性（154）	B1 内容选择（73）、B2 内容组织（34）、B3 目标一致性（21）、B4 思想水平（26）
C2 教学属性（72）	B5 教学设计（57）、B6 学习评价（6）、B7 教学资源（9）
C3 表征属性（50）	B8 语言表达（9）、B9 符号与单位（3）、B10 版面设计（11）、B11 出版印刷（14）、B12 编校质量（13）
C4 使用属性（4）	B13 实际使用效果（2）、B14 用户满意度（2）

2. 我国中小学数学教材评价标准的特点

1）评价理念：从"三维目标"走向"核心素养"

2014 年《教育部关于全面深化课程改革 落实立德树人根本任务的意见》提出要研制"学生发展核心素养体系"。核心素养是指学生在接受相应学段教育过程中，逐步形成的能够适应个人终身发展和社会发展需要的正确价值观、必备品格和关键能力。2016 年，《中国学生发展核心素养》正式发布，指出"核心素养以培养'全面发展的人'为核心，分为文化基础、自主发展、社会参与 3 个方面"①。

由表 4-9 可知，深化期的数学教材评价标准在"内容选择"维度下增加"核心素养的培养"指标，编码次数 2 次，说明深化期的数学教材评价标准开始关注教材是否体现了对学生数学核心素养培养的评价，是否体现了"三会"（会用数学的眼光观察现实世界、会用数学的思维思考现实世界、会用数学的语言表达现实世界）。正如张学鹏提出的要"评估教材的核心素

---

① 《中国学生发展核心素养》发布[EB/OL]. http://edu.people.com.cn/n1/2016/0914/c1053-28714231. html.（2016-09-14）[2023-06-17].

养培养功能，为核心素养的教材编写指引方向"①。胡军针对我国教材评价标准存在的薄弱环节，提出教材内容要"全面支持课程标准中规定的内容要求……全方位支持核心素养的培养与发展"②。

关于"《义务教育数学课程标准（2022 年版）》已颁布，新版中小学数学教材正在编制，是否有必要制定新的中小学数学教材评价标准？若有必要，新的评价标准要突出对教材哪些方面的评价？"的访谈中，三位教材审查委员和教材评价专家都提出"要体现对数学核心素养的评价"。同时，一线中小学数学教师关于"您认为高质量的中小学数学教材需具备哪些特征？"的访谈中，6 位教师都提到"教材要能体现对学生数学核心素养的培养"。

综上可见，深化期，我国中小学数学教材评价理念发生巨大变化，评价理念从"三维目标"走向数学核心素养，体现了教材从关注学科知识向服务学生核心素养发展的过渡和转变，突出了"学科本位"到"以发展为本"的变化。

2）评价内容：关注对教材教学属性的评价

教材的本质特性是作为教师的教学资源和学生的学习资源而存在的，是师生进行教学活动必不可少的工具。从统计数据可知，深化期教学属性被编码的比重达到 25.71%，相比前两个时期的教学属性所占比重而言，有了大幅度提升。在这三个时期中，深化期的教学属性被编码所占比重最大，说明深化期的中小学数学教材评价标准更加关注对教材教学属性的评价。同时，相比构建期，深化期的中小学数学教材评价标准中教学设计维度下的教学指导被编码的次数所占比重从 2.14%减少到 1.79%，学习指导被编码的次数所占比重从 3.25%增加到了 5.36%。同时，教学资源维度下的相关教材被编码的次数所占比重从 1.63%增加到了 2.50%。从 NVivo 12.0 软件分析结果可以看出，这一时期对中小学数学教材质量的评价关注教材是否"便教易学、重学促教"。

访谈中，某省数学教材评审专家 X 表示："在评价教材时，教材对教师而言是否好教，对学生而言是否好学，是不是有后续服务，这些因素都是评价的指标成分。"③与教师的访谈中，T4、T5、T6 教师都谈道："对目前使用的中小学数学教材感到满意，觉得在教学中教材方便自己的教学，学生使用教材的效果也不错。"T1 教师表示："教材对知识规律的总结、归纳有助于教师的教和学生的学。"学生访谈中，大部分学生谈到教材有助于自己学习，是"好学材"，如 Z 同学谈道："教材中有学习提示，能够引导

---

① 张学鹏. 教材质量评价体系建设研究[J]. 教育评论，2019（8）：16-22.
② 胡军. 发达国家教材评价标准的特点与启示[J]. 课程·教材·教法，2019（4）：138-143，125.
③ 访谈信息：HB 省数学教材评审专家 X（2022 年 11 月 16 日）。

自己主动思考和探究。"家长访谈中，受访家长都谈到教材对学生学习的指导和帮助，如 Z 家长谈道："数学教材里知识的设计上还是很好的，孩子学起来不费劲"；Q 家长谈道："我记得书上有一些小天使，写了一些指导语，能够帮助孩子自学。"

结合 NVivo 12.0 软件分析结果和访谈可以发现，深化期的中小学数学教材评价标准在评价内容上关注教材的教学属性，关注教材是否为使用者提供了更多的便利，是否利于"教师教""学生学"，以及是否有助于学生数学学习的自我建构。

3）评价主体：以专家评价为主，兼有多用户评价的雏形

这一时期，中小学数学教材评价，对教材使用者的评价重视程度仍然不够，参与教材质量评价的主要是学科专家、课程专家等，缺少一线教师的评价意见。在教材评价中，学生和家长的意见也常常无法得到充分考虑，正如王晓丽指出的，"当前我国教材评价主体中，缺乏教材的直接使用者——学生的参与。另外一大直接使用者——教师，也仅限于获得高级职称或特级荣誉称号的教师，一般教师很难参与到教材评价工作中"[①]。

访谈中，针对此时期参与教材评审人员组成问题，我们对国家数学教材审查专家以及一线中小学数学教师进行了专访。研究者问道："关于您 2013—2018 年参加中小学数学教材评审，评审的人员组成是怎样的？一线教师有没有参与到教材评审中来？"HB 省数学教材审查专家 X 表示："我们在北京参加数学教材评审时，一个人一个房间，不允许相互沟通交流，评审者中有国家教材审查委员、高校老师、专家、省教材审查委员、省教研员，一线老师非常少见，他们毕竟对整个数学教材体系不太熟悉。"[②]与一线数学教师的访谈中，问及教师是否有过参加教材评审的经历，受访的 6 位一线中小学数学教师一致表示都没有参加，如 T1 教师表示："没有。我身边也没有一线教师参与过教材评审，我们专业知识、能力有限，像这种教材评审专业性很强，大部分是专家在评审。"[③]T2 教师表示："没有参加过教材评审。教材评审都是上级部门专家做的，学校发什么教材我们就用什么教材。我觉得我们是一线工作者，直接使用教材，应该是有权力去评审教材、发表我们的看法的。"[④]

---

① 王晓丽. 国外教材评价：基本特征、发展趋势及启示[J]. 课程·教材·教法，2016（9）：107-113.

② 访谈信息：HB 省数学教材评审专家 X（2022 年 11 月 16 日）。

③ 访谈信息：小学数学教师 T1（2022 年 11 月 30 日）；一线小学数学教师 T2（2022 年 11 月 28 日）。

④ 访谈信息：小学数学教师 T1（2022 年 11 月 30 日）；一线小学数学教师 T2（2022 年 11 月 28 日）。

对教材评审专家、一线教师的访谈调查结果显示，我国中小学数学教材评价的主体还是以专家的评价为主。教师、学生、家长作为教材的使用者，对教材质量的评价应当有较为重要的发言权。正如王晓丽指出的："应当充分认识到教材作为评价客体复杂的社会属性，重视使用者需求。"[①]张珊珊等基于质量管理学视角，认为"教材的用户涉及教师、学生、学生家长、地方教育行政部门等"，提出多主体参与教材决策的建议，在教材政策制定过程中，应充分考虑各类主体的意见，尽可能地吸纳多主体参与决策。[②]2022 年发生的小学数学教材"插图事件"，许多老百姓通过公共平台、微博、贴吧等网络渠道，发表对教材插图的看法。这些均体现了这一时期我国中小学数学教材评价的主体逐渐具有了多用户评价的雏形。

4）评价方法：强调质性评价和量化评价相结合

随着教育评价的发展，深化期的评价方法强调质性评价与量化评价相结合的方法，注重对数学教材质量进行整体评估。如朱园娇运用文献分析法，通过调查访谈对人民教育出版社出版的小学数学教材进行质性分析和量化评价。[③]访谈中，当问及"您当时参加了我国中小学数学教材的评审，您当时是怎样来评审的"时，国家数学教材评审专家 L 表示："评审时，教育部基础教育司教材处提供《义务教育中小学数学教科书审读意见表》（L 专家拿出《义务教育中小学数学教科书审读标准》），我根据该标准对每一套教材给出评审意见。这张审读意见表中的评价标准包括五个条目，分别是'教科书的思想导向''教科书与《义务教育数学课程标准（2011 年版）》的切合度''教科书内容的选择和呈现''教科书对学习和教学的引导''教科书的编辑与设计'。五个条目又细分为 38 条具体标准。每个指标后面有四个选项，分别是'不合格（0 分）''基本合格（1 分）''合格（2 分）''合格且有特色（3 分）'，在选项内打'√'，最后把这些相应的分数累加。当时我就是按照这个审读意见表，审读了一至六年级的小学数学教材。例如，评审五年级下册教材时，我的评审结果中有 35 条指标选'合格（2）分'，3 条指标选'合格且有特色（3 分）'。我认为评审的五年级下册教材，在'内容的表达清晰、准确、生动，可读性强''提供帮助学生学习的脚手架，引导学生的学习和思维，加深理解''文图配合得当'三条指标中合格且有特色。最后，评审表的最后面还有一个审读意见，我在评审表中说明了该教材的主要特色以及几点建议。例如，提出了该教材'用数的特征解

---

① 王晓丽. 国外教材评价：基本特征、发展趋势及启示[J]. 课程·教材·教法，2016（9）：107-113.

② 张珊珊，王晓丽，田慧生. 质量管理学视角下教材管理效能的提升[J]. 课程·教材·教法，2020（1）：50-54.

③ 朱园娇. 小学数学教科书评价的研究[D]. 昆明：云南师范大学，2014.

决问题'，通过探索奇数、偶数的和，让学生经历对整数特征探索的过程和合情推理的探索过程，向学生渗透了研究数学的科学方法。同时我也给出了几点建议。比如，教材第 5 页'因数和倍数'例 1'观察下面的算式并分类'，给出了分类的结果，但没有说明分类的标准，而此时分类的标准正是研究因数和倍数的重要前提等。"①

通过专家 L 描述她评审教材的过程可以了解到，对数学评审表中的每一条指标的判断，不仅基于专家的主观认知进行质性评价，判断评审的数学教材是否达到了评审表中的标准，而且还对每条评价标准进行量化处理，对每条标准中的四个等级"不合格（0分）""基本合格（1分）""合格（2分）""合格且有特色（3分）"所对应的分数进行累加，体现了对评价结果的量化处理，进而判断教材的质量。这一时期的教材评价方法体现了质性评价和量化评价相结合的特征。

5）评价应用：教材选用和教材使用相结合

深化期，我国中小学教材实施目录准入管理，通过国家审定的国标教材进入国家目录供全国范围内选用，通过地方审定的教材进入地方目录供地方进行选用。国家把教材选用的责任交给教育行政部门，建立省级教材选用委员会和地市级教材选用委员会。这一时期教材评价的结果依然具有教材选用的目标指向。

2019 年《中小学教材管理办法》提出，"教育行政部门应建立教材选用、使用监测机制，对教材选用使用进行跟踪调查，定期对教材的使用情况进行评价并通报结果"②。唐丽芳和丁浩然提出，"通过质化与量化的多样性监测方法和手段，搜集各种教材使用信息，了解教材的真实使用效果，揭示教材使用中的问题……不断提高教材编写和出版的质量水平"③。

在访谈中，HB 省数学教材审查委员专家 X 表示：除了国家审定教材的标准，各省还有选教材的标准，我们省在选教材的时候还增加了一些评价因素，包括"获取教材的支持""师资培训"等。比如，苏教版教材提供多个平台供教材使用者选用，得到了大家的支持。④

结合深化期教材相关政策以及访谈可以看出，此时期评价中小学数学教材不再只是为了教材选用，同时也关注到了教材使用的评价，对教材进

---

① 访谈信息：国家数学教材评审专家 L（2022 年 11 月 3 日）。

② 教育部关于印发《中小学教材管理办法》《职业院校教材管理办法》和《普通高等学校教材管理办法》的通知[EB/OL]. http://www.moe.gov.cn/srcsite/A26/moe_714/202001/t20200107_414578.html.（2019-12-19）[2022-10-09].

③ 唐丽芳，丁浩然. 建构以质量为核心的教材评价体系[J]. 教育研究，2019（2）：37-40.

④ 访谈信息：HB 省数学教材审查专家 X（2022 年 11 月 16 日）。

行跟踪评价，收集教材的使用者——教师、学生、学生家长和社会人士等对教材实际使用情况的评价。教材使用前的评价，能够帮我们筛选出质量好的中小学数学教材，通过选用将合格的中小学数学教材供师生使用。但是事实上，教材的价值只有在具体使用过程中才能真正被体现出来，我们要对这些中小学数学教材进行追踪，以便更深入地了解该教材是否真的是高质量教材。深化期的中小学数学教材评价应用将教材选用和教材使用相结合，能更好地促进中小学数学教材质量的改进和提高。

五、改革开放以来，我国中小学数学教材质量标准发展变化规律

对各时期我国中小学数学教材质量标准特点进行分析，可以从编写标准、审定标准、出版标准、选用标准和评价标准五个方面归纳改革开放以来我国中小学数学教材质量标准发展变化规律。

（一）编写标准的变化规律：从"知识本位"转变为"学生本位"

启蒙期，我国中小学数学教材编写标准是在教学大纲指导下制定的。2001 年基础教育课程改革后，课程标准取代教学大纲成为中小学数学教材编写的标准，到构建期我国中小学数学教材的编写以课程标准为依据，体现课程理念，再到深化期坚持核心素养导向为编写标准。中小学数学教材编写标准变得更加注重学生的发展，不再只注重学科本身的完备性和知识的全面性，而是更注重引导学生学会学习和培养学生的全面发展。新课程标准以学生的发展为本，注重发挥学生的主体性，突出培养学生的创新精神和实践能力，促进学生的主动发展。中小学数学教材编写标准逐渐从"知识本位"转变为"学生本位"。

（二）审定标准的变化规律

1. 审定主体逐渐专业化、多元化

纵向分析不同时期的中小学数学教材审定标准可以发现，最初我国审定教材的职权基本上都集中于国家层面，由中共中央领导全国教育事业和教材编审工作，且多为各学科领域的专家。我国教材审定从"国定制"转变为"审定制"后，对教材审查工作要求更加严格。1987 年颁布的《全国

中小学教材审定委员会工作章程》中提出设置审定委员会、各学科教材审查委员会、审定委员会顾问对教材进行审查;同时全国中小学教材审定委员会,设立办公室,作为常设工作机构,办公室经常联系并协调各学科教材审查委员会的工作,处理审查、审定中小学教学大纲和教材的日常事务。

2. 审定标准逐渐增多、细化

从前文分析可知,我国中小学数学教材的审定标准经历了从无到有的过程,同时审定标准也与时俱进地进行了修改和完善,审定标准的维度逐渐增多,考虑到了数学学科的特性,因此将数学学科的内容、结构等要素纳入审定标准。同时,审定标准在逐渐细化,教材审定结果的科学性不断增强。

(三)出版标准的变化规律

1. 出版主体由单一向多元发展

纵向分析改革开放以来我国中小学数学教材出版标准可知,中小学数学教材出版主体在不断增多。从由人民教育出版社出版发行"一家独大",到教材多样化的体制改革,再到实行教材出版发行的投招标制度,我国中小学数学教材出版的主体在日益增多,形成多种出版主体共同参与的新格局。

2. 定价标准不断下调

教材是公共产品,必须是人们用得起的。分析我国中小学数学教材出版标准的相关文件可以得知,中小学数学教材经历了多次调整价格,减轻了学生家庭的经济负担,由遵循低价微利原则到遵循保本微利原则,教材定价标准不断下调,满足了人民的需要。

(四)选用标准的变化规律

1. 选用主体由单一向多元发展,教材选用民主性增强

纵观启蒙期、构建期和深化期我国教材选用标准,不难发现:1986年之前,我国实行"编审合一、一纲一本、统编通用"的"国定制"教材选用制度,教材选用权由中央政府和地方教育行政部门或中央与地方教育行政部所属有关职能单位行使;1986年后,我国实行"编审分离,一纲多本,竞编竞选"的"审定制"教材选用制度,明确指出各地区中小学数学教材可以广泛参考各校教师意见,由各地区教育行政部门自主选用。随着 21世纪的到来,社会经济、政治的快速发展带来了对基础教育改革的日益

强烈的需求。在这一轮改革中，教材多样化与民主化显得特别突出，适应了新时代的发展需求。2001 年《基础教育课程改革纲要（试行）》强调，"加强对教材使用的管理。教育行政部门定期向学校和社会公布经审查通过的中小学教材目录，并逐步建立教材评价制度和在教育行政部门及专家指导下的教材选用制度。改革用行政手段指定使用教材的做法，严禁以不正当竞争手段推销教材"。发展到后期，强调在中小学数学教材选用过程中充分听取一线教师的意见，教材选用委员会的成员包括教育专家、骨干教师、校长等。中小学数学教材选用标准的民主性在逐渐增强，强调了专家和一线教师在教材选择中的发言权，减少了行政因素对教材选用的干涉。

2. 逐渐重视教材动态使用情况，教材选用科学性增强

2019 年《中小学教材管理办法》提出，"教育行政部门应建立教材选用、使用监测机制，对教材选用使用进行跟踪调查，定期对教材的使用情况进行评价并通报结果"。"教材编写、出版单位须建立教材使用跟踪机制，通过多种途径和方式收集教材使用意见，形成教材使用跟踪报告，在教材进行修订审核时作为必备的送审材料。"中小学数学教材的选用逐渐从只关注教材静态文本的选用标准，到重视教材动态使用的情况，教材选用科学性增强，教材选用制度开始朝着不断完善的方向发展。

（五）评价标准的变化规律

将启蒙期（1978—2000 年）、构建期（2001—2011 年）及深化期（2012 年至今）的数学教材评价标准编码分析结果以百分比的形式对比呈现，如表 4-11 所示。

表 4-11　中小学数学教材评价标准编码分析结果　单位：%

一级节点	二级节点	三级节点	时间		
			1978—2000 年[占比/纵向总计 100%]	2001—2011 年[占比/纵向总计 100%]	2012—2022 年[占比/纵向总计 100%]
内容属性	内容选择	科学性	7.12	3.25	2.86
		容量	4.22	2.11	2.86
		基础性	2.27	1.14	1.07
		难度	2.27	1.79	2.14

续表

一级 节点	二级 节点	三级 节点	时间		
			1978—2000 年 [占比/纵 向总 计 100%]	2001—2011 年[占比/纵 向总计 100%]	2012—2022 年 [占比/纵向总计 100%]
内容 属性	内容选择	思想性	1.95	2.60	1.07
		先进性	1.95	2.11	1.43
		教育性	1.62	0	0
		选择性	1.62	0	0
		理论联系实际	1.30	2.93	2.50
		生活化	1.30	1.63	1.07
		时代性	1.30	1.63	2.14
		符合国情	1.30	0	0
		典型性	0.65	2.11	1.07
		社会文化	0.65	0	0
		多元文化	0	1.46	2.14
		开放性	0	0.81	0
		系统全面性	0	0.98	1.07
		学习兴趣和动机	0	3.25	3.21
		主动性	0	2.76	0.36
		核心素养的培养	0	0	0.71
		数学文化	0	0	0.36
	内容组织	认知规律	5.19	2.44	3.57
		知识逻辑	3.25	4.55	3.57
		组织结构合理性	2.60	3.74	2.86
		统整性	0.97	2.28	2.14
	目标一致性	与教学大纲（课程标准）的 一致性	3.25	3.74	4.29
		目标合适	0	1.46	1.07
		体现学科特色	0	1.79	2.14
	思想水平	精神与价值观	0	2.76	3.57
		没有偏见	0	0.81	3.21
		无政治性错误	0	0.81	1.43
		全体学生、全面发展	0	0	1.07

续表

一级节点	二级节点	三级节点	时间		
			1978—2000 年[占比/纵向总计 100%]	2001—2011 年[占比/纵向总计 100%]	2012—2022 年[占比/纵向总计 100%]
教学属性	教学设计	教学指导	7.47	1.79	2.14
		学习者适应性	3.57	1.79	1.43
		能力培养	3.25	1.63	1.79
		活动设计	2.92	0	0.71
		教学手段创新性	0.65	0.98	2.14
		创造性和创新性培养	0	1.63	1.43
		启发性	0	0.81	1.07
		学习指导	0	3.25	5.36
		知识发生过程	0	0.98	1.43
		实践性	0	0	5.00
	学习评价	习题	2.60	0	0
		学习效果	2.27	0	0
		评价方式	0.32	0.65	1.43
		改善教学	0	0.98	0.71
	教学资源	相关教材	0.65	1.63	0.71
		信息技术与课程的整合	0	0.49	0.40
表征属性	语言表达	可读性	3.90	2.93	3.21
	符号与单位	准确性	1.95	1.46	1.07
	版面设计	图文搭配	2.92	2.76	2.50
		版式设计	2.27	2.44	1.43
	出版印刷	装帧	4.22	0.65	0.36
		印刷质量	2.92	3.25	1.07
		图文清晰度	2.60	0.49	1.79
		装订质量	1.62	1.63	1.07
		循环利用	0	0	0.71
	编校质量	教材特色	2.27	1.14	0.71
		适用性	1.95	4.39	2.86
		理论基础	1.30	0.65	0
		教材趣味性	0.97	0.49	0.71

续表

一级节点	二级节点	三级节点	时间		
			1978—2000 年[占比/纵向总计 100%]	2001—2011 年[占比/纵向总计 100%]	2012—2022 年[占比/纵向总计 100%]
表征属性	编校质量	编写质量	0.97	2.28	0
		指导思想	0.32	0	0
		绘图水平	0	0.65	0
		校对水平	0	0.49	0.36
	发行	服务水平	0.65	0.16	0
		发行过程	0.32	0	0
		费用	0.32	0.65	0
使用属性	实际使用效果	学业成就和目标达成情况	0	1.46	0.71
	用户满意度	用户需要的满意程度	0	0.48	0.71

1. 评价理念：从"双基"到"三维目标"再到"核心素养"

在启蒙期，我国的中小学数学教材评价理念注重教材学科本位，突出"双基"的培养。"双基"的评价理念强调以学科本位为出发点，将数学学科的基础知识、基本技能及其结构作为学科课程内容体系的核心，但是"双基"的理念在教育的发展过程中偏离了"人的全面发展"的主题和方向；在构建期，我国中小学数学教材评价理念以学生的发展为中心，突破传统的"双基"导向和学科中心的评价理念，强调"三维标准"，更加全面地反映了数学学科的完整性和本质性，走向知识、能力、态度共同发展的方向；在深化期，我国中小学数学教材评价理念从"三维目标"走向"核心素养"，在改革的思想和方向上又前进了一大步，核心素养的教材评价理念进一步凸显和强调数学学科的本质和育人价值。"三维目标"的评价理念凸显和强调学科的本质和育人价值，核心素养则使教育真正回归到人身上。

我国中小学数学教材评价理念从数学"双基"到"三维目标"，再到"核心素养"，评价理念的变化体现了从课程本位论到个人本位论的转变，从传授知识向数学学科育人的转变，使学校教育教学不断地回归人、走向人、关注人，落实了立德树人的根本要求，满足了时代潮流下教育改革与发展的需求。

2. 评价内容：从聚焦知识到关注主体

对我国中小学数学教材评价标准的特点分析可以发现，我国的中小学数学教材评价内容经历了启蒙期注重对教材文本内容进行评价，关注教材的知识属性；到构建期注重对教材使用情况的评价，关注教材的使用主体——教师和学生对教材的满意度，教材的实际使用效果以及是否满足了教师和学生的需要的评价；再到深化期，评价内容关注教材教学属性的评价，关注教材对支持教师的高效"教"和利于学生自主"学"的评价。可见，评价内容的变化规律从聚焦知识到关注主体。中小学数学教材是教师教和学生学的重要工具，教材评价的内容不仅强调对教材本身内容的评价，还要有教材使用主体——教师和学生对教材的满意度以及教材促进教师教和学生学的评价，只有关注教材的使用主体对教材的评价，才能促进教材质量的提升。

3. 评价主体：从"单一"逐渐走向"多元"的雏形

凡是与教科书有关的人都可以是评价主体，都应该有权利、有义务对教材质量的提高提出建设性的建议。通过对启蒙期、构建期和深化期我国中小学数学教材评价主体的分析可知，评价的主体由"单一"逐渐向"多元"化发展。启蒙期，教材的编审者为主要评价主体，评价人员主要是教育专家、教育行政人员等。随着教材评价研究的发展，学者们提出"多用户"评价的观点，教材的真正使用者和最终用户是教师和学生，教材是他们在课堂上进行信息交流的重要媒介，根据教师和学生对教材的实际使用效果、在教学中的教和学的体验进行评价是教材质量评价中不可缺少的。以教师和学生为主体的教材评价可以获得使用者真实的反馈信息，让教师和学生的评价能够得到直接的传达，对教材改进提供切实可行的意见，评价主体"多元"受到大家的认同。根据前面的实践访谈调查和分析，实际情况是现在处于中小学数学教材评价主体是"多元化"发展的萌芽时期，在中小学数学教材质量的评价中，教材的使用者对教材的评价还没有很好地体现，还只能算是"多元"的雏形。

4. 评价方法：从以质性文本分析为主，到以量化分析为主，再到质性分析和量化分析相结合，评价方法逐渐多样

我国中小学数学教材评价方法经历了启蒙期的以质性文本分析为主，评价者依据自身的主观经验根据中小学教材评价表逐项对教材的文本质量进行评价。到构建期，评价方法以量化分析为主，向使用教材的教师、学生调查收集反映教材质量的资料与数据，对教材使用效果进行评价。在这

个过程中，以定量方法为主，通过对大量数据的统计分析，对教材进行评价，为提高评价效果提供可靠的依据。到了深化期，评价方法强调质性方法和量化方法相结合，利用中小学数学教材评价表，给各个评价指标打分，然后进行累加，结合质性分析和量化的数据对教材进行整体评价。由此可以看出，我国中小学数学教材的评价方法逐渐多样，增强了教材评价结果的科学性和有效性。

5. 评价应用：从教材审查到教材选用，再到教材选用和使用相结合

通过对三个时期中小学数学教材评价标准的特点分析，我们不难发现：启蒙期，我国中小学数学教材实行的是"编审合一、统编通用"的"国定制"，教材评价主要是为了让教材通过审查。构建期，我国实行"编审分离、选用"的"审定制"，这种"审定制"使中小学数学教材品种呈现多样化的特点，此时期的教材评价不只是指向评审，评审只是第一关，先通过国家教材评审，根据经国家和省内教材审定委员会审查通过、列入全国本省内中小学教学用书目录的教材，各地区再根据自己的评价标准来进行选择，从多套中小学数学教材中选择适合本地区的教材，这时的教材评价则是以教材选用为主。深化期，随着对教育评价的深入研究，人们认识到对教材的评价不仅应在教材使用前就进行，还要对教材的使用进行全程监控。监测教材的主要使用者——教师和学生在使用过程中对教材的态度，对教材的使用情况进行跟踪评估，评估教材使用的质量，以判断是不是高质量的中小学数学教材。教材选用和教材使用相结合的评价目的，可以大大提高中小学数学教材的适切性与使用效率，促进教材质量的提升。

六、改革开放以来，我国中小学数学教材质量标准的经验提炼

改革开放以来，我国中小学数学教材质量标准在不断调整变化，其特点以及发展变化规律为中小学数学教材质量标准的更新和研制提供了经验。

（一）体现社会或国家的意识形态和主流价值观念

通过分析启蒙期、构建期和深化期的中小学数学教材质量标准可发现，不同时期的教材质量标准都要求教材符合国家的主流意识形态和主流价值观念。例如，构建期新增"精神和价值观"方面的评价标准，深化期的中小学数学教材评价标准中新增"社会主义核心价值观"评价标准。教

材质量标准作为衡量教材的尺度和规范，主要考虑主体与教材属性之间的价值关系和价值量的大小。主体需要的社会性决定了教材评价标准的价值取向和核心追求，教材必须要符合社会或国家的需要，服务于人才培养，要体现国家主流意识形态和价值观念，考虑社会或国家的需要。中小学数学教材质量标准一定要充分体现社会或国家的共同需要，在制定评价标准的指导思想、内容取舍及表述方式等方面做到明晰、科学、方向正确。

（二）关注教材的教学和使用属性

从 NVivo 12.0 软件分析结果可知，目前的中小学数学教材质量标准从内容属性、教学属性、表征属性和使用属性四大维度对教材进行质量评价。和以往的评价不同，现在的评价更多地关注了对教学属性和使用属性的评价，被编码的次数增多。教材质量标准强调对教与学的支持。在早期，学者重视教材文本质量，主要是静态文本内容，关注教材的内容属性。而在核心素养时代，教材对教师教与学生学的影响逐渐受到关注，强调教材对教师教和学生学的指引性，同时也关注到教材使用者在使用教材后对教材的满意度。

（三）强调评价内容全面、细化

我国中小学数学教材质量标准从内容属性、教学属性、表征属性三大维度发展成了内容属性、教学属性、表征属性和使用属性四大维度，评价的维度不断增多。其中，在具体指标中，评价的指标数也在不断增多。可以看出，我国中小学数学教材质量标准评价的内容更加全面和细化。教材多样化时代的到来，要求建设高质量的教材，评价的指标更加具体和全面，这对于全面评价中小学数学教材奠定了经验基础，有利于中小学数学教材走向高质量发展的道路。

七、改革开放以来，我国中小学数学教材质量标准存在问题分析

通过对各时期的中小学数学教材质量标准的特点以及发展变化规律的分析，发现我国中小学数学教材质量标准还存在一些问题，主要包括以下三点。

（一）中小学数学教材质量标准亟待更新和完善

《义务教育数学课程标准（2022 年版）》已经提出教材编写建议。2023年，中共中央、国务院印发《质量强国建设纲要》，提出"质量是人类生产生活的重要保障"，"建设质量强国是推动高质量发展、促进我国经济由大向强转变的重要举措，是满足人民美好生活需要的重要途径"，要求各地区、各部门结合实际认真贯彻落实，说明各行各业都要建立高质量发展体系，中小学数学教材领域也要建立中小学数学教材质量标准。通过查阅2022 年以后的文献资料可以发现，学界还没有研制出新的中小学数学教材质量标准。

在专家访谈中，当问及"我国已颁布《义务教育数学课程标准（2022年版）》，课标中已经提出了教材编写建议，但是针对中小学数学教材质量标准我还没有查询到相应的官方文件，是现在还没有研制出来吗？"时，国家数学教材评审专家 S 专家表示："是的。现在正处于新老标准交替期，国家提出了编写教材质量标准的要求，但质量标准还没出来，研制组正在研究。"①

在问及"《义务教育数学课程标准（2022 年版）》已颁布，您认为新的中小学数学教材质量标准要突出对教材哪些方面的评价？"时，国家数学教材评审专家 S 表示："我觉得要把政治导向放在第一位，体现国家事权，体现中华优秀传统文化、革命文化和社会主义先进文化。具体要求要在《义务教育课程方案和课程标准（2022 年版）》等基础上进行改进。比如像《义务教育数学课程标准（2022 年版）》中提到的'坚持与时俱进，反映经济社会发展新变化、科学技术进步新成果，更新课程内容，体现课程时代精性'，我觉得这些会作为总标准，然后把新课标中提到的教材编写建议也作为教材质量标准，放到新标准中。"

由此可见，目前中小学数学教材质量标准的研制还相对滞后，研发新的中小学数学教材质量标准方面还没有新的成果，推进新时代教材建设高质量发展，需要科学构建中小学数学教材质量标准、系统评价中小学数学教材的质量。

（二）中小学数学教材质量标准的可操作性有待加强

通过对我国数学教材质量标准的分析可以发现，许多评价指标的维度

---

① 访谈信息：国家数学教材评审专家 S（2022 年 11 月 8 日）；数学教材评审专家 L（2022 年11 月 3 日）；数学教材评审专家 K（2022 年 11 月 17 日）。

和具体含义不够清晰明确，大多数指标更偏向于宏观层面的描述，缺乏可操作性。访谈中，四位专家都提到目前的教材质量标准还有待进一步细化。例如，国家数学教材审查委员 L 专家表示："有些指标只是一个理念、一个导向、一个原则，缺乏操作性，需要再细化。例如'教科书的思想导向'维度中的'面向全体学生，促进学生全面发展'。这一条作为评价标准的时候，不好去评价它是否面向全体学生，面向全体学生的特征是什么，在教材里是怎样体现面向全体学生的？没有一种可以刻画的东西来评价它是达到了还是没有达到。"[①]

数学教材评价专家 K 提到："中小学数学评价标准中关于教材插图的标准有四处，但是都描述得不细致，操作性不强。"[①]

中小学数学教材质量标准中关于插图的评价指标有数量合适、图像清晰、插图质量高、文图配合得当、版面设计清爽美观。但是，这些标准对什么叫做质量高，质量高的具体标准是什么，清爽美观的具体标准是什么，这些描述没有得到较好的量化。

可见评价指标的操作性不强，评价指标会造成评价人员在评价的时候仅根据自身的经验，不同的评价人员对评价指标会产生不同的理解，评价具有较强的主观性，进而对教材评价质量造成严重影响。

（三）评价主体单一，缺乏教师、学生、家长对教材的评价

从前文的分析可知，我国中小学数学教材质量的评价主体主要集中于专家评价。在访谈中，HB 省数学教材评审专家 X 表示："我们评审中小学数学教材时，对于评审的资料是有严格规定的，是保密的，评审标准只有我们评审专家手中有。"[①]

可见，教材使用者——教师和学生在中小学数学教材评价中尚处于失语状态。而对于教材质量，最有发言权或评价权的只能是使用者。"应当充分认识到教材作为评价客体复杂的社会属性，重视使用者需求。"[②]教师和学生应该是教材评价的核心主体，毕竟教材评价的目的之一是改进教材，而教材的实施者是教师，改进教材也是为了改进教学，促进学生的发展，因而，教师和学生对教材的意见在教材评价中不可或缺，在评价教材时应有教师和学生的声音。教材评价主体单一，集中于专家评价的现象不利于

---

① 访谈信息：HB 省数学教材评审专家 X（2022 年 11 月 16 日）；数学教材评价专家 K（2022 年 11 月 17 日）。

② 王晓丽. 国外教材评价：基本特征、发展趋势及启示[J]. 课程·教材·教法，2016（9）：107-113.

教材的高质量发展。正如数学教材评价专家 K 访谈指出的："小学数学教材使用了 10 年才提出插图存在问题，作为评价者对教材的意见无法迅速反馈到教材主管部门，多是通过公共平台、微博、贴吧等反馈信息。"①

6 位受访教师表示没有参与过教材评审。由此可以看出，我国中小学数学教材评价的主体以专家评价为主，师生以及其他教材使用者尚未真正参与教材评价。

第三节　基础教育数字教材质量标准发展分析

在数字时代，技术进化与知识变革相伴相生，教学知识在形态、载体、传播、择取与习得等方面的数字化变革势不可当。在此背景下，数字教材强势进入中小学校园。中小学数字教材是数字化教学的核心资源之一，其出版和应用关系到数以亿计的中小学师生，具有出版传播面广、用户量大的特征。数字教材的优势毋庸置疑，但目前数字教材研发在一定程度上存在市场导向严重、评价机制欠缺等问题。②数字教材评价对于数字教材迅猛发展的回应迟滞将直接影响教育教学目标的达成，而缺少质量标准的数字教材市场也会阻碍数字教材的健康、有序发展。为此，本节尝试阐释数字教材质量标准，以期能为相关研究提供启示。

一、数字教材的概念、特征与功能定位

（一）数字教材的概念

数字教材是服务于特定学习或教学目标，有一定体系的数字化知识内容资源、教学工具或其与设备、服务的组合系统；人们对数字教材的可访问性、有用性、可负担性等的关注有所上升；随着电子词典、电子图书馆等设备的常规化应用，个性化教学服务成为新的增长点。

关于数字教材的本质，可以分为电子书说、软件系统说和学习环境说

---

① 访谈信息：HB 省数学教材评审专家 X（2022 年 11 月 16 日）；数学教材评价专家 K（2022 年 11 月 17 日）。

② 王润，余宏亮. 数字教材评价的指标体系与观测要领[J]. 教育研究与实验，2022（2）：77-82.

三种。由于不同时代"软件"的内涵有所不同,因而产生了"程序""课件""积件"等称谓。从外延来看,数字教材已出现五种形态,分别是纸质教材数字化、流式教材、多媒体数字教材、富媒体教材、智能化教材。纸质教材数字化还涉及数字化再创作等因素,外延更广。流式教材指能根据设备自动调整编排结构、以 XML 格式为代表的教材,尤其适用于小屏便携式设备。它通常允许使用者调整文字大小、字体等,以进行简单的个性化设置。多媒体数字教材指同时支持文字、图像、音频、视频、动画等元素的数字教材。富媒体教材,也称集成数字教材、集聚式数字教材,指利用媒体标记语言、脚本控制语言等增强教材的交互性,实现多种媒体类型的有机整合,提升学习沉浸感的数字教材。也就是说,多媒体数字教材强调内容的呈现形式;富媒体教材在此基础上还强调交互体验,除了传统多媒体内容还包含虚拟现实、游戏等强交互媒体形式。智能化教材是随着人工智能技术的发展而出现的一种类型,本质上是一种用于实现个性化辅助教学和学习的智慧导学系统。

综上,本书采用徐丽芳和邹青的观点,即数字教材是利用数字技术开发的,服务于特定教学或学习目的,有一定体系的知识内容、教/学工具或其与设备、服务的组合系统。[①]数字教材通常包括纸质教材数字化、多媒体数字教材、富媒体教材和智能化教材,这恰恰反映了数字教材发展的三个阶段(即从纸质教材数字化,到多媒体数字教材,到富媒体教材和智能化教材)。

(二)数字教材的特征[①]

教学性依旧被认为是数字教材的核心与本质属性。此外,数字教材还继承了传统教材的思想性、实践性、科学性、工具性等基本属性。其中,技术属性是区分数字教材和传统印刷教材的关键属性,目前它又体现为多媒体性、超链接性、互动性和互操作性等。多媒体性指数字教材具有动画、音视频、3D 等更为丰富的媒体呈现形式,且利用媒体标记语言和脚本控制语言对媒体内容进行集成。超链接性主要指数字教材可突破以往教学内容必须线性排列的局限。互动性指教材能够根据用户的外部输入进行及时反馈。互操作性指数字教材能够与其他数字资源和系统进行通信、数据交换和信息共享,很大程度上影响着数字教材的互动效果与兼容性。数字教材可用性属性,如表 4-12 所示。同时,数字教材还具有可访问性、可负担性

---

① 徐丽芳,邹青. 国外中小学数字教材发展与研究综述[J]. 出版科学,2020(5):31-43.

等属性特征，其对数字教材的使用方式等会产生直接影响。美国虽然以实现优质的大众教育为发展目标，但是高昂的学费和教材价格一直阻碍着这一目标的实现，以致存在数字鸿沟扩大的隐患。因而，数字教材的可负担性和可访问性一直都是国际教育界高度关注的命题。还有学者认为，数字教材的连接性也是一个重要特征。它不仅指用户通过数字教材与外界联系的性能，能够为协作教学、缔造学习社区创造条件，还体现在数字教材的多媒体要素和知识内容之间的关联性。近年来，针对数字教材的可用性国外出现了一些更为系统和细致的框架性研究，如苏莱曼（Sulaiman）等识别出准确性、审美性、外观等 15 种数字教材可用性属性（表 4-12）[①]。

表 4-12　数字教材可用性属性

属性	描述
准确性	提供正确结果和积极效果的能力
审美性	视觉特征，包括颜色主题、传递一项信息的视觉主题等
外观	视觉外观（文本粗/斜体、下划线、字体字号等）
完成度	使用者可用以完成特定任务的测量
可理解性	使用者对内容信息可理解程度的测量
一致性	用户界面的统一性及其是否为使用者提供有意义的隐喻
内容	所提供内容的专门性
反馈性	软件产品以有意义的方式对用户输入和事件进行响应
信息性	以图片、文本形式提供的知识内容
导览性	用户是否能有效率地进行浏览、学习活动
可读性	文本、对话等视觉内容能够被简易理解的程度
搜索	信息搜索性能
简洁性	是否能在不损失重要信息的情况下尽可能地将多余元素从用户界面中移除
可视性	关于用户如何知道设备状态和操作选择的度量
隐私性	用户个人信息是否得到适当保护

（三）数字教材的功能

从功能开发路径来看，数字教材首先将纸质教材的目录、笔记、注释、

---

① Sulaiman W N A W，Mustafa S E. Usability elements in digital textbook development: a systematic review[J]. Publishing Research Quarterly，2020，36（1）：74-101.

索引、翻（跳）页等功能从教材内容中剥离，利用技术整合和升级为交互式教材导览、电子词典、全网搜索引擎、参考文献、学习资源与笔记管理等功能模块。它们通过代替学生完成一些低水平杂事而使其能够专注于完成更高阶的学习任务。2010 年，韩国教育学术情报院列举了教材、多媒体、参考文献、学习辞典、数据搜索等 11 种数字教材功能/形态（表 4-13）：在知识信息爆发式增长、网络教育资源逐渐饱和的当下，认知学习理论和建构主义教育思想对解决如何为学生提供个性化教材资源和学习支持这一数字教材设计的核心命题展现出深广的理论潜力。

表 4-13　数字教材功能/形态

功能/形态	描述
教材	实现现有教材的功能（记笔记、备忘录、翻/跳页等）
多媒体	内嵌和超链接形式的多媒体材料（图片/像、动画、3D、音视频等）
参考文献	为自主学习提供的参考文献或活页练习题
学习辞典	提供多类型学习工具书（英语写作和百科全书等）、多语言辞典（韩语、英语等）
数据搜索	学习者轻松搜索需要的内容（搜索不同年级的相同课程或其他课程文本、多媒体资源）
超链接	自主学习所需要的额外资源的超链接（私人课程、虚拟仿真、游戏等）
互动工具	通过网络与专家、校外机构交流（电子邮件、网络留言板、网络链接等）
学习管理系统	为学习者提供学习指导管理、学习水平诊断和学习者档案管理
评估工具	内嵌于教材或教材系统之外的评估工具，利用数据评估判断学习目标是否达成，据此为不同水平的学生提供额外的或有深度的学习材料
创作工具	发布、编辑、显示学习者所需内容（文本、图片、音乐和视频编辑等）
多源信息外链	以链接形式提供精心挑选的文化、政治、经济等领域的知识库

二、数字教材质量评价指标

数字教材评价是对数字教材价值关系的揭示和深层认知，是根据数字教材质量评价指标，通过搜集、整理、分析与数字教材相关的资料和信息，对数字教材做出价值判断。评价指标的建构将直接影响数字教材评价的质量，是数字教材评价的首要工作。

王润和余宏亮基于数字教材的基本属性与基本坚守，以及数字教材发展学生核心素养、培养合格的社会主义建设者与接班人的根本目标，根据数字教材研制质量的提升需求，对接课程标准的基本规定，从政治思想、内容结构、教材呈现、教学适用、使用效果与配套服务维度建构数字教材质量评价指标（表 4-14）。[①]

表 4-14　数字教材质量评价指标

一级指标	二级指标
政治思想	（1）政治方向；（2）价值导向
内容结构	（1）理念思路；（2）科学性；（3）逻辑性；（4）先进性；（5）规范性
教材呈现	（1）语言文字；（2）图文配合；（3）界面设计
教学适用	（1）教育规律性；（2）内容适切性；（3）教学适应性；（4）技术适宜性；（5）教学服务性
使用效果与配套服务	（1）选用范围；（2）使用效果；（3）教学支持配套服务

（一）政治思想

"教材具有鲜明的意识形态性，教材研制者在选择与确定内容时，一个非常突出的依据是政治需要。教材内容的确定需要考虑一个国家和社会特殊时期的特殊要求。这是首位的要求，尽管它是隐性的。打开教材，很少看得出明显的意识形态要求，但意识形态体现在字里行间。而且，教材可以被允许有这样那样的不足，但唯一不被允许的是意识形态的缺陷，这种缺陷会导致教材被一票否决。"[②]毫无疑问，思想性与政治性构成了数字教材评价的首要依据，此指标能有效引领数字教材"建设思想性的充分彰显，引导广大青少年爱党爱国爱社会主义，从小树立远大理想、坚定共产主义信仰，帮助他们扣好人生的第一粒扣子"[③]。

在此逻辑引领下，从政治方向与价值导向两个方面建构了数字教材评价政治思想指标的二级指标。政治方向是对数字教材"坚持马克思主义指导地位，坚持为党育人、为国育才立场，体现党的理论创新成果特别是习近平新时代中国特色社会主义思想，充分反映党中央治国理政新理念、新思想、新战略，充分反映中国特色社会主义伟大实践，将马克思主义立场、观点、方法贯穿始终"[④]的价值判断。价值导向则侧重于对数字教材体现党和国家对教育的基本要求、体现国家和民族基本价值观、体现中国和中

① 王润，余宏亮. 数字教材评价的指标体系与观测要领[J]. 教育研究与实验，2022（2）：77-82.
② 石鸥. 教科书概论[M]. 广州：广东教育出版社，2019：43-44.
③ 余宏亮. 建设教材强国：时代使命、主要标志与基本路径[J]. 课程·教材·教法，2020（3）：95-103.
④ 王润，余宏亮. 数字教材评价的指标体系与观测要领[J]. 教育研究与实验，2022（2）：77-82.

华民族特色、风格、气派，体现人类文化知识积累和创新成果、落实立德树人根本任务、促进学生核心素养提升的价值评判。

（二）内容结构

内容结构是数字教材文本形成的基础。21 世纪，人类社会进入知识爆炸时代，知识总量不断膨胀，知识更新速度也在飞速加快，如何选择合适的知识供学生学习成为当代教材知识选择的难题,如何为学校教育选择"值得学习的知识"成为人们密切关注的时代话题。[①]无论如何，数字教材的内容选择应符合时代发展对人才素养的需要。这要求在进行数字教材内容选择时，要特别关注教材内容与科学技术发展的关系、教材编写与现实生活中知识应用的关系、教材呈现与创新能力培养的关系以及跨学科知识综合运用的要求。[②]

据此，王润和余宏亮在内容结构指标下建构了五个二级指标：

第一，理念思路。主要考察数字教材的"编写思路清晰严谨，育人理念科学先进，反映人才培养、目标模式和教育教学改革方向，创新性强，凸显培根铸魂、启智增慧"的程度。

第二，科学性。重在观测数字教材的内容结构是否坚持历史唯物主义与辩证唯物主义的世界观和方法论，充分尊重教材编制的内在规律，对学科的基本理论、基本概念、基本方法阐述准确，引用信息、数据、图表等来源可靠，无版权问题。

第三，逻辑性。着重观察数字教材的内容结构是否做到结构层次分明、条理清楚，内容安排科学，栏目设计合理，知识关联清晰。

第四，先进性。主要考察数字教材内容结构是否反映学科发展新成果，反映思想文化建设、经济社会发展和科技进步对人才培养提出的新要求。

第五，规范性。旨在了解数字教材内容结构是否充分体现课程标准基本理念、学科核心素养和课程目标，落实课程内容和学业质量的要求，以及是否符合正式电子教育产品的内容与结构规范。

（三）教材呈现

教材呈现是架构在数字教材内容与教学应用之间的桥梁，在一定程度

---

① 戴维·珀金斯. 为未知而教，为未来而学[M]. 杨彦捷译. 杭州：浙江人民出版社，2015.

② 袁振国. 用科学方法推动基础教育课程教材改革——中小学理科教材难度国际比较研究的经验与意义[N]. 中国教育报，2017-09-11，第 10 版.

上决定了数字教材的应用场景、应用方式与应用效果等，尤其会影响学生的教材学习偏好。比如，学生在阅读时会对多媒体界面中已经安排好的内容呈现路径做出先后顺序、轻重缓急方面的选择，他们浏览多媒体界面时偏好从左上角开始浏览，到右下角结束浏览。[①]

因而，语言文字、图文配合、界面设计构成了教材呈现指标的二级指标。语言文字指标考察数字教材是否做到"语言流畅、通俗易懂、阐释准确、叙述生动，文字规范、简练，能够科学地引导学习者学习"。图文配合指标判断数字教材"图文并茂、配合恰当，图表清晰、美观、准确，插图质量高，地图、标点、符号、公式、数据、计量单位等符合国家标准规范，体现电子出版物优势"的程度。界面设计指标则指向于对数字教材"版式设计规范、层次丰富、疏密得当、格调健康、美观大方，界面尺寸、字体、字号、色彩等符合学生生理健康、学习规律要求，符合正式电子出版物标准"的程度判断。

（四）教学适用

教学性作为教材的根本属性是教科书内涵本身所决定，教材的其他属性都是植根于教学性之上，失去教学性，教材自身价值将被瓦解。[②]教学性是教材与其他著作区别的重要特征。[③]这里无意论证教材的本质属性到底为何，列举这些论断意在指出，数字教材虽然在形态与技术手段等方面有所更新，而是否适用教学需求仍然是评判数字教材质量的核心指标。也就是说，数字教材只有符合教材教学属性的要求，才能够落实培根铸魂、启智增慧，培养新时代合格的社会主义建设者与接班人的需求。

据此，王润和余宏亮在教学适用指标下建构了五个二级指标[④]：

其一，教育规律性。该指标主要考察数字教材对教育教学规律、认知发展规律和人才培养规律的符合程度，以及对本学段的学生身心成长特点的适应程度。

其二，内容适切性。该指标主要评判数字教材"资源与工具选择科学、设计合适，广度、深度适宜，容量恰当，呈现方式科学、有效，适教利学，

① 刘冰玉，徐雪莉，李娜，等. 中学生多媒体浏览行为的基本特征与选择偏好——基于内容呈现路径的眼动实验证据[J]. 电化教育研究，2018（1）：114-121.

② 李新，石鸥. 教学性作为教科书的根本属性及实践路径[J]. 课程·教材·教法，2016（8）：25-29.

③ 夏志芳，李家清. 基于课程新理念的高中地理教科书编制研究[M]. 北京：地质出版社，2007：51.

④ 王润，余宏亮. 数字教材评价的指标体系与观测要领[J]. 教育研究与实验，2022（2）：77-82.

内嵌性、外链性与生成性内容科学、合理、可控"的程度。

其三，教学适应性。该指标主要对数字教材是否"将知识、方法、能力和正确价值观的培养有机结合，有利于教师选择合适的教学策略和方法，有利于激发学生的学习兴趣和创新潜能，有利于推动教学改革"的价值判断。

其四，技术适宜性。该指标主要观测数字教材是否达到以及何种程度上达到"技术选择的适宜性、前沿性与开放性；媒体呈现的标准性、稳定性与协调性；媒体性能的交互性、智能性、兼容性与服务性"等方面的要求。

其五，教学服务性。该指标旨在考察数字教材能否为教、学活动的开展提供相关功能与服务，能否彰显电子出版物的服务特性。

（五）使用效果与配套服务

促进数字教材价值与潜力的显现，还需要配套服务的有效辅助与支持。但当前数字教材配套服务与使用效果并不理想。实际调研中时常发现教师在使用数字教材时存在网络不通畅、系统不兼容等情况，这些问题都将影响数字教材的普遍化与常态化应用。因此，研究将使用效果与配套服务界定为数字教材评价的重要指标，并建构了二级指标。

首先，数字教材的选用范围与使用量可以在很大程度上反映数字教材在推广应用过程中的效果。其次，使用效果则能直观地反映数字教材实现"在教育教学实践中反映较好，对提高教育教学质量、实现人才培养目标产生显著成效，师生认可度强，使用热情高、社会反响好"的程度。最后，教学支持与配套服务则旨在考察数字教材是否达到了"基础研究扎实，教学支持有力；机制建设完善，配套资源丰富、质量高，硬件配备、网络建设、教师培训等配套服务到位"的要求。

三、中小学数字教材国家标准

中小学数字教材是数字化教学资源中的核心资源之一，其出版和应用关系到数以亿计的中小学师生，具有出版传播面广、用户量大的特征。

2022 年 11 月 1 日起，三项中小学数字教材国家标准正式实施。在此前的 4 月 15 日，三项标准获批发布，三项标准分别是《数字教材　中小学数字教材元数据》《数字教材　中小学数字教材质量要求和检测方法》《数字

教材 中小学数字教材出版基本流程》。①

《数字教材 中小学数字教材元数据》规定了中小学数字教材的整体元数据和内容对象元数据的组成元素及其属性定义，适用于中小学数字教材的开发、应用和管理，以及中小学数字教材有关数据库的建设。这项标准的实施，解决了出版领域元数据体系和教育领域元数据体系之间的协调问题，从而实现中小学数字教材从出版（供给侧）到教育（需求侧）过程中的基础数据交换和互认，为中小学数字教材的超大规模出版传播奠定了技术基础。①

《数字教材 中小学数字教材质量要求和检测方法》规定了中小学数字教材的出版质量要求、检测方法、检测结论要求与检测报告要求，适用于中小学数字教材在研发、出版等环节中的质量管理。该标准在解决中小学数字教材在出版质量管理问题的同时，还兼顾了学生近视防控管理的要求。例如，标准中列出了文本内容在学习终端和大屏幕上显示的文字大小要求，与《儿童青少年学习用品近视防控卫生要求》强制性标准中的对应条款一致，最大限度地解决了数字教材应用中的近视防控问题。①

《数字教材 中小学数字教材出版基本流程》规定了中小学数字教材出版活动的基本流程，适用于中小学数字教材的出版管理工作。标准提出中小学数字教材的出版流程应包含选题策划与论证、原型开发与验证、编辑制作、质量检测、产品发布等五个必要环节，并对每个环节中的具体流程或工作要素进行了描述。该标准的创新在于，其在传统中小学教材出版中原有的选题策划、编写、质检、发行等流程要素的基础上，结合数字教材的技术特性，增加了原型开发、数字版权管理等要素，并结合技术要求对数字教材的质量检测、出版发行等要素的执行细节做了必要调整。①

第四节　基础教育教材质量监控和评价的现状分析

进入新时代，通过基础教育教材质量监控和评价的构建与实施，我国教材建设水平不断提升，铸魂育人功能不断凸显。在提质增效的关键时期，

---

① 左志红，尹琨. 为数字教材高质量发展注入标准力量[N]. 中国新闻出版广电报，2022-05-16，第 8 版。

完善符合中国国情、体现中国特色的基础教育教材质量监控和评价机制和教材质量保障体系，是实现基础教育教材高质量发展的重要保证。

一、基础教育教材质量监控和评价机制的内涵

教材评价是以保障教材质量为目的，引导教材稳定持续发展其价值和功能的评价活动，包括评价主体、评价标准、评价流程以及评价方式等关键要素。[①]教材质量监控和评价机制是协调评价主体、评价标准、评价流程以及评价方式各要素之间关系并使其有条不紊发挥作用的具体运行方式。专业的教材质量监控和评价机制，不仅要有健全的法规条例用以规范和支持评价工作，还应该包括科学有效的教材评价方法以及权威一致的教材评价工具，以此为支撑才能获得专业可信度高的评价结果。教材质量保障机制包括教材研制发机制、审定机制、选用机制、评价机制等。[②]

本书将教材质量监控和评价机制定义为：以建立高质量教材体系为目标，运用系统的方法，依托一定的组织架构，把政府、学校、科研机构等多主体的、覆盖编写、审核、使用、管理、研究等各环节的质量管理活动组织起来，形成一个任务明确、权责清晰、协调互促的质量管理系统。

二、基础教育教材质量监控和评价机制的结构框架

随着教育改革的不断深入，基础教育教材质量监控和评价机制的重要性日益凸显。一个完善的质量监控和评价机制，不仅能够确保教材内容的科学性和适宜性，还能有效提高教育教学质量，为学生的全面发展奠定坚实基础。本书将从政治保障、组织保障、制度保障以及经费与物质保障[③]四个方面，对基础教育教材质量监控和评价机制的机构框架进行详细阐述。

---

① 张增田，侯前伟. 教科书评价：基础研究与标准建构[M]. 重庆：西南师范大学出版社，2020：4-13.

② 孔凡哲. 基础教育教科书质量保障机制的国际比较及启示[J]. 东北师大学报，2004（6）：36-42.

③ 刘滋祎，潘信林，李正福. 教材建设质量保障体系：结构框架、运行成效与未来展望[J]. 课程·教材·教法，2022（2）：60-66.

（一）政治保障

1. 政策引领

政治保障是基础教育教材质量监控和评价机制的灵魂。政策引领方面，国家教育部门通过制定一系列教育政策，明确教材建设的政治方向和价值导向。例如，《国家中长期教育改革和发展规划纲要（2010—2020年）》提出，要"把提高质量作为教育改革发展的核心任务"，并强调"建立国家义务教育质量基本标准和监测制度"。这些政策为教材质量监控和评价机制提供了明确的指导方向。

2. 价值导向

在价值导向方面，基础教育教材质量监控和评价机制注重培养学生的社会主义核心价值观、爱国主义情感和民族精神。通过严格审查教材内容，确保其符合国家教育政策和道德伦理要求，避免不良信息和价值观的渗透。同时，鼓励教材编写者注重培养学生的创新精神和实践能力，为他们的全面发展提供有力支持。

（二）组织保障

1. 机构设置

组织保障是基础教育教材质量监控和评价机制的基础。在机构设置方面，我国已经建立了较为完善的教材编写、审查、出版和使用的管理体系。其中，教材编写机构负责教材的编写工作；教材审查机构负责对教材进行严格的审查和评估；教材出版机构负责教材的出版和发行；教材使用机构则负责将教材应用于实际教学中。这些机构相互协作、密切配合，共同确保教材质量。

2. 人员配备

在人员配备方面，基础教育教材质量监控和评价机制注重专业性和权威性。教材编写团队通常由具有丰富教学经验和专业知识的教师、学者和专家组成；教材审查团队则包括学科专家、教育专家和教材管理专家等。这些人员具备较高的专业素养和丰富的实践经验，能够确保教材编写的科学性和适宜性。

（三）制度保障

1. 制度建设

制度保障是基础教育教材质量监控和评价机制的关键。在制度建设方面，我国已经建立了一系列教材编写、审查、出版和使用的规章制度。例如，《中小学教材管理办法》规定了教材的编写原则、审查程序和使用要求等；《中小学教材审查规范》则对教材的审查标准和流程进行了明确规定。这些规章制度为教材质量监控和评价机制提供了有力的制度保障。

2. 质量监控

在质量监控方面，基础教育教材质量监控和评价机制注重全过程监控和定期评估。全过程监控包括对教材编写、审查、出版和使用等各个环节的监督和检查；定期评估则通过专家评审、用户反馈等方式对教材质量进行定期评估。这些措施能够及时发现问题、改进不足，确保教材质量的持续提升。

（四）经费与物质保障

1. 经费支持

经费与物质保障是基础教育教材质量监控和评价机制的重要支撑。在经费支持方面，政府通过设立专项经费、提供财政补贴等方式为教材编写、审查、出版和使用提供必要的经费支持。这些经费能够确保教材编写的顺利进行和教材质量的持续提升。

2. 物质条件

在物质条件方面，基础教育教材质量监控和评价机制注重提供良好的工作环境和必要的教学资源。例如，为教材编写人员提供先进的办公设备、丰富的图书资料和必要的教学实践机会；为教材审查人员提供充足的审查时间和必要的审查工具等。这些物质条件能够确保教材编写的质量和效率。

综上所述，基础教育教材质量监控和评价机制的机构框架涵盖了政治保障、组织保障、制度保障以及经费与物质保障四个方面。这四个方面相互关联、相互支持，共同构成了完整的质量监控和评价机制。通过不断完善和优化这一机制，我们可以确保基础教育教材的质量不断提高，为学生的全面发展提供有力支持。

三、基础教育教材质量监控和评价机制运行成效分析

进入新时代，我国已初步建成包括政治保障、组织保障、制度保障、经费与物质保障在内的基础教育教材质量保障体系，形成了包括系统导航机制、研制质量保障机制、审核评价机制、教材使用机制、信息反馈调节机制等在内的教材质量监控与评价机制，初步形成了教材全面质量保障机制、教材审核监控机制、教材外部质量监控机制、教材二次开发质量保障机制、教材质量更新机制、教材协商互动机制、教材审核责任追究机制、教材国家奖励激励机制、社会中介介入教材管理机制（图 4-1），有效地提升了教材建设水平，为加快建设高质量教材体系打下了坚实基础。

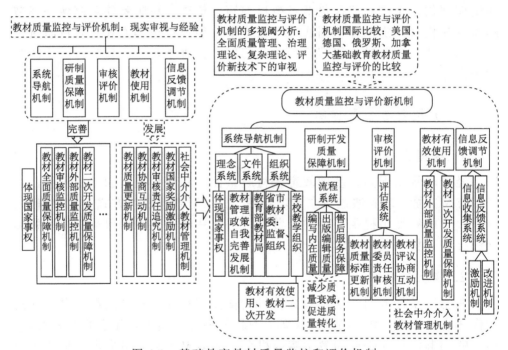

图 4-1 基础教育教材质量监控和评价机制

（一）加强党对教材工作的全面领导，强化政治保障，确保系统
　　　导航机制正常运行

所有教材管理机构和人员将"一坚持、五体现"作为工作基本遵循，充分体现了坚持党对教材工作全面领导的政治自觉。

第一，加强对教材的政治把关。[1]习近平总书记多次对教材建设做出重要指示和批示，强调"教材建设是国家事权"[2]，要从维护国家意识形态安全、培养社会主义建设者和接班人的高度抓好教材工作。2017年7月6日国务院办公厅下发通知，为贯彻落实《关于加强和改进新形势下大中小学教材建设的意见》，进一步做好教材管理有关工作，国务院决定成立国家教材委员会[3]，建立国家教材制度，坚持"凡编必审""凡选必审"原则，对于意识形态属性强的教材和涉及国家主权、国家安全、民族、宗教等方面的教材，实行统一编写、统一审核、统一使用。出台《学校选用境外教材管理办法》《中小学少数民族文字教材管理办法》等，强化政治把关。

第二，以习近平新时代中国特色社会主义思想铸魂育人。[1]全面发挥习近平新时代中国特色社会主义思想进课程、进教材，提升教材的铸魂育人功能。围绕重大主题教育，国家教材委员会制定发布《习近平新时代中国特色社会主义思想进课程教材指南》《习近平新时代中国特色社会主义思想学生读本》《习近平总书记教育重要论述讲义》等，回答相关主题教育"是什么"和"为什么必须进课程教材"的问题，对不同学段、不同学科专业"进什么""进到哪儿""怎么进""如何增强实效性"等统筹安排，体现全面性、系统性、准确性。既把握共性，又强调个性，根据不同学段学生的认知规律，结合不同学科特点，整体规划、系统实施。此外，重大主题教育涉及的理论和概念比较抽象，为增强可操作性，按照学生认知规律，坚持从具体到抽象、从感性到理性、从现象到本质、从讲故事到讲道理、从生动案例到抽象概念来螺旋递升编排。

第三，提高服务国家重大发展战略的能力与水平。[1]近年来，基础教育教材建设在服务国家重大发展战略上成绩突出。首先，服务科教兴国战略，提高全民族科学文化素质。例如，《革命传统进中小学课程教材指南》《中华优秀传统文化进中小学课程教材指南》旨在培育学生的政治觉悟，继承发扬中华优秀传统文化。其次，服务人才强国战略，培养适应时代需要的人才。最后，服务创新驱动发展战略，为建设科技强国奠基。

---

① 刘湉祎，潘信林，李正福. 教材建设质量保障体系：结构框架、运行成效与未来展望[J]. 课程·教材·教法，2022（2）：60-66.

② 习近平. 在教育文化卫生体育领域专家代表座谈会上的讲话[N]. 人民日报，2020-09-23，第2版.

③ 国务院办公厅关于成立国家教材委员会的通知[EB/OL]. http://www.moe.gov.cn/jyb_xxgk/moe_1777/moe_1778/201707/t20170706_308824.html.（2017-07-03）[2024-05-11].

（二）构建权责统一、运转高效的教材治理结构，健全组织保障

组织保障是重点。党的十八大以来，国家设计并搭建了纵向贯通、横向联动的教材管理组织架构，纵向上国家、地方、学校三级管理权责明确，横向上领导机构、管理机构、执行机构、研究机构各司其职，具有中国特色的教材治理结构得以初步建立。

在国家层面，2017 年 7 月，国家教材委员会成立，负责指导和统筹全国教材工作，承担教材建设的管总、把关、协调等职责，包括管教材建设规划、管教材建设制度建设和管教材建设保障，把好课程标准和意识形态属性较强的教材思想关、理念关和科学关，形成教材建设强大合力。同年，教育部成立教材局，负责研究制定课程教材建设重大政策，制定基本制度规范，加强国家规划教材和国家统编教材建设，组织指导、督促检查全国教材建设工作。2018 年 5 月，教育部成立课程教材研究所，负责组织开展课程教材建设重大理论和实践问题研究，为国家课程教材建设提供咨询服务等。此外，教育部还依托高水平高校、科研机构，遴选了首批 12 个国家教材重点研究基地，打造教材建设领域的高端智库，为教材建设工作提供研究与咨询服务。

在地方层面，部分省区市，如天津、辽宁、上海、安徽、福建、山东、贵州、云南、宁夏、新疆等参照国家教材委员会架构，成立了省级教材委员会；部分省区市在省级教育主管部门设立专门机构，全面落实国家关于大中小学教材建设和管理的政策，负责省级教材建设规划，制定有关教材编写、审核、选用等细则，如天津、上海、浙江、广东、四川、云南、西藏、陕西、新疆等成立了教材处或教材办。①有的省区市成立省级课程教材中心，负责指导并监督国家课程教材的实施，强化地方课程建设，推进地方特色课程，与国家课程有效衔接。

在学校层面，加强教材使用监测评价。指导教材编写、出版、使用等单位，建立健全教材使用研究、跟踪监测、培训指导、效果评价等机制，及时发现和解决教材使用中存在的问题，加强先进经验成果交流推广，不断提高教材使用效果。完善教材管理配套制度。修订《中小学教材选用管理办法》《中小学教辅材料管理办法》，进一步规范中小学教材教辅管理，明确责任主体，建立健全管理制度，完善课程设置、开发、审核、评价、监测等建设与管理程序，建立健全课程持续发展机制，将提高课程质量贯

---

① 田慧生. 全面推进新时代教材建设再上新台阶——在首届全国教材工作暨培训会上的总结讲话[J]. 基础教育课程，2020（21）：4-9.

穿于建设与管理的全过程，确保教材有效开发和使用的高质量发展。

（三）建立系统规范、科学有效的教材建设制度，完善制度保障①

教材制度具有稳定性、专业性、权威性，是教材事业健康发展的压舱石。①党的十八大以来，国家教材委员会、教育部教材局加强对教材建设工作的统筹考虑、系统设计，强调建章立制，实现了制度保障的全面化、法治化、规范化。

第一，实现了教材整体推进的制度化管理。2019 年，国家教材委员会印发《全国大中小学教材建设规划（2019—2022 年）》，对各学段、各学科领域教材建设作系统设计。在定方向上，全面贯彻党的教育方针；在明职责上，完善统一领导、分级负责的教材管理体制，国家教材委员会指导和统筹全国教材工作，有关部门、地方、学校党委严格落实；在构建体系上，基础教育重在增强育人功能；在构建机制上，建立教材建设专业队伍、研究平台、培训等工作机制，完善教材编审用评制度。

第二，建立了学段衔接、学科关联、门类齐全的大中小学教材制度体系。教育部于 2019 年 12 月印发《中小学教材管理办法》《学校选用境外教材管理办法》以及 2021 年印发的《中小学少数民族文字教材管理办法》《中小学生校外培训材料管理办法（试行）》等管理办法，重点解决"谁来管""管什么""怎么管"的问题。其一，"谁来管"，明确规定各级教育部门和学校的相应职责任务。其二，"管什么"，突出政治方向和价值导向，在各级各类教材编审用等环节加强把关。其三，"怎么管"，细化标准程序，做到"凡编必审""凡选必审"，健全保障机制，明确监督检查责任和问责情形。

在核心理念上，2019 年《中小学教材管理办法》落实《全国大中小学教材建设规划（2019—2022 年）》提出的"打好中国底色，厚植红色基因"，尤其是义务教育三科统编教材集中体现了国家事权和意识形态属性；《学校选用境外教材管理办法》强调加强管理，严格把关；《中小学少数民族文字教材管理办法》旨在体现社会主义核心价值观，铸牢中华民族共同体意识；《中小学生校外培训材料管理办法（试行）》侧重于确保培训教材的思想性、科学性和适宜性，有效减轻中小学生课外培训负担。

在措施方法上，2019 年《中小学教材管理办法》进一步强化了国家统

---

① 余宏亮. 中国共产党教材思想的百年演进与基本经验[J]. 课程·教材·教法，2021（9）：44-54，116.

筹、全过程管理；《学校选用境外教材管理办法》强化选用、审核、监督和管理；《中小学少数民族文字教材管理办法》重在规范编写修订、翻译（编译），加强审核；《中小学生校外培训材料管理办法（试行）》重点明确编写审核、选用备案、检查监督。

第三，建立了编修、审核、出版发行、选用目录等全链条管理制度。这些规章制度涵盖教材建设各环节，进一步明确了教材编写人员的资质，完善了教材编写的要求，规范了教材审查的程序，健全教材的出版发行，实行资质管理、编审分离。①以教育部 2019 年集中出台的四个管理办法为例，在编修制度上，中小学三科统编教材由教育部组织编写，其他中小学教材由具有相应出版资质的单位编写。

在审核制度上，明确语文、历史等国家统编教材，以及中小学所有国家教材由国家教材委员会及其专家委员会审核，其他教材根据国家相关规定审核。在"怎么审"方面，建立了"五审制度"，即政治审核、专业审核、综合审核、专题审核、对比审核。对于义务教育、普通高中非统编教材，进行全面审核，强化外语、地理、艺术、体育与健康等学科教材以及劳动教育活动手册的正确价值取向，注重数学、科学、技术等学科教材及时更新；对于民族地区语言文字教材，全面加强审核把关，国家通用语言文字教育基础薄弱地区所在省（自治区、直辖市）教育主管部门逐步推进各学科国家通用语言文字版教材的使用。

在使用制度上，进一步明确教材选用主体、选用原则、选用程序，进一步加大教材选用使用检查力度，建立了会同市场监管、出版管理等跨部门合作机制，严肃查处违规使用教材行为。

第四，探索了教材建设奖励制度。2020 年，中共中央、国务院印发《深化新时代教育评价改革总体方案》，提出"实施教材建设国家奖励制度，每四年评选一次，对作出突出贡献的教师按规定进行表彰奖励"。全国教材建设奖由国家教材委员会主办、教育部承办，是中华人民共和国成立以来首次设立全面覆盖教材建设各领域的专门奖励项目，是我国教材建设的最高奖项，在新时代教材高质量发展中起着举足轻重的作用。一是鉴定作用，通过评优方式，总结展示改革开放尤其是党的十八大以来教材建设的重大成就，表彰优秀教材和有突出贡献的集体和个人；二是激励作用，通过全国教材建设奖的评选，吸引更多先进单位和优秀个人参与教材建设，以高素质队伍保障教材高质量发展；三是发展作用，每四年一次，旨在建立一

---

① 靳玉乐. 努力构建中国特色教材体系[J]. 课程·教材·教法，2019（7）：4-8.

种长效机制，通过定期评选示范标杆、引领教材建设方向、加大成果宣传力度、推广先进典型经验，带动教材建设质量整体提升，达到"以评促改、以评促建、评建结合、重在建设"目的。

（四）激发各主体的积极性，强化了经费与物质保障

在经费保障上，除加大政府财政投入力度以外，还以法规政策文件形式鼓励多个主体投入教材建设。例如，2019年《中小学教材管理办法》提到"教材编写、出版单位应加大投入，提升教材质量，打造精品教材。鼓励社会资金支持教材建设"。

投入成效集中体现在三科统编教材上。2019年，义务教育道德与法治、语文、历史三科教材实现了所有年级全覆盖，2022年全国所有省区市普通高中起始年级全部使用道德与法治、语文、历史统编教材，2025年实现所有年级的"全覆盖"。三科教材投入使用，得益于国家对三科统编教材的高投入。此外，国家对所有统编教材印刷设有独立的标准，包括纸张的平整度、耐折度、反光度等，不但要达到三科教材印制标准，还要达到绿色印刷要求，每本教材都要经历30多道严格的质量检测程序，最终才会送给第三方质检。

四、基础教育教材质量监控和评价机制存在问题分析

高凌飚等建立了教材评价机制的初步模型（图4-2）。[①]2017年后，我国基础教育教材评价以此模型为基础形成了三部门协同负责的评价格局：国家教材委员会为决策机构，指导和统筹全国教材建设；教材局是教材评价的执行机构，代表国家教育部门做出行政裁决；专家委员会为由国家教材委员会聘用的第三方中介机构，全权负责教材质量的专业性评估与反馈。[②]专家委员会对教材进行静、动结合的资料收集与分析，向国家教材委员会汇报评价结果，向出版商、学生、教师等利益相关者反馈评价情况，最终交由教育行政部门（教育部教材局）行政裁决。

---

① 高凌飚. 基础教育教材评价体系的构建问题[J]. 华南师范大学学报（社会科学版），2002（6）：90-96.
② 张振，刘学智. 新时代中小学教材制度的解构与重构[J]. 课程·教材·教法，2020（2）：51-57.

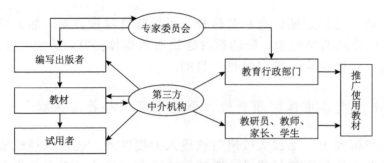

图 4-2　21 世纪初我国基础教育教材评价机制

　　近期一些教材出现的问题给我们的教训极其深刻，暴露出教材工作仍存在一些短板和不足，也反映出提高教材质量是一项长期性、系统性工程，必须扭住不放、齐抓共管、久久为功。要坚决落实教材建设国家事权，完善工作体制机制，创新建设理念，健全制度规范，严格落实工作责任，强化教材编写、审核、出版、选用、使用全流程监管。[①]

　　我国基础教育教材评价机制的实然状态与应然状态产生一定出入，在一定程度上存在行政色彩较浓、以审代评，以及评价缺乏实操性等问题，使教材评价机制难以发挥其应有的功效。

（一）行政色彩过浓

　　鉴于数学教材插图事件、语文教材选文争议等事件的发生，我国逐渐收回教材的管理权力，通过赋予国家教材委员会统筹管理教材的职能来落实教材建设的国家事权。教材评价的话语权牢牢把握在教育行政部门及专家委员会手中，曾一度出现"教材编写者也是教材评价者"的现象，教师及社会公众在教材评价中处于"噤声"状态。[②]教材在体现国家意志，承载国家教育使命的同时，不能忽视其作为教育领域公共产品的本质和应该发挥的作用——教材是传授知识、培养能力、塑造人格的重要物质载体，这是教师最有发言权的场域。国家意志是进行教材评价的首要准则和刚性要求，评价还应注重教材的教育属性与服务属性，发挥其授业解惑、育人明理的本职功效。同时，专家队伍为临时组建，具有突击性。但教材评价不是一项短期工作，评价人员需要花费时间和精力对教材评价进行研究，不断提升评价教材的水平，以形成专业化的教材评价队伍。

---

① 田慧生. 坚决落实国家事权　全面加强教材建设和管理[N]. 中国教育报，2022-11-16，第 1 版.
② 张学鹏. 教材质量评价体系建设研究[J]. 教育评论，2019（8）：16-22.

（二）审评一体化

行政色彩较为浓厚不可避免地会出现用教材审定代替教材评价现象。但教材的审定与评价（此处特指狭义上的教材评价）是两种不同性质的认定过程，其本质属性截然不同。审定是对教材质量的一种预判，旨在审查教材可不可行，是一种静态的文本分析；评价是对教材质量的验证，旨在评估教材好不好用，评价重点倾向于教材的动态实施。教材审定是在教材编写之后、选用之前的阶段性审查，是一种专业许可的行为，教材评价应当是对教材在实际教学过程中及时性的追踪与反馈，是对教师的教、学生的学以及其他群体使用感受和效果的全方位评价。目前，我国基础教育在一定程度上陷入用审查代替评价的误区，甚至认为通过审定的教材就一定适用于课堂教学，教材审查和选用过后就停止了对教材质量的持续监测。事实上，"可用"不等同于"好用"，教材质量的高低要通过切实的实践检验和使用实施才能准确评判。

（三）评价缺乏实操性

我国的评价标准是 2018 年教材审定标准和 2019 年《中小学教材管理办法》。我国基础教育教材评价缺乏实操性，具体表现为：动态证据不足、评分等级不详、结果呈现模糊。首先，专家对教材评分的依据多是从教材某段文字或习题中指摘出存在的问题，止步于静态的内容分析，而对于教师、学生、家长等教材用户的实际使用效益涉及较少。其次，教材评价标准缺乏对每一维度得分和整体得分的具体定义和阐释。目前，评价结果的外在形式为"审核通过""修改后通过""未通过"，并列出对应的分数。最后，教材的评价结果采取文字陈述的方式，即"主要特色+几点建议"，缺乏关于教材中具体内容的反馈与结论。教材评价工作大多根据专家的主观感觉和经验，量化起来有一定的难度。

（四）教材编写出版机制不健全，造成教材质量下降

由于基础教育教材数量庞大，利润率较高，各家出版社对教材出版非常重视，不少出版社都设立了教材出版中心专职负责教材出版。一些出版社在编辑出版教材时，对教材的使用量十分关注，而缺乏对教材质量的研究和使用效果的跟踪调查，导致出版的教材出现内容滞后于时代发展、不具启发性、低水平重复等问题。在这种情况下，很难保证教材选用质量。

就国外教材出版而言，虽然教育行政部门并不直接组织教材的编印、发行，而是由出版商组织，但出版商对教材的编写要求很高。一般出版商手下都有一些学科专业知识丰富、学术水平较高的组稿编辑，他们经常深入到学校进行调研，了解学校开设的课程、需要的教材，在计划编写出版一本教材时，还要进行全方位论证，在学校和教材会议上与教师深入商讨，收集一切有用的信息材料，仔细听取使用单位的意见和建议；最后才进行约稿、签合同、制订出版计划。由此编写出版的教材具有实践性、开放性、灵活性和竞争性的特点，这种编写出版机制不仅能确保教材内容与时俱进、结构完善、体系创新，而且能有效保障教材质量，值得我国出版商借鉴。①

（五）教材选用制度不健全，缺乏行之有效的教材评价指标体系

学校订购教材主要依据由各省市区审查后提交的教材选用表和用量，理论上选用教材的质量应得到充分保证。然而，在一些省区市，教材审查过程可能流于形式，导致教材质量无法得到根本保障。学校对教材选用质量的评价通常是给定一个指标体系，由学生、同行教师和领导进行网上评分，得到的结果不具客观性，主要原因在于对不同的对象使用同一个指标体系是不合理的。例如，让学生回答：该教材的创新体现如何？该教材在国内同类教材中的地位如何？该教材知识更新程度如何？该教材的知识结构体系怎样？学生很难准确回答这些问题，因此最终获得的评价结果欠缺客观性。

五、基础教育教材质量监控和评价机制的改进对策

党的十八大以来，教材建设质量保障在把稳政治方向、建立三级管理制度、搭建体系框架等方面取得了显著成效，推动教材建设发生了深刻的系统性变革。面对新形势、新问题，聚焦教材高质量发展目标，建立健全能适应新时代发展要求、促进学生全面发展的中国特色教材建设质量保障体系，可以从以下几个方面入手。

（一）坚持强化教材意识形态正确导向

教材关系到亿万学生的健康成长，是"国之大者"、民之关切。要牢

---

① 徐容. 高校教材质量监控中存在的问题与对策研究[J]. 重庆交通大学学报（社会科学版），2013（6）：112-114.

牢树立教材工作首先是政治工作、抓教材就是抓民族未来的思想意识，紧紧围绕用习近平新时代中国特色社会主义思想铸魂育人主题主线，坚持正确的政治方向和价值导向，以"时时放心不下"的使命感、责任感和紧迫感，把打造精品落实到每个学科、每册教材、每项内容，贯穿到编写、审定、使用、管理、评价等每个环节。

中国特色社会主义的最本质特征是中国共产党领导，中国特色社会主义教育的最大优势是中国共产党的领导。教材建设是国家事权，只有坚持党的全面领导，不折不扣落实好党中央决策部署，才能确保教材建设的正确方向。完善中国特色教材建设质量保障体系，最根本的是加强党对教材的全面领导，坚持马克思主义的指导地位，勇于承担历史使命和责任担当。强化意识形态导向，把党的领导贯穿教材工作全过程、各领域，覆盖编写、审定、使用、管理、评价等各环节。一方面，强化教材审核把关，落实党的教育方针，坚持正确的育人方向，确保教材建设始终保持正确的政治方向；另一方面，重点防控舆情风险，国家、地方应做出相关部署，在学校层面建立常态化的教材使用监测机制，让师生共同参与教材建设。[①]

（二）构建完善的指标体系是实施教材质量监控和评价的核心

指标体系是获得对教材质量准确评价的重要尺度，评价指标体系是质量保障体系的重要抓手，以教材建设质量评价指标体系为支点，能够撬动教材建设质量全面提升，既可以对现有教材质量进行评价，也可以为教材开发、编写、修订提供参考。因此，要实施基础教育教材质量监控和评价，如何构建完善的指标体系将是一个核心问题。各级各类教材质量评价指标体系的共通内容应包括政治导向、编写理念、内容结构、编排形式、技术设计、印刷出版、应用成效、创新特色，突出政治性、思想性、科学性、专业性、实践性、创新性。[①]然而要构建一套完善的教材质量监控和评价指标体系并不是一件容易的事情，它必须在对国内外现行教材质量评价体系研究的基础上，根据不同学段、不同学科特点和不同类型教材的内容特点与目标要求，从各自的实际情况出发，深入分析，分别针对教师、学生、同行专家以及教学管理人员构建不同的评价指标和评估体系。比如对于学生，应侧重于教材对他们学习的启发和帮助方面；对于教师和同行，应侧重于教材在教学内容上的更新、知识体系的完善、教学过程的体现以及学

---

① 刘滹祎，潘信林，李正福．教材建设质量保障体系：结构框架、运行成效与未来展望[J]．课程·教材·教法，2022（2）：60-66．

生自主学习能力的培养等方面；对于教学管理人员，应侧重于教学的最终效果、国内同行的反响、教材的用量以及教材订购与管理等宏观方面。

（三）开发教材质量监控和评价网络评价系统是实施教材质量监控和评价的基本条件

教材质量监控和评价网络系统是利用现代化手段实施教材质量监控和评价的有效平台，对于增加样本数、提高质量监控和评价的效率和准确性具有极其重要的作用。教材质量监控和评价网络系统的开发必须基于教材质量评价和评估指标体系，通过构建和开发教材质量监控和评价网络系统，改变传统教材评价人工采集数据和汇总数据的方式，既可以对使用教材进行专项评价，也可以进行大范围评价，同时可以将评价结果实时反馈给教材的使用者和教材管理部门，增强了评价结果的实效性。通过对系统评价指标的设定，可以针对不同评价主体、不同类型教材进行分类评价，提高评价结果的可信度，为教师选用高质量教材提供可靠依据。

（四）完善管理制度建设、建立健全教材质量监督和责任追究制度，是实施教材质量监控和评价的重要保障

为贯彻党中央、国务院关于加强和改进新形势下大中小学教材建设的总体要求，全面落实教材编写、审定、使用、管理、评价等环节的主体责任，切实提高教材建设水平，2022 年 5 月 23 日，教育部、国家新闻出版署、中央网信办、文化和旅游部、市场监管总局联合印发了《关于教材工作责任追究的指导意见》，"针对大中小学教材编写、审核、出版、印制发行、选用使用等各环节存在的主要责任问题，明确追责情形和处理方式，实行全覆盖、全链条、规范化责任管理"①。

完善的教材评价制度是推进教材建设高质量发展的重要制度保障。当前，教材建设的评价机制主要以正向激励为主，通过评奖评优，激发各单位和个人参与教材建设的潜能和活力。提升教材建设质量，注重奖惩结合，在完善评奖评优制度的同时，建立健全教材编审用责任追究制度，增强各主体的责任意识、质量意识。在教材建设责任追究制度中，应坚持"谁主管、谁负责"原则，做到教材编审用各环节全覆盖，细化责任追究方式，

---

① 教育部等五部门印发《关于教材工作责任追究的指导意见》[EB/OL]. http://www.gov.cn/xinwen/2022-05/24/content_5691991.htm.（2022-05-24）[2023-04-07].

做到奖优罚劣。督促检查是体现教材建设国家事权的重要内容。要把教材建设的各个方面、各个环节纳入监督范围，把政府监察与社会监督、专家监测与群众监督结合起来，形成全员、全程、全方位、全过程的监督检查机制。制度建设和实施可以有效保障教材的选用质量。

第一，实施更加严格的教材编写制度。对编写资质严格把关，加强对编写单位和编写人员的前置审核，强化政治和专业素养要求，坚决防止不符合要求的机构和人员进入教材编写行列。制定教材编写修订规范，对内容、插图、案例、体例、版式、印制等方面提出规范性要求。加强编写指导培训，督促教材编写单位遵守编修规范，切实把好编写源头关。完善教材日常修订制度，进一步明确教材及时修订的具体情形和要求，促进教材与时代同步。

第二，实施更加严格的教材审核制度。完善教材审核标准和程序，细化教材导向、结构、内容、版式、插图等全要素审核要求，全面提高审核工作的政治性、科学性和精细度。优化教材审核专家队伍结构，在原有学科专家、教研人员和一线教师的基础上，吸收美育、劳动教育等领域专家参与教材审核，重视听取社会和广大一线师生的意见，对教材质量进行全方位把关。建立常态化教材审核重点抽查制度，确保落实教材审核意见。

第三，实施更加严格的教材质量评价制度。健全国家和地方教材质量监测体系，通过教材使用日常监测和随机抽查相结合的方式，加强教材质量监管，及时发现和处理各方面反映的教材质量问题。压实教材编写出版单位第一责任，督促教材编写出版单位建立健全教材全流程工作责任体系，组建最强的队伍承担教材编写、设计、印制和发行任务；严格落实"三审三校"制度，配足配强政治素质好、责任意识强、专业水平高的审校队伍，强化教材质量层层把关；建立常态化的教材质量自查和跟踪监测机制，广泛听取和吸收各方面有益意见，及时修订完善教材。

（五）重点优化教材编写、审查环节

从某种程度上讲，编写和审查质量决定着教材质量。在人员方面，为打造更多的精品教材，应重点发挥高水平教授及其团队的核心作用，加强引导，扭转"重论文、轻教材"倾向，将教材编写纳入教师绩效考核评价体系，优化教学、科研、教材三类成果之间的转换机制。在内容方面，要正确处理教材的思想性、科学性、适切性和相关性之间的关系，处理好传

授知识、发展能力和培养个性之间的关系。^①

　　基础教育教材主要提供基础性、公共性知识，提升学生的基本能力与素质：一方面，要引导学生厚植文化底蕴、强化国家意识、增强"四个自信"；另一方面，要重视对创新思维和实践能力的培养，根据学生认知特点，增强教材内容的互动性和开放性，通过开展实践活动，让学生提高分析问题、解决问题的能力。

（六）建立健全教材向教学转化的工作机制

　　用好教材是教材建设的"最后一公里"。从闭环的角度实现教材、教、学之间的良性互动，可以更好地提升育人效果。当前，在教材使用过程中，存在着目标不清、责任不明、方法不当等问题，因而，促进教材教学融合发展、整体推进，实现从"提供教材"向"提供教材服务"的转变，是今后教材建设的重点。一方面，要帮助教师树立"教材是育人的重要组成部分"的意识，通过参与编写、审定等方式使教师在教材建设中发挥积极作用；另一方面，要针对教师在使用教材过程中可能遇到的困惑和困难，深化细化教师用书的编写，尤其是细化学科核心素养培养的策略方法和具体实操，帮助教师明确编者意图，更好地发挥教材育人的作用。

　　在抓好上述内容建设的基础上，应建立教材质量监控与保障的信息化管理平台，构建完善的教材质量监控保障体系。通过该体系的建设，实现学生、教师、各教学单位、教材管理部门及出版社等部门之间的教材质量信息渠道畅通，为确保选用高质量教材提供强有力的保障，从而达到保证教学质量和人才培养质量的要求。

　　仅凭科学有效的教材评价标准尚不足以全面保障教材的高质量发展，教材评价机制是教材质量保障机制的重要组成部分，影响着教材的质量和建设成效。此外，高质量的教材不可能十全十美、一劳永逸，而是随着时代与教育改革持续前进的步伐不断优化和发展。我国基础教育教材评价机制的缺失会导致教材在使用过程中存在的问题无法被察觉，从而埋下种种祸端。新时代，完善教材评价机制是我国教材建设进程中最为迫切紧要的任务之一，其必要性体现为以下两点。

1. 及时满足教材用户需求

　　在质量学中，高质量的产品应尽可能满足所有用户的需求。教材是公

---

① 郭戈. 我国统编教材的历史沿革和基本经验[J]. 课程·教材·教法，2019（5）：4-14.

共产品，其质量也理应满足多个用户——学生、家长、学校、教育行政部门等利益相关者各自的需求。用户的需求会随着客观环境与自身期待之间的落差而随时变化，不同用户群体对教材的需求也各不相同。例如，学生群体认为，"有趣、好玩"才是好的教材，那么就应该将教材内容和设计的趣味性作为评价的重要标准；家长群体认为，"能帮助孩子更好地完成学业"才是好的教材，那么评价时就要考虑到教材是否包含"家庭模块"，为家长提供家庭辅导的便利。建立动态的教材评价机制，通过及时评价发现并满足教材用户随时更新变化的要求，是教材保障自身产品质量的必要之举。

2. 推动教材质量螺旋式发展

教材评价机制的完善能够带动教材从编写、审定到选用的一体化发展。教材的发展线是螺旋上升的闭合回路，上一个回合结束之时也是下一个回合的开始，因而，每一次最终环节的评价结果都能为下一次教材的再编写、审定、选用提供理论依据和实践经验。在教材编写过程中，由编写者自身进行的质量监控缺乏一定的真实性和说服力；在教材审定过程中，单凭教材短暂的试用环节无法保证其在整个教学中不会出现问题；在教材选用过程中，经济利益驱动难免会干扰各省（自治区、直辖市）的教材遴选结果。而如果由经济利益介入较少的第三方专业组织机构作为教材评价的主体，它通过评价发现在长期真实的教学活动中存在的不足及用户实时的需求，则能够最大限度地克服影响教材质量的负面因素，从而保障教材质量，促进其长远发展。

第五节　基础教育教材质量监控和评价的中国经验

教材建设是国家事权。改革开放以来，我国逐渐形成了具有中国特色的教材体系，但也存在教材评价机制不健全、基础研究相对薄弱、教材质量参差不齐等问题，提升教材质量成为教材建设面临的紧迫任务。教材的质量如何，需要有科学、合理的标准来评判。

教材质量标准的构建和研究是保障教材质量的重要条件。众多学者从不同视角研究教材质量标准构建，涌现出大量研究成果。本节对已有研究中反映中小学教材质量标准的发展历程、阶段特征等进行总结和反思，明确今后相关研究的重点和方向，以期对当前教材质量标准的构建有所启示。①

一、中小学教材质量标准研究的历史进程

根据国家重大教育政策、课程标准（教学大纲）的颁布节点，结合对教材质量标准相关文献的梳理和分析，本小节将我国中小学教材质量标准研究的发展历程划分为四个阶段。

（一）孕育阶段（1949—1985 年）

中华人民共和国成立后，我国实行"一纲一本"教材政策，不存在教材的比较、选用问题。尽管我们对教材质量非常重视，但教材评价停留在理论层面，没有进行系统分析与评价。彼时，学术界已然存在关于教材质量标准的研究。比如，有学者针对特定学科教材的编写提出了明确建议；部分教师依据自身教学体会和参与编写教材的经历，从经验的角度谈及教材编写应注意的问题。总体而言，该阶段教材质量标准还没有受到研究者的广泛关注，相关研究是从强化教学效果的视角提出教材改进建议的，缺乏对教材质量标准的系统论述。

（二）起步阶段（1986—2000 年）

1986 年，我国成立全国中小学教材审定委员会及各学科教材审查委员会。随后《全国中小学教材审定委员会工作章程》《中小学教材审定标准》等文件发布，对教材的编制和评价提出要求，引导学术界进一步关注教材质量问题。这一时期关于教材质量标准的研究还比较少，主要涉及两个方向：一是对教材质量标准的概念进行解读，并探讨标准构建的依据。大多数学者认为，教材质量标准是以价值主体的需要为依据，在数量和质量上对教材确定价值判断的准则和尺度；教材质量标准必须与教育目标保持一致。比如，孔凡哲提出，教材质量蕴藏着相关主体对教材的主观期待，包含教材的物理质量指标与内容质量指标。②不同学者对教材质量标准的定

---

① 陈秋梅，孔凡哲. 基础教育教材质量标准研究的中国经验[J]. 湖北教育（教育教学），2023（3）：16-18.

② 孔凡哲. 教科书质量研究方法的探索——以义务教育数学课程标准实验教科书为例[M]. 北京：人民教育出版社，2008：44-45.

义虽不尽相同，但仍可辨析其相似之处，如强调尊重价值主体的需要、基于教材发展趋势、反映时代特征。二是教材质量标准的维度和指标设计的相关研究开始出现，但许多研究只是列出维度和指标，并没有给出确定维度和指标的理论依据。

这一时期，相关研究关注教育目标和教学大纲的要求，强调教材内容要符合学生的需要，但因缺乏研究基础，且受学科中心思想影响，研究多以定性分析为主，其结果具有较强的主观性。

（三）探索发展阶段（2001—2011 年）

2001 年，教育部印发《基础教育课程改革指导纲要（试行）》，研究并制定义务教育课程方案和课程标准，提出要完善基础教育教材管理制度，实现教材的高质量与多样化。在基础教育课程改革中，教材质量标准的研究迈上了新台阶，其数量有所增加，质量也得到大幅提升。其中，最具代表性的是高凌飚、丁朝蓬、方红峰等，他们对教材质量标准的研究涵盖了义务教育阶段教材质量所需关注的主要问题。此外，有学者翻译和介绍国外教材质量标准的研究成果，就研究的国家而言，以美国、德国居多，包括对美国国家和地方教材质量标准的研究，如介绍《美国"2061 计划"教材评价工具》等；也有学者从比较研究视角对发达国家的教材质量标准进行分析，如邓磊、廖伯琴从内容分析和教学分析两个层面对 5 个国家高中物理教材的评价标准进行比较，并针对我国物理教材质量标准的不足之处，提出应完善高中物理教材质量标准指标体系。

这一时期关于教材质量标准的研究成果较多，涉及语文、数学、物理、科学等学科，研究范围横跨基础教育、职业教育、高等教育，并以义务教育阶段的研究居多。但是，这些研究更多的关注教材的内容属性，较少强调教材的教学属性，同时存在标准的泛化问题，表现为过于强调教材编排，忽略教材知识内容指标，降低了对教材内容质量的要求。

（四）深化阶段（2012 年至今）

党的十八大以来，党中央明确提出教材建设是国家事权，要健全教材制度，成立国家教材委员会。2020 年 1 月，国家教材委员会印发《全国大中小学教材建设规划（2019—2022 年）》，描绘新时代教材建设蓝图。2021年，全国教材工作会议暨首届全国教材建设奖表彰会在北京召开，国务院副总理、国家教材委员会主任孙春兰出席会议，会上她强调"加快建设高质量教材体系，服务学生全面发展、健康成长"①。党和国家的一系列措施推动了学界对教育质量标准的研究，为教材质量标准研究的繁荣与发展提供了新契机。

此阶段，研究者对教材质量标准的认识不断深化，标准的本土化构建意识不断增强。首先，在核心素养导向下，有研究将"社会考量"纳入教材评价，要求教材符合社会需要、反映时代要求；其次，教材质量标准研究关注的侧重点由教材的静态内容向教材的使用效果等动态方面拓展；最后，针对数字教材的崛起与快速发展，部分学者提出要规范数字教材出版，推动教材质量标准的深化研究和高质量发展。此外，随着研究的推进，从社会学、文化学、心理学、哲学等不同视角评价教材的研究不断涌现。多视角的跨学科研究为我们清晰观测教材质量打开了思路。比如，穆建亚指出，"要加强教科书相关质量标准的研制"，"从多个维度建构教科书专业标准，如教科书的文化标准、伦理标准、技术标准等"②。总体而言，这一时期，教材质量标准呈现出评价维度增加、范围扩大、内容细化的趋势，突出对数字教材质量评价标准的研究，强调教材对教师教学的指导和对学生学习的支持，强调教材的学科属性。

二、中小学教材质量标准研究已取得的成就

梳理国内教材质量标准的相关研究可以发现，教材质量标准在维度、指标等方面不断演变，研究取得了丰硕成果。

（一）形成宏观的教材质量标准和具体学科教材质量评价模式

目前，我国教材质量的相关政策文件主要是在教材内容的思想性、政治性和科学性上给出宏观的方向指导。许多学者根据国家教材质量建设要求，构建了教材质量的一般性标准，如胡军从内在品质和外在品质两个维度构建了我国教材质量标准。③许多学科专家根据学科特点，在教材评价的一般性理论和模式的基础上，确定了相应的学科教材评价维度和指标，从而形成特定学科的教材质量标准与操作模式。

---

① 孙春兰强调 加快建设高质量教材体系 服务学生全面发展、健康成长[EB/OL]. https://www.workercn.cn/c/2021-10-12/6735253.shtml.（2021-10-12）[2024-04-18].
② 穆建亚. 教科书发展的伦理困境及其消解策略[J]. 课程·教材·教法，2020（11）：43-49.
③ 胡军. 发达国家教材评价标准的特点与启示[J]. 课程·教材·教法，2019（4）：138-143，125.

（二）关注教学与内容双重属性

教材质量研究的深层目标指向教学改进与学生发展，因而，教材质量标准强调对教与学的支持。在早期，学者更多地关注教材文本质量，即重视教材的内容属性。核心素养导向下，学者愈发关注教材对教与学的指引性，即强调教材的教学属性。比如，2018 年教材审定标准就将"对教和学的引导"作为教材评价的一个重要维度。2019 年《中小学教材管理办法》明确了"中小学教材必须体现党和国家意志"要求。

（三）强调评价内容全面、细化

教材质量标准的研究视角随着研究的深入逐渐全面、细化，强调指标要具体、可操作。在早期，学者主要围绕知识内容、认知心理、情感态度三方面制定教材质量标准。随着教材多样化时期的到来，相关研究不仅关注传统意义的教材，还提出要规范数字教材的内容质量和出版质量，要在教材设计中融入更多时代元素，如基于核心素养进行教材质量标准的构建。

（四）注重教材质量标准的本土化研究

我国教材质量研究起步较晚，在 20 世纪八九十年代，相关研究以理论介绍为主，即对外国教材质量标准的理论成果进行总结和概括。进入 21 世纪，相关研究开始转向教材质量标准的本土化构建，即结合相关理论和我国实际构建本土化的教材评价指标；部分研究关注外国教材质量标准研究的理论基础、评价理念、社会文化背景等，对国外教材质量标准提出质疑，认为教材质量标准具有很强的文化适切性，不能简单移植外国经验。

三、中小学教材质量标准研究面临的机遇与展望

（一）教材质量标准研究面临的机遇

我国学者对教材质量标准的相关领域展开了比较系统、深入的研究，取得了有目共睹的成绩。但不可否认，相关研究还存在一些问题，集中表现在以下几个方面。

1. 理论缺失

多年来，虽有不少学者就教材评价工具构建问题进行探讨，但尚缺乏系统、实用、有较高认可度的教材质量标准问世[①]；相关教材编写和出版机构虽然也有评价教材质量的工具，但多为内部资料，并且相应的教材评价指标体系研究成果尚未形成完备的政策文件。此外，当前部分研究是在总结国外教材评价经验基础之上，对我国教材质量标准的构建提出一些简单对策，既没有深入思考外国经验的本土化问题，也没有形成中国特色的教材质量标准理论。

2. 以宏观教材质量标准研究为主

目前，已有研究大多是对宏观的教材质量标准进行研究，针对不同学科和学段的教材质量标准的研究较少；具体学科教材的评价研究大多套用教材评价的一般理论和模式，将一般性的评价标准与学科特征相结合并具体化，以此形成某个学科的教材评价理论与操作模式，其指标的描述相对粗略和模糊，学科特色不强。

3. 评价指标的操作性有待加强

教材质量标准的研究以质性分析为主，实证研究较少，评价具有较强的主观性，操作性不强。多数教材质量标准的评价维度和指标定义不明确，对宏观指标的描述较多，但针对性不强，微观指标尚需完善。此外，教材质量标准强调整体性评价，较少涉及学科性指标。

（二）教材质量标准研究的展望

针对我国基础教育教材质量标准研究中存在的问题及教材改革发展的现实需要，笔者认为，应从以下几个方面确立我国基础教育教材质量标准未来研究方向。

1. 加快国家教材质量标准研制

《教育部 2022 年工作要点》提出，加快构建中国特色高质量教材体系，全面规范教材、教辅及课外读物进校园管理，严格教材审核把关，加强数字教材建设与管理；完善中小学地方课程管理制度；启动研制新时代大中

---

① 翟志峰，董蓓菲. 基于课程标准和证据：美国语文教材评价工具研究[J]. 外国中小学教育，2019（2）：68-76.

小学教材建设规划。由此看出，其重点是从教材质量标准构建方面入手推动教材高质量发展。目前，我国基础教育各学科教材的编写与评价以 2018 年教材审定标准和 2019 年《中小学教材管理办法》为基本依据，但两份文件并不是纲领性文件。在研发新的教材质量标准方面，我国尚未推出新成果，尚没有统一的国家教材质量标准。构建科学的评价标准系统评价教材，是新时代教材建设的迫切诉求。

2. 注重研究方法的多样化

我国教材质量评价研究起步较晚，研究基础相对薄弱，多以经验性思维为主，缺乏量化研究证据。随着时代的发展和教材质量标准研究的深入，单一的研究方法已经无法满足学生、教师以及时代对教材质量标准的需求，教材质量标准的研究必须与时俱进，运用多种研究方法，如比较法和德尔菲法等。同时，要借鉴不同学科的研究范式和方法来弥补理论思辨的不足，注重跨学科整合，以开放的学术视野对教材评价进行整体性和综合性研究。

3. 借鉴国外先进经验构建本土化指标

研究者既要有全球化眼光，也要有本土化意识。发达国家的教材质量标准是基于其特定体制和政策文化背景研制开发的，不完全适用于我国国情。因而，我们要从本国实际出发，加快教材基础制度建设，制定并完善相应的标准，建立专门的法律法规，自上而下地建立统一、清晰的教材质量标准。

第五章 基础教育教材质量监控和评价标准的国际比较

在世界各国深化基础教育课程改革的背景下，发达国家纷纷从战略高度审视和强化教材建设与发展，努力提高教材质量。剖析发达国家教材质量评价标准的特点，借鉴发达国家教材管理的经验，有助于完善我国基础教育教材质量评价标准。

第一节 德国基础教育教材质量评价标准

德国在基础教育阶段的教材建设与管理方面积累了丰富经验。这些经验对于完善我国基础教育教材建设与管理具有重要的借鉴价值。

德语中与教材有关的常用概念有"教学材料"（lern-und lehrmittel）和"教科书"（schulbuch）两个词。"教科书"一词由 schule（学校）和 buch（书籍）构成，指用于教学的书籍。[①]德国学界通常将"教学材料"与"教科书"视为同义词，统称为教材。教材在形式上包括作为主要材料的教科书以及除教科书以外的其他形式的教学资料（电子教材、影音资料等）[①]。

德国构建了联邦性质的教育体系，16 个州分别拥有单独的教育体系和自由选择教材的权力[②]，因而，德国有 16 种不同的教科书审批、引进和发行程序。教材质量评价标准是教材审查和选用的重要工具。德国没有发布

---

① 孙进，张蒙蕊. 德国基础教育教材管理：编写·审定·选用[J]. 外国教育研究，2020（8）：3-16.

② Hartung T. Schulbuchauswahl und Lernmittelfreiheit in den deutschen Bundesländern im Kontext von Schülerpartizipation[EB/OL]. https://www.edumeres.net/urn/urn:nbn:de:0220-2014-00346.（2014-11-01）[2022-07-22]. .

官方统一的教科书评价标准，《教科书质量：教科书标准指南》（*Textbook Quality*：*A Guide to Textbook Standards*）[①]虽非官方发布，却是贝尔格莱德大学（Belgrade University）一个研究小组对教科书进行 30 多年持续研究的成果结晶，影响深远。因在教科书质量标准领域的卓越贡献，该指南被列为《埃克特·专门知识》（第 2 卷）[②]，成为德国影响力最大的教科书质量标准体系。

2008 年，伊维奇（Ivić）等所著的《优秀教科书指南》英文版出版。2013 年，位于德国布伦瑞克的德国格奥尔格·埃克特国际教科书研究所（Georg Eckert Institute for International Textbook Research，GEI）出版该书的修订版《教科书质量：教科书标准指南》[③]，该书以巴赫金（Bakhtin）的言语体裁理论（Speech Genre Theory）和维果茨基（Lev Vygotsky）的文化-历史发展理论（Culture-History Theory）为基础，将教科书定义为"任何教学工具或教学工具的组合，其中包括关于特定学科的知识和信息的系统化，以及针对特定教育水平和年龄特征的学生的教学设计，构建知识以实现学生发展和角色形成"[①]，在此基础上构建了教科书质量标准体系。[④]

《教科书质量：教科书标准指南》为教科书设计了 7 组 43 个维度的质量标准体系（表 5-1）。各组质量标准按照"标准的代码及其名称""标准的定义和解释/附加说明""标准背后的推理"的方式呈现。

表 5-1　教科书质量标准总框架

代码（组）	教科书质量标准体系						
	A	B	C	D	E	F	G
名称	教科书套装的质量标准	作为学生用书的教科书质量标准	主题单元的质量标准	教科书内容的质量标准	教科书教学设计的质量标准	教科书语言的质量标准	教科书电子成分和电子教科书的质量标准

资料来源：Ivić I, Pešikan A, Antić S. Textbook Quality: A Guide to Textbook Standards[M]. Göttingen: Vandenhoeck & Ruprecht, 2013: 71-73.

① Ivić I，Pešikan A，Antić S. Textbook Quality：A Guide to Textbook Standards[M]. Göttingen：Vandenhoeck & Ruprecht，2013：9.

② Ivić I，Pešikan A，Antić S. Textbook Quality：A Guide to Textbook Standards[M]. Göttingen，Vandenhoeck & Ruprecht，2013.

③ Ivić I，Pešikan A，Antić S. Textbook Quality：A Guide to Textbook Standards[M]. Göttingen，Vandenhoeck & Ruprecht，2013.

④ 赵明辉，杨秀莲. 德国教科书质量标准的框架及启示[J]. 外国中小学教育，2017（8）：33-41.

一、教科书套装的质量标准

德国教科书套装的质量标准如表 5-2 所示。

表 5-2　德国教科书套装的质量标准

维度	标准定义及解释
A1：教材作为结构和功能的主体	教科书套装涵盖特定课程的所有内容、目标和结构，必须为某一学科的具体特征做出正确的判断，如知识与技能的性质、适当的方法、智力活动的形式、特定领域的思考能力和模式等 该标准是对教科书套装整体的宏观评估，涉及教科书结构，包括是否覆盖学科所需要的内容及相关目标、是否存在根本性内容缺失，以及是否具备教科书的功能

《教科书质量：教科书标准指南》将所有与教学相关的材料，即教科书套装都列入教科书范围之中，包括学生用书的教科书、字典、练习册、工作簿以及教师手册、视听工具、电子教科书或电子书籍等，并对其质量标准进行了定义和解释。设计此指标维度的原因是教科书套装具有保证教学内容和教学设计质量的功能。[①]

二、作为学生用书的教科书质量标准

作为学生用书的教科书，指的是狭义上的教科书，即具体学科教学使用的课本。该组标准关注的是教科书表层结构质量（表 5-3）。

表 5-3　教科书表层结构质量

维度	标准定义及解释
B1：目录及其目的	目录要清晰地显示教科书内容的组织方式，体现教科书的编排逻辑和单元间的相互关系。以不同的字号、字体、图标和符号等表示的教科书结构要体现其层次
B2：支持学生利用课本经验培养学生使用教科书的技能	教科书应包含以下组件：不同类型的索引、插图列表、参考书目，不同类型的补充/辅助表，教科书中的图标、符号和颜色所具有的含义，作者注释，目录，等等。这些组件能够促进学生独立使用教科书，并帮助学生找到所需要的信息

① Ivić I，Pešikan A，Antić S. Textbook Quality：A Guide to Textbook Standards[M]. Göttingen：Vandenhoeck & Ruprecht，2013：73-76.

续表

维度	标准定义及解释
B3：教科书插图成分的设计	教科书的插图等组件应用清晰的方式印刷，并在整本书中始终使用这些标记

资料来源：Ivić I, Pešikan A, Antić S. Textbook Quality: A Guide to Textbook Standards[M]. Göttingen: Vandenhoeck & Ruprecht, 2013: 77-82.

该组质量标准的背后推理是：B1，目录是组织获取知识的重要工具，提供了教科书的实际结构，便于进行有意义的学习。B2，各类组件有助于学生有效地搜索相关信息，支持学习，促进独立阅读习惯和能力的养成与发展，有助于培养学生的书籍使用技能，鼓励其与文本进行互动。B3，插图有助于提升教科书的可读性和清晰度，使学习更有效，提升学生对单元内容进行连接的能力。

三、主题单元的质量标准

教科书由章、节、标题和主题单元等构成，主题单元构成了教科书内较小的逻辑单位，每个主题单元的内容和结构都要有助于实现教科书的既定目标。为此，教科书主题单元的质量标准关系到其功能、内容呈现与平面设计。主题单元的质量标准依然关注教科书表层结构的质量（表5-4）。该组质量标准的背后推理是：C1，主题单元的所有结构和组件的目的是支持学习，使学生能够实现既定目标，有助于更好地组织教科书的课程内容，更好地整合教科书，提供知识，促进学生更好地理解和记忆。C2，有助于有意义和有效地学习，有助于学生制定认识和理解文本的总体战略，增强学生使用教科书的动机，并提高教科书的接受程度。C3，主题单元的结构清晰一致，会增强文本的可读性和可用性，使学生易于理解和遵循；页面的外观（排版设计丰富性、清晰度和高质量）对学生阅读和学习有积极影响。[①]

表 5-4　主题单元的质量标准

维度	标准定义及解释
C1：作为功能整体的主题单元	教科书的每个主题单元及其组成部分必须有明确的功能和目的，清楚地标出其最重要部分以及对学生的期望，在内容上或逻辑上与教科书的前后部分相连接，建立某一领域知识之间的整体联系

---

① Ivić I，Pešikan A，Antić S. Textbook Quality：A Guide to Textbook Standards[M]. Göttingen：Vandenhoeck & Ruprecht，2013：83-91

续表

维度	标准定义及解释
C2：主题单元内容呈现的连贯性	内容的呈现必须有清晰连贯的结构，使用适当的语言和图形手段。连贯性涉及互连的主题和问题、合乎逻辑的流程和鲜明的主题内容、语言和插图与主题结构和流程连贯
C3：主题单元平面设计的清晰度与一致性	主题单元的结构（文本、插图、摘要、问题和任务等）必须以清晰的方式进行标记，并贯穿全书，保证主题单元结构具有明确性、针对性、一致性、整体性，避免过度使用某些组件，以防止出现视觉单调和结构不良的情况

四、教科书内容的质量标准

教科书内容的质量标准是教科书质量标准体系的三个关键部分之一，教科书内容直接承载着不同类型的知识、技能和价值观，是教科书的核心内容，属于教科书深层结构的质量问题，历来为研究者所关注（表 5-5）。

表 5-5　教科书内容的质量标准

维度	标准定义及解释
D1：符合教育目的	教科书的内容必须与特定教育水平下具体学科的教育目标相一致，应符合特定教育层面上为特定科目设定的教育目标
D2：提供基本的学科素养	教科书的内容应包括特定教育程度下特定科目中构成基本素养的知识和技能，即某领域学科专家认为学生必须获得的课程内容（知识和技能）、能力和思维模式
D3：教科书中知识的准确性与现状	教科书必须包含与其相关的学科的准确和最新的知识，不得包含任何事实错误，应适应学科当前的发展状况，提供该领域的最新知识
D4：教科书中知识的代表性	教科书中的内容必须充分代表特定学科的知识、方法和思维方式的本质，必须准确反映该学科的独特身份
D5：适当和有效地选择教科书内容	官方教育政策中规定的课程内容应以适当和有效的方式被选择和呈现在教科书中
D6：教科书中概念与知识体系的呈现	教科书应该代表与此有关的学科知识和概念的基本体系。教科书对有关学科知识和概念的呈现过程要显示其逻辑演化进程，并概述学科主要概念间的联系及其逻辑秩序
D7：水平相关的内容：连接与相关内容类似的主题	教科书的内容必须与特定教育层次上的同类内容相联系，并与相关内容一致，包括相关学科教科书中事实之间的联系和一致性，术语的一致性，说明与解释的一致性，技术、程序和技能的一致性，以及为理解教科书某一内容而参考另一学科教科书内容的跨学科内容的一致性
D8：垂直相关的内容：相关内容在同学科的跨年级、跨学段、跨水平联系	该标准评估：通过扩大概念的范围、增加其复杂性，引入新的例子并增强与其他概念的联系，逐步构建不同教育层次的概念和知识；在以前水平的基础上实现内容的逻辑延续和发展；根据以往各级教科书中引入的概念，采取与此知识相一致的方式，对新术语和知识进行介绍、阐述和解释，并参考以前的学习材料；在给出解释时使用以前学习的概念和例子；提及下一步将教授的材料，前提是教科书重点内容的一部分是其理解的基础；定期回顾和总结教科书的章节

续表

维度	标准定义及解释
D9：不同社会背景下的教科书	教科书涉及的内容、例子等应来自与之相关的社会文化背景，即在选择此类内容时，应考虑教科书使用者的不同社会文化背景
D10：针对学生一般群体和特定群体的内容	教科书内容要考虑到学生的具体特点，如情感、偏好和动机等；教科书不应局限于对学术知识的中性介绍，在可能的情况下，要为学生量身定制内容
D11：教科书内容与社会相关	教科书的内容及其解释应与社会相关，向社会展现其内容的具体价值，以及这些内容如何与日常生活相关
D12：价值观与学科性质相对应	教科书传播的所有价值内容应与特定教育水平下相关学科的性质和目标一致，该内容的有意义信息也应该是一致的，并且能够建立一个价值体系
D13：学科性质及其对促进民族文化认同的贡献	各学科应在促进民族文化认同上有所贡献，教科书应设置保护和发展民族文化的内容，以非歧视原则在有助于维护民族文化认同的内容的量和质之间取得平衡，促进民族文化价值观认同的内容应该是平衡的
D14：不应含有种族、民族等歧视内容	教科书不得因种族、民族、族裔、语言、文化、宗教、社会地位、性别、年龄、身体或精神残疾、无家可归、难民身份等特殊身份进行歧视，不得以任何明示或暗示的方式传播种族主义、民族主义、沙文主义、性别歧视、种族或宗教仇恨，或对任何形式的宗教或其他利益的个人或团体予以排斥，不得包含可能对任何社会或族裔群体的成员造成冒犯的名字或标签
D15：应尊重多样性	教科书不应歧视不同的文化、宗教和价值观，要尊重文化和宗教的多样性，不包含刻板观念、偏见甚至诋毁的内容，不对其进行等级定位和评级，不排斥和压制特定文化和宗教团体
D16：艺术或美学价值的呈现	艺术学科或涉及艺术作品的教科书应培养学生的审美力和创造力

资料来源：Ivić I, Pešikan A, Antić S. Textbook Quality: A Guide to Textbook Standards[M]. Göttingen: Vandenhoeck & Ruprecht, 2013: 92-122.

构建该组指标维度的背后推理如下。

D1：符合教育目的。教科书提供的内容及其介绍必须符合教育目标概述的意图和预期成果，因为教科书作为知识的一种来源，是通过预定的教育目标及其结果实现的。

D2：提供基本的学科素养。基本学科素养是指个体在某一特定学科中所需掌握的学科知识和技能，它同时构成了公民应具备的一般文化知识。确保学生具备基本学科素养，是防止学生被过度扩张的课程内容和无关材料困扰的有效途径。

D3：教科书中知识的准确性与现状。知识的准确性、代表性和有效选择能够确保学生被赋予有意义的知识，知识的日常应用是实现对学生进行整体素质教育目标的一种方式，有利于知识更好地被吸收和利用，可以增强学生的学习动力，使学生更有效地学习，而有适度难度的材料更有利于提升学生的理解能力。

D4：教科书中知识的代表性。使教科书中的内容具有代表性是实现对学生进行整体素质教育目标的一种方式。

D5：适当和有效地选择教科书内容。合理地选择教科书内容有助于知识的归纳，强化了教科书的学习价值，促使知识的长久保留和持续应用，能增强学生的社会认同感，促进其真正理解和学习，增强学习动机。

D6：教科书中概念与知识体系的呈现。知识的组织连贯、被明确地构建和演化使知识更容易联结成一个整体，这是影响学生认知发展的重要因素，使其易于形成特定的思维模式，促进学生形成永久和可用的知识。

D7：水平相关的内容：连接与相关内容类似的主题。水平相关的内容有助于不同学科知识的整合，避免学科知识孤立，如果一个学科的知识对另一个学科知识有依赖性，科目之间的联系和调整则是必需的，可以防止学生出现理解混乱、困难等问题，水平相关的内容也使知识构成一个合乎逻辑的和有意义的整体。

D8：垂直相关的内容：相关内容在同学科的跨年级、跨学段、跨水平联系。垂直相关的内容提供有意义的学习，使新旧知识相互关联，建立联系和网络，构建知识体系，这个过程是确保学生在新的学习环境中重新应用旧知识的基础。

D9：不同社会背景下的教科书。考虑教科书使用者的社会背景，有助于学生对知识进行归纳、吸收，鼓励发展民主的价值观和对多样性的尊重。

D10：针对学生一般群体和特定群体的内容。这种选择和呈现材料的模式连接学术知识与学生日常知识，增强了学生学习教科书的动机，促使知识的长久保留和持续应用。

D11：教科书内容与社会相关。与社会相关的知识能增强学生的社会认同感，促进真正的理解和学习，增强学习动机，促使学生端正对知识获取过程的态度等。

D12：价值观与学科性质相对应。除具有教育功能外，教科书还具有教学和社会化功能，对学生人生观、价值观的发展有刺激作用。

D13：学科性质及其对促进民族文化认同的贡献。教科书所呈现的内容应有助于获得民族和文化认同，促进社会融合，这是继承和发扬民族文化的重要手段。

D14：不应含有种族、民族等歧视内容。教科书内容的选择要坚持非歧视原则，非歧视原则源于联合国《儿童权利公约》和《世界人权宣言》，教科书内容代表特定社会立场，通过其中的某些陈述及依附于陈述中的明显（显性）或隐藏（隐性）的价值判断信息在培养和教育学生方面发挥潜在的影响力。符合非歧视原则的教科书尊重不同社会团体和少数族裔的成员，促进社会融合，有助于学生在民主社会中生活。

D15：应尊重多样性。教科书中的文化和宗教多样性的信息是构建学生品格和社会诚信的重要影响因素，有助于弘扬民族精神，尊重文化差异，培养学生民主精神和公民意识。

D16：艺术或美学价值的呈现。艺术或美学能培养批判性思维和创造性思维。

五、教科书教学设计的质量标准

教科书教学设计的质量标准是教科书质量标准体系的重要组成部分。该组质量标准包括技术术语或专业术语的说明，插图、图像和图表的功能性使用，事例的教学价值等 13 个二级指标维度（表 5-6）。

表 5-6　教科书教学设计的质量标准

维度	标准定义及解释
E1：技术术语或专业术语的说明	教科书必须对所使用的技术或专业术语进行说明，首次出现的新技术或专业术语必须在与其首次出现的页面相同页及教科书末尾的术语表中进行说明，且必须一以贯之地使用该术语的相同定义，对其的解释在长度、形式和内容上要符合学生的年龄、兴趣和认知能力
E2：插图、图像和图表的功能性使用	教科书的插图、图像和图表包括照片、艺术品复制品、图画、各种抽象图像、示意图、曲线图、柱状图、图表、地图、漫画、印刷重点等
E3：事例的教学价值	事例用于解释和说明教科书中提出的一般事件、概念和想法等，事例要根据其来源、类别、提供事例的媒介等具体情况适当变化
E4：概念和知识之间有意义的联系	在介绍每个主题单元的基本知识和概念时要与其他的概念和知识建立起有意义的联系
E5：内容的整合序列	教科书应包含知识整合的特定序列。其方法包括：在教科书给定主题单元中实现、通过呈现特定材料或设计问题和活动来实现、在具体的情境中设计具有复杂问题结构的任务、小型的个人或小组项目、教科书中包含定期的问题和任务的总结性评价、教科书对特定知识领域的评价或自我评价等
E6：教科书中价值观呈现的有效途径	该标准涉及教科书内容层面上显性或隐性的价值观。教科书中应以多种方式和丰富的事例体现价值观并保证其一致，所提出的价值观与生活经验相联系并为学生提供联系的机会
E7：教科书中提供的问题和任务	每本教科书必须在整本书中不断地为学生提供问题和任务。问题和任务可以出现在主题单元的开始、中间和结尾
E8：问题和任务的针对性	教科书的问题和任务应在教科书的主题单元或教材的内容范围内，并根据学生的年龄特征进行评估。缺乏正确语言表述的、伪激活的、需死记硬背的、毫无意义的、认知不精确的、没有关于教科书信息的可用的问题和任务都是没有针对性的

续表

维度	标准定义及解释
E9：问题和任务的多样化	教科书必须提出各种各样的问题和任务，包括其形式、难度和解决问题的人数等
E10：渗透在问题和任务中的学习方法的多样化	教科书中的问题和任务应通过不同的教学方法来实现，并确定哪种方法更确切，如记忆学习、理解学习、获得知识或实践技能、发展社会技能、创造性学习、解决问题、合作学习、方法的综合运用等
E11：评价学生学习过程存在的问题和任务完成情况	如果教科书包含用于监测和评价学习过程的问题及任务，那么它们必须能够评价不同的学习方法和学习水平，如记忆、理解、应用、分析和综合、创造性、评价和自我评价等
E12：支持创造性思维和行为的发展	教科书应根据学科的性质和目标为学生锻炼创造性思维提供舞台
E13：支持批判性思维的发展	教科书应通过内容介绍和鼓励学生参与独立活动来促进其批判性思维的发展

资料来源：Ivić I, Pešikan A, Antić S. Textbook Quality: A Guide to Textbook Standards[M]. Göttingen: Vandenhoeck & Ruprecht, 2013: 123-168.

该组质量标准的背后推理如下。

E1：技术术语或专业术语的说明。这是支持理解学习的重要措施，能够帮助学生建立概念的意义，构建相关和无关概念间的联系。

E2：插图、图像和图表的功能性使用。使用插图、图像和图表等可以促进学习，提高教科书中观点的清晰度、精确度和可解读性，增强学生的学习动机和智力活动效果，以及加深其对教科书的喜爱程度。

E3：事例的教学价值。事例有助于解释教科书文本，使抽象概念具体化，使教科书成为连接知识和经验的桥梁，有助于构建概念之间的联系。

E4：概念和知识之间有意义的联系。概念和知识之间有意义的联系有利于促进学生理解学习，以及课程的设计和开发，确保学习材料的长期保存及促进知识的应用。

E5：内容的整合序列。内容整合有助于长期学习、知识的长期保留及应用，防止知识的静态化、惰性化及碎片化。

E6：教科书中价值观呈现的有效途径。价值观的成功呈现是实现教科书价值观教育和社会功能的一种方式，学校生活对学生价值观的形成有一定的影响。

E7：教科书中提供的问题和任务。这些问题和任务能够提供具有挑战性的、能调动学生积极性的情境，为学生提供独立构建知识和技能的机会，既促进和便利学习，又反馈学习进度。

E8：问题和任务的针对性。问题和任务是教科书激励学生学习的主要手段，而非有针对性的问题和任务会破坏学习，浪费学生精力，使学习士气低落，让学生感受不到成功，甚至养成不良的学习习惯。

E9：问题和任务的多样化。多样化的问题和任务便于学生获得不同形式的知识，使学生保持学习的注意力和动力。

E10：渗透在问题和任务中的学习方法的多样化。问题和任务反映了学科的性质和典型的思维方式，具有挑战性的问题和任务更能促成教学目标的达成。

E11：评价学生学习过程存在的问题和任务完成情况。评价存在的问题和任务完成情况具有反馈学生知识水平和质量的功能，能够支持学习过程、激励学习、提升自我评价能力、促进自我意识的发展。

E12：支持创造性思维和行为的发展。创造性思维能够丰富学生的情感生活、提升其美学品位、培养其表现力、促进其自我意识的发展和对自身能力的认识等。

E13：支持批判性思维的发展。批判性思维是构建知识体系的重要因素，有利于培养学生选择、解读、评价和使用信息的能力。

六、教科书语言的质量标准

教科书语言的质量标准也是教科书质量标准体系的重要组成部分。语言是理解任何文本的前提，教科书要使学生能够在符合其年龄、水平和个人经验基础上理解他们正在学习的文本。教科书语言要符合以下标准（表 5-7）。

表 5-7　教科书语言的质量标准

维度	标准定义及解释
F1：尊重语言规范	教科书必须遵守印刷语言规范和标准，引用原始文本资料的情况除外
F2：生词和短语的释义	对于大多数学生来说，作者所使用的每一个词语都可能是未知的，应该在第一次出现陌生词语时，对该词语加注释
F3：控制句子长度	教科书中句子的长度要保持在一定范围内，要符合学生的水平和能力

资料来源：Ivić I, Pešikan A, Antić S. Textbook Quality: A Guide to Textbook Standards[M]. Göttingen: Vandenhoeck & Ruprecht, 2013: 169-172.

该组质量标准的背后推理如下。

F1：尊重语言规范。主要教育目标是学生具有读写能力，只有通过母语教育才能发展其他能力。

F2：生词和短语的释义。只有理解给定文本的含义，才能丰富词汇量。

F3：控制句子长度。学生可以理解的句子长度（以词素或单词的数量衡量）是影响儿童语言习得的重要因素之一，帮助学生理解具有一定难度的句子（以句子长度和复杂性衡量）也是重要的教育目标。

七、教科书电子成分和电子教科书的质量标准

数字时代，电子教科书激增，为学习互动提供了新途径。但良莠不齐、种类繁多的电子教科书，包括教科书电子成分，使学生在选择和使用时变得困难，制定其质量标准非常必要。教科书电子成分和电子教科书的质量标准，如表 5-8 所示。

表 5-8　教科书电子成分和电子教科书的质量标准

维度	标准定义及解释
G1：教科书电子成分和电子教科书的使用理由	教科书电子成分和电子教科书含有传统印刷教科书不易包含且支持学习的内容。使用时要考虑其提供的材料在多大程度上有利于学生的学习，以及这种材料能否在传统印刷教科书中精准地培养学生的信息技术素养
G2：不同类型记录方式的使用及其对学习的影响	不同类型记录方式（文本、声音、动画、视频、模拟、测试等）的使用和比例应根据其在特定情境下学习的实用性来确定
G3：教科书电子成分和电子教科书的网状结构	区别于传统印刷教科书的线性结构，教科书电子成分和电子教科书的内容更容易形成网状结构，并尽可能反映学科结构。该标准关注：电子出版物的结构与印刷教科书的结构在多大程度上存在不同？该结构在多大程度上与该领域的固有结构相符？教科书多久修改一次？这些改进版本是否让教科书的原始购买者免费使用？
G4：教科书电子成分和电子教科书对学生需求的适应性	电子教科书在多大程度上适应相应学生的先验知识，其结构在多大程度上符合学生的"认知轨迹"、为学生提供更灵活的学习方式，为交互式学习提供了多大空间，提供多少可用的网络资源，虚拟教程等模块在多大程度上为学生提供直接帮助，并使教师与学生实现有效沟通

该组质量标准的背后推理如下。

G1：教科书电子成分和电子教科书的使用理由。数字媒体具有交互式互动功能，能够使学生更容易理解教科书内容、清晰和具体地理解所学知识，增强学生的学习动机。

G2：不同类型记录方式的使用及其对学习的影响。是否有利于学习是区分教科书电子成分和电子教科书与游戏和其他纯粹的商业电子出版物的关键。

G3：教科书电子成分和电子教科书的网状结构。教科书电子成分和电子教科书使作者能够轻松创建该书不同部分与概念之间的复杂连接，并通过这种连接网络准确地反映教科书的学科结构。这种结构要求学生积极参与，并通过选择自己的"认知轨迹"，适应新情况，提出问题和解决难题。此外，通过互联网快速发布修订版本是电子出版物的一大优势。

G4：教科书电子成分和电子教科书对学生需求的适应性。高质量的电子出版物必须适应使用它的学生的先验知识。

第二节 美国基础教育教材质量评价标准

美国政府历来重视基础教育教材评价，对教材质量标准和评价方法的研究一直走在国际前列。目前，美国发布的教材质量评价标准依其发布机构不同，可分为行业组织发布的教材质量评价标准、地方教育部门发布的教材质量评价标准和教育咨询机构发布的教材质量评价标准，彼此之间形成一个较为完善的教材评价体系。[①]行业组织发布的教材质量评价标准是借鉴出版行业的技术规范，对教材的印刷、装帧、出版和发行等提出的通用性标准。比如，美国教材规格咨询委员会下设三个机构，分别是国家教材审查协会、图书制造商协会，美国出版商协会。它们通过开展相关研究和测试，决定中小学教材的使用年限、使用条件等；对教材的编制过程和相关标准提出建议，以确保教材质量和相关标准的合理性。国家教材管理协会出版的《教材审查通用标准框架》(*Common Criteria Framework for the Vetting of Instructional Materials*)从内容、公平和可达到性、评价、组织和呈现、教学设计和支持五个方面提出具有参考价值的教材质量评价标准。[②]2010年，由美国各州主导，全美州长协会和首席州立学校官员理事会（Council of Chief State School Officers，CCSSO）共同发布了《共同核心州立标准》（Common Core State Standards，CCSS，包括英语语言艺术和历史/社会、

---

① 翟志峰，董蓓菲. 美国教材评价标准的指标和方法——以《优质教材工具》为例[J]. 全球教育展望，2019（5）：91-104.

② National Association of State Textbook Administrators. Common Criteria Framework for the Vetting of Instructional Materials [EB/OL]. http://simra.us/MemberaAdd/Submissions/Common_Criteria_for_Vetting_of_Instructional_Materials.pdf.（2012-01-05）[2022-07-28].

科学和技术学科中的读写标准、数学的共同核心国家课程标准）。①《共同核心州立标准》对美国 K-12（幼儿园到十二年级）学生应该掌握的知识和技能进行了详细界定，对各州教学内容进行了一次较大幅度的改动，随之而来的是基于课程标准编写的一批教材纷纷出版。这份标准虽非美国教育部直接组织制定，但由于得到了美国联邦政府的政策支持，实质上是联邦政府对各州教育事业加强管理的体现，扮演着美国课程标准制定引导者的角色。

美国科学促进协会（American Association for the Advancement of Science，AAAS）1985 年启动了面向 21 世纪人才培养、致力于科学知识普及和中小学课程改革的"2061 计划"，其目的在于帮助美国的学校教育体制进行转变，使所有学生受到良好的科学、数学和技术教育。1989 年，美国科学促进协会公布《面向全体美国人的科学》纲领性文件，成为推出"2061 计划"以后众多成果的基础。随后，随着"2061 计划"的不断深入发展，美国出版了《科学素养的基准》《科学教育改革的蓝本》等系列著作。如果说《面向全体美国人的科学》绘制了一个能够达到学习目标的鼓舞人心的前景，那么《科学素养的基准》则是指出达到这个目标的途径。它对前者所提出的科学素养目标进行了细化和扩充，规定了所有学生在其受教育的特定时间里，尤其是在二年级、五年级、八年级和十二年级末，在科学、数学和技术学习方面应该和能够掌握的具体内容。美国科学促进协会为配合"2061 计划"设计了针对中学数学和科学教材的评价工具。

地方教育部门发布的教材质量评价标准是由州一级教育部门结合当地教育实际和课程政策发布的用于选择教材的审查标准。比如，加利福尼亚州教育委员会 2014 年发布的《加利福尼亚州公立学校阅读和语言艺术（教学）纲要（K-12）》中设置了 K-8、9—12 年级的教材质量评价标准，主要从与课程标准的一致性、项目组织、评估、普遍可接受性和教学计划与教师支持等方面进行评价；另外还对补充教材、开放教育资源和无障碍教材等提出了评价要求。

教育咨询机构发布的教材质量评价标准是由一些非营利性教育组织、机构召集具有丰富教育经验和出版经验的人员研制，旨在对美国国内出版的各科教材质量进行第三方独立评价的教材质量评价标准。比较著名和较具影响力的研究成果有三个：一是由教育报告组织发布的《优质教材工具》

---

① Common Core State Standards for English Language Arts & Literacy in History/Social Studies，Science，and Technical Subjects[EB/OL]. https://learning.ccsso.org/common-core-state-standards-initiative. （2010-03-01）[2023-06-29].

（High-Quality Teaching Tools）（2005 年，2017 年，2022 年）[①]；二是由美国首席州立学校官员理事会和全美州长协会联合发布的《面向〈共同核心州立标准〉的出版商准则（修订版）》（2012 年）；三是由学生成就合作伙伴发布的《教材评价工具》（2013 年）。上述三套教材质量评价标准针对语文、数学和科学等学科设立了学科性鲜明的教材质量评价标准。

地方教育部门和教育咨询机构的教材质量评价标准关注的多是教材的教学特性，因而会参酌已有评价标准在评价维度、指标和评价方法等方面的经验为己所用，以提升评价标准整体的质量和水平；而行业组织发布的教材质量评价标准由于更多地关注教材的物理特性，在维度、指标等方面与另外两类教材质量评价标准有所差异，也较为独立。[②]

一、美国"2061 计划"教材评价工具

自 1995 年始，"2061 计划"开始建立一个对现有教学资源进行评价的数据库，以便为教材使用者的选择提供参考意见。由于教材品种繁多、数量庞大，仅靠参与"2061 计划"的人员无法完成这项任务。这就需要大量的其他人员（如中学和大学教师）参与进来。但是现有的评价程序并不适用：一方面其内容与《科学素养的基准》不相匹配，另一方面仅仅凭印象或清单式的评估无法得到一致的结果。因而，美国科学促进协会为配合"2061 计划"设计了针对中学数学和科学教材的评价工具[③]，实践表明利用该工具能得到有效并且可靠的结果。

（一）内容分析维度

对于大部分教师，特别是刚刚踏上教学岗位的新教师来说，教材是最重要的教学资源，它应力图概括人类长期积累的数量巨大的知识，并且以学生所能够理解和接受的方式呈现出来，为学生学习有关知识或认识、解决所面对问题提供必要的方法。因此，对教材进行分析评价，首先要对教

---

① EdReports.org Quality Instructional Materials Tool：English Language Arts 3-8 Review Tool[EB/OL]. http://storage.googleapis.com/edreports-206618.appspot.com/resources/files/EdReports_ELA_3-8_Review_Tool. pdf.（2021-08-30）[2024-05-11].

② 翟志峰，董蓓菲. 美国教材评价标准的指标和方法——以《优质教材工具》为例[J]. 全球教育展望，2019（5）：91-104.

③ 张颖. 美国"2061 计划"教材评价工具简介[J]. 课程·教材·教法，2009（3）：82-85.

材内容进行文本分析，判断其是否符合相关标准。

"2061 计划"从物质科学、生命科学和地球科学三个领域（分子动理论、生态系统中物质循环和能量的流动、改变地球的过程）分别选取一个主题作为评价依据。如果仅从主题层面来看，绝大部分教材符合标准，然而在处理核心概念的呈现方式方面，它们或许有很大差别。因此，评估计划在每个主题之下又划分了若干核心概念，这些核心概念都是从《科学素养的基准》中抽取出来的。

在教材的内容分析阶段，评估者将对教材中的章节内容、活动设计和考试设计等方面是否涵盖《科学素养的基准》的相关核心概念进行评估。

（二）教学分析维度

对教材内容的分析只是揭示了教材是否包含课程标准的核心概念，至于教材是否制定了帮助学生学习这些核心概念的相关教学策略，还要通过教学分析维度进行评估。

教学分析标准分为七类，每类都强调教学策略的一个具体方面（表5-9）。每个标准后都附有具体评价指标，评估者可以据此来判断教材在多大程度上符合标准。

表 5-9　教学分析标准

教学评价类别	教学评价标准
明确学习目标	明确单元学习目标
	明确每节课或活动的学习目标
	确保课文或活动安排的顺序合理
关注学生的观点	关注先备知识和技能
	提醒教师注意学生普遍持有的观念
	帮助教师确认学生的观念
	正确引导学生普遍持有的观念
使学生专注于相关的现象中	提供各种现象以支持核心概念
	提供生动的体验
发展和使用科学	有意义地介绍科学术语
	有效地表述科学概念
	示范知识的应用
	提供实践使学生练习技能和掌握知识

续表

教学评价类别	教学评价标准
促进学生对现象、活动和知识进行思考	鼓励学生去解释他们的想法
	指导学生进行解释和推理
	鼓励学生反思所学的知识
评价学生的进步	教学评价与教学目标一致
	考试的目的是理解知识
	运用评价来指导教学
营造科学学习的环境	为教师提供内容支持
	鼓励学生的好奇心和质疑精神
	使所有学生获得成功

以下以第二类标准"关注学生的观点"为例说明其评价指标。

第一，关注先备知识和技能相关指标。①提醒教师注意学生应具备的具体知识或技能。②提醒教师注意学生应具备的观念。③提醒学生注意假定的先备知识或经验。④预先处理这些先备知识。⑤将要学习的概念和先备知识之间建立充分的联系。

第二，提醒教师注意学生普遍持有的观念相关指标。①具体、准确地呈现与核心概念相关的学生普遍持有的观念。②解释这些普遍持有的观点，而不是简单罗列。

第三，帮助教师确认学生的观念相关指标。①这些指标包含供教师用来确认学生观念的具体问题或任务。②这些问题或任务可以被那些不曾接触过此主题且不熟悉相关科学术语的学生所理解。③这些问题或任务可以用来确定学生观念。④这些指标包含一些要求学生进行预测或对现象作出解释的问题或任务。⑤提示教师如何探查学生对问题的第一反应或如何解释学生对问题的反应。

第四，正确引导学生普遍持有的观念相关指标。①明确学生普遍持有的观念。②通过问题、任务或活动帮助学生在他们的最初观念基础上获得进步，具体包括以下几个方面：其一，清楚地对学生的观念发起挑战，如将他们对现象的预测与实际发生的情况进行比较；其二，促使学生将普遍持有的观念与科学概念进行对比，并区分它们之间的差异；其三，进一步帮助学生突破已有观念的局限性。③通过教材影响教师，以方便他们了解自己学生的观念。

评估方案中列出了相应的评估等级量表，评估者根据其教学策略设计与上述指标的符合程度，将教材评为"优秀""满意""一般""很差"几个等级。

（三）教材评估的实施及结果

评估团队由经验丰富的教师、正在使用该教材的教师以及课程与教学论方向的高校教师组成，他们都有被评估科目的学科背景，并且业已经过相关细致周密的培训。评估程序分为两个阶段，按照上述两个维度进行评估。之后两人一组负责一项标准的评价工作，对所评价教科书与相应标准的符合程度进行利克特 5 级评分（完全不符合—完全符合），每一项评价都必须提供充分的评定依据。[①]评估团队依据该标准陆续对初中数学、科学和高中生物等科目的 45 套教材进行评价，并公布评价结果。

这些教材一部分是市场占有率比较高而被多数教师所采用的，另外一些是课程设计者、研究者以及出版商目前正大力推行的教材，其中也包括由国家科学基金会资助的项目。

评估结果表明，尽管每种教材都涉及几乎所有的核心概念，但它们常常会被湮没在许多不相关的细枝末节中，使得课程内容偏离了主题；有的教材中，核心概念在不同的地方重复出现，而没有逐步深入或扩展到新情境中，甚至还存在前后脱节的问题。例如，有的教材在"物质属性"单元解释物态变化时用到了"温度升高意味着分子运动加剧"，而这一内容在后面的"热和能"单元中才被明确阐述。

教学层面的评估结果也不能令人满意。例如，尽管许多教材宣称注意到了先备知识，但只有一本教材在这个指标中得到"满意"评级。以"分子动理论"为例，学生会认为物质中包含微粒（而不是物质由微粒组成），微粒之间还有别的东西为微粒赋予硬度、温度、延展性等宏观属性，并且认为只有在运动的物体中分子才是运动的，等等。这些错误观念会妨碍学生理解粒子模型。然而几乎没有一种教材或其教师指导书中对此有所提及，更没有设计相关的学生活动来解决这些疑问；相反，有四种教材把教师引向一些无关紧要的前概念中。例如，许多学生错误地把开水壶中喷出的雾气叫做"水蒸气"。

在后续研究中，"2061 计划"教材评价标准研究团队根据教材评价结果，总结了现有教材存在的问题，提炼并阐述了有效教材应该具备的四个

---

① American Association for the Advancement of Science（AAAS）. Project 2061 Textbook Evaluation [EB/OL]. https://www.project2061.org/publications/textbook/default.htm.（2013-11-03）[2023-06-28].

特征：①充分考虑学生已有的知识和经验；②联系生活经历、利用实际现象或者构建相关情境激发学生学习兴趣；③促进学生深入思考并分析现象、知识的发生和发展过程；④提供丰富的实践活动以帮助学生学以致用，将所学概念应用于解决实际问题。[1]这些特征进一步为符合当代社会发展需求的基础教育教材的编写指明了方向。

美国科学促进协会为配合"2061计划"设计了针对中学数学和科学教材的评价工具，测试结果表明，不同的评价者利用该工具都得到了比较一致的结果，说明该工具具有较高的信效度。

二、美国密西西比州高质量教材审查标准[2]

美国有 22 个州对教材进行评价并为学校提供可选用的教材清单，另外一些州的教材选用则由地方学区教育委员会决定，但都必须遵循教材要与国家和州课程标准相一致的原则。[3]虽然各州的教材选择方式不尽相同，但指导思想却是一致的——保证全州课程的统一，为本州中小学提供高质量的教材。在设置了州立教材评价标准的各州中，密西西比州、佛罗里达州、得克萨斯州、加利福尼亚州所设立的评价标准有较大影响力。

2010 年 6 月，美国全国州长协会和首席州立学校官员理事会联合发起"共同核心州立标准计划"，旨在统一美国 K-12 年级课程标准，以确保学生做好"升学和就业的准备"，从而提升美国的国际竞争力。[4]《共同核心州立标准：数学标准》围绕两大问题展开：一是 K-12 年级学生应该掌握的知识和技能；二是如何确保所有学生在高中毕业时能为升学、就业以及今后在国际竞争中取得成功做好准备。2017 年，美国各州分春、秋两个批次先后向联邦教育部提交了《每一个学生都成功法案》的实行计划。[5]同

---

① Roseman J E，Kulm G，Shuttleworth S. Putting Textbooks to the Test[EB/OL]. http://www. project2061.org/publications/ articles/articles/enc.htm.（2013-11-03）[2023-06-28].

②孔凡哲，赵欣怡. 美国密西西比州高质量教材数学审查量规的构建及启示[J]. 教育参考，2022（5）：47-54.

③ Taffe S W. Textbook selection and respect for diversity in the United States[C]//Schweitzer E R，Greaney V，Duer K. Promoting Social Cohesion Through Education：Case Studies and Tools for Using Textbooks and Curricula. Washington D. C.：The World Bank，2006：107-109.

④ 周琴，杨登苗. 为升学和就业做准备：美国"共同核心州立标准"述评[J]. 比较教育研究，2010（12）：13-17.

⑤ U. S. Department of Education. ESSA State Plan Submission [EB/OL]. https://www2.ed.gov/admins/lead/account/stateplan17/statesubmission.html.（2018-01-04）[2022-01-04].

年秋季，密西西比州教育部门提交了《每一个学生都成功法案》的执行计划。首席州立学校官员理事会指出该州计划中的亮点：密西西比州将投资支持各地区实施自主发展计划，为学生、辅助人员和其他社区成员打造一个稳定的、可持续的教师工作者队伍扩充渠道。这些教育工作者是他们所服务社区的成员。[①]

密西西比州教育部门与一线教师等合作，以《高质量教学材料：识别、选择和实施高质量教学材料的资源手册（数学）》为基础，研制开发了《高质量教材数学审查标准》[②]。该标准确定了高质量教学材料的相应标准。2020 年，密西西比州教育部门采纳《高质量教材数学审查标准》，并推出一个新网站，供教师选择高质量教材。

密西西比州教育部门将"高质量教材"定义为：符合《密西西比州大学和职业准备标准》、经过外部验证、内容全面而且包括引人入胜的文本材料（如数字教材、纸质教材、多媒体材料、基于课程标准的评估资料等）。

（一）密西西比州高质量教材选用程序

根据密西西比州的新举措，密西西比州教育部门制定了教材选用新程序（图 5-1）。这个新程序要求州教育部门与一线教师等合作，制定针对具体学科的评估标准。基于此标准，密西西比州的教师为州教育部门审查材料，州政府会合理采纳教师所提供的建议。根据这些建议，州教育部门为各区提供高质量教材名单。学科教材评估标准的制定为教材选用提供分数比较与建议，为该州提供了审查数学教材的标准与指标。学科教材评估标准就包括《高质量教材数学审查标准》。

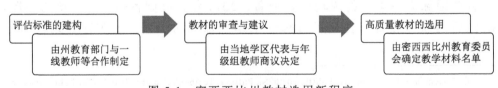

图 5-1　密西西比州教材选用新程序

---

① Council of Chief State School Officers. States Submitting ESSA-Aligned Plans for Student Success [EB/OL]. https://ccsso.org/blog/states-submitting-essa-aligned-plans-student-success.（2017-09-18）[2021-12-18].

② Mississippi First & Mississippi Department of Education. High-Quality Instructional Materials（HQIM）：A Guide for Teachers for Selecting and Implementing HQIM（Math）[EB/OL]. https://msinstructionalmaterials.org/wp-content/uploads/2020/09/teacher-guide_math.pdf.（2020-09-23）[2024-05-10].

（二）高质量教材数学审查标准的结构与内容诠释

《高质量教材数学审查标准》建构了 K-12 年级的教材评价工具，由背景、附录和评价内容三部分组成，包括 K-8 年级和高中年级两个年级评分标准（图 5-2）。

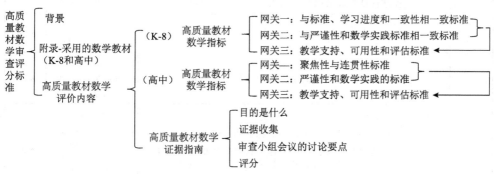

图 5-2　高质量教材数学审查标准结构图

高质量教材数学审查标准中的评分标准维度由关卡一、关卡二和关卡三组成。其中，需满足关卡一和关卡二的要求、达到最低分数，审查人员方可进入关卡三（表 5-10）。也就是说，关卡一与关卡二是教材提交时的基本要求。除此之外，每个关卡设置相应总得分，进而细化每个二级指标得分（包括不计入分数的指标），以便对教材进行进一步审查。这种既关注每个指标的评价过程又关注总得分的评价方式值得我们借鉴。此外，关卡内容会依据 K-8 年级和高中的教学材料适当调整。不同维度覆盖了三个关卡的教材评价方向，从而形成相对系统完整的高质量教材数学审查标准框架（表 5-10）。

表 5-10　高质量教材数学审查标准框架

关卡	年级	主要内容	指标内容	得分
一	K-8	与《密西西比州大学和职业准备标准》数学内容标准的一致程度如何	标准 1a—1b：一致性和准确性	6 分
		对《密西西比州大学和职业准备标准》中强调的学习进度的关注程度如何，课程在各年级内和各年级段之间能否保持一致	标准 1c—1f：学习进度和连贯性	8 分
	高中	是连贯的，与高中标准一致，该标准规定了所有学生应该学习的数学内容，以便为大学和职业做好准备	标准 1a—1g：聚焦性与连贯性	18 分
二	K-8	注意到严谨性的所有方面（概念性理解、程序性技能和流畅性、应用以及三者之间的平衡）	标准 2a—2d：严谨性	8 分

续表

关卡	年级	主要内容	指标内容	得分
二	K-8	注意到数学实践标准的具体实施，使学生个体有机会展示对这些标准的掌握程度	标准2e—2g：数学实践的标准	10分
	高中	反映了标准的平衡性，并通过适当关注以下方面来帮助学生达到标准的期望：培养学生对概念的理解能力、程序性技巧和流畅性、引人入胜的应用程序	标准2a—2d：严谨性和平衡性	8分
		教学材料有意义地连接了数学内容标准和数学实践标准	标准2e—2h：实践与内容的联系	8分
三	K-8和高中	设计合理，并考虑到了有效的课程结构和步骤	标准3a—3e：利用和设计促进学生的学习	8分
		支持教师的计划、学习和对标准的理解；材料为教师提供指导，以建立自己的知识，并为所有学生提供广泛的机会和支持来探索关键的概念	标准3f—31：教师使用《密西西比州大学和职业准备标准》进行规划和学习以获得成功	8分
		为教师提供了资源和工具，以收集关于学生是否达到《密西西比州大学和职业准备标准》的持续数据；提供评估机会，真正衡量教学进展，并获得直接的、可观察的证据，以证明学生达到《密西西比州大学和职业准备标准》的程度	标准3m—3q：评估	10分
		为学术发展提供支持	标准3r—3y：面向所有学习者的差异化、支架式和支持性	12分
		支持学生利用相关技术进行学习，教学材料可以在多个平台上获取和使用	标准3z—3ad：有效使用技术	不计分
		补充材料有利于教学，并提供了充足和多样的资源来支持学生的学习	标准3ae—3ah：补充材料	

资料来源：Mississippi First & Mississippi Department of Education. High-Quality Instructional Materials（HQIM）：A Guide for Teachers for Selecting and Implementing HQIM（Math）[EB/OL]. https://msinstructionalmaterials.org/wp-content/uploads/2020/09/teacher-guide_math.pdf.（2020-09-23）[2022-02-10].

1. 关卡一：与《密西西比州大学和职业准备标准》、学习进度和连贯性相一致（高中：聚焦性和连贯性）

关卡一中 K-8 由 2 个一级指标、6 个二级指标组成，共计 14 分；高中由 1 个一级指标、7 个二级指标组成，共计 18 分。教材作为实施课程的重要载体，其与课程标准之间的一致性水平，是影响"基于标准"的改革成效的重要因素。因而，关卡一中无论是 K-8 还是高中，都强调教材的进度必须与《密西西比州大学和职业准备标准》中的数学标准保持一致，而且每个年级的教学材料都应该是连贯的。例如，K-8 中 1a 指标首先讨论评估问题是否涉及年级标准；1b 指标强调大部分课堂时间（至少投入 65%）要用于该年级的"主要工作"[①]；1c 指标涉及每个年级的学习领域和标准内部及其之间的联系；1d 指标旨在检查教材，以确定教材中建议的时间是否适合一学年，以及材料中的期望值对教师和学生来说在建议的时间内完成是否是合理的；1e 指标中涉及 3 个三级指标，作为一个项目一起评分，包含各年级内和各年级间的标准执行进展情况，以及各年级开展的执行标准的工作情况，检查了跨年级（纵向）的"连贯性"；指标 1f 涉及 2 个三级指标，作为一个项目一起评分，其标准指出"每个年级的教学材料都是连贯性的，与《密西西比州大学和职业准备标准》中的数学标准保持一致"，而且指标涉及检查年级内（横向）标准，包括学习目标之间的连贯性。可以发现，各指标之间层层递进、横纵关联、相互补充，而且《密西西比州大学和职业准备标准》中的数学标准都在指标 1b、1c、1e 和 1f 之间收集的证据中得到说明。

2. 关卡二：与严谨性和数学实践标准相一致

关卡二中 K-8 年级由 2 个一级指标，7 个二级指标和 3 个三级指标组成，共计 18 分；高中由 2 个一级指标和 8 个二级指标，共计 16 分。无论是 K-8 还是高中，"严谨性"标准旨在帮助学生满足《密西西比州大学和职业准备标准》中的数学标准的严格期望，并深化学生对数学概念的理解、对程序性技巧的掌握以及促使学生在现实情况下灵活使用数学知识技能来解决问题，即 2a—2c 指标是对关键概念的理解，能促使学生从多个角度获取概念（如此，数学不再局限于仅仅"是一个算法程序"）；程序性技巧和流畅性[②]是对计算速度和准确性的要求，学生需练习核心技能，以便能够获得更复杂的概念和程序；学生需要有机会在现实世界中应用数学知识技能解决问题，教材应促进学生在各种情况下（在常规与非常规的问题中）灵活开展数学活动。这三方面标准在教材中能否得到均衡处理是关键。

数学实践的标准在 K-8 年级中强调与教材内容的一致性，在高中数学

---

① 年级的"主要工作"是指在关键领域中确定的标准。虽然所有年级水平的标准都很重要，但强调年级的主要工作可确保在整个年级水平的标准内和标准之间建立有意义的联系。

② 流畅性是指：在《密西西比州大学和职业准备标准》中，凡是出现"流畅"一词的地方，都意味着快速和准确。从这个意义上说，"流畅"的关键方面在于，它不是在一个年级里一下子发生的事情，而是需要注意帮助学生深入理解。重要的是，要确保为每个年级提供足够的练习和额外的支持，使所有学生能够达到明确要求的标准。

得到进一步深化和延伸。基于此，《高质量教材数学审查标准》最先关注的评分依据是，教材是否注意到数学实践标准中 8 个指标的含义，即理解问题并坚持不懈地解决问题；抽象和定量推理；构建可行的论据并质疑他人的推理；使用数学建模；战略性地使用恰当的工具；注意精确度；寻找并利用数学结构；在重复推理中寻找并体现规律性。首先，2e 指标审查教材对数学推理的重视程度，评估学生参与数学实践的机会是否被用来充实课程的数学内容，以及在整个数学系列中能得到充分体现，以达到数学学习的期望水平。其次，检查教材是否只关注数学实践标准，或数学实践标准只出现在教师手册的某一特定部分。再次，2f 指标进一步深化，确定教材是否完整、准确、有意义地体现每一条数学实践标准。最后，2g 指标先审查教材对数学推理的重视程度，即教材如何促使学生通过参与建构可行论据来质疑他人的推理，再审查教材中是否明确关注数学的专门语言，即包括准确的定义概念，准确地使用数学、符号和文字进行数学运算、形成数学思维并建构数学论证。

3. 关卡三：教学支持、可用性和评估

关卡三中 K-8 年级和高中由 6 个相同的一级指标、34 个二级指标构成，本小节以高中为例进行说明。材料只有符合关卡一和关卡二的最低标准，审查方可进入关卡三（指标 3a—3ad）。关卡三包括一些被评级的指标和一些未被评级的指标。尽管部分指标未被评分，但其能够搜集相关证据为教材的审查提供宝贵信息，且不影响标准或关卡的评级。

"利用和设计促进学生的学习"标准包含 5 个二级指标，共计 8 分，其涉及问题和练习、作业、介绍知识方式的多样性、操作工具和视觉设计，即教材设计是否合理，是否考虑到有效的课程结构和节奏。"教师使用《密西西比州大学和职业准备标准》进行规划和学习以获得成功"包含关 7 个二级指标，强调教师对《密西西比州大学和职业准备标准》的学习和理解，以及教师使用教材的要求，共计 8 分。例如，3g 和 3h 指标中明确提出教材所提供的指导对于呈现学生用教材和辅助文件中的内容是否有用；教材是否为教师提供了数学课程教学水平和更高级的数学概念（这些概念超出了当前的课程范围，而不是为学生设计的）的解释和例子，以提高教师自己的知识水平；教材是否有关于数学内容的概述部分、注释和辅助文件，以帮助教师将这些教学内容（即学生材料）呈现给学生。"评估"指标包含关于学生的 5 个二级指标与要求，强调基于《密西西比州大学和职业准备标准》对学生的审查。例如，3m 指标中提出教材是否提供了收集学生已有的有关课程或跨学科方面的信息策略。除此之外，3p 指标提出教材需提

供持续性评估，以及明确指出教材是否为评估项目指定学生应达到的知识水平，即知识深度。"差异化教学"指标指出教材需要支持教师在课程内和跨学科课程中对不同学习者提供差异化教学。例如，3t 指标提出教师提供指导，使学生能够解决多个问题，同时教师为学生提供多种解决问题的方案，并使其与教学教材保持一致；3u 指标要求教材必须为英语非母语学习者和其他特殊群体提供支持，能够促使他们正常地、积极地参与数学学习活动。"有效使用技术"指标与"补充材料"指标中包含的条件是教材必不可少的因素，教材需要使用相应的技术来提高学生的学习效果，能够使学生在多平台上获取和使用数字教材，同时也能够利用技术对学生进行评估。此外，补充材料为不同学生提供额外的学习机会与个性化的学习方法，促进学生相互之间的交流合作。

（三）高质量教材数学审查标准量表的建构方法：提供证据指南，形成"基于证据中心"的评价

20 世纪 90 年代，美国梅斯雷弗（Mislevy）等提出"基于证据中心"的评价设计模式，是美国教育测量服务中心最早开发的评价设计项目。[①]一个证据模式包含证据规则（evidence rule）和测量模式（measurement model）两部分，二者在评价推理中扮演不同角色[②]，同时又相互协调，共同提高教材评价的内部可靠性。

证据规则，即量表或评分模式，也可以称为教材评价量表或评价清单，并设置关卡（见表 5-10 高质量教材数学审查标准框架）。Karamoozian 和 Riazi 认为"使用指南是评价清单的一个重要的质量特性"[③]，不仅可以帮助审查者全面了解评价工具的特征，也可以增强审查者评价的客观性。因此，高质量教材数学审查标准采用"评价清单"这一最普遍方法为评价者提供审查指导，并为之配套相应的《高质量教学材料：识别、选择和实施高质量教学材料的资源手册》[④]，其主要内容包括"指标的目的""证据收

---

① Mislevy R J，Haertel D G，Riconscente M M，et al. Evidence-Centered Assessment Design[C]// Mislevy R J，Haertel D G，Riconscente M M，et al. Assessing Model-Based Reasoning using Evidence-Centered Design. Cham：Springer，2017：19-24.

② 冯翠典．"以证据为中心"的教育评价设计模式简介[J]. 上海教育科研，2012（8）：12-16.

③ Karamoozian F M，Riazi A. Development of a new checklist for evaluating reading comprehension textbooks[J]. ESP World，2008（3）：1-21.

④ Mississippi First & Mississippi Department of Education. High-Quality Instructional Materials （HQIM）：A Guide for Teachers for Selecting and Implementing HQIM（Math）[EB/OL]. https:// msinstructionalmaterials.org/wp-content/uploads/2020/09/teacher-guide_math.pdf.（2020-09-23）[2022-02-10].

集""审查小组会议的讨论要点""评分"四个环节。其中，"指标的目的"是对相关指标主要意图和对相关指标之间相互联系的解释与说明；"证据收集"由"证据收集：指导性问题"、"证据收集：寻找证据来源"或"证据收集：为收集证据做准备"等构成，为指标的审查提供价值信息，为教材进一步改进提供指导；"审查小组会议的讨论要点"以提出相应指标所存在的问题为主，既可以引发审查者的评价关注，又可以促进审查者之间相互讨论，解决相应问题以形成结论；"评分"包含每一项目的得分情况，审查人员根据评分规则对指标的分数做出客观公平的判断。

简而言之，《高质量教材数学审查标准》以《高质量教学材料：识别、选择和实施高质量教学材料的资源手册》为指导，形成"基于证据"的教材评价方式，体现了"基于证据中心"的评价方法，有利于增强教材评价可靠性，以此帮助审查人员有效完成指标的测量评价。

（四）《高质量教材数学审查标准》的评价结果与实施效用

1. 评价结果图文并茂，公开接受教师反馈

作为专业审查评估教材的教育报告组织，其审查过程支持选用智能评价流程，为全国教师提供优质教材。针对数学教材的评估，教育报告组织与密西西比州合作，采用密西西比州数学审查标准，评估 K-8 年级的所有数学教材[①]，并与教育报告组织的审查结果进行比较，5 份数学报告结果以数轴形式呈现，包含 K-8 年级各关卡相应的得分、符合预期的程度。以《卡内基学习·6 年级数学教材》为例（图 5-3）进行说明，在关卡一、关卡二的得分分别是 14 分、18 分（都是该关卡的最高分），审查进入关卡三，得分为 37 分（分值段为 31—38 分）。

Ansary 和 Babaii 认为，图形框架具有双重作用：一方面，统一该教材的多个意见，并展现在同一张表上；另一方面，比较各教材的概况，判断教材是否满足要求。[②]简单明了的图文能够直观形象地展示数学教材评价的结果，有助于深入挖掘现实教材与理想教材之间的差距，使教师便于理解教材、更好地选择教材。

---

① 密西西比州数学教材包含 Mississippi McGraw Hill My Math K-5，Great Minds：Eureka Math K-8，Envision Math K-8，Illustrative Mathematics 6-8，Carnegie Learning 6-8。

② Ansary H，Babaii E. Universal Characteristics of EFL/ESL Textbooks：A Step Towards Systematic Textbook Evaluation [EB/OL]. https://www.researchgate.net/publication/285764417_Universal_characteristics_of_EFLESL_textbook_A_step_towards_systematic_textbook_evaluation.（2002-01-30）[2022-10-09].

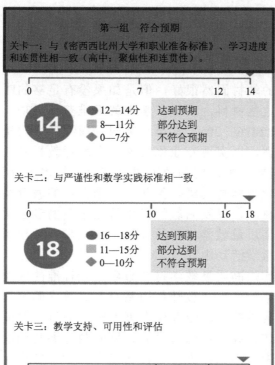

图 5-3　高质量教学材料数学审查标准评价结果

　　每个关卡评价结束后，会提供总体摘要，以总结该教材的特征及其评价结果，进而指出在每个关卡评价结果以及关卡的评级详情，而且部分评价给出相应例子以佐证其分数。例如 6 年级教材《说明性数学》，关卡三"可用性"得分 25 分，属于部分符合预期。但其中指标 3m—3q "评估"仅得4 分，评价报告指出：所审查材料不符合对 6 年级评估标准的期望，这些材料没有提供收集学生在年级内和跨学科的先验知识信息的策略。简言之，报告结果与评分能够反映数学教材与其课程标准的一致性，能够折射被评数学教材的质量，为教师选择教材提供参考建议，也为出版商修订完善教材提供相应参照。

　　密西西比州创建 Facebook 私人讨论群及网站，使各区教师了解相关高质量教材工具和评估内容，借助这一平台，教师能够分享使用高质量教材的经验与想法，提出相关建议。其中，网站提供专门页面用来鼓励教师提出意见建议。例如，"我在课堂上使用□□□（高新科技软件的名称）。我一直在使用（□年到□年）。我最喜欢的课程部分是（□□□）"。

2. 评价促进教师专业发展，建立教材实施策略

获得高质量的教材固然很好，但是如果没有足够的时间来学习如何在课堂上正确使用这些材料，教师和学生就很难获得成功。美国一项全国性研究报告[①]指出，2016—2017 学年，美国普通教师平均接受一天（针对其所教课程）的培训，以实现专业化发展。在教师教学时（特别是使用新的教学材料时），需要有关部门为教师提供充分的技术支持和进行专门培训，以实现相应的教学目标与期望。因此，一个专业的教育系统应该为教师提供高质量的教学材料，以及为教师提供持续不断的专业化培训。教师的专业化发展基于对高质量教学材料的理解、内化和有效使用，以便教师让学生更好地参与到教学活动中。

基于密西西比州高质量教学材料数学审查标准的成功实施，可以总结以下四条经验：第一，支持教师使用新材料。首先确定为教师提供培训的时间，建立能够提供持续的专业化发展的辅导系统，并能够与使用相同教材的学校进行合作，共享资源与经验，同时教师参与到确定补充教学材料相关指标的工作中。第二，支持学校构建专业学习结构。根据教师专业需求，建立培训教师的模式，由教师来主导确定专业化发展的内容。第三，支持差异化教学策略，即提供专注于差异化教学的专业化培训。第四，支持实施多元文化教育战略，重点关注与文化有关和促进文化发展的相关做法。

综上所述，实施高质量教材策略，能够帮助教师选择高质量教材，同时更加专注重点内容的学习，持续提升教师自身的教学能力。除此之外，还有助于各学区学校之间的合作，加强教师与教师之间的交流和合作。

三、美国《优质教材工具》评价标准[②]

教育报告组织是美国目前较为典型的以第三方身份开展教材评价工作的教育咨询机构。作为一家独立的非营利组织，他们通过免费发布 K-12

[①] Mississippi First & Mississippi Department of Education. High-Quality Instructional Materials（HQIM）：A Guide for Teachers for Selecting and Implementing HQIM（Math）[EB/OL]. https://msinstructionalmaterials.org/wp-content/uploads2020/09/teacher-guide_math.pdf.（2020-09-23）[2022-02-10].

[②] 本节初稿由孔凡哲、李潇萌执笔，孔凡哲修改定稿。参见：孔凡哲，李潇萌，史宁中. 美国基础教育教材质量保障机制及启示：基于教材评价视角[J]. 全球教育展望，2023，52（10）：64-78.

教材评价报告的方式，力求使所有学生都能获得高质量教材。为了达到该目的，该团队由具有教育、法律、市场营销、政策和数据分析等多学科背景的成员组成；团队中具有教育背景的成员来自美国 46 个州，代表大、中、小型城市和乡村等各类学区的 300 多名深谙《共同核心州立标准》核心理念与教材设计评价原则方法的优秀教师、学区指导员、州教育官员等。教育报告组织 2022 年发布《优质教材工具》1.5 版①。

（一）K-8 年级教材质量评价标准及高中阶段的标准

《优质教材工具》从评价运行过程及评价标准两个方面支持教材评价工作有条不紊地开展。评价标准解决了"用什么评"的问题，评价运行过程解决了"怎样使用评价标准才能发挥其最大效用"的问题。《优质教材工具》的评价框架由聚焦性与一致性、严谨性与实践性、对教学的支持与实用性三个关卡组成，每个关卡详细分为不同维度及其下设的具体指标。在"基于证据"评价方式下，各指标都给出对应得分依据，用来验证分数的合理性与真实性。整体框架逻辑性清晰、要点完备，致力于契合《共同核心州立标准：数学标准》②要求的基础知识、基本技能及核心素养。

教材评价需要明确教材质量的标准规范，制定统一且条理性、操作性强的评价工具。教材质量标准是指与教材相关的各群体在自己的价值标准和教材本身的客观属性之间寻求的一种翔实且统一的平衡，是教材用户价值标准和教材价值属性之间的稳定结合。

1. 关卡一：聚焦性与一致性

关卡一着重评价教材的聚焦重点及与数学课程标准的一致性，其中包含 2 个维度、7 个具体指标（表 5-11）。

表 5-11　《优质教材工具》关卡一

维度	评价指标	得分		
聚焦性	1a 教材考察了年级内容，如果适用，也考察早期年级的内容	0	2	
	1b 教材旨在面向所有年级的学生，提供与其年级相对应的广泛而深入的问题，以确保这些问题能够全面覆盖并满足年级标准的各项	0	2	4

---

① Edreports. org. Quality Instructional Materials Tool：English Language Arts 3-8 Review Tool [EB/OL]. http://storage.googleapis.com/edreports-206618.appspot.com/resources/files/EdReports_ELA_3-8_Review_Tool.pdf.（2017-08-15）[2023-06-29].

② Common Core State Standards for Mathematics[EB/OL]. https://learning.ccsso.org/wp-content/uploads/2022/11/ADA-Compliant-Math-Standards.pdf.（2017-12-03）[2023-06-29].

续表

维度	评价指标	得分
一致性	1c 当按照教材设计实施时，教材的大部分针对每个年级的主要集群	0　2
	1d 教材的辅助性内容，能引导学生参与本年级的主要工作，同时增强了聚焦性和连贯性	0　1　2
	1e 教材包括跨学科、跨领域的问题和活动，能连接一个领域中的两个或多个主题，或年级中的两个或多个领域	0　1　2
	1f 能从当下年级水平出发确定未来年级的学习内容，同时明确地将当下年级水平的概念与先前年级学习的知识联系起来	0　1　2
	1g 为了促进年级之间的连贯性，教材可以在一个正常学年内完成，几乎不用修改	不打分

注：0—7 分代表不符合；8—11 分代表部分符合；12—14 分代表符合

资料来源：EdReports.org. Review Criteria Mathematics Grades K-8 (V1.5) [EB/OL]. https://www. edreports.org/reports/math. (2021-08-30) [2024-05-11].

聚焦性的两个维度均为"不可协商"标准，可以考察教材及其使用是否聚焦于特定年级的关键知识活动。只有两个指标得分均达到6分，方继续评估；如若不然，则终结评估。从表5-11可以发现，一方面，评估强调重点关注评价对象，有针对性地贴合数学课程标准中的"关键变化"，以便为学生将来步入大学或职业生涯做好准备；另一方面，评估既注重新知识与学生之前已有经验建立联结，还要求同年级内的知识相互融会贯通，让学生通过学习新知识从而不断巩固、强化旧知识。在经验重组的同时，还有助于学生认知框架的不断塑造与扩充。

2. 关卡二：严谨性与实践性

关卡二（表5-12）的评估建立在关卡一的基础上，着重评估教材是否通过帮助学生深化概念理解、程序技能及其应用来反映课程标准中的平衡，以及是否有意识地将国家课程标准中的内容标准与实践标准相联系，其中包含2个维度、9个具体指标。

表 5-12　《优质教材工具》关卡二

维度	评价指标	得分
严谨与平衡	2a 教材深化学生对关键概念的理解，尤其是特定的内容标准或集群标题要求的那些内容	0　1　2
	2b 提供独立展示程序技能和流畅程度的机会	0　1　2
	2c 教材的设计使师生有足够的时间研究学科的应用	0　1　2
	2d 严谨性的三个方面要保持平衡，不总是一起处理，也不总是单独处理	0　1　2

续表

维度	评价指标	得分		
实践与内容相连性	2e 有意发展学生理解、解决问题以及抽象、定量推理的能力	0	1	2
	2f 有意发展学生构建可行的论点，并批判他人论点的能力	0	1	2
	2g 有意发展学生数学建模以及战略性地选择工具的能力	0	1	2
	2h 有意发展学生注意精确性并关注学科专业语言的能力	0	1	2
	2i 有意发展学生探索并利用结构以及在重复推理中寻找并表达规律性的能力	0	1	2

注：0—10 分表示不符合；11—15 分表示部分符合；16—18 分表示符合

资料来源：EdReports.org. Review Criteria Mathematics Grades K-8（V1.5）[EB/OL]. https:// www. edreports.org/reports/math.（2021-08-30）[2024-05-11].

"严谨与平衡"维度关注教材是否让学生参与到严谨性的所有方面，即概念理解、程序性技能和流畅性、学科的参与性应用，并强调三者应平衡出现，不可偏颇。"实践与内容相连性"维度则着重考察教材当中内容与实践之间的关系，考虑学科实践标准是否以有意义和深思熟虑的方式与学科内容标准相联。学科实践标准有意地从记忆转向学科推理和理解，避免出现与日常生活脱节的学科学习，强调批判性思维、学生交流和现实应用，着重培养学生解决问题的能力以及在各种复杂现实环境中应用知识的能力。以上各项对学生未来取得大学学位和职业成功至关重要。教材中应明确标识 8 个学科实践标准并涉及其全部含义，这些实践标准大部分情况下用以充实学科内容标准。教材应帮助学生通过构建自身论点、分析他人论点、使用学科专业术语等方式，发展学生的逻辑推理思维，培养学生的观点采择能力。

关卡二没有设立"不可协商"标准，整个评估建立在关卡一基础之上。维度一注重评估教材是否让学生参与到严谨性的所有方面，即概念理解、程序性技能和流畅性、学科的参与性应用，并强调三者之间应当相互均衡、不可偏颇。维度二则关注教材当中内容与实践之间的关系，考虑学科实践是否以有意义和深思熟虑的方式与学科内容标准相联。教材应明确界定 8 个学科实践标准，并涵盖其全部含义，在大多数情况下应使用这些实践标准来丰富学科内容标准。

3. 对教学的支持与实用性

关卡三着重评估教材对师生发展的支持性，以及教学技术等实用性标准。其中包含 5 个维度、30 个具体指标（表 5-13）。

表 5-13 《优质教材工具》关卡三

评价维度	评价指标	得分	得分依据
使用和设计促进学生学习	3a 能够分清问题和练习的区别	0 1 2	
	3b 按照有意的顺序设计作业	0 1 2	
	3c 要求学生产出的内容多种多样,不仅给出答案,还要以适合年龄水平的方式说明论点等	0 1 2	
	3d 教具是数学客体的忠实代表,并在适当的时候与书面形式的方法相联系	0 1 2	
	3e 书本设计在视觉上不会分散学生注意力,而是能让学生深入地参与主题	是 否	
支持教师学习理解《标准》	3f 教材通过提供高质量的问题来指导学生增长数学知识,从而支持教师规划和提供有效的学习体验	0 1 2	
	3g 教师版教材中有大量有用的注释,注释说明如何在学生版教材和辅助材料中呈现内容,在适用的情况下,教材包括指导教师如何使用嵌入式技术来支持和加强学生的学习的内容	0 1 2	
	3h 教师版教材包含完整的成人水平解释和课程中更高级数学概念的示例,以便教师在必要时深化自己对该学科的知识	0 1 2	
	3i 教师版教材解释了特定年级数学在 K-12 年级的整体数学课程中的作用	0 1 2	
	3j 教材提供教师版的课程清单,交叉引用所涵盖的标准,并估计每节课、章、单元的教学时间	是 否	
	3k 教材包括向家长告知数学课程策略的内容,并就如何帮助学生进步提供相关的建议	是 否	
	3l 教材包括对课程教学方法的解释和研究型策略的识别	是 否	
评估功能	3m 教材提供了收集学生在年级内和年级间的先前知识信息的策略	0 1 2	
	3n 教材为教师提供了识别错误认知和解决学生常见错误的策略	0 1 2	
	3o 教材为学生在学习概念和技能方面提供了连续复习和实践的机会,并给予反馈	0 1 2	
	3p 教材提供连续的形成性和总结性评估		
	ⅰ 评估清楚地表明哪些标准是被强调的	0 1 2	
	ⅱ 评估包括统一的评估标准和评分指南,为教师解释学生表现提供充分的指导,并为后续行动提供建议	0 1 2	
	3q 教材鼓励学生监控自己的学习进度	是 否	
差异化教学	3r 教材提供了一些策略,帮助教师安排课程顺序或搭建课程框架,以便课程内容对所有学习者来说都是可接近的	0 1 2	
	3s 教材为教师提供了满足不同学习者需求的策略	0 1 2	
	3t 教材包含有多个切入点的任务,学生可以用各种解决策略或表现形式来完成这些任务	0 1 2	

续表

评价维度	评价指标	得分	得分依据
差异化教学	3u 教材建议为英语学习者和其他特殊人群提供支持、调节和修改，以支持他们定期积极参与数学学习	0　1　2	
	3v 教材为高年级学生提供了更深入研究数学内容的机会	0　1　2	
	3w 教材对各种人群和个人特征进行了均衡的描述	0　1　2	
	3x 教材为教师提供了使用各种分组策略的机会	是　　否	
	3y 教材鼓励教师利用家庭语言和文化来促进学生的学习	是　　否	
有效的技术使用	3aa 电子教材是基于网络的，并且与多个互联网浏览器兼容。此外，教材数字是"平台中立的"（即与多个操作系统兼容，不是任何单一平台的专有），并允许使用平板电脑和移动设备	是　　否	
	3ab 电子教材包含评估学生数学理解和使用技术的程序技能知识的机会	是　　否	
	3ac 电子教材可以很容易地为学习者提供个性化的定制内容		
	ⅰ 包括教师利用适应性或其他技术创新为所有学生提供个性化学习的机会	是　　否	
	ⅱ 可以很容易地进行定制，供局部使用。例如，电子教材可以提供一系列关于某一主题的课程供人们借鉴	是　　否	
	3ad 教材包括或涉及能够为师生提供相互协作的机会（如讨论组、网络研讨会等）的技术	是　　否	
	3z 教材整合了互动工具、虚拟操作物和动态数学软件等技术，以吸引学生参与数学实践	是　　否	

注：0—22 分代表不符合；23—30 分代表部分符合；31—38 分代表符合

资料来源：EdReports.org. Report Overview Summary of Alignment & Usability: Leap Mathematics K-8 | Math[EB/OL]. https://edreports.org/reports/overview/leap-mathematics-2021/grades-6-8.（2022-09-14）[2024-06-06].

教师支持和学生支持维度考察教材是否为提升学生的学习质量和教师的专业化发展提供辅助性支持，教材是否易于调整和使用以满足师生发展的需要。

基于全面质量管理理论，教材作为商品要尽可能满足不同群体（语言、种族、文化背景）学生的需求，师生对教材的满意程度就体现为教材对师生发展的支持及其带来的社会效用。[①]评估维度强调教材本身的评价功能。教材发挥评价功能帮助学生进行实时自我监察，学生不再受限于纸笔或终结性测试，而是在教材设置的过程性评价中学习与发展，为学生养成良好的自控和反思能力奠定坚实基础。有效的技术使用维度侧重于对电子教材

---

① 孔凡哲，张恰. 教科书研究方法学与教科书质量保障研究[M]. 长春：东北师范大学出版社，2021：375-378.

的要求以及对现代教学技术的使用，其最终目的也是更好地服务师生。

关卡三没有设立"不可协商"标准，但多出了一些不予评分的延伸性标准，只提供质性证据，不做硬性规定。关卡三更多地偏重教材为教材使用者提供的服务功能。前两个维度分别评估教材是否为学生的学习和教师的专业化发展提供辅助性支持，维度四旨在说明教材的结构和内容并不是一成不变的，它可以随着不同人种、语言、能力以及师生需求的变化进行灵活且平衡的调整。

（二）《优质教材工具》评估流程与方式

单纯凭借教材评价标准无法保障教材评估的科学性和有效性。因而，除标准本身之外，评价主体、评价流程、评价方式都是促成教材评价机制得以有序运行的必备要素。教育报告组织将"以师生为中心，追求教育公平"作为评价教材的理念和愿景，各领域富有经验的教育工作者通过对关卡形式、流程和"基于证据"的评价方式进行评估，旨在帮助全美师生获得一致性的高质量教材。

1. 评价主体：多方参与、社会监督

20世纪20年代初至70年代，受杜威民主主义思想影响，因忽视基本知识和基本技能在基础教育中的作用，美国学生的学习成绩直线下降，美国人逐渐意识到美国在全球竞争中处于不断下滑的境地。美国政府加快了摆脱基础教育困境的步伐，着力寻找能够满足美国全体学生具备全球竞争力的共同标准，以便为学生在迈入大学和就业做好准备，"基于标准"的基础教育改革运动由此开展。由此，教材选用不再停留于过去随意出版与发行的状态，美国联邦政府加大了对教材选用的管控和干预力度。教材不再是出版商追逐利益的产物，而是国家用以支持教学活动的主要凭借，是促进学生发展的关键载体。

教材的评价主体不能一家独大，要做到相互制衡，保障教材选用的质量和公平。因此，教材评价的主体应当是由经济利益介入最少的人员形成的评价组织。教育报告组织的评价者包括来自46个不同州、不同专业背景和不同学校类型的300余名优秀教师、学区指导员、州教育官员（代表大、中、小型城市和乡村等各类学区），平均教育年限为17年。这些评价者既包括具有丰富教学实践经验的一线教师，又包括课程教学专家等。他们深刻理解学生在迈入大学和就业应具备的学科素质及高质量教材的重要性。除此之外，出版商也应邀参与教材评审过程，每一位出版商都会向评审团

队提供自己产品的介绍，以及有关教材的背景信息和研究结果。就评审员选用机制而言，教育报告组织决定利用教师来制定教材评分标准，采用竞争性程序来选择评审员，并实施评审员培训计划以确保教材评审工作的协调一致。以上举措无疑增强了《优质教材工具》的公正性，弱化了教材评价的政治色彩，有利于提升教材评价的实际效果。

　　总之，在"基于标准"的基础教育改革运动后期，教材评估工作不再受各州或地方教育行政部门完全控制，以教育报告组织为代表的第三方民间教育机构不断提高教材评价中的参与程度和专业性，使得教材评价在一定程度上弥补了"行政性过强、专业化不够"弊端，增加了教师等群体在教材评价中的话语权。[①]同时，在全国范围内选拔教材评审的专业人员，使得教材评价结果更具权威性和说服力，评价主体呈现出异质性、丰富性和多元化特点。[②]

2. 评价流程：层层通关、精准筛选

　　《优质教材工具》的评价流程体现为宏观评价流程和微观评价流程。宏观评价流程包括前期培训、中期交流、后期总结在内的整个评价过程；微观评价流程则聚焦于使用《优质教材工具》评价教材时的具体操作步骤和细节。

　　1）宏观评价流程

　　宏观的评价流程具体分为三个步骤：首先，在教材评价工作开始之前，教育报告组织通过竞选的方式，根据内容知识的深度、评审经验以及参与线上线下会议的能力选择符合要求的评审员，这些评审员不能与教材出版商存在关联。每年夏天，教育报告组织会统一对教材评价人员进行培训，培训内容集中在对大学和职业准备标准、教学模式转变以及教育报告组织审查过程的理解上。其次，对评审人员进行分组。由4—5名评审员组成的小组独立评审每份教材，并在每个内容领域由具有专业知识的志愿者作为顾问予以协助，通过在线系统提供证据，以就证据和分数达成共识。在此环节，各出版商可以向评审团队提供有关教材的背景信息，以帮助评审人员深入了解这些教材。最后，各评审小组集中在一起对评价结果进行深入交流讨论，有争议之处要达成共识，确保对教材意见的一致性。评审结束后，教材评估的最终意见和详细说明会公布在教育报告组织网站上，确保评审结果的公开透明，接受来自社会各利益群体的监督，并通过多种渠道

---

① 王润，张增田. 教科书评价的实践问题与改进思路[J]. 教育科学研究，2018（1）：73-77.
② 石钦莹. 中美基础教育教材审定制度特征比较研究[D]. 长春：东北师范大学，2021.

收集反馈和改进意见。

2）微观评价流程

《优质教材工具》设置三级关卡用以筛选教材，每个关卡都对应不同的关注维度并赋予相应的阈值，只有评分在阈值及以上，方能进入下一关卡。如图 5-4 所示，关卡一旨在考查教材与《共同核心州立标准》的一致性和连贯性。结合美国"基于标准"的评价理念，教材只有先符合标准中要求的聚焦程度才能通过检验进入后续关卡。各环节指向性强、功能明确，避免了对教材内容各种细枝末节的忽视，确保评价的每一环节均符合要求，最终评价结果也更有信服力。在使用教材评价工具时，整个流程如图 5-4 所示。

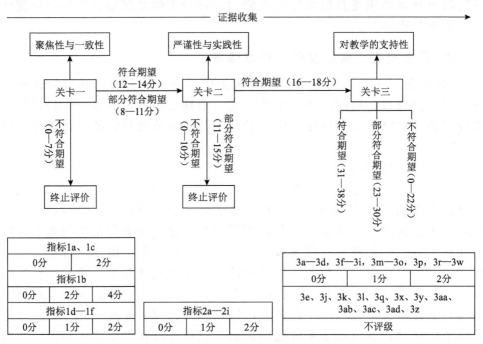

图 5-4　《优质教材工具》评价流程

在关卡一（满分 14 分）中，进行评估后的最终总分数为 8—14 分才能进入关卡二继续接受评估，否则就被认为不符合期望，终止评价；进入关卡二后，评估总分在 16—18 分进入关卡三，0—15 分的同样被认为部分符合或者不符合期望，终止评价。对于那些"不可协商"标准，只有 0 分或满分选项，一旦不符合期望，就会被判为 0 分，不容置疑；其余标准则有三类可选分值，尚有转圜的余地；对于那些未评级的标准，只是向教材出版商提供一种未来教材质量的发展方向，只作为参考性指标，并不强求。《优质教材工具》通过层层筛选的方式，保障教材质量在每个关卡都能得到审核和认可，这无疑增强了教材评价的严谨性和有效性。

3. 评价方式：基于证据、客观严谨

在评估教材时，对某一标准进行打分时的主观臆断不可避免，弱化了"量化评价"的优势。因此，为使评价工作更加真实客观，所评分数更加有据可依，除评价工具外，教育报告组织还提供了《共同核心州立标准》、各年级的重点文件、《K-8 证据指南》、学科实践标准四项辅助材料，以配合《优质教材工具》协同工作，为评审员提供标准、指标和指导。整个评价过程定量与定性相结合，评审员"基于证据"做出客观公正的质性分析。

其中，《K-8 证据指南》为证据的收集工作提供了高效的指导，帮助评审员进行有针对性的证据收集。[1]主要步骤如下：①明确指标目的。评审员必须领悟指标背后的意图，从多个角度为评估指标找到经得起实践检验的证据，从教师和学生的使用感受、家长和学校的反馈情况等途径寻找证据，而非局限于一段文字或者一道习题。②开展证据收集工作。在收集证据时要提供证据的示例和反例。比如，教材内容符合某项指标，需举例说明它为什么符合要求。如果教材内容不符合某项指标，也要举例解释它哪里不符合要求，并在评审表上写下例证所在的章节、单元及页码。③集中交流讨论。评审员在评价过程中定期围绕一些评分意见差异过大的问题展开探讨，针对特定的指标提供不同角度的理论基础和评分依据，最终达成小组一致的目的。④商讨评分细则。阐述打分的基本原理和证据中必须包含的内容，以支持对该指标的每个等级的评分，为出版商后续改进教材提供专业性的反馈意见，不断提升教材的质量。[1]

以麦格劳-希尔教育出版社出版的五年级教材《日常数学》为例进行说明。指标 1f 要求根据标准要求，通过一个年级的联系来促进一致性（教材中的学习目标是由标准集群明显塑造的；教材包含问题和活动，用于连接一个领域中的两个及以上的集群，或一个年级中的两个及以上的领域）。[2]按照《K-8 证据指南》的规定，该指标的目的是通过识别与年级水

①　EdReports.org. Report Overview Summary of Alignment & Usability：Leap Mathematics K–8 | Math[EB/OL]. https://edreports.org/reports/overview/leap-mathematics-2021/grades-6-8.（2022-09-14）[2024-06-06].

②　EdReports.org.Everyday Mathematics 4（2021）：Report for 5th Grad[EB/OL]. https://www.edreports.org/reports/detail/everyday-mathematics-4-2021/fifth-grade/gateway-one.（2022-06-09）[2023-08-22].

平的概念相关的先前内容和未来内容的关系来考查教材的纵向一致性，即教材内容之间的连贯性。证据收集环节应该找出在章节、单元层面与先前经验及未来学习相关联的确凿证据，并解释它们是如何与当前年级内容相关联的。《日常数学》在该指标的得分为 2 分（满分），教育报告组织的评估报告给出如下理由：①该教材每个章节的组织都有一个"与过去相联"的连贯性部分，其中包含关于重点标准在以前的单元和年级中如何落实的信息。例如，在第 5 单元"分数运算"，教师用书提醒教师将此部分内容与过去相联。而在该册书第 4 单元，学生们会学习到坐标网格上的图像在乘以一个或多个坐标后会发生什么变化；在第 5 单元"分数运算"中，学生们知道分数乘法方程实际为分数的倍数放大。②该教材每个章节的组织都有一个"与未来相联"的连贯性部分，其中包含关于重点标准如何为未来课程奠定基础的信息。例如，在第 6 单元"小数的乘除法"中，教师参考用书提醒教师将此部分与未来内容相联。在该册书第 8 单元中，学生将学习用 10 的幂进行乘法和除法运算，以帮助他们解决现实问题；在六年级，则要求学生能够写出并评估带有整数指数的数字表达式。①

（三）《优质教材工具》的有效性验证

《优质教材工具》实施的第五年，即 2020 年，瓦特利用 CIPP 模型②对其展开了研究，研究结果证实《优质教材工具》具有良好的信度和效度以及将评价工具不断向外部拓展以增强其普适性的能力。③

1. CIPP 模型的检验

第一步：背景评估阶段。玛丽亚·克劳伊（Maria Klawe）的专业背景在政策小组的决策中发挥了重要作用。她先后在阿尔伯塔大学、多伦多大学、IBM 阿尔马登研究中心和哥伦比亚大学完成并从事数学和计算机科学的学习和研究工作。此外，多家慈善机构资助的桑尼兰德数学战略小组在背景评估中也提供了较多助力。准确的背景评估有助于确定项目或计划的必要性和可行性，为后续评估奠定基础。

---

① Everyday Mathematics 4. https://www.edreports.org/reports/detail/everyday-mathematics-4-2021/fifth-grade/gateway-one.[2023-06-29].

② CIPP 模型由四项评估活动的首个字母组成：①背景评估（context evaluation）；②输入评估（input evaluation）；③过程评估（process evaluation）；④成果评估（product evaluation）。

③ Watt M G. An evaluation of a program for analysing instructional materials：A case study on EdReports.org[J/OL]. Online Submission，2020：1-24

第二步：输入评估阶段。各个私人基金会提供的资金以及新任命的董事会合作提供的支持，使得程序设计能够在人员配置、时间、预算要求、潜在的程序障碍以及设计与项目目标的相关性方面得到明确规定。输入评估有助于优化资源配置，提高项目成功率，并为后续的项目实施和管理提供有力的支持。

第三步：过程评估阶段。2019 年，教育报告组织调查了教师、出版商、研究人员，以及地区、州和非营利组织的代表，以确定利益相关者对《共同核心州立标准》、《K-8 证据指南》，以及相关评审过程和培训项目的有效性的看法。调查收集到的反馈意见被纳入 2020 年 4 月发布的修订后的评分标准之中。过程评估有助于优化项目执行过程，提高项目成功率，并为后续的项目总结和改进提供支持。

第四步：成果评估阶段。2019 年和 2020 年，教育报告组织先后发布了两份报告，分别概述了该评价工具 2015—2018 年的变化过程，以及评估的原始数据，以证实该评价工具的有效性、阐释评审人员的人口特征，以及证明评审教材与标准的一致性。成果评估有助于后续决策的改进。

2. 与州、地区以及教育机构的合作

教育报告组织利用《优质教材工具》与加利福尼亚州、佛罗里达州、马萨诸塞州、密西西比州等多个州和地区的教育部门及相关机构展开合作，通过提供技术援助以支持他们的项目。例如，加利福尼亚州奥兰治县教育部于 2015 年较早采用《优质教材工具》筛选出可用教材并在课堂上试用。教育报告组织将其评价工具进行了完善和调整，以进一步满足加利福尼亚州大型教材市场的需求。

除州和地区的教育部门外，教育报告组织还与学习促进会、无国界教育等多个教育机构协会建立长期合作关系，成立研究所并定期举行会议，重点讨论教材怎样才能提高学生的学习能力。

（四）《优质教材工具》经验启示[①]

教材在提升学生学习质量和缩小学生之间的差距方面发挥着关键作用。近年来，全球学习环境日趋恶劣，美国各州地区意识到一致的高质量教材内容比以往任何时候都更加重要。因此，教育报告组织加强了对电子

---

① 孔凡哲，李潇萌. 基于课程标准的教科书质量与评价标准反思性研究——美国教育报告组织 2021 年度教科书审查报告的再研究与启示[J]. 现代教育科学，2023（1）：118-125，133.

教材、虚拟互动等教育技术的开发利用，评估工具也在不断地改善和调整当中。美国《优质教材工具》的评估背景、内容、流程及方式等为我国构建新时代基础教育数学教材质量评价标准提供了可借鉴之处。

1. 评价理念：关注主体感受，支持师生发展

界定高质量教材的标准不尽相同。教育报告组织在评估工具研发之初就秉持"让师生获得最高质量教材"的理念，力求将教师和学生对于教材的理解以及使用感受放在首位。《优质教材工具》扭转了过去只根据学生学习成绩来衡量教材质量的观点，教材不仅仅是传输知识的载体，更要有利于教师和学生发展，激发学生的主体性，促使其养成自主学习的习惯。教师绝不能照本宣科式地授课，而是作为教材的学习者和受益者，在教材学习中获得自身的专业成长。也就是说，教材评估的受益对象不仅仅是学生，还包括教师，因此应谋求师生的协同发展。

2. 评价方式：避免主观经验，寻求评价证据

每个人对于好标准的要求和理解千差万别，评审员容易凭借自身的主观经验对教材进行评估，从而影响最终的评价结果。基于此，《优质教材工具》采用证据收集的方法并研制透明公开的《K-8 证据指南》以配合使用。评审员在"基于证据"进行打分时可分为四步：理解指标意图、进行证据收集、会议上集体讨论、得出最终分数。此过程不仅让评审员在评估时有理可依、有据可循，得出客观的评估结果，同时能启发教材出版商改进教材质量的思路，使教材在贴合数学课程标准的前提下进一步得到质的升华。特别地，证据的收集不仅仅限于在教材文本中寻找符合《K-8 证据指南》要求的文字或习题，更应从课堂上具体使用过程、学生学业成绩、家长感受、社区反馈等渠道中寻求证据，只有这样才能够更全面地证实分数的合理性与准确性。

3. 评价重点：贴近课程标准，结合内容实践

《优质教材工具》围绕的核心始终是数学课程标准，因此，在关卡一伊始就设立了仅有的两个"不可协商"标准，这从侧面说明对于数学课程标准保持一致性的要求是刚性的、不容妥协的。另外，数学课程标准强调将数学实践与数学内容联系起来的必要性。如果学生不具备理解问题的基础，他们可能不太能做到连贯地表述问题、证明结论、将数学应用于实际、退一步看问题等。简而言之，对某一知识缺乏理解的学生将无法很好地将其运用到数学实践中。实践与内容相连的交叉点强调数学课程中的核心概

念和生成性概念，这些概念能够从根本上改进课程、教学、评估、专业发展的质量和提高学生的数学成绩，因此，最值得投入时间、资源和精力。将实践标准与内容标准的有机结合作为评估重点，这是推动数学教材乃至基础教育数学课程不断深化发展的重要助力。

（五）对完善和发展我国基础教育教材评价机制的启示

教材评价是保障教材质量的关键要素与途径，间接制约着教育改革前进的步伐。教材评价机制可以实现对鱼龙混杂的教材的筛选，形成质量优劣的"标签"。这种"标签"发挥着警示的功效，并降低信息的甄别成本，向教材用户传递有效信息。虽然美国分权制国情及教育制度与我国截然不同，但其在探索评价教材方面的积极做法，可给予我们一定的启发，并引发我们思考如何完善基础教育教材评价机制。

1. 制定易操作的评价标准以增强可行性

一套切实可行的评价标准是教材评价工作的核心部分。标准中的维度划分，以及各项具体指标的表述和类属是评价工作的关键抓手，最重要的是，评价标准对于评价者来说是容易操作并被高度认可的。美国教材评价机制经过几十年的发展已较为完备和相对成熟，各州和地区较早地认识到一致的高质量教材内容在提升学生学习成绩、促进学生发展上发挥着无可比拟的作用。教育报告组织作为第三方非营利的教育咨询机构，比较重视教材与课程标准的一致程度，将课程标准作为评价工作的主要参考依据。在这一点上，美国与中国理念相通，但是美国"基于标准"的评价具体细化到了每一项指标，指向性明确，为评价人员提供了操作的便利性，这是我们需要借鉴和学习之处。另外，《优质教材工具》着重对教材使用效果的实际考察，关卡三聚焦于教材对教学活动的支持性与实用性。在质量学中，用户的需求会随着时间而发生改变，一件好的产品不仅要满足用户现时的需要，还要满足用户不断变化的需求，并根据需求的改变而不断修订与调整。由此，教材作为公共产品，其评价工作是一项持续改进的教育活动，以满足与教材相关的各个群体不断增长或变更的需要。《优质教材工具》通过一遍又一遍地检核发现教材在教学活动中存在的漏洞，确保教材质量的持续提升。我国教材评价标准虽然也提供了师生教学活动的支持策略，但根据指标的数量占比以及指标叙述方式可以看出，我国尚缺乏对教材支持功能的深刻理论认识，对教材使用持续的动态追踪程度也有待加强。

2. 利用证据式的评价方式以强化客观性

"基于证据"的评价方式是教育报告组织最成功且关键的评价要素。受美国联邦政府"基于证据"教育理念的影响，诸如"证据影响的"（evidence-influenced）、"循证的"（evidence-informed）、"证据表明的"（evidence-aware）等研究掀起热潮。[①]教材评价受其影响，形成"基于证据"的评价方式。以往质性的评价只能说明某项指标是教材应该具备的，而定量的评价则能阐明某项指标在哪些方面达到什么程度才是最好的。"基于证据"的方式为教材评价过程提供了明确的路线图，告诉评价人员应该到哪里收集证据，使得评价过程更为精准高效、更具有指向性。教育报告组织发布《K-8 证据指南》用以配合教材评价工具的使用，帮助评价人员明晰评价指标的目的、可供参考的材料和资源、评价指导性问题以及证据收集的要素和渠道。《K-8 证据指南》的引导，能在一定程度上填补由评审人员专业、背景、地区等不同而造成评审结果不一致的沟壑，增强评价结果的客观性。[②]

我国教材评价亦重视证据的收集，但在实施过程中却出现一定偏差。以我国现行的教材评价标准"义务教育教科书审读意见表"为例，教材评价标准中的每项指标被划分为四项类别，分别赋予相应分值，以便量化统计。但缺乏对每一维度得分和整体得分的具体定义和阐释，以及评价者该去哪里寻找用以证实教材在某项指标上达成度的指引和建议。例如，第一维度的三项具体标准都被赋予 2 分（合格），那么为什么这三项指标可以被赋予 2 分？最终被授予"审核通过""修改后通过""未通过"分别对应的分数为多少？有什么证据可以证实分数的客观无误？以上这些在《义务教育教材审读意见表》中并未详细说明。

3. 遵循分级型的评价流程以实现进阶性

教材评价流程大体上呈现出较为标准的循环上升式评价模式，在循环上升式评价的过程中，每个环节都紧密相扣。受全面质量管理理论中"质量环"启发，这个评价过程可以形象地比喻为"评价环"。[③]在"评价环"中，各环节相应的责任主体要确保本体环节在到达下一环节之前的质量，

---

① 姜勇，戴乃恩. 论"基于证据"的教育研究的限度——"文化存在论教育学"的视角[J]. 华东师范大学学报（教育科学版），2017（3）：72-79，170.

② 翟志峰，董蓓菲. 基于课程标准和证据：美国语文教材评价工具研究[J]. 外国中小学教育，2019（2）：68-76.

③ 中国质量协会. 全面质量管理[M]. 4 版. 北京：中国科学技术出版社，2018：10.

任何一环节受损或断裂，最终都会影响教材用户的使用。当然，"评价环"不是一个用圆圈将各组织串联起来的平面闭合回路，而是纵横交叉进行的复杂立体网络。

就宏观评价流程而言，教育报告组织评价大致包括评价主体的资质选拔、专业培训、分组评审、集中讨论、公布结果以及接受监督与反馈六个环节，关注点较为平均，教材评价过程置于公众视野。就微观评价流程而言，《优质教材工具》设置三级关卡用以对教材质量进行层层把关，每个关卡都对应不同的关注维度并赋予相应的阈值，只有评分在阈值及以上，方能进入下一关卡。

相较而言，我国教材评价流程宏观性、行政性强，分级进阶性相对薄弱。我国基础教育教材评价多带有审定色彩，流程大致分为筛选提交材料、专家委员会初审、试用初审教材、教材委员会复审、行政审定五个环节，更多地集中在行政许可上，社会公众大多看得到评价结果，却不了解其评价过程。教材评价公开化和透明化的本质不应局限于评价过程接受公众监督，以保障公平公开，而是要让公众切实参与到教材评价的各个环节中，站在不同的立场提出对教材的要求和看法。实际上，教材评价标准既不能全是硬性要求，也不能全然妥协转圜。例如，在国家意志、主流文化、价值观等政治立场问题上是刚性的、不容商榷的，这些标准要尽可能达到满分，绝不能缺失或出现错误；在知识能力、核心素养、编排结构等学科性问题上是中性的、有待缓和的，这些标准可以留有提升的空间，以使教材质量可持续发展；在图文设计、协调程度、印刷排版等技术性问题上是柔性的，有则改之无则加勉，在教材评价中起到锦上添花的作用。以上三类性质的标准应当体现出进阶性。

4. 建构异质化的评价主体以保障公平性

教育报告组织作为民间第三方非营利性的教育机构，与多个州级教育部门建立合作关系，作为教育行政部门委托的咨询机构为州内各地区教材的选用提供专业的评估与反馈，帮助各地方学校和教育工作者获得一致性的高质量教材。当然，各地方教育部门拥有是否选用州推荐教材的决定权。《优质教材工具》的评价者是教育报告组织通过公开发布的招聘信息并经过层层筛选而得，包括杰出的一线教师、州教育领导者等。此外，学生家长、社区成员以及教材出版商，凡是利益相关者均能参与到各州的教材评审工作中，从不同角度出发提供意见，避免利益干扰和出现单一主体的价值倾向，保障教材评价工作的真实性和公信力。

我国倡导教材评价工作的公开公正，然而学校、师生等利益相关方实质性参与仍不够。①具体来说，教材评价过程多依赖专家的业界权威，多数一线教师的实际教学经验往往被忽略或遗漏。我们不否认专家在评判教材质量标准上的专业和权威，但作为教材的主要使用者，教师更了解学生的实时动态和教材的使用效果，教师在反馈或质疑教材质量的优劣上更有发言权。另外，教材评审工作中，社会成员的参与浅尝辄止，我国的社会成员参与仅指对评审过程的公正性监督，而非参与其中。教材既然是公共产品，其质量也理应满足各方用户的需求和期待。因此，除教师和专家外，与教材相关的不同群体也应参与到教材评审工作中，为保障教材质量提出相对客观的建议。综上，诚如教材是全社会的"公众事件"②所指，我国的教材评审工作应在权力下放、松弛有度的基础上进一步加大教师及社会成员的参与力度，合理考量和采用教师及其他成员提出的意见建议，拓宽教材评价意见的反馈渠道和途径，提升社会各界对教材质量建设的关注度，建立真正异质化、专业化的教材评价队伍。

需要特别指出的是，美国《优质教材工具》教材评价工具也存在明显的缺陷，集中表现为教材内容评价不全面、缺少针对教材外在属性的评价。

教材内容直接承载着不同类型的知识、技能和价值观，这是其核心内容。在教材评价中，出了关注教材内容本身外，还应考虑"教材内容的社会相关""价值观与学科性质的对应""教材中价值观呈现的有效途径""艺术或美学价值的呈现""学科性质及其对促进民族文化认同的贡献"等指标。这些评价内容指标能够衡量教材是否有效增强学生的社会认同感，是否有助于学生真正理解和掌握知识，进而增强其学习动机，并改变其对知识获取过程的态度等。

除教育功能，教材还具有教学和社会化功能，对学生角色、态度、价值观和信念的发展有促进作用。高质量教材有助于增强民族认同和文化认同③，促进社会融合，是继承和发扬民族文化的重要手段。④

教材不仅是学习和教育的工具，也是文化传承、信息传递、审美表达的载体，因而，教材评价不能忽视诸如美学、语言学、生态学、心理学、传播学等方面的标准；此外，教材有着不可忽视的商品属性，评价不能局

---

① 牛宝荣. 教科书评价研究：回顾、现状与展望[J]. 中国考试，2022（9）：22-28.

② 穆建亚. 教科书发展的伦理困境及其消解策略[J]. 课程·教材·教法，2020（11）：43-49.

③ 赵欣怡，孔凡哲，史宁中. 小学数学教材培育中华民族共同体意识的价值与路径[J]. 民族教育研究，2022（5）：129-136.

④ Ivić I，Pešikan A，Antić S. Textbook Quality：A Guide to Textbook Standards[M]. Göttingen：Vandenhoeck & Ruprecht，2013：9.

限于其内容属性，还应包括版式设计、文图配合、插图质量和数量、印刷装帧以及定价等外在属性的评价。

第三节　俄罗斯基础教育教材质量评价标准

俄罗斯非常重视国家教材建设，分别以法律或国家标准以及政策规划的形式对教材编写、审定、出版、选用加以制度化，形成了俄式国家教材制度。

2004 年，俄罗斯成立联邦教科书审定委员会。2005 年 4 月，俄罗斯全面实施新的教科书审定规程。按照要求，对教科书实行国家审查。随着经济发展与国力的增强，俄罗斯规划尽快在全国实行义务教育阶段教科书免费使用政策。现阶段主要是在有条件的地区实行教科书免费使用政策。随着经济的恢复，俄罗斯国力增长，人民生活水平提高，要求恢复昔日的民族自信与国际地位、排除西方干扰与不良影响的呼声日益高涨。在此背景下，普京强调自由与统一。在教育方面，颁布一系列俄罗斯联邦国家教育政策与法规，强化对教科书编写、审查、出版、发行的管理，撤销联邦教科书审定委员会，成立联邦教科书委员会。2007 年 6 月 21 日，俄罗斯总统普京对出席全俄社会科学教师大会的代表讲述了自己对当前中学社会科学教材（包括历史教材）的看法。[①]修改教科书首先不是学术问题，而是政治问题；其次，着眼点不是历史，而是现实。普京强调，"要强化对教科书内容进行苏维埃式的学术检查，警惕西方利用俄罗斯教科书扭曲俄罗斯历史；出版爱国主义的教科书，加强爱国主义教育。对于那些借助外国人的资金编写的教材以及没有出版更多爱国教材的出版社实行国家审查，强调出版社的社会责任"[②]。

2006 年起，俄罗斯启动第二代国家教育标准的修订工作，经过修订的各学段国家教育标准相继完成并公布实施。2009 年发布小学教育标准（373号文件），2010 年发布初中教育标准（1897 号文件），2012 年发布高中教育标准（413 号文件）。三个教育标准是纲领性指导文件，根据教育标准还

---

① 俄罗斯修改教科书内幕[EB/OL]. https://news.cctv.com/world/20071020/100835.shtml（2007-10-20）[2024-05-11].

② 刘常华. 俄罗斯教科书制度概观[J]. 课程·教材·教法，2007（10）：93-96.

要分别制定更具有可操作性的"示范性教学大纲"，各科教材则是在教育标准和示范性教学大纲具体要求基础上编写的，这也是俄罗斯为了建立统一的教育空间推行的主要政策。[①]

2019 年，俄罗斯开始了国家教育标准的修订工作。2021 年 7 月，俄罗斯出台了初等和基础普通教育联邦国家教育标准。[②]该教育标准旨在探索教学方法，促进学生身心和谐发展，培养学生急救技能，提升学生完成日常任务时应具备的个人素质。教育标准强调，在教育领域合理和安全应用数字技术，促进学生个性发展、树立公民意识、培养爱国情怀，在精神道德、审美、体育、劳动、环境教育与科学知识等方面提升正确价值观，增进学生对国家的了解，深化学生关于俄罗斯国际地位、历史作用、传统文化、领土完整、技术发展的系统知识，并培育他们的价值观。2022 年 8 月，俄罗斯联邦教育部批准了对俄罗斯联邦国家教育标准中等普通教育阶段的修订，更新后的教育标准于 2023 年 9 月 1 日生效，到 2028 年，所有学校将执行新的教育标准。[③]

目前，俄罗斯正在运行一种教材编审的复合模式，即各出版社编写的教科书在通过审定后，由俄罗斯教育出版社独家出版，多套教科书一并发行，供学校与教师选用。

一、俄罗斯现阶段教科书审定制度与审定标准

（一）教科书审定对象

俄罗斯教科书由联邦教科书委员会负责审定，审定对象广泛，除课本外，还包括练习册、教学用参考书、教师指导用书以及教学方法等出版物。审定的教科书对象，如表 5-14 所示。

表 5-14　审定对象[④]

各级各类学校	审定对象
学前教育	课本、教学用参考书、各学科电子图书、音像资料等
小学	课本、教学用参考书、各学科电子图书、音像资料等

① 张艳. 21 世纪俄罗斯中学物理教科书发展概况评述[J]. 现代职业教育，2020（36）：122-123.
② 沈欣. 俄罗斯：国家教育标准强调培养学生价值观[J]. 小学教学（数学版），2022（1）：24.
③ 姜晓燕. 俄罗斯加快拔尖创新人才早期培养[N]. 中国教育报，2023-05-18，第 10 版.
④ 刘常华. 俄罗斯教科书制度概观[J]. 课程·教材·教法，2007（10）：93-96.

续表

各级各类学校	审定对象
初中	课本、教学用参考书、各学科电子图书等
高中	课本、教学用参考书、各学科电子图书、音像资料等
特殊教育	课本、教学用参考书、各学科电子图书、音像资料等

（二）教科书审定标准

2004 年 10 月开始，教科书的审定对象限定为教科书。俄罗斯教科书审定标准包括三个方面内容，即基本构想、教科书内容、指导材料，详细内容如表 5-15 所示。

表 5-15　审定标准[①]

审定标准	具体内容
基本构想	✧ 符合教育法、教育原则，满足不同程度学习者的需求，人性化、多样化、人文化 ✧ 符合国家教育政策以及俄罗斯教育现代化构想的基本方向 ✧ 教科书（目的、课题、内容、结构）要兼顾教育整体以及本学科基本构想 ✧ 教科书符合课程要求，有助于实现教学目的 ✧ 符合国家教育标准的各项要求
教科书内容	✧ 学科基本内容的完备程度 ✧ 教科书与其补充教科书有效衔接 ✧ 内容的科学性、学科术语与符号的使用符合规范 ✧ 是否吸纳新的科学成果 ✧ 教科书内容的选择与表述能充分考虑学生的发育特点 ✧ 教科书内容的多少 ✧ 教科书的系统性、难易程度、直观性、逻辑性，以及归纳法与演绎法等科学方法的使用 ✧ 表述语言：简洁明了，公式规则符合规范，定义正确 ✧ 绘图：要求比例正确，对象、图表科学无误，赏心悦目
指导材料	✧ 教科书内容科学规范、基本命题正确无误，教科书表述的结构与方法规范 ✧ 能保障新教育技术的实施 ✧ 练习题、例题，以及实践课题与实验课题符合学生的认知水平 ✧ 教育学、文化学的要素评价 ✧ 教科书有助于提高学生的创造能力、自我教育能力、学科的实际运用能力，能激发学生的学习兴趣 ✧ 教科书中理论与实践的比例安排 ✧ 教科书中的绘图与参考资料同其他教学用书中包含的参考资料的配合使用

---

① 刘常华. 俄罗斯教科书制度概观[J]. 课程·教材·教法，2007（10）：93-96.

审定合格的教科书，分为认可与推荐两个等级，以推荐为优。在审定中获得推荐的教科书，在教科书的选用过程中优势显著。教科书审定的有效期为 5 年，5 年后须重新进行审定。

（三）教科书审定机构及审定过程

俄罗斯联邦的教科书审定机构有三部分：①俄罗斯联邦教育部下属的各司，如基础教育司、学前教育司、特殊教育司，以及青少年儿童培养补充教育司[①]；②教科书审定中心（教科书审查部）；③俄罗斯教科书委员会（领导小组与各学科委员会）。

教科书编写者（出版社）向上述所列联邦教育科学部各相应司局提出教科书审查申请，各司局按照规定进行相应的事务审查后，将合格的申请转到教科书审定中心，由审定中心按照一定的程序与规定，进行必要的准备，送交俄罗斯教科书委员会，交由相关学科组开展审定工作。

俄罗斯教科书委员会领导小组成员由联邦教育科学部、俄罗斯科学院、俄罗斯教育科学院、联邦议会（两院）、教科书出版联合会、教师教育教学法联合会、联邦国民教育科学教员协会等联邦教育相关单位、组织、团体的代表组成，委员会主任由联邦教育科学部部长与俄罗斯教育科学院院长担任。

二、俄罗斯现行教科书管理的基本特色

（一）教科书国家审定制度，实行统一教科书和严格审查制度

俄罗斯成立后，教科书制度改为审定制[②]。以前，教科书审定范围不仅包含教科书，而且包含练习册、学习参考书、教师用书，甚至包括教案。2004 年 10 月开始至今（2024 年），教科书的审定对象限定为教科书，强化了联邦教育科学部审定教科书的权限，教师参加教科书审定的途径变得越来越窄。

---

① 2014 年，俄罗斯联邦政府批准《俄罗斯儿童补充教育构想》。俄罗斯儿童补充教育主要由国家免费提供。参见：姜晓燕. 不错失一个天才儿童：俄罗斯强化科技创新人才的早期培育[N]. 光明日报，2020-10-15，第 15 版.
② 刘常华. 俄罗斯教科书制度概观[J]. 课程·教材·教法，2007（10）：93-96.

据俄罗斯联邦基础教育部官网 2019 年消息[①]，俄罗斯联邦教科书委员会将提交中小学教科书以供专家重新评审。根据评审结果，符合要求的教科书才能进入联邦教科书名单。该决定在教科书科学和方法委员会理事会会议上以多数票通过。2018 年 9 月 10 日至 11 月 10 日期间被列入联邦教科书清单的 490 本中小学教科书均需接受进一步评审，其中包括 156 本低年级教科书、235 本中年级教科书、99 本高年级教科书。截至 2018 年，相关部门已对上述教科书进行过两次审查，但使用其作为教科书的教育组织给予了负面的评价。俄联邦基础教育部部长奥莉加·尤里耶夫娜·瓦西里耶娃表示，"专家认证的程序不受联邦教育部干预，因此我们不支持或否认专家给出的建议。一旦联邦教育部收到反对意见，会对教材进一步评审"。[②]

（二）教科书出版、发行多元，教科书管理由集权转向分权

俄罗斯最初由一家国营出版社出版全国的教科书。1993 年，俄罗斯普通教育和职业教育部制订了俄罗斯第一个基础教学计划。该计划根本改变了苏联时期对教学计划统得过死的局面，实行三级课程管理制度，扩大了地区和学校管理课程的权力。根据这个基础教学计划的精神，俄罗斯联邦（中央）、各地区、各学校都有权编写教科书。之后，各级各类教科书如雨后春笋般涌现。[③]

自 1992 年第一家民营教科书出版社成立以来，许多民营教科书出版社陆续成立，到 20 世纪 90 年代后期，教科书出版社达到了 61 家，经过几次整顿与出版规范化，截至 2023 年底，俄罗斯全国共有出版教科书及其相关书籍出版资质的出版社 97 家，其中，43 家出版社主营教科书出版。[④]很多学校开始选用新编的教科书取代从前的教科书。教科书市场的竞争逐步进入安定有序的发展阶段。

（三）二阶段审定制、区别对待审定结果

俄罗斯教科书的审定分为"认可"与"推荐"两个审定级别。审定后，

---

① 赵宏媚. 俄罗斯重新评审 490 本中小学教科书[J]. 世界教育信息，2019（7）：77.
② 赵宏媚. 俄罗斯重新评审 490 本中小学教科书[J]. 世界教育信息，2019（7）：77.
③ 丁曙. 俄罗斯基础教育教材改革评介[J]. 课程·教材·教法，2001（10）：71-73.
④ 赵宏媚. 俄罗斯重新评审 490 本中小学教科书[J]. 世界教育信息，2019（7）：77.

没有获得"推荐"的教科书，学校一般不会选用。通过"认可"审定的教科书，需要到至少五个地区（各联邦）的部分中小学校试用，通过教师培训机构测评，才能申请进行教科书"推荐"阶段的审定。俄罗斯联邦教育部只是在申报的教科书上分别加盖三种印章，即"推荐使用""同意使用""准许使用"。①

（四）教科书使用义务制

2002—2023 年，根据规定，俄罗斯国内所有中小学都必须使用审定通过的教科书。20 世纪 90 年代，俄罗斯教科书使用是由国家与地方政府审定，而教科书的使用却是由各学校教师自主决定（教师可以不使用审定通过的教科书）。②

（五）学校选用制

按照规定，中小学教科书的使用由学校教师决定，但在实际操作中，教科书选用权是在中小学校，通常由学校教师会议集体讨论决定。

（六）教科书的免费使用与有偿使用

在俄罗斯，既有为学生提供免费教科书的地区，也有为学生有偿提供教科书的地区。在较为富裕的地区，如莫斯科等，学生可免费使用教科书；在较为贫困的地区，教科书费用由学生负担。随着国力的增强，俄罗斯力争尽快实行全国范围内的义务教育阶段教科书免费使用政策。

（七）从国家层面强化电子版教科书认证（采用国际标准），积极推广在线教育资源和电子教科书

使用电子书是全球趋势。俄罗斯联邦教育科学部网站 2014 年 7 月 30 日发布消息，7 月 29 日，多媒体国际新闻通讯社"今日俄罗斯"举行了关于在中学推行在线教育和电子书的会谈，俄罗斯联邦教育部代表、教育领

---

① 肖伟芹. 俄罗斯积极推广在线教育资源和电子教材[J]. 世界教育信息，2014，27（17）：77-78.
② 徐乃楠，孔凡哲，史宁中. 俄罗斯高中数学教育标准、示范性大纲和教科书的最新变化特征及启示[J]. 全球教育展望，2015，44（1）：100-109.

域的专家和出版社负责人参加了会议①：俄罗斯联邦教育科学部基础教育国家政策司副司长帕维尔·塞尔戈马诺夫指出，俄罗斯在 3 年的时间里实现了大规模的"基础教育地方系统的现代化"，为中学生创造了现代化的学习条件。为促进教育信息化，国家拨款 40 亿卢布支持远程教育，拨款 640 亿卢布购买 430 万台信息通信技术设备。②帕维尔·塞尔戈马诺夫强调，俄罗斯联邦教育科学部把电子教科书看做传统纸质教科书的特殊模式，因此，它的结构和内容应当符合特定的要求。俄罗斯联邦教育科学部组建了特别工作小组制定电子教科书的内容、结构和使用规范。俄罗斯出版界代表一致认为，版权问题是最复杂的问题，其中包括电子教科书中大量的多媒体内容的版权问题。电子教科书可以促使学生自主学习知识，锻炼其语言能力，营造积极的教学环境，但是电子技术的推广还需要一定时间。

根据《俄罗斯联邦教育法》，从 2015 年 1 月 1 日开始，只有提交了出版许可证和电子版教科书的书籍才有资格被列入俄罗斯教科书名单。

俄罗斯教科部官网 2015 年 5 月 27 日发布消息③，2015 年 5 月 15 日，俄罗斯教科部教科书委员会举行了中小学电子版教科书认证工作总结会，标志着相关认证工作基本完成。联邦教科书审定委员会建议联邦教育科学部将未参加认证活动的 61 份教科书从联邦教科书推荐目录中删除，并对 97 份教科书的电子版本进行重新认证。对部分教科书进行重新认证是因为俄罗斯科学院和俄罗斯教育科学院在认证结论方面存在不一致意见。另外，电子版教科书在使用过程中存在额外收费的情况。俄罗斯联邦教育科学部第一副部长娜塔莉娅·特列季亚克在总结会上强调，所有电子版教科书再版或修订过程中都不能向学校或家长额外征收任何费用。④伴随着《联邦教科书推荐目录制定办法》的修订，未来电子版教科书会在俄罗斯中小学得到更加广泛的应用。根据《联邦教科书推荐目录制定办法》，自 2015 年 9 月 1 日起，所有入选联邦推荐目录的中小学教科书均须有相应电子版，电子版教科书应包含基本的视听内容，具有人机交互功能，并且能够适配多种操作系统，尤其是能在移动设备上使用。更为重要的是，电子版教科书必须通过非商业机构的认证，以及俄罗斯科学院和俄罗斯教育科学院的专业认证。

---

① 肖伟芹. 俄罗斯积极推广在线教育资源和电子教材[J]. 世界教育信息，2014，27（17）：77-78.
② 邵海昆. 俄罗斯完成中小学电子版教材认证工作[J]. 世界教育信息，2015，28（14）：77.
③ 邵海昆. 俄罗斯完成中小学电子版教材认证工作[J]. 世界教育信息，2015，28（14）：77.
④ 邵海昆. 俄罗斯完成中小学电子版教材认证工作[J]. 世界教育信息，2015，28（14）：77.

第四节 亚洲其他主要国家基础教育教材质量评价标准

一、日本义务教育各学校教科书审定基准

日本是实施教科书审定制度历史较为悠久、制度较为稳健的国家，但也是教科书审查制度实施过程中，教科书争议事件较多的国家。日本教科书审定标准经过相对深入的理论分析与实证考验，值得我们深入探讨。日本中小学教科书审定均须依照文部科学省所定《义务教育各学校教科用书审定基准》进行审定。因此，日本教科书审定基准不仅是审定教科书的依据，而且是政府法律文件，以确保教科书审定过程的不偏不倚。日本教科用书审定基准①主要涵盖总则、各学科共同条件及各学科不同要求等三部分（表 5-16）。

表 5-16 日本义务教育各学校教科用书审定基准（2017 年 8 月版）一览表

类别	二级指标	审定基准说明
基本条件	（1）必须符合《教育基本法》第一条的教育目标和本法第二条所载的教育目标；此外，该法第五条第二款规定的义务教育目标、《学校教育法》第二十一条规定的义务教育目标以及该法规定的每所学校的目标，都应该与教育目标保持一致	与《教育基本法》和《学校教育法》的关系
	（2）符合学习指南的一般规则和科目目标要求	与学习指南的关系
	（3）小学学习指导要领（2017 年文部科学省通知第 63 号）或初中学习指导要领（2017 年文部科学省通知第 64 号）（以下称为"学习指导要领"）所示的科目和学年、学科或语言的"目标"（以下简称"学习指南目标"）。学习指南中指示的学年、学科或语言的"内容"（以下简称"学习指南内容"）和"内容处理"（包括"指导计划的制订和内容的处理"，以下称为"学习指导内容处理"）所示事项，均完整无缺，无遗无漏	
	（4）主题书籍的内容，如材料、插图、照片、图表等（以下简称"书籍内容"）中，根据学习指导要领所示的目标、学习指导要领所示内容以及学习指导要领所示内容进行的教材处理，不涉及不必要内容	

---

① 与"标准"相对应，基准（criterion）更强调具体的点、线、面的关系，标准（standard）强调某物是某物的参照物（标准），强调整体的比较和对比（标准）。标准以基准为科学依据，标准是基准内容的实际表现；基准无法律效力，标准有法律效力。

续表

类别	二级指标	审定基准说明
基本条件	（5）书籍内容应符合所用年级儿童或学生的身心发展特征，并且不考虑培养身心健康、安全和健康情绪	适应身心发展阶段
选择、处理及构成·排列	（1）在选择和处理书籍内容时，不得根据学习指南的一般规则、学习指南中指示的目标、学习指南中指示的内容以及学习指南中指示的内容，直接照搬处理，不得出现不恰当的表述或避免导致学生出现学习障碍的可能。在这样做时，应适当考虑利用知识和技能，提升思维能力、判断力、表达能力、学习能力等，使学生能够独立、互动和深入地学习，以培养他们的素质和能力 （2）书籍内容与学习指南中其他科目的内容没有冲突，如果主题涉及其他科目，那么必须不涉及其专业知识 （3）根据《学校教育法实施条例》附件1或附件2规定的上课时间，将学习指导指南内容及其规定的事项以适当方式分配	与学习指南的关系
	（4）根据《教育基本法》第十四条（政治教育）和第十五条（宗教教育），政治和宗教的待遇是适当和公正的，不得偏袒或谴责任何政党或教派或其信仰	政治和宗教待遇
	（5）主题和主题的选择和处理应作为一个整体进行协调，而不偏向于特定事项、事件或领域，以免对学生理解所学内容造成影响 （6）书籍内容不得过分强调某些内容，或在没有充分考虑的情况下处理某些内容，以免对学生理解所学内容造成影响	选择和处理的公平性
	（7）书籍不得有宣传或谴责特定商业公司或产品的内容 （8）书籍不得有政治或宗教支持或促进特定个人或实体活动的内容，也不得侵犯其权利或利益	特定公司、个人和实体的待遇
	（9）引用、出版的材料、照片、插图和统计材料应选择可靠和适当的材料，并应公平对待 （10）引用、出版的教材、照片、插图等，应说明《版权法》规定的来源、作者姓名和其他必要的事项，如来源和年份等。此外，应适当考虑确保学生能够准确阅读和使用这些材料、照片和插图 （11）关于统计数据，原则上使用最新的统计数据，保证不会对学生的学习造成任何障碍，并说明学习所需的事项，如来源和年份等	引用数据
	（12）书籍内容应系统整体地构成，没有进行无效排列，其组织及其相互关联是适当的 （13）在书籍内容中，图片、材料等应与主要说明适当关联 （14）对与实验、观察、实践、调查活动等有关的活动应给予适当考虑，以便学生能够自己开展此类活动	构成·排列
	（15）为了深化学生的理解，确保学生熟练掌握学习内容，允许设置超出学习指南规定的内容及相应处理事项（以下简称"发展学习内容"），而这些内容与（1）（4）项无关 （16）在讨论学习内容时，在学习指导要领所示的内容及其处理事项保持适当关联的前提下，不得脱离学习指导要领的一般规则、学习指导要领所示的目标和学习指导要领所示内容的主旨，不能导致学生的过重负担，在选择和处理其内容时，根据这些意图，不能出现任何不当之处，或任何其他可能干扰儿童或学生学习的地方 （17）在讨论发展性学习内容时，应明确指出，这些内容是被客观区分的，并且是发展性学习内容。原则上，应明确说明学习这些内容的学校类型和年级等	发展学习内容

续表

类别	二级指标	审定基准说明
选择、处理及构成·排列	（18）在书籍中展示网页地址、二维码或其他替代内容时，该网页的地址等引用的内容应与书籍内容密切相关，能够为学校提供参考，是真正必要的，不得偏颇地引用明显不适合学生的信息，信息处理应当公平。此外，在书籍中展示的网页地址等，应由出版商负责（确保信息无误）	网页地址等
准确性、符号和表达	（1）书籍内容中，不存在错误、不准确或相互冲突的内容[（2）除外]。 （2）书籍内容中，客观上没有明显的拼写错误、印刷错误等 （3）书籍内容中，不得有学生难以理解或误解其含义的表达方式 （4）汉字假名、罗马拼写、术语、符号、度量单位等符号应适当且统一，并符合附件中规定的符号标准 （5）根据科目，按照常规约定、方法记载图表、地图等	
学科特定条件（算术和数学系）（依据各学科共同条件：范围及程度，选择、处理及组织、份量，等条件参酌学科特性制定）	按照初中学习指导大纲第二章中"指导计划的制订和内容的处理"所述的"添加高一年级的部分内容进行指导"时，应以第二章"科目共同条件"（15）至（17）的例子为前提	1. 基本条件
	（1）在学习定理、公式等知识和计算技能方面没有偏见，并注意澄清学习内容的用途 （2）小学学习指南第二章中"各年级的目标和内容"和初中学习指导要领第二章中"各年级的目标和内容"，以及各年级"2.'内容'所示的（数学活动），不偏袒任何领域，必须适当处理 （3）在小学第五学年，将学习活动与第二学年内容的"B 形"（1）所示内容之一联系起来，以帮助学生提高逻辑推理能力，同时体验小学学习指南第二章中"制订教学计划和处理内容"所述的编程	2. 选择、处理及构成·排列

资料来源：義務教育諸学校教科用図書検定基準（平成 29 年 8 月 10 日文部科学省告示第 105 号）[EB/OL]. https://www.mext.go.jp/a_menu/shotou/kyoukasho/kentei/1411168.htm.（2017-08-10）[2023-06-29].

二、韩国教科书审定基准

韩国教科书编审制度兼采国定、检定（审定）、批准（认可）制三种制度，这种制度在各国教科书编审制度中实属少见。依据韩国 2007 年发布的教科书政策，教科书以"审定教科书"取代"国定教科书"（除小学 5 科外），并扩大"认定教科书"范围，以强化教科书的多样性及教科书开发过程中的自主性。为切实掌握教科书编辑审查的方向，韩国"教育科学技术部"公布国家课程后，也会公布相关的"教科书编写的指导方针"和"政府审定的检查要点"，并将之作为教科书编辑审定的准则。

韩国政府审定民间教科书的标准主要分为"一般标准"及"分科标准"两类。"一般标准"主要是审查教科书是否符合政府所定的必要条件，而不是判断教科书内容的质量；而必要条件主要指"同意宪法精神""同意教育、法律和国家课程""遵守版权""教育内容的一般性与适宜性"。因此，只要有一项不符合，教科书即不予通过。"分科标准"则指具体判断教科书内容质量的标准，主要由 6 个领域共 19 项审查项目构成，即"遵守国家课程""选择与组织内容""创意""内容的准确与公正""教学与学习及评价方法""句子表达与正确拼字和编辑与设计"；如果教科书在各领域合计总得分未达 8 分，教科书即不予通过。韩国义务教育教科书审定标准表，如表 5-17 所示。[①]

表 5-17　韩国义务教育教科书审定标准一览表

类别	项目	审定基准说明
一般标准	Ⅰ 同意宪法精神	（1）是否有任何内容存在蔑视宪法合法性的情况？ （2）是否有任何内容带有不合理的广告或优惠待遇，它是否不接受或蔑视某一具体国家、民族或种族？ （3）是否有任何内容存在性别、宗教、社会地位等歧视？
	Ⅱ 同意教育、法律和国家课程	（1）是否有任何内容诽谤国家教育意识形态和影响教育的中立性？ （2）是否有任何内容违背中小学课程的教育目的？
	Ⅲ 遵守版权	是否有任何内容触犯剽窃罪并违反著作权？
	Ⅳ 教育内容的一般性与适宜性	是否对于某个作者或者不见容于学术界的个人观点存有成见？
分科标准	Ⅰ 遵守国家课程	是否忠实反映国家课程标准所提出的特点、目标、内容、教与学的方法和评价？
	Ⅱ 内容的选择与组织	（1）内容的水平和范围是否符合特定等级的特点？组织内容时，是否考虑到内容之间的相互关系？ （2）学习的数量合理吗？组织的内容是否有助于轻松理解？ （3）提出的探索活动是否适合学科概念、原理和规则的学习？ （4）是否包括适当的学习资料、任务等，以提高学生的思维能力、沟通能力和问题解决能力？ （5）是否适当地将周围现象、社会现象和自然现象用作学习资料？是否适当提供能激发学生学习兴趣并对理解学科价值有用的材料？ （6）照片、插图、统计资料、图表和其他各种资料是否最新并与内容一致？是否清楚地标示出来源？
	Ⅲ 创意	（1）单元的开发和结构系统是否具有创造性？ （2）选择的新资料和情境是否能激发学生的兴趣，提高他们的思维与探索能力？是否以有趣的方式安排？ （3）是否用创造性方法设计学科的教学与学习活动？

① 연구책임자：주형미，공동연구자：문영주，김명정，안종옥，손원숙（경북대）. 교과용도서 검정을 위한 평가 모형 개발. KICE 연구리포트[M]. 한국교육과정평가원. 2011 년，77-84.

续表

类别	项目	审定基准说明
分科标准	Ⅳ内容的准确与公正	（1）学生们是否可准确轻松地理解学科概念、原理、原则、术语等 （2）是否批评、歪曲或倡导某些地区、人物、性别、产品或组织？编写是否公平，没有作者的偏见？
	Ⅴ教学与学习及评价方法	（1）使用的各种教学与学习方法，是否能够帮助学生达到学科教育目标，并对学科来说是适合的？ （2）是否正确使用信息、技术、教育软件和教学设备等各种教育媒介？ （3）是否提供适当的方法以收集、分析和利用数学教学与学习活动中必要的信息和资料？ （4）评价工具和任务是否适合教育的目标、内容和评价方法？
	Ⅵ句子表达与正确拼字和编辑与设计	（1）韩国语、汉字和罗马字的表达，人物与宗教的名称，术语，图表，地图和测量单位是否准确？它们是否如实遵循数学教科书编写的指导方针？ （2）在用字遣词和表达上是否正确？ （3）为提高学习效果，是否有效安排编辑设计？

韩国教科书审定评估中的相关内容示例如下。

审核区域Ⅱ：内容的选择和组织

筛选项目 2：内容的水平和范围适合相应的年级特点。是否考虑到战后各学年学习内容的关联性，以确保内容没有重复？

评估要素 2-1：内容的水平和范围的适合性。该级别的内容的水平和范围是否适合该年级学生的认知和定义特征？（表 5-18）

表 5-18　评估要素 2-1 的评估表

评测维度	非常不尽人意	不尽人意	正常	好	非常好
	1	2	3	4	5
定量维度（按单元评估）	不适合认知和定义特征的单元在50%及以上	不适合认知和定义特征的单元在20%—50%	认知和定义特征不足的单元在10%—20%	认知和定义特征不足的单元在5%—10%	认知和定义特征不足的单元少于5%
定性维度（按全部内容评估）	非常不适合该年级学生的认知和定义特征	不适合该年级学生的认知和定义特征	适合该年级学生的认知和定义特征	很适合该年级学生的认知和定义特征	非常适合该年级学生的认知和定义特征

注：定量和定性均以 5 分制进行评定，每个权重都为 0.5。

三、巴基斯坦优质教科书评估程序与评估指标

在巴基斯坦，课程部是一个国家机构，负责制定和批准十二年级以下所有科目的课程。教科书评估是课程部的主要职责之一。在巴基斯坦，教

科书是根据国家课程编写的，然后提交评价程序，以确保其质量。

（一）优质教科书的认定框架

开发优质产品通常遵循一个基本原则，即"它应该满足用来确定其质量的标准"。在确保产品质量的情况下，这样做是参照用于实施这些标准的指标。如果没有预先设定的指标，就很难评估教科书的质量。教科书质量指标的主要概念框架来自加文（Garvin）的高质量产品框架[①]，他提出了一个众所周知的框架来衡量产品质量，这个框架基于加文衡量优质产品的八个维度：①性能。性能指的是产品的主要特性，如速度、舒适性、易用性等。②特点。特点是产品本身所具有的独特的（用户觉得）好的、不好的属性，它是最能够打动客户的亮点。③可靠性。可靠性反映了产品在特定时间内发生故障等的概率。④一致性。一致性是指产品的设计和操作特性符合预先制定的标准的程度。⑤耐久性。耐久性是指在产品变质和必须更换之前的使用时间或范围；耐久性是使用寿命的一种度量方式。⑥适用性。适用性是指进行维护工作或维修的速度、便利性，以及服务人员的服务能力等。⑦审美。审美是主体对体验对象（产品的外观、声音、气味、感觉或口味等）感性形式的接触和感知。虽然审美带有主观性，但是一些审美判断往往是共同的。⑧感知价值。感知价值是基于广告所形成的形象或态度，以及基于生产者的声誉对产品的主观看法。

如果我们用不太笼统的术语重述这八个维度，仅仅指教科书而不是一般的产品，其定义包括以下几个方面。

1. 性能

教科书的性能是指帮助学生达到课程所规定的学习成果的特质，以及迎合个人认知、社会、文化、宗教、种族和其他需要的特质。

2. 特点

教科书的特点是通过教师指南、教材、评价等方式，促进学生思维发展，提高其学习的积极性。

3. 可靠性

可靠性是指一本教科书如预期的那样有用，并且在使用期间没有任何

---

① Khalid M K. Indicators for a quality textbook evaluation process in Pakistan[J]. Journal of Research and Reflections in Education，2009（2）：158-176.

错误。教科书的可靠性意味着它提供了最新的和准确的信息——在规定的时期有效，并清晰传达了意图，提供了通俗易懂的内容。

4. 一致性

一致性是指教科书符合预先设定的标准的程度。这主要体现在公共政策、教育政策、课程指导方针和目标/标准、国家思想文化等方面。这些预设标准与课程指引的内容范围保持一致。

5. 耐久性

作为衡量教科书寿命或使用时间的指标，耐久性既受经济因素的影响，也受技术因素的影响。物理维度主要关注教科书的制作材料和工艺，如纸张质量、印刷和装订的质量等，这些直接影响教科书的物理耐久性。从内容角度来看，教科书的内容时效性是指其信息内容在何时变得过时或无效，内容有效性则是指教科书内容在特定时间内的准确性和适用性。

6. 适用性

教科书适用性是指教科书贴近学生、适宜在课堂传递知识，包括"评论""提供"两个方面。"评论"是指在不改变教科书基本结构的前提下，定期对教科书的内容进行评价，以保持教科书的有效性。"提供"指的是教科书能为教师提供教学指南，以指导课堂教学。简言之，通过定期检查和更新教科书内容与教师指南，并经过专业人员和评审人员的严格审查和交付，力求确保教科书适合长期使用。这受到专业人员和评审人员能力的影响。

7. 审美

产品的外观、感觉、声音、味道或气味如何通常取决于个人喜好。对于教科书而言，审美维度是指标题、版面、格式、插图和其他图形的表述——与年龄/层次/内容和语境有关的可接受性。简单来说，教科书的审美维度包括标题、装帧、字体大小、页面布局/格式和插图，以及其他图形——在年龄/层次/内容和语境方面的可接受性。

8. 感知质量

教科书感知质量是指教师、家长和学生对教科书外观、内容及出版质量的积极感知。

（二）教科书质量指标

以下是巴基斯坦有效制作高质量教科书的指标说明。

指标 1：课程政策。符合巴基斯坦课程政策宪法（一致性），符合巴基斯坦课程政策的编写意图和目标（感知质量）。

指标 2：课程范围。涵盖课程中提到的内容范围（一致性），以及可用于次要评论和更新的结构（适用性）。

指标 3：内容可靠性。提供拟订期间最新、可信和正确的信息（耐用性）；规定的期限（耐久性）；无误解文本（可靠性）；提供实验室体验（一致性）；至少在课程修订周期内可用，无需对其进行重大结构改动（适用性）。

指标 4：词汇、插图和格式。使用分级词汇并定义新术语（一致性）；使用适合学生和主题的语言（适用性）；包含当地环境的插图和与文本相关的内容（感知质量）；清晰明确的图片和高质量的照片（审美）；设置有吸引力的标题、页面和字体、颜色等（审美），以及选择耐用的装订、合适的纸张大小和等级（耐久性）。

指标 5：文本的水平和垂直对齐方式。使用连续的活动，同一水平/年级书籍的内容作为解释、例子和练习，并提供富有挑战性但令人愉快的练习（表现）；创建内容并与先验知识、将来要学到的知识相联系（一致性）；能够与日常经验和所学知识相联系（性能）（一致性）。

指标 6：认知发展。提供各种认知水平的材料和练习，提供第一手经验，以连贯的方式组织材料（表现）；表现出多样性和包容性（特点）；包含适合该学科的真正学习机会（可靠性）。

指标 7：批判性和创造性学习。通过相关的背景、经验、现象和思考而非学习过程来促进批判性和创造性学习；指导解释和推理；对进一步的研究活动提出建议；提供具有内容有效性的研究性评估（特点）；学习建立在先决技能和思想的基础上（一致性）；对有争议的问题进行批判。

指标 8：评估和评价。允许在所有水平上的真实示范学习（可靠性）；整合任务或最终活动（表现）；为学生提供自我评估的机会（功能）。

指标 9：可接受性。高水平的作者（可靠性）；当地可获得的、可承受的价格（感知价值）；可在可获得的期限内交付的成绩（表现）；为学生提供使用技术的机会。

指标 10：环境。对学生的安全警告是用象征性的方式写出和/或表达的（特点）。

指标 11：无偏差。没有性别、种族、宗教、宗派、地理、文化和职业的偏见（表现）；提出不同的观点/贡献（表现）；表现出多样性和包容性（特点）。

巴基斯坦采用德尔菲法、专家面对面交流的方式来确定指标的共识程度。这些专家来自巴基斯坦的不同地区，并在与教科书开发和评估有关的机构工作。他们依据上述指标对教科书质量进行评估。

第五节　世界主要国家（地区）教材质量监控和评价标准的基本特点与发展趋势

随着全球经济、文化、教育发展和改革的不断深化以及教育现代化、信息化进程的加速，从国家战略、未来发展及国际竞争的高度重新审视和加强教材建设与发展，提高教材质量，突出教材特色，培养创新人才，已在包括我国在内的世界主要国家（地区）达成共识。因而，加强世界主要国家（地区）教材质量评价标准及教材管理研究，剖析其主要特点，汲取其先进经验，立足我国实际，完善和创新基础教育教材质量评价标准，提出加强和改进教材开发、管理和建设的对策建议，将对提升我国基础教育教材质量、推进教材建设具有重要意义。

国外教材质量评价始于 19 世纪中期，20 世纪初理论研究和系统研究正式拉开帷幕。[①]自此，教材质量评价标准的研究和讨论成为热点，并伴随主流教育理论和话语体系的建立变得形式多样，更趋完善。教材的开发和生产是一个连续的过程，需要得到持续的研究和更多的支持。

通过实施调查与文献研究，笔者对美国、英国、德国、俄罗斯、日本、新加坡、芬兰、加拿大、荷兰等主要国家（地区）的教材基础理论与方法、审定制度、评估标准框架、数字教材评价等进行深入剖析，总体来看，世界主要国家（地区）教材质量评价标准主要表现为以下基本特征与发展趋势。[②]

一、世界各国（地区）普遍加强教材质量监管，尤其是意识形态把关

面对纷繁复杂的教育改革潮流，世界主要国家（地区）普遍加强教材

---

① 王晓丽. 国外教材评价：基本特征、发展趋势及启示[J]. 课程·教材·教法，2016（9）：107-113.
② 潘婉茹参与了本节内容的编写。

质量监管，尤其是意识形态把关。日本、俄罗斯、加拿大、马来西亚、德国的教材评价指标中，突出教材内容的导向性，确保学生建立正确的价值观、国家观、历史观和民族观。例如，日本教材审定包括两个绝对条件，即政治、宗教立场公正；俄罗斯强化对教材内容进行苏维埃式的学术检查，警惕西方利用俄罗斯教材扭曲俄罗斯历史；加拿大教育部要求教材内容不得有与种族、民族文化、宗教、地区、性别相关或年龄相关的偏见；马来西亚教育部强调道德教育、公民教育、爱国主义和思维技能的结合；德国明确"各学科应在促进民族文化认同上有所贡献，教科书应设置保护和发展民族文化的内容""教科书不得以任何明示或暗示的方式传播种族主义、民族主义、沙文主义、性别歧视、种族或宗教仇恨"，旨在"获得民族和文化认同，促进社会融合，是继承和发扬民族文化的重要手段"。[1]

二、世界主要国家（地区）都越来越重视教材质量和管理制度建设

世界主要国家（地区）都越来越重视教材质量和管理制度建设，不断加大教材管理办法、教材质量标准和评价标准研制力度。

美国是较早在教育领域建立并实施教材质量评价工具的国家之一，其中最有影响的教材质量评价工具是美国科学促进协会 1985 年为配合"2061计划"发布的《美国"2061计划"教材评价工具》，包括教材质量评价标准，涉及"内容分析"和"教学分析"两个维度。[2]美国在基础教育管理体制方面属于地方分权制，各州在教育决策上具有很强的自主权，有 22个州对教科书进行评价并为学校提供可选用的教科书清单，另外一些州的教科书选用则由地方学区教育委员会决定，但都必须遵循教科书要与国家和州课程标准相一致的原则。[3]其中，加利福尼亚州、佛罗里达州、得克萨斯州、密西西比州的教材评审标准及管理办法在美国影响较大。美国的教材质量评价标准大致经历了从 20 世纪 50 年代之前的定性描述阶段，到20 世纪 50—90 年代的标准统一化阶段，再到 21 世纪后的标准多元化发展

---

① Ivić I，Pešikan A，Antić S. Textbook Quality：A Guide to Textbook Standards[M]. Göttingen：Vandenhoeck & Ruprecht，2013.

② The American Association for the Advancement of Science. Project 2061 Analysis Procedure [EB/OL]. http://www.project2061.org/publications/textbook/hsbio/report/analysis.htm.（2010-03-05）[2023-06-01].

③ 杨文源，刘恩山. 美国基础教育理科教科书评价标准及其启示[J]. 外国中小学教育，2013（8）：54-59.

阶段。美国从国家层面到州、学校层面形成了相对完善的教材开发和审查体系，教材的开发也注重保持与课程标准的一致性，属于标准化导向。

德国国际教科书研究所出版的《教科书质量：教科书标准指南》（Textbook Quality：A Guide to Textbook Standards）[①]，提出教科书质量标准由七个维度（教材的质量、作为学生用书的教材质量标准、主题单元的质量标准、教材内容的质量标准、教材教学涉及的质量标准、教材语言的质量标准、教材电子成分及电子教材的质量标准）共计43个指标构成，即每组标准包括若干维度，每一维度又包括若干指标。[②]

英国教材质量评价最具代表性的是苏塞克斯大学三位学者研制的"苏塞克斯方案"（Sussex Scheme），由"引言""描述性分析""教材使用""评价""具体情境提示"五部分及43项具体指标构成，静态和动态评价指标兼有。[③]

日本成立国家教学用书审议会，制定详细、严格的教材管理审定制度。

韩国则以总统令的形式颁布教科书管理办法，包括"总则、编辑、检定、认定、审议会、修订和改编、发行、价格、监督及权限"共九章40条。[④]尽管研究和开发教材质量评价标准的主体不同，但韩国不断加大研究和修订力度，努力落实最新的教育理念、目标、方法和内容，保证教材质量已成共识。

从2004年10月开始，俄罗斯教材的审定对象限定为教科书，强化了联邦教育科学部审定教材的权限。2004年，俄罗斯成立联邦教科书委员会，俄罗斯教科书审定标准包括教科书的基本构想、教科书的内容、教科书的指导材料三个方面。据俄罗斯联邦教育科学部官网2018年12月29日的报道，俄罗斯联邦教育科学部部长奥莉加·瓦西里耶娃签署《国家普通教育阶段教材推荐目录》部门行政规章，该规章自2018年12月29日公布之日起生效。新目录为学校提供了更广阔的选择范围，同时为中小学书库目录的更新提供了依据。对出版社而言，俄罗斯联邦教育科学部批准的推荐目录基本照顾到了从市场"领袖"到小型出版企业等所有类型的出版社，但不包括那些"忽视教材质量而仅考虑商业利益"的出版机构。[⑤]中小学教

① Ivić I，Pešikan A，Antić S. Textbook Quality：A Guide to Textbook Standards[M]. Göttingen：Vandenhoeck & Ruprecht，2013.

② 赵明辉，杨秀莲. 德国教科书质量标准的框架及启示[J]. 外国中小学教育，2017（8）：33-41.

③ 徐鹏，郑国民. 国外中学教材评价研究的比较及启示[J]. 外国中小学教育，2012（7）：62-65，57.

④《基础教育教材建设丛书》编委会. 世界主要国家教科书管理制度[M]. 北京：人民教育出版社，2005：76-123.

⑤ 邵海昆. 俄罗斯更新国家中小学教材推荐目录[J]. 世界教育信息，2019（2）：75-76.

材电子化是俄罗斯国家教育工作的重要创新之举，俄罗斯联邦教育部推荐教材目录范围内的所有教材必须自 2015 年 9 月前配备电子版，至于教学中采用何种教材（纸质版、电子版或二者兼用）的问题，则由教育机构、教师、学生及家长共同决定。①

三、寻找教材质量评价的理论与方法支撑，已成为世界主要国家（地区）的共识

早期，教材质量评价标准以过程分析、描述性为主，以英国"苏塞克斯方案"①为典型代表。进入 20 世纪 80 年代，教材研究者更多地从新视角重新审视教材在教育教学中的地位和作用。诸如，认知心理学和教育学的理论基础、德国的比勒费尔德网格和维也纳标准目录②、荷兰的学习材料质量测量工具③，都强调从学生或教师的角度出发，依据学生心理发展和教师教育的规律审视教材质量；抑或根据愿望清单方法，或定性和定量结合的方式，如英国的"苏塞克斯方案"和瑞士的莱万托工具（Levanto Tool）④所示，教材质量评价体现了基于不同用户群体的喜好和愿望，对不同指标和学习功能给予一定权重的做法，以降低不确定因素的影响。换句话说，从这个时期开始转变早期的教材评价方式，从新视角、新方法建立教材质量评价标准，对教材的编制、审核、评价提出新要求。但这些研究从理论出发并没有认识到从选择和评价的需要出发，方法比较繁杂，指标较多，不太适合某些地区或者日常的决策。

因而，20 世纪 90 年代以来，尤其是近年来，教材分析和评价更多地转向基于本国实际需求、基于标准（或文件政策内容）的一致性分析。例如，《美国"2061 计划"教材评价工具》《优质教材工具》《共同核心州立

---

① Eraut M，Goad L H，Smith G. The Analysis of Curriculum Materials[M]. Brighton：University of Sussex Press，1975：79，103-108.

② Fuchs E，Niehaus I，Stoletzki A. Das Schulbuch in der Forschung：Analysen und Empfehlungen für die Bildungspraxis[M]. Göttingen：V&R unipress，2014：78-85.

③ Reints A J C，Wilkens H J. Evaluating the quality of textbooks from the perspective of the learning process[C]//Rodriguez J R，Horsley M，Knudsen S V. 10th International Conference on Research on Textbooks and Educational Media. Local，National and Transnational Identities in Textbooks and Educational Media，2009：467-481.

④ Reints A J C，Wilkens H J. Evaluating the quality of textbooks from the perspective of the learning process[C]//Rodriguez J R，Horsley M，Knudsen S V. 10th International Conference on Research on Textbooks and Educational Media. Local，National and Transnational Identities in Textbooks and Educational Media，2009：467-481.

标准》等评价工具均属此类。以英国《教材资源指引》和韩国《审定教材标准》为代表，注重学生心理与需求发展，强调以学生生活经验为主，提供优质教材以促进学生发展。值得注意的是，德国的奥格斯堡分析和评估网格，作为用于分析和评估教育媒体的媒体教学合理的工具，被广泛用于教师培训、教育媒体质量控制[①]。此外，德国《教科书质量：教科书标准指南》将言语体裁理论和全面质量管理理论作为教材评价的理论基础，以教材作为公共产品为依据，深度分析教材的复杂性，制定符合本国实际（本地实际）的教材评价工具（表 5-21）。

表 5-21   世界主要国家（地区）的教材质量评价理论与方法

地域	国家（地区）	教材工具	年份	作者/地方	理论/方法
欧洲	德国	《教科书质量：教科书标准指南》	2013	莱布尼茨教育媒体研究所|格奥尔格-埃克特研究所（Leibniz Institute for Educational Media | Georg Eckert Institute）	维果茨基心理发展理论、巴赫金言语体裁理论
		奥格斯堡分析和评估网格	2017	费（Fey）	
		比勒费尔德网格	1986	比勒费尔德大学（Universität Bielefeld）	形式和感知心理学、交流美学和生理学
		罗伊特林根网格（Reutlinger raster）	1986	劳赫和托马舍夫斯基（Rauch & Tomaschewski）	学习理论和事实逻辑
		维也纳标准目录	1998	班贝（Richard Bamberger）	心理学
	瑞士	莱万托工具	2012	瑞士州际教材中心（Interkantonalen Lehrmittelzentrale der Schweiz）	愿望清单方法
	荷兰	学习材料质量测量工具	2009	雷恩特斯和威尔肯斯（Reints & Wilkens）	心理学和教育学
	英国	苏塞克斯方案	1975	苏塞克斯大学迈克尔、莱恩、乔治（Michael, Len & George）	
		《教材资源指引》（Textbook Resource Guide）	2015	出版社协会（Association of Publishers）	

① Fey C C，Eva M. Das Augsburger Analyse-und Evaluationsraster für analoge und digitale Bildungsmedien（AAER）[M]. Bad Heilbrunn：Verlag Julius Klinkhardt，2017.

续表

地域	国家（地区）	教材工具	年份	作者/地方	理论/方法
欧洲	俄罗斯	教科书审定标准	2004	俄联邦教科书委员会（Комитет по учебникам Российской Федерации）	
北美	美国	美国"2061计划"教材评价工具	1997	美国科学促进协会(American Association for the Advancement of Science)	科学素养为中心
		《优质教材工具》	2017	（美国）教育报告组织（EdReports.org）	
		《共同核心州立标准》	2013	公立学校主管理事会（Public School Superintendent council）	
		教学材料评估工具	2016	公立学校主管理事会（Public School Superintendent council）	课程标准一致性策略
		高质量教材数学审查标准	2019	密西西比州第一和密西西比州教育部门（Mississippi First & Mississippi Department of Education）	
	加拿大	加拿大安大略省教育部门教材审批指南①	2008	安大略省教育部门	
亚洲其他主要国家	日本	日本义务教育及高中教科书审定基准（2017年8月版）	2017	文部科学省	教育基本法、学校教育法和《幼儿园、小学校和中学校学习指导要领》
	韩国	审定教材标准	2013	教育部	
	巴基斯坦	优质教科书评估指标	2009	教育部课程部	质量管理学

注：部分标准无特定理论依据或方法，故未填写

　　在教材研究领域中，研究者应根据不同的研究目标和研究内容，选择和使用不同的理论框架。②也就是说，教材的理论分析与建构不仅是教材评价的依据和前提，还直接关系到对评价效果的认识价值和方法论价值。

　　① Ontario Ministry of Education. Guidelines for Approval of Textbooks [EB/OL]. http://trilliumlist.ca/files/Textbook_Guide_English_2008.pdf.（2008-03-11）[2020-10-13].

　　② 王攀峰. 教科书研究方法的现状、问题与建议[J]. 课程·教材·教法，2017（1）：34-41.

重视教材质量评价的理论支撑已在世界许多国家（地区）达成共识。

梳理以上教材质量评价标准，我们可以发现，构建科学、简明、适用的评价框架至少存在三个方面的理论要求：其一是需符合学生的身心发展规律以及学与教的原则；其二是将国家课程文件与政策、教育理论或法律法规作为构建评价质量标准的基础，其三是将管理学、质量学、语言学等跨学科体系与话语体系等作为借鉴来构建其评价质量标准。

四、保障教材质量已成为世界主要国家（地区）的共识

教材质量评价标准的研制和更新主要依据教材审核制度，不同国家或地区的审核制度也有所不同，所涉及的评价主体也比较多样，但其共同点在于评价标准有法可依，法规规范且授权体系相对完备。下面列举一些国家或地区的典型做法。

在德国，各联邦州根据本州的实际情况制定该州的教学大纲，由各出版社根据教学大纲召集相关学科或教学领域的专业人员编写教材，各学科领域编写人员根据教学大纲、课程计划等所规定的主题要求对教材进行内容设计与组织。此外，教材编写必须符合法律依据，并保证教育目标的一致性。[1]

在英国，中小学教材的出版及选用不需要经过政府的审定，编写者只需按照国家的课程标准编写教材，就可以公开发行。[2]为提高教材编写质量，2015 年英国出版商协会（The Publisher Association）与英国教育供应商协会（The British Education Suppliers Association）共同发布了《教育资源指南》。[3]

在俄罗斯，联邦教科书审定机构由三部分组成，即俄罗斯联邦教育科学部下属各司、教科书审定中心和俄罗斯教科书委员会。全联邦必修学科的教科书由联邦教育部门发行，而民族特色、区域特色和地方特色突出的教科书则由地方或国家教育部门发行。[4]

加拿大艾伯塔省由艾伯塔省教育部门（省行政部门）根据学习部长"授

---

① 孙进，张蒙蕊. 德国基础教育教材管理：编写·审定·选用[J]. 外国教育研究，2020（8）：3-16.

② 杨光富. 英国中小学教科书的使用现状及改进举措[J]. 外国教育研究，2018（4）：82-92.

③ Eyre C. PA and BESA launch textbook guides for publishers [EB/OL]. http://www.thebookseller. com/news/pa-and-besa-launch-textbook-guides-publishers-316567.（2015-11-17）[2020-11-20].

④ 沈晓敏. 世界各国教科书制度对我国的启示[J]. 全球教育展望，2001（9）：66-71.

权"批准核心科目课本（如数学、英语等），此外在批准的名单中有一系列替代的课本与资源供学校或教师选择，这意味着艾伯塔省统一管理和掌控教材的来源，从而保证教材质量；安大略省教育部制定《加拿大安大略省教育部门教材审批指南》（2008 年），是全省中小学教材开发、评审和选用的重要依据与指导。[①]

美国马萨诸塞州是一个教材开放的地区，没有实行集中的教材采购，而且教材和其他教学材料的选择及购买属于当地的地区行为，然而存在诸如国家无障碍教育资料中心（National Center on Accessible Educational Materials，AEM）这样的机构，其目标是识别和编制符合某些标准的无障碍教材。[②]美国密西西比州教育部门提供高质量教学材料，以确保教师能够获取并使用这些材料。2019 年，密西西比州教育部门与密西西比州教师，以及教育报告组织合作，开发并发布了密西西比州的高质量教材审查标准。[③]基于标准的改革和传统教材审定制度的变革，美国田纳西州教材审定制度在厘清三级教材审定机构主体责任、赋予公众教材审定监督和评议权、完善教材审定反馈机制等方面加以创新，为优质教材的供给提供制度保障。[④]

日本成立的国家教学用书审议会，在教材管理和审定方面制定了详细、严格的制度。

韩国以总统令的形式颁布教科书管理办法，是韩国教育系统中一项重要的政策，旨在确保教科书的质量，促进教育公平，并为学生提供高质量的学习材料。

在新加坡，教育部被赋予教材批准权，聘请出版商根据教学大纲开发教学材料，并且教学材料要经过严格的教材审查程序才能通过；在教材被批准并被列入教育部审批的教材清单供学校选择之前，审查程序会反复数次，直至通过。[⑤]特别地，新加坡学校在法律上没有权力选用教材，但如果使用，必须使用经批准的教材。此外，新加坡的电子资源在审批系统中

① 胡军. 加拿大教材管理的经验和借鉴[J]. 教育研究，2017（10）：148-153.

② National Center on accessible Educational materials. K-12 Critical Components of the Quality Indicators for the Provision of Accessible Educational Materials & Accessible Technologies[EB/OL]. https://aem.cast.org/publications/2020/k-12-critical-components-of-the-quality-indicators-for-the-provision-of-accessible-educational-materials--accessible-technologies. （2020-03-01）[2021-11-25].

③ 孔凡哲，赵欣怡. 美国密西西比州高质量教材数学审查量规的构建及启示[J]. 教育参考，2022（5）：47-54.

④ 刘学智，张沛，王馨若. 美国田纳西州教材审定制度研究[J]. 比较教育研究，2018（11）：74-80.

⑤ Lee S K，Boon G C，Fredriksen B，et al. Toward a Better Future:Education and Training for Economic Development in Singapore Since 1965[M]. Washington D C：The World Bank，2008：86.

也趋向完善。

　　尽管地域不同、政策不同，但不断加大教材政策的修改力度和执行力度、保障教材质量已成为世界主要国家（地区）的共识（表 5-22）。

表 5-22　主要国家（地区）的教材审定制度

地域	国家	教材审定制度
欧洲	德国	各联邦州根据实际情况制定该州的教学大纲，各州经教育部审核后才能供教师选择使用
	英国、芬兰、瑞典、荷兰	出版社主要负责制定、编写、组织教材。选择教材的权力掌握在当地的学校校长和教师手中
	法国	由各县教材认定委员会认定，合格后方可由学校和教师选择使用
	俄罗斯	全联邦必修学科的教科书是由联邦教育部门发行，而民族特色、区域特色和地方特色突出的教科书则由地方或国家教育部门发行
北美	美国	制定国家层面的课程标准，同时各州教育部门教育委员会和第三方机构根据该州实际情况，依据国家或本州的课程标准制定并发布合格教材目录
	加拿大	由各州教育部门教育委员会制定并发布教材目录，供学校和教师选择
亚洲	新加坡、韩国	由国家教育部（地区教育主管部门）编写发行
	日本	由民间教材出版社编写和发行教材

　　有关教材的审定制度，许多国家已建立完备的制度和标准。教材审定制度涉及国家层面的公共教育制度，通过干预保证其教材管理办法、质量标准和评价标准的研制。也就是说，教材质量评价标准蕴含着国家权力机关、学术机构和社会文化集团等对教材价值取向的期待。教材制度不仅仅体现在在国家教材的编审选用环节的制度文本，我们更要关注教材制度所涉及的背后影响，如教育制度、出版商、经济市场、第三方机构等各层面的制度实践，只有这样才能全面理解教材制度是如何形成各国家脉络下的整体性图景的。

　　尽管研究和开发教材质量评价标准的主体不同，但不断加大研究和修订力度，努力落实最新教育理念、目标、方法和内容，保证教材质量已成为世界主要国家（地区）的共识。

五、教材质量评价工具注重规范化、科学性和简明性，评价标准注重规范、科学

　　世界大多数国家和地区的教材质量评价工具注重规范化、科学性和简

明性，教材质量评价采用定量与定性相结合、动态与静态相结合及核查表法，评价标准根据不同视角、不同目的、不同作用、不同性质细化与分类，更加规范、科学。

教材质量评价标准框架及内容力求体现最新的教育目标和课程要求，更注重内在逻辑结构的科学合理、语言表述的简单明了以及行为动词的恰当准确。教材质量评价标准一般由维度、子维度、具体评价指标构成，有些还包括评分（等级）量表。

欧洲以德国、比利时、瑞士为代表，其教材质量评价工具的研究相对成熟。

20 世纪 80 年代，德国已出现多种评价方法，如比勒费尔德网格，其中包括 5 个维度（元理论、教材设计、主题科学、学科教学法、教育科学），各维度包含 10—30 个类别，在大多数维度中又被细化为单个问题，因而，比勒费尔德网格包括大约 450 个单独问题。这些问题通过理论论证，评价者被一步步引导到越来越具体的分析单元。通过这种方式，主观和规范的部分可以被最小化，并且可以确保评价结果更加透明。比勒菲尔德网格包括 9 个类别（书目信息、学方法、对象、设计、文本等），每个类别由 3—13 个陈述句组成。Bamberger 指出，比勒费尔德网格过于复杂，因而几乎没有被学校、出版商、作者和教师使用。[1]Brock 指出，"与比勒菲尔德网格相比，类别的陈述形式明显改变了分析的特点。通过声明的形式和严格的量化，不确定因素被掩盖了，定性特征消失了"[2]。维也纳教材研究所在这个网格的基础上，为教师制定了一个实用并简短的评价指南，即形成了由 40 个标准组成的总目录，每个标准可以有 1—5 个指标。与比勒费尔德网格相比，这个网格明确地从教学和为教师服务的角度出发，内容简明、扼要，似乎更适合实际使用。德国《教科书质量：教科书标准指南》[3]由 7 个维度（教材的质量、作为学生用书的教材质量标准、主题单元的质量标准、教材内容的质量标准、教材教学涉及的质量标准、教材语言的质量标准、教材电子成分及电子教材的质量标准）共计 43 个指标，内容覆盖学科

① Bamberger R，Boyer L. Zur Gestaltung und Verwendung von Schulbüchern. Mit besonderer Berücksichtigung der elektronischen Medien und der neuen Lernkultur[M]. Wien：ÖBV Pädagogischer Verlag，1998.

② Karin B M A. Der Micha vom Prenzlauer Berg. Prophetenbilder in Religionsbüchern der Sekundarstufe I Eine Schulbuchanalyse aus exegetischer Sicht[D]. Berlin：Freien Universität Berlin，2001.

③ Ivić I，Pešikan A，Antić S. Textbook Quality：A Guide to Textbook Standards[M]. Göttingen：Vandenhoeck & Ruprecht，2013.

的知识选择、组织与呈现，技能的获得和巩固，价值观的培养和渗透，构建了比较全面且系统的教材质量标准。另外，奥格斯堡分析和评估网格基于较新的出版物质量审查标准，提出 8 个维度来描述教材质量指标，每个维度包括 7—12 个项目。

比利时教材质量评价体系涵盖"外观""内容""结构""可读性""插图""学业评价""教材使用" 7 个维度以及 27 个子维度和 145 个具体指标。[①]此评价体系内容全面、系统，在具体指标上用不同符号区别标示针对学生和教师的指标。

瑞士州际教材中心（Swiss Interkantonale Lehrmittelzentrale）开发莱万托工具，包含 3 个维度（教学和教学领域、主题内容领域、形式设计领域）共计 52 项指标，其对象是各州及国家教材出版商。该工具旨在通过建立某些标准来支持新教材的开发和现有教材的评估。该方案的制订采用了愿望清单方法，即向用户群体询问他们的喜好和愿望，其结果构成评估的基础。

北美以美国为代表，教材质量评价工具依据其发布机构不同可分为行业组织发布、地方教育部发布和教育咨询机构发布的教材质量评价标准。以第三方身份开展教材质量评价工作的教育咨询机构发布的《优质教材工具》为代表，其中包含 3 个维度（文本质量、学习活动设计、支持师生发展）共计 64 个指标，突出教材对师生教与学的支持性评价，强调以严格规范的程序开展"基于证据"的教材质量评价。以美国联邦政府主导，由首席州立学校官员理事会、大学城市学校理事会（Council of Great City Schools，CGCS）、学生成就伙伴联盟（Student Achievement Partners，SAP）和民间非营利教育组织成就公司共同合作研制的教学材料评价工具（instructional materials evaluation tool，IMET）[②]为例，它从三个维度（不可协商一致性标准、一致性标准、质量标准）构建了 K-12 年级的教学材料评价工具，在深入整合课程教材一致性理论内涵与目标的基础上，确定了最有效的变革方式，为各州、区、学校提供教材保障，使可靠的评价结果得以转化为实践。

值得注意的是，韩国审定教材标准和俄罗斯教科书审定标准更加注重内容的正确性，从而为学生建立科学的知识文化体系奠定了坚实基础。

---

① 徐鹏，郑国民. 国外中学教材评价研究的比较及启示[J]. 外国中小学教育，2012（7）：62-65，57.
② 李秋实，刘学智. 美国基础教育 IMET 教材评价标准的构建及启示[J]. 比较教育学报，2022（1）：154-168.

六、教材质量评价标准主要包括教材内容、教学设计、出版设计等

世界大多数国家和地区将"教材内容""教学设计""出版设计""偏见问题"等作为教材质量评价标准框架的主要维度。

教材质量评价标准的构建是评价的核心。不同国家和地区在各自文化、历史、经济、教育发展背景下研制的教材质量评价标准从形式到内容各具特色，同一国家不同省（州）的评价框架也差异明显，甚至在同一维度上的词语表述也有所不同。比如，针对教学维度的用词就包括教学特性（征）、教与学设计、教学属性等。

因而，制定明确、清晰、可操作且简明的教材质量评价维度和指标体系，是提高评价的信度与效度、保障教材建设质量的重要内容。也就是说，如何根据不同的评价目的建构具体的教材质量评价维度和评价指标体系，是当前世界主要国家（地区）教材研究的关键点。

俄罗斯通用的教材评审标准包括"教材的基本构想""教材内容""教材的指导材料"三个维度[1]，其中"教材内容"维度涉及教材内容的科学性、时代性、完备性、系统性、语言规范性、图表审美性、学生水平适应性、与补充教材的衔接性等。有关偏见与歧视的内容一般涉及人种、种族、民族、宗教信仰、性别或年龄、家庭结构、语言等方面的具体指标，以避免教材出现歧视、排他或错误价值观、不恰当的言论等，杜绝出现暴力、各类广告等。

在一些国家的教材质量评价标准框架中，即使不将偏见与歧视作为评价维度，也会涉及将具体评价指标融入其他维度（如教材内容、语言使用、价值观等）中。

不同国家因地域、经济、政治等背景的不同，教材质量评价指标、评价维度可谓"百家争鸣"。通过深度分析可以发现，几乎所有评价指标框架都涉及"教材内容""教学""出版""避免偏见与歧视"[2]维度或相关内容。

其一，教材内容的质量标准。这是该体系的三个关键部分之一，教材内容直接承载着不同类型的知识、技能和价值观，是教材的核心内容，涉及教材深层结构的质量问题。教材内容评价是对教材的教与学属性的评价，包括其教材内容的容量、难度、表达方式、习题、作业设置等对学生身心

① 刘常，俄罗斯教科书制度概观[J]. 课程·教材·教法，2007（10）：93-96.
② 发达国家教材评价标准的特点与启示[J]. 课程·教材·教法，2019（4）：138-143，125.

发展的影响。

其二，教学不仅设涉及对教材内容的教授，还包括对教材组织编排的评价。这种评价涵盖了判断教材内容和结构编排的合理性和适切性，其本质是对教材教学设计质量标准的考量，是教材质量标准体系的另一个关键部分。该部分涉及技术术语或专业术语的说明、事例的教学价值、内容的整合序列等。

其三，出版，是对教材印刷文本的编印设计（包括语言、字体、插图与图形元素等）评价，使其正确、规范化、科学化、简明化；其本质上对教材的物理特性的评价，涉及印刷质量、排版设计、色彩协调等方面。

其四，避免偏见与歧视，教材内容的选择要坚持非歧视原则。教科书作为文化的载体，其内容和价值信息，无论显性还是隐性，都可能对学生产生深远影响。因此，尊重不同社会群体和少数族裔的教材，有助于促进民族团结和文化认同，是实现社会和谐的重要工具。

评价指标至少包括四个特征：一是教材质量评价关注教材本身的适切性；二是有着"基于证据"的教材质量评价指标和程序；三是教材质量评价指标科学合理、操作性强、覆盖全面；四是教材质量评价的教学指引性较强。

七、具体评价指标强调呈现最新知识

随着 21 世纪"关键能力""核心素养""跨领域跨学科教育"的提出以及教学和学习方法的改革，教材质量评价标准的具体指标中更加强调教材应尽可能多地提供恰当的机会、途径和策略，以营造适当的学习环境，从而支持学生批判性思维、有效交流、创新、问题解决、科学论证等能力的培养，实现跨学科或跨领域的整合。教材中有关任务和问题设计应有助于学生体验和实现合作学习、发现学习、探究学习、交互式教学等。教材内容和教学设计应促进教与学策略和评价策略的有机结合，提供足够且恰当的评价方法和工具。

例如，德国教科书内容质量标准的子维度"教科书中知识的准确性与现状"就要求包含与其相关学科的准确和最新的知识，遵循学科发展现状，提供该领域的最新知识。另外两个子维度"水平相关：连接与相关内容类似的主题""垂直相关：相关内容在同学科的跨年级、跨学段、跨水平联系"则强调同一内容在不同学科以及不同学年段的整合。可见，在培养学生素养的目标下，强调教材从内容到形式应更具有探究性、建构性、活整合性、专题（主题）性及对话（互动）性，这为教材特色的形成与强化提供了重要依据、创造了更广阔空间。

八、强化对数字化材料及资源的评审标准，满足教育现代化、信息化需求

就近年来教材质量评价的大多数方法来看，教材作为教学媒介因数字化而发生变化。例如，德国《教科书质量：教科书标准指南》中包含教材电子成分和电子教材四个维度（G1—G4）的质量标准，每个指标都有详细解析并阐述其背后的原因。其中，G1 电子教材成分和电子教材的使用理由，详细指出教材电子成分和电子教材含有传统印刷教材不易包含且支持学习的内容。使用时要考虑其提供的材料在多大程度上有利于学习，以及这种材料能否在传统印刷教材中精准培养学生的基本信息技术素养。此外，奥格斯堡分析和评估网格帮助教师培训学生、实习教师以及在职教师检查现有的模拟和数字教育媒体是否适合以能力为导向的教学，探索教育媒体处理异质学习群体的可能性，并通过差异化的关键问题批判性地检查传输内容的多视角性，以揭示其对教学的影响。

美国《优质教材工具》中提出对数字技术的支持，包含五个维度，但不计入相应的得分标准。例如 3z 指标提出"教材恰当地整合使用了数字技术和交互式工具，以支持学生参与科学的三维学习"。

瑞士州际教材中心开发了一个在线工具，其中对于电子资源的可用性，从处理、定位和支持三方面进行评价。

自人类进入数字时代，科学技术与数字技术迅猛发展，不断推动人类向数字化信息时代迈进，并改变着社会的方方面面。作为现代信息技术与教育结合的产物，数字教材具备印刷教材等所缺少的形态优势。尽管以上研究中各发达国家的数字教材质量评价框架、维度和指标不尽相同，但仍有着一些共同特征：一是评价框架由电子教材的使用理由、对学习的影响、教材内容的适切性、技术及功能等主要维度组成；二是强调学生能力、兴趣和与先验知识的联系等，为学生直接提供自主学习的机会和交互式学习空间；三是为教师提供探索电子教材使用的教学策略，体现学与教的互动。

第六章 基础教育教材质量监控
和评价指标体系与实施框架

第一节 基础教育教材质量监控和评价指标体系的
研究现状与改进对策

党的十九大报告明确了"我国经济已由高速增长阶段转向高质量发展阶段",党的二十大报告再次指出"高质量发展是全面建设社会主义现代化国家的首要任务",在教育领域要"加快建设高质量教育体系""加强教材建设和管理"。这一重大部署是对新时代教育体系和教材建设的新要求。同时,教育高质量发展离不开教材高质量发展。教材作为教育体系不可或缺的重要组成部分,体现国家意志、传承优秀文化,是党和国家推进新时代发展的高质量教材建设的重要环节和载体。

何以建设高质量教材?监控和评价是规范质量、提升质量、保证质量的关键环节。[①]一直以来,我国中小学各科教材的编写与评价主要以教育部颁布的 2018 年教材审定标准和 2019 年《中小学教材管理办法》为主要依据,但评价细则停留在宏观指导层面,缺乏学科针对性、学理支撑和实践操作性,很难规避审查专家个人经验和主观偏见的影响。也有学者指出,我国教材基本理论建设在一定程度上存在浅、散、浮、泛的问题[②],教材质量标准在某些方面忽略相应的理论基础[③],基于标准的教材研究目前还

---

① 黄越岭,韩玉梅,陈恩伦. 新时代继续教育质量评价与提升:价值取向、指标体系和模型构建[J]. 中国电化教育,2020(9):96-104.

② 余宏亮. 通向根脉与面向未来:建构教材学的基础、逻辑与方略[J]. 华东师范大学学报(教育科学版),2021(2):30-39.

③ 赵明辉,杨秀莲. 德国教科书质量标准的框架及启示[J]. 外国中小学教育,2017(8):33-41.

比较欠缺，制约着教材建设与评价的有效展开①。因此，应立足我国教材高质量发展的背景，审视国内外基础教育教材质量监控和评价现状，厘清存在的优势与不足，将全面质量管理理论、评价前沿技术与课程论相结合，构建基础教育教材质量监控和评价指标体系及本土化监控模型，通过教材质量各要素之间的耦合关系来反映教材质量，检视教材正确价值导向的落实情况，监控教材培根铸魂、启智增慧的育人成效。

一、基础教育教材质量监控和评价指标体系的国内研究现状

新时代，基础教育教材建设取得巨大成就，成立了国家教材委员会，教育部成立了教材局，组建了课程教材研究所。针对基础教育教材质量监控和评价指标体系，高凌飚②、丁朝蓬③、方红峰④等先后提出教材评价纬度、教材分析框架和教材质量分析框架。学界对此的研究集中在三个视角：一是教材评价指标视角，即从教材分析评估维度，研究教材的质量水平受到哪些要素的影响，以课程教材研究为主流。二是教材质量学视角，即从教材质量内涵入手，研究教材质量及其外在保障，以教育学、编辑学研究为主流。孔凡哲和史宁中指出，教材质量的核心在于满足学生、教师的合理需要，便教利学，教材质量包括内在质量与外在质量。⑤张海雁和高建基于教材编辑角度，主张国家目前所进行的教材评价主要针对编校质量，而更应加强对教材内在质量的评价。⑥三是教材管理学视角，即从教材管理效能提升入手，研究教材管理、质量监控的有效性，以管理学、质量学研究为主流。也就是说，借鉴全面质量管理的基本理念改进教材管理，有助于教材管理工作向高质量、高效率的方向改进。⑦

对于基础教育教材质量监控和评价指标体系的研究，大部分研究来自于第一视角，即教材评价指标的构建。诸如高凌飚提出教材评价应包括六个基本维度，并按具体学科（包括中小学语文、中小学数学等）形成相应

---

① 李秋实，刘学智. 美国基础教育 IMET 教材评价标准的构建及启示[J]. 比较教育学报，2022（1）：154-168.

② 高凌飚. 基础教育教材评价：理论与工具[M]. 北京：人民教育出版社，2002.

③ 丁朝蓬. 教科书结构分析与内容质量评价[J]. 教育理论与实践，2001（8）：61-64.

④ 方红峰. 论教材选用视野中的教科书评价[J]. 课程·教材·教法，2003（7）：19-24.

⑤ 孔凡哲，史宁中. 教科书质量及其影响因素[J]. 教育发展研究，2007（12）：13-17.

⑥ 张海雁，高建. 加强教材内容质量评价刍议[J]. 中国编辑，2017（7）：47-52.

⑦ 张珊珊，王晓丽，田慧生. 质量管理学视角下教材管理效能的提升[J]. 课程·教材·教法，2020（1）：50-54.

的评价指标[①]；张定强建立模糊综合评价模型，并对数学教材的质量进行评价[②]；王奋平基于认知效率视角构建了数学教材评价指标体系[③]。

围绕基础教育教材质量监控教材评价指标框架所进行的这些研究表明，推进教材评价指标的构建成为建设高质量教材的必要手段之一。

然而，近年来我国基础教育教材质量监控却不时出现问题。一方面，部分编审队伍不规范导致教材编审质量滑坡，教材内容出现"漏洞"的现象时有发生；另一方面，教材审定、选用制度在某种程度上存在不健全、不合理，操作流程不明确、评判标准不细致等问题，审查程序在某些方面缺乏规范性、责任分工不清，导致新疆"毒教材"事件[④]、人教版小学数学教材"插图事件"[⑤]等，使广大学生利益受到侵害，阻碍教材高质量发展。究其原因，一方面，我国教材评价研究起步较晚，教材质量评价标准的研究还停留在套用一般性的教材评价框架，缺乏学科特色；另一方面，随着时代发展和政策的不断完善，教材呈现多样化和现代化趋势，使得原有的经验式教材评价方式、行政管理式教材质量监控显露出一些弊端，迫切需要完善教材评价机制，变革教材质量机制。如何提高教材质量标准的学科性和可操作性仍是亟待解决的问题。

二、基础教育教材质量监控和评价指标体系的改进对策

教材是国家意志的集中体现，是传达教育思想、培养价值观、实现课程目标、实施课堂教学的重要载体和资源。"在一定意义上，有什么样的教科书，就有什么样的年轻人，也就有什么样的国家未来。"[⑥]进入新时代，我国对课程教材工作更加重视，教材质量保障与教材质量评价制度建设进入了新阶段，加快建设高质量教材体系对全面提高教材建设质量提出了新要求。基于对世界主要国家（地区）教材质量评价工作的梳理分析和总结，根据我国实际及面临的任务和挑战，要实现教材质量评价的全面性、科学

---

① 高凌飚. 教材评价维度与标准[J]. 教育发展研究, 2007（12）: 8-12.

② 张定强. 初中数学教科书建构与评价中的若干问题研究[D]. 兰州: 西北师范大学, 2008.

③ 王奋平. 认知效率视角的数学教科书质量评价指标建构与应用研究——以中、美、英高中数学教科书比较为例[D]. 南京: 南京师范大学, 2020.

④ 新疆教育厅原厅长策划编写"毒"教材[N]. 东楚晚报, 2021/04/03, 第6版.

⑤ 靳晓燕. 人教版小学数学教材插图问题调查处理结果公布——新疆中小学曾使用包含血腥、暴力、恐怖、分裂思想等内容的维吾尔语教材长达13年[N]. 光明日报, 2022-08-23, 第8版.

⑥ 石鸥, 石玉. 论教科书的基本特征[J]. 教育研究, 2012（4）: 92-97.

性和客观性，就需要加强和改进我国教材开发管理与建设对策，具体建议如下。

（一）深化和强化教材质量评价研究

深化和强化教材质量评价研究，就要将教材质量评价研究纳入教材建设和管理系统工程之中。教材是体现国家意志的手段，也是传播教育思想、培养价值观念、实施课堂教学的重要载体和依托。教材管理和建设要根据国家政治、经济、文化、教育、法律、科技等领域发展的现状和未来发展趋势，在体现国家意志和民族精神的同时，突出文化特色，紧跟时代步伐，保持可持续、动态发展。教材质量评价研究应被纳入教材管理和建设系统工程之中，将教材规划、开发、审查、出版、选用、修订等加以统筹设计，包括相关政策制定、实施和监督。构建中国特色教材管理和建设体系框架，不断完善内容，使之科学合理，特色鲜明。同时，要紧盯国际课程教材发展的最新动态和变化趋势，勇敢面对改革中遇到的问题、机遇和挑战，积极开展前瞻性研究，为教材建设提供有力支撑。

（二）重视和加强教材质量评价标准工作研究，完善与创新我国教材质量评价标准

教材质量评价标准既是国家实现对把控教材管理与质量的手段，又是教材编写和完善的依据、要求和导向。近些年来，有关教材质量评价框架和体系的建构，不少学者已进行了积极的探索和研究，从教材静态内容及呈现效果逐步向编写、审定制度等拓展，呈现研究内容丰富、维度增加、范围扩大、内容细化等趋势。但总体来看，目前评价理论尚不够成熟，面向教材选用的教材分析评价方法有待完善，分类标准模糊，急需建立基于国家事权高度、面向现代化、认可度高、操作性强的教材质量评价体系。因此，借鉴国外发达国家教材质量评价标准，取其精华去其糟粕，在此基础上吸取我国已有相关评价标准，完善和创造性地构建和研究适合于我国国情和政策取向的教材质量评价标准。

教材质量评价标准的研制需要依据相关法规和理论研究成果，其内容应体现最新教育理念和目标，确保教材成为落实课程标准、人才培养的重要载体和桥梁。教材质量评价过程可采取定量与定性、静态与动态相结合的方法和途径，保障结论公正。基于科学的评审标准开发操作性强的评价，可为完善教材评审、提高教材质量、推进教材建设和管理提供有力保障。

（三）夯实理论基础和方法论基础，构建合理科学的评价体系

理论是研究问题的指导原则，方法是构建框架的指导手段，同时两者也是教材质量评价的依据和前提，关系到对评价效果的认识价值和方法价值的判断。教材质量评价首先要建立在坚实的基本理论基础之上，遵循科学的方法论进行研究，所提出的指标体系应有深层次的理论依据。[①] 另外，方法论的选择至关重要。以英国"苏塞克斯方案"为代表，整体质性分析法（质性）和内容分析法（量化）仍是大部分学者建构评价标准的主要方法，两种研究思路各有利弊，但相互补充，都为教材质量评价提供有意义的借鉴。

当前我国教材质量评价的理论与方法研究尚处于探索阶段，已有不少学者提出构建相应的评价框架，如构建表现性评价框架[②]、以内在品质和外在品质构建内容框架[③]，以及以静态和动态视角构建教材研究框架[④]，保障评价结论的科学性和公正性等。但总体来看，我国教材质量评价仍缺乏较为明确、系统、深刻的基本理论阐述和应用，较少基于主题的量化内容分析，滞后于我国教材质量评价实践需要，尚未形成与国际接轨的教材质量评价基本理论与方法。因此，应夯实与丰富现有的研究理论与方法，建立教材质量评价理论体系，构建合理、科学的教材质量评价方法论体系，进一步推进我国教材质量评价的实践发展。

（四）推进和强化教材审核和管理制度，提供相关法律和制度规范保障

健全的制度体系是科学管理、依法治教的重要手段，是教材质量评价工作有效开展、高效运行的有力保障。[⑤] 从世界范围来看，教材建设的主题和背后的驱动力量，如国家、市场、教育关系、教育专业相关联。[⑥] 与

---

① 王晓丽. 国外教材评价：基本特征、发展趋势及启示[J]. 课程·教材·教法，2016（9）：107-113.

② 周文叶，董泽华. 表现性评价质量框架的构建与应用[J]. 课程·教材·教法，2021（10）：120-127.

③ 胡军. 发达国家教材评价标准的特点与启示[J]. 课程·教材·教法，2019（4）：138-143，125

④ 张心科，文艺，赵瑞萍. 教材研究框架的建构及使用——以语文教材为例[J]. 课程·教材·教法，2019（1）：26-33.

⑤ 王晓丽，张莉. 国外中小学教材评价探析及对我国教材审查工作的启示[J]. 外国中小学教育，2015（10）：30-35.

⑥ 陈霜叶. 探索中国教材制度建设的比较优势与可能形态[J]. 全球教育展望，2019（12）：102-116.

欧美等国家教材制度完全不同的是，我国实行的是统一领导、分级负责的教材管理制度。教材审核建立了"五审制度"，即政治审核、专业审核、综合审核、专题审核和对比审核，目前的统编教材是解决全国各地差异较大的教材适应性问题。因而，新时代我国中小学教材的审定管理较为成熟，形成了具有中国特色的教材审定制度。但在实践操作过程中，仍存在一些问题。其中，教材审定中的重大事项，缺失必备的法律审查保证，直接制约着对教材内容的法律管控，在一定程度上导致教材质量评价的主观化和形式化问题。相比之下，日本、美国等国对于教材审定建立了明确的法律授权体系，其评价内容严谨清晰地呈现出政策中关键内容所依据的相关法律名称、条、款、项等，保障其评价的公正性、公开性、公平性。从而，制定相应法律，规避教材审核评价过程中过分依赖主观经验和直观判断，不失为确保教材质量评价的科学性和合理性的重要方式。

（五）规范细化和分类更新教材质量评价指标，突出教材意识形态的正确导向，从国家层面统筹规划和管理各级各类教材

　　教材质量评价维度和标准的确立涉及教材的方方面面。从比勒菲尔德网格（德国）的多项维度、指标到现今《优质教材工具》（美国）等具体、简明的指标，不难发现，指标并不是越多越好，但也不是越少越好，而是需要根据不同理论和方法，将不同维度的具体分类，科学规范地细化为相关指标，体现其科学性和适切性。此外我们可以发现，无论哪个国家，其指标的思想性是统领，是底线，是教材的"政治观"，因而，教材质量评价指标需要突出教材正确的意识导向，体现其所包含的思想性和社会性。

　　面对纷繁复杂的教育改革潮流动态，依据本国实际更新教育和思想观念是关键一环。教材作为公共产品，绝不能商品化，更不能被当作获利的营生手段，必须加强对教材的质量监管，尤其是政治思想性的把关。也就是说，教材质量对完善教育系统和国家教育政策具有重要作用。我国正处于在提质增效的关键时期，完善符合中国国情、体现中国特色的质量保障体系，构建科学简明的教材质量评价体系，是实现教材建设高质量发展的重要保证。因此，基础教育教材质量评价指标需要彰显教材的红色基因，强化国家意识，侧重学生核心素养的养成，增强学生对中国特色社会主义的政治认同、思想认同、文化认同和情感认同，切实形成正确的人生观、价值观和世界观。

　　针对不同学段以及职业、民族、特殊教育自身发展和教材建设特点，要在充分研究和调查的基础上，从全方位、立体化、共性与个性相结合的

视角，科学、规范开展教材建设和管理的顶层设计和规程、办法的制定等工作。① 可以基于中小学教材质量评价（审查）标准和办法，根据各类教育的重点和特色，及时调整和更新教材审查标准，以有利于培养学生的核心素养、关键能力。进一步健全和完善体制机制，在各级各类教材质量、特色，以及立体化建设和管理方面有所突破。尽快构建国家教材奖励与监督机制，研制奖励办法和监管办法，以彰显我国中小学教材建设的实力和教材发展的成就。尤其要加大监管力度，对违反教材管理办法、侵害教材版权、扰乱教材选用秩序等行为做出严厉处理。

（六）构建教材质量评价与管理新模式

深化教材质量评价研究工作，要构建研究主体多元、研究视角多维、研究方法多样、研究成果丰富、积极服务决策的教材质量评价与管理新模式。大部分国家和地区的教材质量评价制度和审核制度给予学校、教师、学生、家长和社会人士不同程度的参与权，如有些制度会主动征集学生、家长与社会人士相关建议。我们发现，学生在学习阶段有自己独特的认知风格和学习能力，他们对于自己需要什么样的教材和喜欢什么样的教材有自己不同的看法，且有着与专家、教师和家长不尽一致的看法。可见，基于学生视角的教材质量评价研究，无疑是对教材质量评价研究的有益补充。此外，奥茨（Oates）指出，高质量的教材对教师"教"和学生"学"都具有支持作用。同时，我们可以把家长包括在内，因为他们也是教材潜在的使用者，他们对自己孩子所接受的教育的理解可以从教材中的特定科目内容的结构性布局之中受益。②

目前，我国教材质量评估队伍包括学科专家、教育管理者、校长、教师等理论和实践领域的专家，影响范围广泛，成效显著。但在具体实践操作中，一线教师、学生、家长和社会专业人士的参与程度并不高，且认可度较低。相关调查不多，导致评价内容不能成为学生、家长和其他相关人员心目之中的理想教材。这种情况进一步影响了学生的学习热情，使得有些学生使用教材频率较低，甚至有些家长对教材内容缺乏关注和兴趣。因而，有必要建立一支由教师、学生、家长、社会专业人士等人员积极参与的教材质量评价队伍，并通过收集真实的教材质量评价意见建议，促使教

---

① 胡军. 发达国家教材评价标准的特点与启示[J]. 课程·教材·教法，2019（4）：138-143，125.
② 转引自：陈霜叶. 探索中国教材制度建设的比较优势与可能形态[J]. 全球教育展望，2019（12）：102-116.

材质量评价内容真实、有效、具体而实用。

　　积极鼓励个人、科研机构和院校、教育管理部门、教材出版单位、第三方评估组织、民间团体等积极投身教材管理制度、办法和评价标准研制、实施、监督与完善的研究中。根据研究主体的专业所长、兴趣所在，从多个视角、多个层面、利用多种方法进行深入研究，形成丰富的研究成果，积极为决策提供服务。建议从学术研究的视角，加快研制各级各类教材质量评价标准，为完善和健全各级各类教材审查标准和管理办法提供参考。培养、组建教材研究队伍，定期组织培训和研讨，关注国内外教材研究动态，在理论与实践层面发挥引领作用。相对于教材质量评价标准，教材审查标准更具有政策性和行政管理的特点，需要国家教育行政管理部门针对当前和未来面临的问题、风险和挑战，组织多方力量投入研制，体现国家意志和利益，形成和完善相关政策及规程，保障教材管理健康、可持续发展。建议创建"中国教材网"，在展示我国教材建设发展成就的同时，搭建国际教材交流合作平台，促进优质、特色教材的输出、引进与共享，增强教材建设与管理的国际话语权和影响力。[①]

第二节　基础教育教材评价指标体系框架设计与开发[①]

一、基本设计思路

　　关于教材评价的国内外有益经验，对于我们科学构建基础教育教材评价标准具有重要的借鉴意义，也进一步回答了"如何构建高质量教材评价体系"这一问题，为我国以政治唯实、科学求真、培养学生正确的思想价值观为主线的教材建设提供思路与方法。因而，本节的基本思路是，首先以全面质量管理理论为指导，利用内容分析法总结国家教材政策文件和国内外学术文献中相关研究结果，保证教材评价指标符合国家要求和内容的合理性。其次，评价指标的修改完善与最终确定，采用德尔菲法开展专家咨询，确保评价指标内容的信度和效度。再次，确定指标进

---

　　① 本节初稿由孔凡哲、赵欣怡执笔，孔凡哲修改定稿。

行权重分析，选用层次分析法进行分析。最后，形成基础教育教材质量评价指标体系。

（一）教材评价指标体系的设计与本土化构建

首先是提取教材评价的关键要素，评价指标依据与来源分为三个方面：一是针对国家教材政策中关于教材评价的相关内容，如 2018 年教材审定标准和 2019 年《中小学教材管理办法》。二是国内学者关于教材评价指标研究，这些成果能为教材评价指标的构建提供参考。三是国外具有代表性的教材评价研究，借鉴其有益经验。因而，通过内容分析法梳理相关文献（表 6-1），发现其主要包含知识、思想文化、心理、编制、内容选取和组织、与课程标准切合度、学生、学习、适用、教师、数字科技和其他维度，这为确定教材评价指标的关键要素奠定了基础。

表 6-1　教材政策文件与学术文献内容分析

比较项		知识维度	思想文化内涵维度	心理维度	编制维度	内容的选取和组织	与课程标准切合度	学生维度	学习维度	适用维度	教师维度	数字科技纬度	其他维度
国家教材政策文件	教材审定标准（2018年）		√		√	√	√		√				√
	中小学教材管理办法（2019年）		√		√	√		√					√
部分教材评价指标体系研究文献	钟启泉（2001年）	√	√	√	√					√			
	高凌飚（2002年）	√	√	√	√					√			√
	张定强（2008年）	√	√	√	√					√			
	罗新兵（2008年）	√	√		√	√				√			√
	陆幸意（2012年）							√	√				
	王奋平（2020年）	√						√	√				
	刘卫娜（2021年）	√	√	√	√							√	
	优质教材工具（美国，2019年）				√	√		√	√	√	√		√

续表

比较项		知识维度	思想文化内涵维度	心理维度	编制维度	内容的选取和组织	与课程标准切合度	学生维度	学习维度	适用维度	教师维度	数字科技纬度	其他维度
部分教材评价指标体系研究文献	教学材料评估工具（美国，2016年）				√	√	√	√	√	√	√	√	√
	教材质量：教材标准指南（德国，2013年）					√		√	√			√	

其次是一级指标的确定。由表6-1可见，在构建教材评价指标时，国家教材政策属于宏观层面，立足国家课程教材规划、课程方案和课程标准，包含教材管理职责、教材审核、编写修订、出版发行、选用使用，以及保障机制、检查监督等方面，意味着针对所有学科教材，在一定程度上体现对教材质量监控和评价的导向性和保障性作用。因而，在具体指标中，诸如知识维度（具体学科）、心理维度、教师维度以及数字技术等并没有详细说明或展开。

针对学科教材，国内学者相对统一地将评价指标细化为各类一级指标，集中在知识维度、思想维度、心理维度、编制维度和适用维度等。也有学者立足学生视角对教材评价指标进行划分，值得我们借鉴。国外相关研究以教材特性（横向）或以分级设置（纵向）为主，强调以严格规范的程序开展教材评价，几乎所有的评价指标框架中的维度都涉及文本内容、组织编排、教与学、物理属性等方面。此外，国外相关研究以静态"一致性分析"和动态"基于证据"很好地体现了教材评价的全面性和真实性。基于此，本节选取教材的价值导向、与课程标准的一致性、内容的选择、内容的呈现、对学习和教学的引导、教材编辑与设计、可行性、有效利用技术和补充材料共计9个一级指标。其中增加"教材的价值导向"维度填补价值观维度空白；强调教材与课程标准的一致性，以此来强化课程标准对教材编写的导向作用，为教材特色的形成创造空间。内容的选择和呈现主要从知识维度、心理维度、学生维度、学习维度和适用维度等方面进行考虑，可行性维度则主要关注教师维度以及其他维度。

最后是细化二、三级指标，观测其指标内容。在二、三级指标的构建过程中，围绕一级指标的内涵，以基础教育教材的学科属性与主题内容为主线，基于国家教材政策的顶层设计，依据各科义务教育课程标准（2022年版），遵照旨在发展学生核心素养、培养德智体美劳全面发展的社会主义建设者和接班人的根本目标，以公平、公正、保障质量为目标，逐步细化与完善每个指标内容。因而，研究初步构建了 9 个一级指标，18 个二级指标和 66 个三级指标体系。比如，"教材的价值导向"指标既包括对文化的要求，也包含对学生和教材本身的要求，共 3 个二级指标和 10 个三级指标。

（二）评价指标的修改与确定

为了提高研究的科学性与可靠性，本节采用德尔菲法进行教材评价指标的专家意见征集。专家群体的构成是实施德尔菲法的关键。对于选定专家，其研究范围集中于基础教育课程及其相关领域，其身份为国家教材委员会专家委员（学科教材审查委员）、省级教材审查委员、专家型教研员和经验丰富的学科高级教师，选定专家数量为 20 名。为保证结果的可靠性，需要将专家对某一问题的研判依据（C_a）和对该问题的熟悉程度（C_s）作为评判标准（表 6-2），然后根据权威系数（$C_r = 0.5C_s + 0.5C_a$）分数确定该专家的权威性，且 $C_r > 0.7$ 认定为结果具有较高信度。

表 6-2 熟悉程度和研判依据系数量化表

熟悉程度（C_s）	量化值	研判依据（C_a）	对专家研判的影响程度		
			大	中	小
不熟悉	0.1	实践经验	0.5	0.4	0.3
不太熟悉	0.3	理论分析	0.3	0.2	0.1
一般熟悉	0.5	国内外指标的熟悉度	0.1	0.1	0.1
较熟悉	0.7	学科素养	0.1	0.1	0.1
很熟悉	0.9	研究领域	0.3	0.2	0.1

因而，根据调查问卷，第一轮对 8 名国家级、省级专家的学科素养、研究领域、实践经验、理论分析、国外指标的熟悉程度等进行统计，得到结果，即平均权威系数（C_r）= 0.801 > 0.7，说明参与专家符合此次研究要求，第二轮与第三轮方法的测评，以此类推（表 6-3）。

表 6-3 三轮专家征询结果

征询轮次	征询人数/人	平均权威系数（C_r）	变异系数（C_v）	文字意见/条
1	8	0.801	<0.5	6
2	20	0.772	<0.5	13
3	18	0.768	<0.5	11

　　研究初步拟定的学科教材评价指标体系根据利克特五级量表设计结构式问卷，对问卷的指标进行打分，其中 4 分为该指标"合格且特色鲜明"，3 分为"合格且局部有特色"，2 分为"合格但无特色"，1 分为"基本合格"，0 分为"不合格"，且可对二级、三级指标进行修改、增添或删减。此外，为确保其指标的稳定性、防止极值对结果的影响[①]，以中位数作为参考指标，对其均值（M）、标准差（SD）和变异系数（C_v＝SD/M）进行干预和筛选。

　　在第一轮的专家数据结果和文字意见反馈中，教材的价值导向、教材与课程标准的一致性、教材内容的选择、教材内容的呈现、教材对学习和教学的引导等 9 个一级指标（A—I）得分 M 大于 4，C_v 均小于 0.5，表明该 9 个一级指标均符合预期检验标准，因而，8 位专家认为此 9 个指标可成为数学教材指标的一级指标。针对二、三级指标（A2—A3、C1—C2、D1—D2、E1—E2、F1—F2、H1—H2），其 M 和 C_v 均符合要求，专家意见集中度均小于 1.8，表明专家对指标无异议。但 A1、B1、D3、G1 和 I1 指标的 M 均小于 4，如 Q 教授认为 A1 指标解释过长，需简练语言表达；S 教授指出 G1 需要从不同角度说明，可拆分其内容进而简洁描述；K 教授认为 I1 不够详细等。基于反馈意见，研究将二级指标 A1 精简为 6 个三级指标，删除部分话语；将 G1 拆分为"G1 外部环境和 G2 内部环境"；将 I1 指标添加为（I1 内容补充和 I2 教学补充）；将 D3 指标整合为 5 个三级指标；将 B1 指标简练细化为 4 个三级指标。重新修改问卷后，再次对新增和修改的指标以此类推进行第二、三轮专家咨询，问卷仍以利克特五级量表赋分，以 M、SD 和 C_v 为参考。20 位专家（第三轮有效问卷 18 份）的数据分析意见反馈表明，修改后的指标得分 M 都大于 4，C_v 均小于 0.5，表明专家对修改指标具有一致性意见。

　　根据专家征询结果，其指标分数结果根据文字意见进行三轮修订与完善，确定教材评价指标体系，包括 9 个一级指标、20 个二级指标和 69 个三级指标。研究进一步选用层次分析法对各指标进行权重赋值。首先根据指标构建层次结构模型，即目标层为学科教材评价指标体系，准则层为一级指标，子准则层为二级指标，方案层为三级指标，逐层推进。其次根据 Santy1—9 标度方法构建其各级指标的两两判断矩阵，最后进行一致性检验，最终确定学科教材指标体系（表 6-4）。研究使用专业统计服务的科学平台（scientific platform serving for statistics professional，SPSSPRO）进

---

　　① Underwood Jr J E. Consensus Definition of Self-love：A Delphi study[D]. Atlanta：Mercer University，2020.

行具体计算，最终得出临界比 CR 值（CR＜0.1）和最终权重值，说明其结果具有一致性。

表 6-4　教材评价指标体系

一级指标 （权重）	二级指标 （权重）	三级指标 （每项指标按照 4 分、3 分、2 分、1 分、0 分依级赋分）
A 教材的价值 导向 （33.275%）	A1 文化 价值 （11.947%）	1. 根据学科性质、任务和学生年龄特点，渗透社会主义核心价值体系，加强爱国主义、革命传统、中华优秀文化、中华民族共同体意识等教育，加强学生基本道德素质培养，体现国家和民族基础价值观，体现人类知识积累和创新成果
		2. 教材应在促进国家认同、民族文化认同上有所贡献；教材应突出中国元素，体现优秀的中华文化，体现学科的文化价值和学科美
		3. 教材不得因种族、民族、族裔、语言、文化、宗教、社会地位、性别、年龄、身体或精神残疾、疾病、无家可归等特殊身份，进行歧视
		4. 教材不得以任何明示或暗示的方式传播种族主义、民族主义、性别歧视、种族、宗教仇恨，或对任何形式的宗教或其他利益的个人或团体排斥或排除
		5. 教材不得包含可能对任何社会或族裔群体的成员冒犯的名字或标签，教材应尊重多样性
		6. 教材传播的所有价值内容应与特定教育水平下学科的性质和目标一致，该内容的有意义信息也应是一致的，并且能够建立一个价值体系
	A2 社会 价值 （10.508%）	7. 教材的内容及其解释应与社会相关，向社会展现其内容的具体价值，以及这些内容如何与日常生活相关
		8. 教材解释的内容、例子、任务和模式应从一系列社会文化背景中得出，在选择此类内容时，应考虑教材使用者的不同社会文化背景
	A3 公民 价值 （10.818%）	9. 教材内容要考虑到学生的具体特点，如情感、偏好和动机等；教材不应局限于对学术知识的中性介绍，在可能的情况下，要为学生量身定制内容
		10. 教材内容体现出恪守全体公民平等权利和义务
		11. 教材内容体现时代精神，鼓励学生探索、创新，促进学生个性发展
		12. 教材内容面向全体学生，促进学生全面发展
B 教材与课程标准的一致性 （19.857%）	B1 一致性 （19.857%）	13. 总体设计体现课程标准的基本理念
		14. 编排与呈现反映课程标准确定的课程目标
		15. 覆盖广度符合课程标准规定的内容范围
		16. 难易程度符合课程标准规定的要求
C 教材内容的 选择 （15.838%）	C1 整体系统 （3.095%）	17. 内容的设计具有整体性
		18. 内容严谨精确、结构合理，富有时代性
	C2 时代经验 （3.210%）	19. 内容贴近生活现实，涉及日常生活遇到的问题
		20. 内容素材的选择具有广泛性，能结合学生生活经验
		21. 内容具有时代性，体现与社会进步、科技发展和信息技术的联系

续表

一级指标 （权重）	二级指标 （权重）	三级指标 （每项指标按照4分、3分、2分、1分、0分依级赋分）
C 教材内容的 选择 （15.838%）	C3 学生发展 （9.553%）	22. 内容的深广度符合学生不同的认知水平和语言水平
		23. 内容具有足够的复杂性，立足学生已有的知识技能基础
D 教材内容 的呈现 （6.865%）	D1 内容语言 （2.585%）	24. 内容呈现慎重对待网络语言
		25. 内容呈现使用学生能够理解的语言、符号和术语
		26. 内容的表达清晰、准确、生动，可读性强；没有不必要的重复与交叉
		27. 语言选取和使用得当
		28. 没有性别歧视的内容
		29. 没有任何形式的商业宣传
		30. 尊重和关爱残疾人
		31. 没有科学性和常识性错误，没有涉及暴力、伪科学、神秘化、攻击性的描述
	D2 内容组织 （1.517%）	32. 插图与课文内容密切相关，有利于学生的理解和学习
		33. 插图、图表、照片等清晰、准确，符合版式和相关法规要求
		34. 练习有助于学生理解、运用和拓展等能力的发展，数量和难度适当
		35. 活动设计基于课程标准期望知识能力要求，学习活动（包括实验、讨论等）多样，设计目的明确、要求合理，具有可操作性
		36. 栏目设计合理、形式活泼
		37. 色彩和版式的设计、运用生动、实用，重点突出
		38. 字体、字号、行距、留白等设计符合相应学段学生的实际
		39. 有效利用各种恰当的媒体和平台
	D3 内容编排 （2.763%）	40. 呈现方式遵循学生认知发展规律，内容编排和情境设计有利于激发学生兴趣、提升学生对学习投入程度，促进学生主动学习和深度理解，培养创新精神
		41. 活动设计基于课程标准期望知识能力要求，学习活动（包括实验、讨论等）多样，设计目的明确、要求合理，具有可操作性
		42. 注意册与册、本学科与相关学科之间的联系
		43. 各章节内部和章节之间的衔接顺畅
		44. 教材的主题单元结构具有明确性（明确的功能和目的）、针对性（清晰的方式进行视觉标记）、一致性（整体前后递进）、整体性（清晰连贯的结构）
E 教材对 学习和教学 的引导 （12.776%）	E1 学生维度 （6.960%）	45. 教材具有吸引力，能激发学生学习愿望、兴趣和求知欲
		46. 提供帮助学生学习的"脚手架"，引导学生的学习和思维，加深理解
		47. 为学生提供动手动脑的学习机会，设计多样的实践性活动和作业，如个人的、小组的、口头的、书面的、图像的、实物的、课内的、课外的等，鼓励和支持学生进行探究性学习活动，形成自己的想法和观点

一级指标 （权重）	二级指标 （权重）	三级指标 （每项指标按照 4 分、3 分、2 分、1 分、0 分依级赋分）
E 教材对 学习和教学 的引导 （12.776%）	E2 教师维度 （5.816%）	48. 引导和支持教师根据课程目标和教学对象选择合适的教学策略，启发教师设计和组织学生主动参与的学习活动
		49. 提供引导师生完成教学任务的课程资源线索
		50. 引导和支持教师根据不同的学习目标和内容，选择恰当的方式指导学生对学习过程和结果进行评估、总结
F 教材的编辑 与设计 （4.664%）	F1 教材编辑 （1.507%）	51. 教材开本大小、形状、纸张质量和印张质量满足学生携带方便、实用、耐用、环保
		52. 教材印刷、封面、装订、包装质量精良，能满足大多数学生频繁、持久使用和保存
		53. 版面设计清爽美观，文图配合得当，插图质量高，数量合适，图像清晰
	F2 教材设计 （3.157%）	54. 能够慎重对待卡通人物、虚拟图片
		55. 各种符号标识一以贯之，标点符号、数字和计量单位使用规范
		56. 文字差错率不超过万分之零点二五
		57. 教材资源的组件（配套教学材料、教具、学具、光盘、数字资源等）设计合理、配搭方便，这些材料组织清晰、符合逻辑、容易使用、价格合理
G 可行性 （2.420%）	G1 外部环境 （0.618%）	58. 教材与时代发展和教育需求的一致程度
		59. 教材与使用教材地区的经济、社会发展的适应程度
	G2 内部环境 （1.802%）	60. 教材与实际使用的符合程度
		61. 教材与教师、学生水平的适应程度
H 有效利用 技术 （2.809%）	H1 数字技术 （1.605%）	62. 教材提供的链接、网址等符合相关规定和使用政策
		63. 教材中整合了技术，如互动工具、虚拟操作物/物体或动态软件，以吸引学生参与学科实践
	H2 数字评估 （1.204%）	64. 教材包括评估学生对学科的理解和使用技术的程序性技能知识的机会
		65. 教材中包括或提为教师/学生提供相互协作机会的技术（如网站、讨论组、网络研讨会等）
I 补充材料 （1.496%）	I1 内容补充 （0.869%）	66. 补充材料采用不同的阅读水平，并与年级/水平相适应
		67. 所有补充材料都与核心教学材料的内容相一致
	I2 教学补充 （0.627%）	68. 补充材料提供了充足的资源，通过实践巩固了学生的学习
		69. 补充材料为学生的学习活动提供了各种资源（如期刊/写作、合作小组工作、图形组织者等）

二、教材评价审核流程

教材质量评价的目的在于监控教材以提升其质量。也就是说，评价指标为教材监控提供根本依据，而教材监控是反馈教材评价的每一环节，以期进行及时修改和完善。教材质量监控模型，重在强调在评价指标的过程中提供全面、清晰的逻辑分析框架和操作指南。例如，美国教材评价过程分级设置三个关卡，即在评分过程中先要对该关卡中各项指标得分进行统计，然后决定是否进行后续关卡的评价。只有通过关卡一、关卡二分数要求，才能进入关卡三的评价。评价过程既关注过程，又关注结果，层层递进、相互连贯，提升了评价过程的规范性、进阶性。因而，应借鉴其关卡经验，在评价指标中构建指标监控模型，探索具有本土化特色的学科教材质量监控和评价模型。

全面质量管理（total quality management）一个需要组织全员参加、覆盖全过程活动、在全组织各有关职能和层次展开实施的管理，其实施过程中可以灵活应用各种有效的工具方法[①]，是一个组织以质量为中心、以全民参与为基础，目的在于通过顾客满意和本组织所有成员和社会受益而达到长期成功的管理途径。此外，ISO 9000 族标准为全面质量管理的制度基础建设提供了权威的标准支撑，使得全面质量管理有据可依，有利于形成"全员、全过程、全方位和多样化方法"的基本指导过程。[②]根据全面质量管理的经典理论——PDCA 循环[③]的基本观点，质量分析评价是一个循环不断的动态过程。[④]该模式依据循环控制思想，建立"计划、执行、检查和处理"循环往复、不断改进、逐步提升的产品控制体系。教材作为公共产品，从教材的研制开发机制（包括立项、设计、编写、出版），到教材的审定机制、评价机制、出版机制、选用机制等，需要各环节协同完成，因而，用全面质量管理理论对我国基础教育教材工作进行审视是可行的，可以克服教材建设过程中的诸多弊端。同时，质量管理学的核心观念是不断地进行质量改进、及时根据情况的变化和顾客需要调整目标和策略，从而实现更高的质量标准和更高的顾客满意率。[⑤]因而，基于质量学视角，一本高

---

① 段一泓. 全面质量管理的演进（上）[J]. 中国质量，2018（5）：37-39.

② 中国质量协会. 全面质量管理[M]. 4 版. 北京：中国科学技术出版社，2018：25.

③ PDCA 循环的含义是将质量管理分为四个阶段，即 plan（计划）、do（执行）、check（检查）和 act（处理）。

④ 孔凡哲，张恰. 教科书研究方法学与教科书质量保障研究[M]. 长春：东北师范大学出版社，2021：5.

⑤ 施晓光. 西方高等教育全面质量管理体系及对我国的启示[J]. 比较教育研究，2002（2）：32-37.

质量教材必须满足用户（学校、教师、学生、家长等）的需要并为用户带来利益，必须符合国家的教育方针，有助于实现国家规定的教育教学目标，并与社会主流文化相一致。与此同时，全面质量管理是一套完整的质量框架，贯穿于组织的所有方面，是对质量提供根本性的保障。因而，借鉴全面质量管理的基本理念、特征、方法与原则引入教材质量保障体系是必要的，有助于促进教材管理工作向更高质量方向发展。

将全面质量管理理论融入教材质量监控和评价模型，一方面要把控教材质量，另一方面要循环往复，不断改进，逐步提升教材质量。要融入管理思想，结合教材评价指标，构建相对完善的教材质量监控和评价模型（图 6-1）。

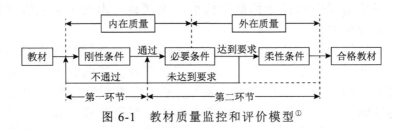

图 6-1　教材质量监控和评价模型①

刚性条件作为教材的初审环节，即第一环节，是教材通过审定时必须具备的、缺一不可的基本条件，由第 1 项指标"教材的价值导向"组成，包括教材的文化价值、社会价值等。刚性条件属于内在质量维度，如果没有满足"教材的价值导向"一级指标的 12 个二级指标中任何一项要求，那么，就不能进入必要条件的审查环节。

必要条件和柔性条件作为第二环节，由教材评价标准所包含的各项要求分数进行判断与评分。审查流程中"达到要求"意味着每个二级指标不能出现"不符合要求的分数"，即未达到最低要求分数，只有高于最低要求分数才可以进入柔性条件评估。必要条件体现在一级指标第 2—7 项（即指标 B—G），其 49 项三级指标，即表 6-4 三级指标第 13—61 项，总分 196 分，"达到审核要求"分数为 147—196 分，"部分达到审核要求"分数为 98—147 分，低于 98 分则"未达到审核要求"，不能进入柔性条件评估环节。

柔性条件是在教材中按照需求锦上添花，具体体现为第 8—9 项指标（即一级指标 H、I，包含三级指标第 62—69 项），即是否增添补充材料、

　　① 孔凡哲，赵欣怡，李潇萌. 基础教育数学教材质量监控和评价："研究现状""指标体系"和"模型建构"[J]. 数学教育学报，2023，32（06）：18-24.

数字教材的获取方面。评分总分为 32 分，达到审核要求分数为 24—32 分，部分符合要求为 16—24 分，不符合要求为低于 16 分。但此二级指标的分数仅供评价参考，不作为最终审核的硬性要求。

进入新时代，中国教材质量保障与评价制度建设进入新阶段，强调加快建设高质量教材体系，对全面提高教材建设质量提出了新要求。教材评价标准既是教材管理办法和章程的重要组成部分，又是把控教材质量的戒尺，还是教材编写和出版的依据和导向。因而，健全的制度体系是科学管理、依法治教的重要手段，是教材评价工作有效开展、高效运行的有力保障。

值得注意的是，教材评价主体也是影响和制约教材评价活动的重要因素，是客观存在且非均衡的。不同用户（学校、教师、学生、家长）在主观感受、利益需求、效果目标、审美偏好等方面存在差异，直接影响和制约着教材评价的结论。因而，为实现不同用户对教材评价的客观性与科学性，树立正确的国家意识观念和教材价值取向成为关键一步。具体来说，一方面，不同用户主体需要认识到教材是国家意识形态的重要载体，是具有政治属性、文化属性、社会属性的公共产品，体现国家意志，是国家事权；另一方面，需要不同用户主体牢牢把握党和国家有关中国特色社会主义思想与社会主义核心价值观，树立正确的历史观、民族观和国家观。同时，还可以构建不同用户主体的制度体系或搭建技术平台，以提高不同用户主体的评价能力。

总之，教材评价指标体系的构建，是基于对主要国家教材评价指标的分析和提炼，本节构建的教材评价指标体系，需要在实践中接受检验、改进和修订，以期更好地为构建新时代高质量教材体系服务。

第三节　基础教育教材质量监控和评价的观测要领

进入新时代，我国迈入对课程教材工作重视的重要时期，教材质量保障与教材评价制度的建设进入了新阶段，更加强调加快建设高质量教材体系，对全面提高教材建设质量提出了新要求。基于对外国主要国家教材评价工作的梳理分析和总结，并扎根我国教材建设的认识与思考，全面考量教材的质量管理保障体系结构，要实现教材评价的全面性、科学性和客观性，还需要明确若干教材评价的观测要领。

一、强化教材法律基础和制度规范保障，建立完善的教材监控机制

　　健全的制度体系是科学管理、依法治教的重要手段，是教材评价工作有效开展、高效运行的有力保障。[①]从世界范围来看，教材建设的主题和背后的驱动力量，如国家、市场、教育关系、教育专业相关联。[②]与欧美等国家教材制度完全不同的是，我国是实行统一领导、分级负责的教材管理制度。教材审核建立了"五审制度"，即政治审核、专业审核、综合审核、专题审核和对比审核，目前的统编教材是解决全国各地差异较大的教材适应性问题。因而，新时代我国中小学教材的审定管理较为成熟，形成了具有中国特色的教材审定制度。但在实践操作过程中，仍存在一些问题。其中，对教材审定的重要事项缺乏必需的法律审核程序，进而影响对教材内容的法律管控，导致对教材质量评价一定程度上存在主观化和形式化问题。相比之下，日本、美国等国对于教材审定建立了明确的法律授权体系，其评价内容严谨清晰地呈现政策中关键内容所依据的相关法律名称、条、款、项等，以保障其评价的公正性、公开性、公平性。因此，根据法律依据约束，以及避免审核和评价过于依赖主观经验与判断，不失为确保教材质量评价科学性、合理性的重要方式。

　　另外，我国教材属于审核时进行教材质量评价，即"事后检验"，并不是在评价过程中进行预防控制[③]，仅仅依靠最终的评价结果预防与控制教材质量，不利于提高教材管理效率，延长了教材修订周期时间。因此，基于质量管理学相关内容，建立教材质量的预防控制机制，对教材管理与评价中可能出现的问题做出预设，提前找到解决问题的方案，提高教材的管理效率的同时建立完善教材质量的保障体系，可以为教材的评价奠定良好的基础。

---

　　① 王晓丽，张莉. 国外中小学教材评价探析及对我国教材审查工作的启示[J]. 外国中小学教育，2015（10）：30-35.
　　② 陈霜叶. 探索中国教材制度建设的比较优势与可能形态[J]. 全球教育展望，2019（12）：102-116.
　　③ 张珊珊，王晓丽，田慧生. 质量管理学视角下教材管理效能的提升[J]. 课程·教材·教法，2020（1）：50-54.

二、规范提升评价主体的专业化水平，打造多元化教材评价队伍

大部分国家和地区的教材质量评价制度与审核制度给予学校、教师、学生、家长和社会人士不同程度的参与权，如有些制度会主动征集学生、家长与社会人士相关建议。我们可以发现，学生在学习阶段有其独特的认知方式和学习能力，因此，他们对什么样的教材才是自己所需要的、所喜欢的，有着与专家、教师不完全一致的看法。可见，基于学生视角的研究无疑是对教材质量评价研究的有益补充。

当前我国的教材质量评价队伍中，涵盖了学科专家、教育行政人员、校长、教师等理论和实践领域的专家，影响范围大、成效大。但在具体的操作过程中，一线教师、学生、家长和社会人员参与度不高，认可度不够，相关调查较少，使得评价内容无法成为学生和家长等相关人员心目中的理想教材，从而导致学生使用教材频率降低、家长无心过问教材内容的局面。因此，需要建立教师、学生、家长等人员积极参与的教材质量评价队伍，搜集真实的教材质量评价意见，促使教材质量评价内容真实有效、具体实用。

三、完善教材评价的权威性和科学性，建立专业化三方评估机构

第三方评价是由社会中介组织进行的评价，它打破第一方评价囿于自身视野、利益而不能自觉、客观、公正地评价自我发展的局限性，又革除了第二方评价在教育管理和评价中既担任裁判员又担任教练员的管评不分的弊端。[1]美国第三方机构较为成熟，诸如教育咨询机构发布的教材评价标准是由一些非营利性教育组织、机构召集具有丰富教育经验和出版经验的人员研制，旨在对美国国内出版的各科教材质量进行第三方独立评价的教材评价标准。[2]目前，我国未形成较为专业与成熟的教材评价机构，教材评价专业人员分布较为零散，难以满足教材评价的研制与实施。除此之

---

① 杨明. 教育治理现代化呼唤第三方评价[J]. 教育发展研究，2016（6）：3.
② 翟志峰，董蓓菲. 美国教材评价标准的指标和方法——以《优质教材工具》为例[J]. 全球教育展望，2019（5）：91-104.

外，教材评价中需要避免审查专家个人经验和主观偏见的影响，革除学校、政府在评价中出现的弊端。因此，凸显教材第三方评估机构的专业化力量，联合专业化、规范化、一体化的教材第三方机构势在必行。

四、教材建设质量保障体系完善的展望

教材作为教育教学的基础，其质量直接关系到学生的学习效果和未来的发展。随着教育改革的深入和教育教学理念的更新，教材建设质量保障体系也需要不断完善。笔者将从坚持强化教材意识形态正确导向、增强地方和高校的主体意识与责任意识、分类制定教材质量评价指标体系、建立教材质量督查和责任追究制度、重点优化教材编写和审查环节、以及健全教材向教学转化的工作机制①等方面，对教材建设质量保障体系完善的展望进行探讨。

（一）坚持强化教材意识形态正确导向

在教材建设过程中，坚持强化意识形态的正确导向是至关重要的。这要求我们在教材编写和审查过程中，始终坚守社会主义核心价值观，弘扬中华优秀传统文化，传递正确的世界观、人生观和价值观。同时，教材应紧密结合时代发展和国家需求，反映社会进步和科技创新的成果，引导学生树立正确的历史观、国家观和民族观。

为了确保教材意识形态的正确导向，我们需要加强对教材编写人员的培训和教育，提高他们的政治素质和学术水平。同时，应建立健全教材审查和评估机制，对教材内容进行全面、深入的审查，确保教材内容符合国家的教育方针和政策要求。

（二）提高地方和高校的主体意识与责任意识

地方和高校作为教材建设的重要主体，应增强自身的主体意识和责任意识。地方应根据本地区的文化、经济和教育特点，有针对性地开展教材建设，编写具有地方特色的教材。高校应结合自身的教学和科研优势，积极参与教材编写和审查工作，推动教材质量的提升。

---

① 刘湉祎，潘信林，李正福. 教材建设质量保障体系：结构框架、运行成效与未来展望[J]. 课程·教材·教法，2022（2）：60-66.

　　为了增强地方和高校的主体意识和责任意识，我们需要建立健全教材建设的激励机制和约束机制。一方面，应鼓励地方和高校积极参与教材建设，对优秀的教材编写人员和团队进行表彰和奖励；另一方面，应建立教材质量问责机制，对在教材编写和审查过程中出现的问题进行责任追究，确保教材建设的严肃性和规范性。

（三）分类制定教材质量评价指标体系

　　为了更好地评价教材质量，我们需要针对不同学科、不同层次的教材，分类制定教材质量评价指标体系。这些指标应涵盖教材内容、结构、呈现方式、难易程度等方面，确保教材质量评价的全面性和科学性。
　　在制定教材质量评价指标体系时，我们应充分考虑学科特点和学生需求，确保评价指标的针对性和实用性。同时，我们应注重评价指标的可操作性和可量化性，便于对教材质量进行客观、准确的评价。

（四）建立教材质量督查和责任追究制度

　　为了保障教材质量，我们需要建立教材质量督查和责任追究制度。通过定期或不定期的督查，对教材质量进行监督和检查，发现问题及时整改。同时，对于在教材编写、审查等环节中出现问题的个人或单位，应依法依规进行责任追究，确保教材建设的严肃性和规范性。
　　为了确保教材质量督查和责任追究制度的有效实施，我们需要建立健全相关的工作机制和制度保障。例如，可以设立专门的教材质量督查机构或委员会，负责对教材质量进行督查和评估；同时，应建立严格的责任追究机制，对在教材建设过程中出现问题的个人或单位进行严肃处理。

（五）重点优化教材编写、审查环节

　　教材编写和审查是教材建设的关键环节，应重点进行优化。在教材编写方面，我们应鼓励教师、学者和专家积极参与，注重教材内容的创新性和实用性。同时，我们应加强对教材编写的指导和管理，确保教材编写的质量和进度。
　　在教材审查方面，我们应建立严格的审查制度，对教材内容进行全面、深入的审查。审查过程中应注重教材内容的科学性、准确性和规范性，确保教材质量符合相关标准和要求。同时，我们应加强对教材审查人员的培训和教育，提高他们的专业素质和审查能力。

（六）健全教材向教学转化的工作机制

教材建设的最终目的是更好地服务教学。因此，我们需要健全教材向教学转化的工作机制。这包括加强教材与教学的衔接，确保教材内容与教学目标、教学方法的匹配；加强教师培训，提高教师对教材的理解和运用能力；建立教材使用反馈机制，及时了解师生对教材的使用情况和评价意见，为教材的改进和更新提供依据。

为了健全教材向教学转化的工作机制，我们可以采取多种措施。例如，可以组织教师开展教材研讨活动，促进教师对教材内容的深入理解和把握；可以建立师生交流平台，鼓励师生对教材的使用情况和问题进行反馈和讨论；可以定期组织教材评估活动，对教材质量进行客观、准确的评价，并根据评估结果对教材进行改进和更新。

教材建设质量保障体系的完善是一个长期而复杂的过程。我们需要坚持强化教材意识形态正确导向，增强地方和高校的主体意识与责任意识，分类制定教材质量评价指标体系，建立教材质量督查和责任追究制度，重点优化教材编写和审查环节，以及健全教材向教学转化的工作机制。通过这些措施的实施，我们可以不断提高教材建设的质量和水平，为培养高素质人才提供有力的支持。

第七章 基础教育教材质量监控和评价指标体系的应用与对策

第一节 基础教育语文教材质量监控和评价指标体系的应用

一、基础教育语文教材质量监控和评价指标体系的构建

汪越[1]在孔凡哲指导下，以 2018 年教材审定标准、2019 年《中小学教材管理办法》和《义务教育教材审读意见表》为基础，借鉴国外教材评价研究的代表性成果[2]，提取语文教材评价的关键要素，依据《义务教育语文课程标准（2022 年版）》《义务教育语文课程标准（2011 年版）》的相关教材编写要求，遵照旨在发展学生核心素养、培养德智体美劳全面发展的社会主义建设者和接班人的根本目标，以公平、公正、保障质量为目标，细化完善每个指标内容。采用德尔菲法进行教材评价指标的专家意见征集（受访专家包括国家教材委员会专家委员 2 名、省级教材审查委员 3 名、专家型教研员和经验丰富的高级教师 15 名）。根据专家征询结果进行三轮修订完善，最终确定小学语文教材质量监控和评价指标体系，包含 5 个一级指标，23 个二级指标和 28 个三级指标（表 7-1）。

---

① 汪越. 多用户视角下小学语文教科书需求的调查研究[D]. 武汉：中南民族大学，2022.
② 高凌飚. 基础教育教材评价：理论与工具[M]. 北京：人民教育出版社，2002.

表 7-1 小学语文教材质量监控和评价指标体系

维度	指标	评价标准
思想文化内涵维度	弘扬社会主义核心价值观	语文教材应体现党和国家意志，选文、练习、事例、活动等内容具有丰富的价值观教育内涵，有助于培养学生的爱国主义情感、社会主义道德品质、正确的价值观念、积极的人生态度等
	传承中华优秀传统文化	语文教材融入中华优秀传统文化中的核心思想理念、人文精神、传统美德，引导学生理解和热爱国家通用语言文字，体悟中华优秀传统文化中蕴含的爱国情怀、中华民族精神、荣辱观念，提高审美情趣，厚植中华文化底蕴，坚定文化自信
	继承革命传统	语文教材围绕中国共产党的领导地位、共产主义理想信念，以人民为中心的立场、实事求是的思想路线、革命斗争精神、爱国主义情怀、艰苦奋斗等传统主题内容，引导学生深刻体会革命精神、深入感受爱国主义精神，体认英雄模范的高尚品质，陶冶性情、坚定志向，树立正确的世界观、人生观和价值观
	渗透科学精神内容	语文教材提供丰富的科学精神教育内容，且具有美的形式，有利于培养学生科学的思维方式
知识维度	与课程标准具有适切性	语文教材内容选择科学适当，符合课程标准规定的知识类别、覆盖广度、难易程度等内容，与课程标准的目标一致
	体现语文核心素养	语文教材应包含培养学生语言建构与运用、思维发展与提升、审美鉴赏与创造、文化传承与理解四大学科核心素养的知识、技能和活动
	选文具有典范性	语文教材的选文应积极向上、导向正确，是文质兼美的范例之作，富有文化内涵和时代气息 选文题材、体裁、风格丰富多样，各种类别的比例和搭配恰当
	活动和练习具有科学性	语文教材的活动和练习，如各种游戏、表演、交流、探究、阅读等精心设计，形式活泼、数量适宜，内容新颖且具有针对性 各种学习活动应适当联系社会生活实践，为学生运用知识解决实际问题提供机会
	编排结构具有合理性	语文教材各单元应清晰地阐明学习目标和任务 单元间按照知识的内在逻辑组织编排，体例和呈现方式灵活多样，符合语文学科的教学规律
	体现时代发展特点	语文教材体现时代特点和现代意识，坚持继承发展，教材内容既保持相对稳定，又与时俱进，反映经济社会发展、科技进步和马克思主义中国化最新成果
心理发展规律维度	适应学生的认知水平和心理发展规律	语文教材的整体难易程度合理，符合学生的身心发展特点，适应学生的认知水平，遵循由易到难原则，根据学段特点逐级增加难度
	激发学生的学习兴趣	语文教材贴近儿童的生活世界，可读性强，可有效调动学生现有的认知水平，激发学生的学习兴趣和求知欲望
	促进学生的个性化发展	语文教材尊重学生的个体差异，注重培养学生的独立思考能力，激发学生的主体性活动，鼓励学生选择适合自己的学习方式
	培养学生自主学习能力	语文教材提供学习方法和学习策略的指导，包含帮助学生独立使用教材的组件，如目录页码的索引、单元导语、注音、注释、阅读提示、书写提示、参考书目、图标、符号、补充图表等，有助于学生形成主动、自主、合作、探究的学习方式和学习习惯

续表

维度	指标	评价标准
编制水平维度	语言准确规范	语文教材的文字编辑准确无误，无错字、漏字 语文教材的编写语言准确规范、文采生动，可读性强
	封面美观大方	语文教材的封面色彩和谐、美观大方，有利于学生获得美的享受，激发学生的阅读欲望
	插图精美丰富	语文教材的插图丰富、色彩鲜明、形象生动、印刷清晰，有助于学生理解课文内容
	纸张厚实耐用	语文教材的纸张厚实，不易破损，耐用性强
	特色与创新	语文教材的编写设计有创新、有特色，重视在理念、内容、结构、学法等方面有所创新，重视现代教育技术在语文课程中的运用
可行性维度	适应地区经济、社会发展水平	语文教材与使用地区的经济、社会发展水平相适应，符合学校办学条件，能因地制宜，取得最佳的教学效果
	考虑社会文化背景	语文教材考虑使用者的社会文化背景，教材的内容、例子、任务和模式应从一系列社会文化背景中得出
	为教师提供便利	语文教材配套资源齐全，为教师提供教学指导，呈现全流程教学设计的基本思路，能够避免教师不必要的劳动 语文教材应有助于教师专业知识的积累和更新、教学和反思水平的提高、评价和研究能力的发展
	为家长提供辅导材料	语文教材补充与其紧密相关的辅导材料，包括对编写理念、课文和题目的解读等，以便家长能够更好地辅导孩子学习

二、基础教育语文教材整体评价案例

汪越在孔凡哲指导下，利用小学语文教材质量监控和评价指标体系作为研究工具，对统编教材小学语文进行评价。研究选取 H 省 W 市的小学生、小学语文教师、家长和教育行政部门人员为调查对象，旨在了解用户对语文教材的需求情况，以及对语文教材体现国家事权的认识情况，为小学语文教材的修订完善提供对策建议。

（一）调研工具设计

1. 调查问卷的设计

对用户的需求情况进行问卷调查，主要围绕上述小学语文教材质量评价指标体系（表 7-1）中所列指标展开，问卷中的题项以"如果"引导的假设句的形式表述，调查对象根据自己的实际感受做出选择。问卷分为学生问卷、教师问卷和家长问卷。首先，研究对三类问卷进行试测，根据学生、教师反馈的一些题目表述模糊和题项过多等问题进行删减修改，最终形成《小学生对语文教材的需求情况调查问卷》《小学教师对语文教材的需求情况调查问卷》《家长对小学语文教材的需求情况调查问卷》，进而开展调查。

学生问卷共计 33 题，包括三部分：第一部分为学生个人简单信息（姓名、性别）；第二部分为学生对小学语文教材的需求情况调查，分 5 个维度：思想文化内涵维度（第 1—4 题）、知识维度（第 5—17 题）、心理发展规律维度（第 18—21 题）、编制水平维度（第 22—27 题）、可行性维度（第 28—32题）；第三部分为多选题（第 33 题），了解学生选择语文教材主人公的取向。

教师问卷共 28 题，包括两部分：第一部分为教师个人信息；第二部分为教师对小学语文教材的需求情况的调查，分 5 个维度：思想文化内涵维度（第 1—4 题）、知识维度（第 5—10 题）、心理发展规律维度（第 11—17 题）、编制水平维度（第 18—23 题）、可行性维度（第 24—28 题）。

家长问卷共 29 题，包括三部分：第一部分为家长个人信息；第二部分为家长对小学语文教材需求情况的调查，分 5 个维度：思想文化内涵维度（第 1—4 题）、知识维度（第 5—10 题）、心理发展规律维度（第 11—17 题）、编制水平维度（第 18—23 题）、可行性维度（第 24—28 题）；第三部分为开放题（第 29 题），家长针对语文教材提出其他想法。

学生、教师和家长问卷的第二部分为需求情况调查，每道题均以利克特五级量表的形式呈现：非常满意、比较满意、一般、比较不满意、非常不满意。在对问卷进行分析时，分别赋值 5 分、4 分、3 分、2 分、1 分，得分越高表明需求程度越高。

2. 问卷的信度与效度

1）问卷的信度

研究采用 SPSS 26.0 软件检验问卷的信度。一般而言，如果一个测量的信度系数大于或等于 0.8，可认为是可靠的。研究将学生问卷、教师问卷和家长问卷的数据分别录入 SPSS 26.0 软件中进行信度分析，学生、教师和家长问卷的 Cronbach's α 系数分别为 0.881、0.940、0.882，表明问卷的信度良好。

2）问卷的效度

本小节的学生问卷、教师问卷和家长问卷是基于小学语文教材质量评价指标体系（表 7-1），经过研究者与 3 位一线语文教师、1 位专业领域教授和 2 位研究生，经过几轮试测、修改而成，具有良好的内容效度。运用

SPSS 26.0 软件对问卷进行 KMO 检验和巴特利特球形检验，学生、教师和家长问卷的 KMO 统计值分别为 0.877、0.702 和 0.851，均大于 0.6，且巴特利特球形检验的显著性均为 0.000，小于 0.05，表明问卷的结构效度较好。

3. 问卷调查的范围

研究采用分层抽样方法，从 H 省 W 市中随机选择四所学校作为样本学校，其中 2 所小学为示范性学校（G 小学、M 小学），2 所为非示范性学校（W 小学、D 小学）。问卷调查于 2021 年 10 月开始，至 2022 年 1 月完成。调查结束后，对所有问卷进行编号处理，按照漏选、多选、空卷等标准剔除无效问卷，将全部有效问卷数据整理后录入 SPSS 26.0 软件进行统计分析。研究共发放学生问卷 516 份，得到有效问卷 509 份，有效率为 98.6%；发放教师问卷 106 份，得到有效问卷 106 份，有效率为 100%；发放家长问卷 140 份，得到有效问卷 140 份，有效率为 100%。样本数量达到统计学要求。

4. 访谈提纲设计

研究对三类用户群体进行了半结构式访谈，分别是学生、教师和教育行政部门人员。由于统编教材是国家事权的集中体现，语文教材具有独特的育人价值，承担着培根铸魂的重要使命，而教师和学生是教材的主要用户，研究旨在通过访谈的形式更深入地了解他们对语文教材的需求情况。对于教育行政部门人员，由于条件限制，无法开展大规模的问卷调查以了解他们对语文教材的需求情况，因而，研究对教育行政部门人员只采用访谈法进行调查。

针对学生访谈，研究引用了统编语文教材中的有关国家领土风光、传统文化、革命英雄人物的文章，并列举奋勇抗击疫情的时代英雄的例子，让学生表达学习这些内容后的所思所想；针对教师访谈，研究者则直接询问教师语文教材中是如何体现国家事权的、落实情况如何等；针对教育行政部门人员，研究则聚焦于对语文教材的需求情况。访谈对象包括 8 位小学生、3 位教师和 2 位教育行政部门人员。

（二）调查结果分析

1. 学生对语文教材的需求情况

1）学生问卷的基本描述性统计

调查共发放纸质问卷 516 份，剔除未答、漏答的问卷，得到有效问卷

509 份，有效率为 98.6%，具体情况如表 7-2 所示。

表 7-2 学生问卷人口学变量频率分布表

比较项		人数/人	占比/%
性别	男	276	54.2
	女	233	45.8
学校位置	示范性学校	250	49.1
	非示范性学校	259	50.9
年级	三年级	154	30.3
	四年级	89	17.5
	五年级	87	17.1
	六年级	179	35.2

2）具体分析学生对语文教材的需求情况

统计分析时将各问题下的 5 个选项（非常满意、比较满意、一般、比较不满意、非常不满意）依次赋值 5 分、4 分、3 分、2 分、1 分，计算出每个维度的均值，得分能够表明学生对语文教材的需求倾向。统计发现，在编制水平维度上，学生的得分最高，达到 4.42 分，说明语文教材要想获得学生青睐，首先要在外在属性上满足学生的需求。不同维度上的均值，如表 7-3 所示。

表 7-3 学生各维度的均值统计

维度	人数/人	均值/分	标准差
思想文化内涵维度	509	4.36	0.760
知识维度	509	4.33	0.754
心理发展规律维度	509	4.27	0.825
编制水平维度	509	4.42	0.795
可行性维度	509	4.37	0.791

（1）学生在思想文化内涵维度上的描述性统计分析。

学生问卷的 Q1—Q4 旨在调查学生对小学语文教材在思想文化内涵维度上的需求，4 题分别对应评价框架（表 7-4）中弘扬社会主义核心价值观、传承中华优秀传统文化、继承革命传统和渗透科学精神内容 4 项指标。

表 7-4　思想文化内涵维度各题项的描述性统计

选项	Q1		Q2		Q3		Q4	
	人数/人	占比/%	人数/人	占比/%	人数/人	占比/%	人数/人	占比/%
非常不满意	14	2.8	0	0	0	0	8	1.6
比较不满意	10	2.0	22	4.3	37	7.3	14	2.8
一般	20	3.9	20	3.9	47	9.2	28	5.5
比较满意	232	45.6	174	34.2	170	33.4	168	33.0
非常满意	233	45.8	293	57.6	255	50.1	291	57.2

如表 7-4 所示，从学生对思想文化内涵维度之下各项指标的需求情况的频数统计来看，80%以上的学生对语文教材的各项假设表示较为满意。其中，对 Q2"如果语文课本为我们介绍中华传统文化的内容，例如书法、成语、古诗词、神话传说、历史故事、寓言故事、传统节日等，我会觉得_____"，选择"非常满意"和"比较满意"的学生占比为 91.8%，表明学生比较喜欢中华优秀传统文化的内容，认为语文教材中应该呈现这些内容。

（2）学生在知识维度上的描述性统计分析。

学生问卷 Q5—Q17 旨在调查学生对小学语文教材在知识维度上的需求。其中，Q5—Q6 对应与课程标准具有适切性指标，Q7—Q10 对应体现语文核心素养指标，Q11—Q12 对应选文具有典范性指标，Q13—Q14 对应活动和练习具有科学性指标，Q15—Q16 对应编排结构具有合理性指标，Q17 对应体现时代发展特点指标。

数据显示，从学生对知识维度之下各项指标的需求情况的频数统计来看，Q15"如果语文课本每个单元都告诉我学习目标和任务是什么，我会觉得_____"，选择"非常满意"和"比较满意"的学生人数占比为 76.4%，表明有少数学生对于语文教材提供目标和任务的需求程度不高。其他各题项选择"非常满意""比较满意"的占比均超过 80%。

（3）学生在心理发展规律维度上的描述性统计分析。

学生问卷的 Q18—Q21 意在调查学生对小学语文教材在心理发展规律维度上的需求，这 4 道题分别对应评价框架中适应学生的认知水平和心理发展规律、激发学生的学习兴趣、促进学生的个性化发展、培养学生自主学习能力 4 项指标。

数据显示，Q18"如果语文课本的难度合适，随着我的年级升高，慢慢增加难度，我会觉得_____"，74.5%的学生感觉"非常满意"和"比较满意"，15.7%的学生认为"一般"，9.8%的学生感到"比较不满意"或

"非常不满意"，表明少数学生对语文教材的难度存在异议，这可能与学生自身的成就动机有关。其他各题项选择"非常满意"和"比较满意"的人数均超过了90%。

（4）学生在编制水平维度上的描述性统计分析。

学生问卷的 Q22—Q27 旨在调查学生对小学语文教材在编制水平维度上的需求。其中，Q22—Q23 对应评价框架的语言准确规范指标，Q24—Q27 对应封面美观大方、插图精美丰富、纸张厚实耐用、特色与创新指标。

数据显示，编制水平维度之下每道题选择"非常满意"和"比较满意"的学生占比均大于90%，表明学生非常重视语文教材的语言准确性、封面设计、插图、纸张质量等。

（5）学生在可行性维度上的描述性统计分析。

学生问卷的 Q28—Q32 旨在调查学生对小学语文教材在可行性维度上的需求。其中，Q28 对应评价框架适应地区经济、社会发展水平指标，Q29对应考虑社会文化背景指标，Q30—Q31 对应为教师提供便利指标，Q32 对应为家长提供辅导材料指标。数据显示，从学生对可行性维度之下各项指标的需求情况可看出，该维度每道题选择"非常满意"和"比较满意"的学生占比均大于80%，表明学生对可行性维度各项指标的需求程度较高。

3）小学生对语文教材体现国家事权的认识情况

语文教材是体现教材建设国家事权、落实立德树人任务的重要载体，作为教材最重要的使用者，学生对语文教材的价值取向如何认识也是教材建设需要关注的重要方面。问卷分析数据显示，80%以上的学生满意思想文化内涵维度的各项评价标准，该维度的各项指标实际上表明了语文教材必须体现国家意志。

（1）大部分小学生认为语文教材应选择代表国家主流价值的人物群体。

为进一步了解小学生对语文教材在体现国家意志方面的认识情况，研究者在学生问卷的最后设置了一道多选题"如果你来编我们的语文课本，你会选择谁来当课本的主人公？（多选）"，多选题设置了 7 个选项，分别为革命领袖和英雄人物（毛泽东、周恩来、邓小平、雷锋等）、航天英雄（杨利伟、费俊龙、聂海胜等）、抗疫英雄（钟南山、李兰娟、张伯礼等）、中国古代诗人（屈原、李白、杜甫等）、流行歌手（周杰伦、李健、林俊杰等）、演员（成龙、周润发、古天乐等）、网红（李子柒、papi 酱等）。从个案占比来看，学生选择的语文课本的主人公前三位分别是革命领袖和英雄人物（64.0%）、航天英雄（61.9%）、抗疫英雄（59.7%），即选择这三项的学生人数均超过总人数的一半；学生选择的第四位是中国古代诗人（49.5%），即近一半的学生选择了该项；学生选择的最后三位分别是流行歌手

（38.5%）、演员（24.2%）、网红（18.3%）。数据统计结果能够反映小学生对于语文教材的价值取向的认识，即大部分学生认为语文教材的主人公应该是能够代表国家主流价值的人物群体：革命领袖和英雄人物代表着无私奉献、艰苦创业、团结拼搏的高尚品质和爱国主义精神，航天英雄和抗疫英雄体现着艰苦奋斗、以身许国的责任担当和中国力量，中国古代诗人象征着积极进取的人格魅力和兼济天下的价值追求等人文精神内涵。

尽管如此，选择流行歌手、演员和网红的学生也不少，近四成的学生选择了流行歌手作为语文教材的主人公。近年来，娱乐明星、网红成为一些青少年学生追逐崇拜的"偶像"，他们的衣食住行、一言一行成为大众媒体炒作的热点，其中一些不正之风严重影响着青少年学生价值观的形成。因而，在大力弘扬社会主义核心价值观的今天，语文教材作为立德树人的重要载体，必须弘扬主流文化和社会主义核心价值观，帮助学生"扣好人生的第一粒扣子"。

（2）大部分小学生能够感受到统编语文教材体现国家意志。

统编三科教材是国家事权的集中体现，是培养德智体美劳全面发展的社会主义建设者和接班人的重要途径。语文教材注重以文化人，以润物无声的方式给予学生心灵上的滋养。为进一步了解小学生对统编语文教材体现国家意志、传承中华优秀传统文化的感受，我们对 8 位小学生进行了访谈。

通过引导学生回忆语文教材中的有关国家领土风光、中华传统文化、革命英雄人物的课文，了解他们对教材体现国家事权的认识情况。经过对访谈资料的整理分析，我们发现，小学生从统编语文教材中感受到作为中国人的骄傲和自豪，对中华优秀传统文化的热爱和自信，对革命先辈和时代英雄的崇敬和感激。

第一，作为中国人的骄傲和自豪。统编教材是教育青少年葆有中国心、饱含中国情、充满中国味的精神"国防"[1]，是为学生打好中国底色的重要载体。统编语文教材一年级第一课便是《我是中国人》，旨在强调我们中华民族共同的底色和身份。访谈中，我们通过引导学生回忆《升国旗》课文，让学生想象每周一参加升旗仪式、看见国旗慢慢升起时的感受，学生们大都表示感到作为中国人的骄傲和自豪。例如，M3 同学表示："我感受到了国歌里面的力量，热血沸腾，我觉得非常感动和自豪，作为一个中国人，我很骄傲，我长大以后要努力报效祖国。"F3 同学认为："我会想到在奥运会上我们中国人拿金牌的时候，也要升国旗、奏国歌，我觉得很骄傲。"

引导学生回忆二年级和三年级课文《黄山奇石》《日月潭》《富饶的西

---

① 余宏亮. 统编教材是体现国家事权的核心载体[J]. 中小学教材教学，2021（7）：1.

沙群岛》《美丽的小兴安岭》，让学生思考生活在山河壮丽、地大物博的中国的感受，进而了解他们对中国人身份的认识。同样，学生们都感受到作为中国人的骄傲和自豪。例如，M4 同学说到："从书上我知道了我们祖国有很多美丽的景观，我觉得我们祖国非常漂亮，我感到很震撼和自豪，我以后长大了要到处旅游，然后把这些景点介绍给外国人。"

第二，对中华优秀传统文化的热爱和自信。习近平总书记强调，"民族认同是最深层次的认同，是民族团结之根、民族和睦之魂"[①]。培根铸魂，培育的就是中华传统文化之根。统编语文教材突出了中华优秀传统文化内容，《中华优秀传统文化进中小学课程教材指南》的颁布也更加精准鲜明地突出中华优秀传统文化在立德树人方面的意义，旨在厚植学生的中华底蕴和家国情怀，坚定文化自信。

访谈中，我们通过引导学生回忆教材中的古诗词、神话故事、名人故事、传统节日等课文，让学生思考学习传统文化篇目对自己产生的影响，进而了解他们对中华优秀传统文化的认识。受访学生的回答表明，他们非常认同和热爱中华优秀传统文化，中华优秀传统文化篇目不仅激发了他们的兴趣和求知欲，而且对提升人格修养、丰富精神世界有积极作用。例如，F4 同学认为，"学习传统文化的课文，让我懂得了很多道理，比如日常生活中要尊敬师长、孝敬父母，也感受到传统文化博大精深，非常有趣，我觉得应该继承和学习这些传统文化，使我们更了解祖国的历史"。F6 同学提到，"我觉得对我的影响就是对传统文化更有兴趣了，不仅感受到中国文化的韵味和内涵，还学习到古代人的优良传统美德。我觉得学习传统文化的课文可以让我们的思想变得更加完美，精神生活变得更加充实，让我们做一个有品位的人"。

第三，对革命先辈和时代英雄的崇敬和感激。革命传统教育在传承革命文化和社会主义先进文化、培养德智体美劳全面发展的社会主义建设者和接班人方面具有重要意义。统编语文教材增加了革命传统作品的数量，旨在为学生打好中国底色，厚植红色基因。《革命传统进中小学课程教材指南》指出"语文学科注重以文化人，引导学生深刻体会革命精神、深入感受爱国主义精神，体认英雄模范的高尚品质"。因此，访谈中我们通过引导学生回忆统编语文教材中《黄继光》《青山处处埋忠骨》《狼牙山五壮士》等课文，让学生思考学习革命先辈英勇事迹的感受，访谈发现学生能够体会到革命英雄人物的爱国精神和高尚品质，愿意像他们一样为祖国贡献自

---

① 李婉芝. 增进新时代中国青年的文化认同[EB/OL]. http://theory.people.com.cn/n1/2022/0921/c40531-32530700.html.（2022-09-21）[2024-04-22].

己的力量。例如 M5 同学表示:"我想对他们说:谢谢你们!没有你们的付出,就没有我们今天的美好生活,你们是我们学习的榜样,我们会更加努力,学习你们不畏艰辛的精神,为祖国贡献我们自己的力量,把祖国创造得更加美好。"M6 同学也表达了对革命先辈的感激之情:"我想说,你们辛苦了!我懂得了今天的幸福生活来之不易,我们会像你们一样,努力学习,报效祖国。"

引用 2020 年全国各地医疗队驰援武汉的事例,让学生思考对时代英雄事迹的所思所想,进而了解他们时代英雄的认识。学生的回答表明,他们能够深刻认识到时代英雄为祖国人民所做的贡献,学生非常感激和崇敬时代英雄模范,并将他们作为学习的榜样。例如,F5 同学提到:"我想说:'谢谢你们!你们在用生命为我们保驾护航,你们是伟大的人,你们辛苦了!'"

F6 同学说到:"谢谢你们的无私奉献,换来了更多人生命的延续,你们是最美的白衣天使,你们是我们的榜样,我要向你们学习,努力成为优秀的你们。"

2. 教师对语文教材的需求情况

1)教师问卷的基本描述性统计

调查发放教师问卷 106 份,得到有效问卷 106 份,有效率为 100%。受访教师的具体信息,如表 7-5 所示。

表 7-5 教师问卷人口学变量频率分布

比较项		人数/人	占比/%
性别	男	33	31.1
	女	73	68.9
教龄	5 年及以下	58	54.7
	6—10 年	19	17.9
	11—20 年	16	15.1
	21 年及以上	13	12.3
职称	高级	15	14.2
	一级	17	16.0
	二级	20	18.9
	三级	38	35.8
	无职称	16	15.1

续表

比较项		人数/人	占比/%
任教年级	一年级	18	17.0
	二年级	18	17.0
	三年级	19	17.9
	四年级	13	12.3
	五年级	14	13.2
	六年级	24	22.6

2）教师对语文教材的需求情况分析

与学生问卷统计分析方式相同，将教师问卷各道题进行赋分并计算均值。在心理发展规律维度上，教师的得分最高，达 4.45 分，表明教师对语文教材符合学生心理发展规律的需求十分迫切。

（1）教师在思想文化内涵维度上的描述性统计分析。

教师问卷的 Q1—Q4 旨在调查教师对小学语文教材在思想文化内涵维度上的需求，4 道题分别对应弘扬社会主义核心价值观、传承中华优秀传统文化、继承革命传统和渗透科学精神内容 4 项指标。从教师对思想文化内涵维度之下各项指标的需求情况的频数统计来看，对各项假设感到"非常满意""比较满意"的教师占比均超过 90%。其中，对 Q2"如果语文教材融入中华优秀传统文化中的核心思想理念、人文精神、传统美德……厚植中华文化底蕴，坚定文化自信，您会觉得___"。教师选择"比较满意""非常满意"的占比高达 97.1%，表明大部分教师非常希望语文教材呈现关于中华优秀传统文化的内容。

（2）教师在知识维度上的描述性统计分析。

教师问卷 Q5—Q10 旨在调查教师对小学语文教材在知识维度上的需求。其中，Q5 对应与课程标准具有适切性指标，Q6 对应体现语文核心素养指标，Q7—Q8 对应选文具有典范性指标，Q9—Q10 对应活动和练习具有科学性指标。Q10"如果语文教科书各单元清晰地阐明学习目标和任务，您会觉得_____"，43.4%的教师感到"非常满意"，56.6%的教师认为"比较满意"，表明所有受访教师都认同语文教科书体现学习目标和任务。对语文教科书的其他假设（Q5—Q9）感到"非常满意""比较满意"的教师占比也很高，均超过 98%。从整体上看，教师对知识维度各项标准的需求程度较高。

（3）教师在心理发展规律维度上的描述性统计分析。

教师问卷的 Q11—Q17 旨在调查教师对小学语文教材在心理发展规律维度上的需求情况，分别对应适应学生认知水平和心理发展规律、激发学生的学习兴趣、促进学生的个性化发展、培养学生自主学习能力 4 项指标。

数据显示，从教师对心理发展规律维度之下各项指标的需求情况的频数统计来看，教师对语文教材符合学生心理发展规律的需求程度非常高。所有教师对 Q14—Q16 的假设均感到"非常满意"或"比较满意"，Q17 选择"非常满意"或"比较满意"的教师人数占比为 96.2%，选择"一般"的教师仅有 3.8%。教师在该维度的得分均值也是所有维度中最高的，达到 4.45 分，表明教师对学生的认知与身心发展特点十分重视，教材作为教学的重要载体，必须要符合学生的实际发展水平。

（4）教师在编制水平维度上的描述性统计分析。

教师问卷的 Q18—Q23 旨在调查教师对小学语文教材在编制水平维度上的需求。其中，Q18—Q19 对应评价框架中的语言准确规范指标，Q20—Q23 分别对应封面美观大方、插图精美丰富、纸张厚实耐用、特色与创新 4 项指标。

数据显示，从教师对编制水平维度之下各项指标的需求情况来看，教师对语文教材的各项假设较为满意，且每一道题均无教师选择"比较不满意"或"非常不满意"，表明教师对语文教材的语言、封面、插图、纸张质量等属性十分重视。

（5）教师在可行性维度上的描述性统计分析。

教师问卷的 Q24—Q28 调查了教师对小学语文教材在可行性维度上的需求情况。其中，Q24 对应评价框架中适应地区经济、社会发展水平指标，Q25 对应考虑社会文化背景指标，Q26—Q27 对应为教师提供便利指标，Q28 对应为家长提供辅导材料指标。数据显示，超过 90% 的教师对 Q24—Q27 关于教材的假设感到"非常满意"和"比较满意"，而在 Q28"如语文教材补充与其紧密相关的辅导材料，包括对编写理念、课文和题目的解读等，以便家长能够更好地辅导孩子学习，您会觉得___"。有 83.0% 的教师感到"非常满意"或"比较满意"，15.1% 的教师认为"一般"，选择"比较不满意"的教师仅占 1.9%。从整体上看，教师对于可行性维度各项标准的需求程度较高。

3）教师对统编语文教材体现国家意志的认识情况

问卷结果显示，超过 90% 的受访教师满意思想文化内涵维度上的各项评价标准的假设，尤其是在传承中华优秀传统文化指标上，教师选择"比较满意"或"非常满意"的占比高达 97.1%，表明教师非常认同语文教材在传承中华传统文化方面的重大意义。

为进一步了解教师对统编语文教材体现国家意志方面的认识情况，研究对 M 小学三位教师进行聚焦访谈。

访谈对象基本情况：研究将被访谈教师编码为 A 老师、L 老师和 Z 老师，基本情况如表 7-6 所示。

表 7-6　被访谈教师的基本情况

编号	性别	任教年级	教龄
A 老师	女	三年级	27 年
L 老师	女	五年级	8 年
Z 老师	女	二年级	5 年

访谈结果分析：对访谈资料进行整理分析，发现访谈教师对统编语文教材作为体现国家事权的重要载体的认识较为深入，教师认为统编语文教材有助于培养学生的爱国意识，建立理想信念，形成正确的世界观、人生观和价值观。

以下是研究者对三位语文教师的访谈实录与分析。

研究者：您认为目前统编语文教材在落实国家事权方面做得怎么样？是如何体现的？

A 老师：我觉得，统编教材是很正确的，因为现在互联网发展这么快，学生很容易接触到外国的文化和思想，小学生分辨是非能力还不是特别强，你要让他知道要热爱祖国，形成正确价值观，而不是盲目追捧西方的自由主义、享乐主义。语文教材有很多跟我们国家风光有关的古诗词和课文，比如《富饶的西沙群岛》《美丽的小兴安岭》等，而且不只是课文，包括单元导语和插图都有，我觉得统编教材编者很用心，而且还增加了很多中华传统文化的篇目，仅仅是古诗词就比以前多了很多，有讲传统节日的，比如《难忘的泼水节》，有讲神话故事的，比如《盘古开天地》，还有民间故事《牛郎织女》，这些都是传统文化。不止课文里有，综合性学习和口语交际也有，教材中还专设了一个传统节日和民间故事的专题。学生很喜欢这些，这对他们形成文化认同很有帮助。语文教材里的革命传统作品也比较多，像《为中华之崛起而读书》是比较经典的，还有《朱德的扁担》《梅兰芳蓄须》，告诉学生要向革命英雄人物学习，树立理想信念，'天下兴亡，匹夫有责'，在我们今天这个时代弘扬革命精神还是很有必要的。

对 A 老师的访谈内容分析总结出以下观点：统编语文教材体现了国家意志，坚持了正确价值导向，教材中涉及非常多关于国家领土、主权、国民身份的课文，增加了传统文化和革命传统篇目，并且在单元导语、插图、综合性学习和口语交际板块也有所涉及，有利于培养学生形成正确的价值观。

研究者：您认为目前统编语文教材在落实国家事权方面做得怎么样，是如何体现的？

L 老师：我觉得当前的统编语文教材，实际上体现国家意志，包括弘扬传统文化，让我们的孩子知道我们祖国的统一的梦想，还有一些比如说革命先烈的文化，我们祖国大好的河山。这种其实都是我们自身文明、文化的一些象征，我觉得其实做得还是非常好的。比如说从插图上，我们看到天安门城楼、五星红旗的照片，五十六个民族大团结的照片，这种插图其实就是教育我们的学生要热爱自己的祖国，要认识到自己是国家的一份子，其实也是教他们树立一个国家概念。在选材方面，比如说有革命伟人、革命先锋、民族英雄，他们身上的美好的精神品质，其实也是在让我们的学生树立优良精神，树立正确世界观、人生观、价值观，比如介绍周恩来、朱德，还有王二小、雷锋，他们身上的优秀品质是值得弘扬的，可用来对下一代进行爱国主义教育。还有传统文化方面的选材，比如传统民谣、节气、传统节日、汉字的文化，也是让小朋友们认识到中华文化的博大精深，从而树立文化自信。还有关于祖国的一些风景名胜的介绍，比如黄山奇石、台湾地区的风景介绍等，其实这些都是在引导青少年树立为民族复兴、国家统一而努力的理想信念。我觉得语文教材其实就是体现国家意志的一个最有力的载体。

对 L 老师的访谈内容进行分析，总结出以下观点：统编语文教材体现了国家意志，从插图的呈现和选文题材都能看出，国家对培养时代新人的爱国主义精神、艰苦奋斗精神等优秀品质的重视，教材有利于帮助学生树立国家概念和文化认同，以及树立中华民族伟大复兴的理想信念。

研究者：您认为目前统编语文教材在落实国家事权方面做得怎么样，是如何体现的？

Z 老师：我觉得在现在正处在不同思想、思潮碰撞的时代，统编语文教材的出现是很有必要的，它有利于引导学生树立正确的价值观，可以说，我们用什么样的教材，就会培养出什么样的学生。我觉得统编语文教材还是很注重传统文化方面的内容的，比如说有大量的古诗、文言文，还有每个单元的"语文园地"里面，基本上都有一些经典的语句，像《论语》里面的一些经典句子，都是在继承发扬传统文化。另外，教材里面还选择了很多革命作品，学习革命英雄人物的故事，带领我们的学生去重温、感受革命的岁月，也在潜移默化地培养学生热爱祖国的感情。但是，我感觉在教学过程中，还是存在一些局限，我们很难让学生真正体会到这些传统文化对我们的意义，比如说一首古诗，我们给学生讲了诗人当时所处的社会背景，他为什么会产生这样的感悟，但是学生最后所得，只是把这首诗背了下来而已，而且学生还会觉得，为什么又要背诵，会产生这样的抱怨。

通过对 Z 老师的访谈内容进行分析，总结出以下观点：统编语文教材中呈现了大量的古诗、文言文等代表传统文化的作品和革命英雄人物的故事，有利于引导学生树立正确的价值观，培养学生热爱祖国的感情。针对 Z 老师提出的在教学过程中很难让学生真正体会到传统文化背后的意义这一困惑，统编语文教材总主编温儒敏在纪录片《统编教材》[①]中做出了回答："文言文放在小学里面，不一定要求孩子们都能够记得住，对文言文那种韵味、那种感觉有个粗略的印象就可以了，这个叫做润物无声。"

3. 家长对语文教材的需求情况

1）家长问卷的基本描述性统计

对家长的调查采用电子问卷形式，共发放问卷 140 份，回收有效问卷 140 份，有效率为 100%（家长问卷人口学变量频率分布省略）。

2）家长对语文教材的需求情况具体分析

将家长问卷各题进行赋分并计算均值，在思想文化内涵维度上，家长的均值最高，达到 4.24 分，说明家长对语文教材培养孩子正确的价值观念和涵养、文化底蕴等寄予厚望，教材要想满足家长的需求，首先需要提供能够立德树人、培养儿童正确价值观的内容。

（1）家长在思想文化内涵维度上的描述性统计分析。

家长问卷的 Q1—Q4 旨在调查家长对小学语文教材在思想文化内涵维度上的需求，分别对应小学语文教材弘扬社会主义核心价值观、传承中华优秀传统文化、继承革命传统和渗透科学精神内容 4 项指标。

数据显示，从家长对思想文化内涵维度之下各项指标的需求情况来看，对该项假设感到"非常满意""比较满意"的家长占比均超过 80%，家长对该维度的均值也是所有维度中最高的，达 4.24 分。对 Q1 "如果语文教材体现党和国家意志，选文、练习、事例、活动等内容具有丰富的价值观教育内涵，有助于培养儿童的爱国主义情感、社会主义道德品质、正确的价值观念、积极的人生态度等，您会觉得____"。家长选择"比较满意"或"非常满意"的占比高达 98.2%，表明家长非常重视语文教材在培养孩子形成社会主义核心价值观方面的重要作用。

---

① [教育强国]第一套统编通用教材，汇集全国之力. https://tv.cctv.com/2019/11/05/VIDEiU7knaK H9XJQGMZt8Qkp191105.shtml.（2019-11-05）[2023-07-05].

（2）家长在知识维度上的描述性统计分析。

家长问卷的 Q5—Q10 旨在调查家长对小学语文教材在知识维度上的需求。其中，Q5 对应与课程标准具有适切性指标，Q6 对应体现语文核心素养指标，Q7—Q8 对应选文具有典范性指标，Q9—Q10 对应活动和练习具有科学性指标。Q11—Q12 对应编排结构具有合理性指标，Q13 对应体现时代发展特点指标。

数据显示，该维度的每项假设，家长感到"非常满意"和"比较满意"的比例均超过80%。选文在语文教材中处于核心地位，是发挥教材育人功能的重要载体，Q8"如果语文教材的选文题材、体裁、风格丰富多样，各种类别的比例和搭配恰当，您会觉得＿＿＿＿"。感到"非常满意"或"比较满意"的家长占比高达97.9%，0.7%的家长认为"一般"，1.4%的家长感到"比较不满意"，表明绝大部分家长非常重视选文的价值，期待语文教材呈现丰富多样的文章。

（3）家长在心理发展规律维度上的描述性统计分析。

家长问卷的 Q14—Q17 旨在调查家长对小学语文教材在心理发展规律维度上的需求，这 4 道题分别对应评价框架中适应学生的认知水平和心理发展规律、激发学生的学习兴趣、促进学生的个性化发展、培养学生自主学习能力 4 项指标。

数据显示，家长对心理发展规律维度评价标准的需求程度非常高，对各题项假设感到"非常满意"或"比较满意"的家长占比超过90%，尤其是 Q15 和 Q17，选择"非常满意"或"比较满意"的家长分别达到99.3%和 97.9%，表明家长非常希望语文教材能够激发孩子的学习兴趣，以及培养他们自主学习的能力。

（4）家长在编制水平维度上的描述性统计分析。

家长问卷的 Q18—Q23 旨在调查家长对小学语文教材在编制水平维度上的需求。其中，Q18—Q19 对应语言准确规范指标，Q20—Q23 分别对应封面美观大方、插图精美丰富、纸张厚实耐用、特色与创新指标。

数据显示，Q21"如果语文教材插图丰富、色彩鲜明、形象生动、印刷清晰，有助于儿童理解课文内容，您会觉得＿＿＿＿"。表示"非常满意"和"比较满意"的家长有 120 人，占总人数的 85.7%，选择"一般"的家长有20 人，占比为 14.3%。对其他各题项假设感到"非常满意""比较满意"的家长比例均超过90%，表明家长非常在意语文教材的语言、封面、插图、纸张、特色等属性。

（5）家长在可行性维度上的描述性统计分析。

家长问卷的 Q24—Q28 旨在调查家长对小学语文教材在可行性维度上

的需求。其中，Q24 对应适应地区经济、社会发展水平指标，Q25 对应考虑社会文化背景指标，Q26—Q27 对应为教师提供便利指标，Q28 对应为家长提供辅导材料指标。

数据显示，对 Q24—Q27 的假设感到"非常满意"和"比较满意"的家长占比均大于 80%，而在 Q28"如果语文教材补充与其紧密相关的辅导材料，包括对编写理念、课文和题目的解读等，以便家长能够更好地辅导孩子学习，您会觉得____"。有 25.7%的家长表示"非常满意"，48.6%的家长感到"比较满意"，25.0%的家长认为"一般"，选择"比较不满意"的家长仅占 0.7%，表明大部分家长希望教材能够为他们辅导孩子学习提供便利。

3）家长对语文教材体现国家意志的认识情况

在家长问卷的最后，研究者设置了一道开放题："除上述标准外，您认为一本理想的语文教材，还应包括什么内容或体现什么特点？"从家长的回答中，我们可以进一步了解家长对语文教材体现国家意志方面的认识情况。对家长回答进行梳理，发现有受访的 22 位家长非常期待语文教材在培养儿童的爱国情怀、价值观念、文化认同方面的作用，表明家长对语文教材体现国家意志有一定的认识，主要表现为以下两个方面。

第一，语文教材应弘扬正确的价值观，教会学生热爱祖国。家长认为，语文教材在培养孩子的爱国意识，树立正确的人生观、世界观和价值观方面具有不可替代的优势。"语文教材要帮助孩子建立积极向上的人生态度，树立正确的人生观、世界观和价值观。"还有家长用三个短语简练地概括了语文教材的特点，"语文教材要颜值高、内容好、三观正"。

第二，语文教材应弘扬中华优秀传统文化，激发儿童对中华传统文化的兴趣，培养儿童的文化素养。家长认为，可以通过增加古诗词、文言文的数量，去体会中华传统文化的内涵。"语文教材可以多一些古诗词和文言文，让孩子们体会古文经典的内涵。对于语文教材中的文言文，可以代入角色理解或者引入相关视频、资料去加深理解。"还有家长认为，可以增加对传统文化习俗的介绍。"多一些传统文化习俗的介绍，让孩子们了解中华文化的博大精深，有利于树立文化自信与民族自豪感。"

4. 教育行政部门人员对小学语文教材的需求情况分析

作为教育教学的管理部门，教育行政部门对教材的要求代表着国家意志，是确保语文教材评价工具具备科学性、有效性、适切性等属性的重要保障。鉴于此，本小节在前述研究的基础上，以访谈的形式征求教育行政部门人员对前文构建的语文教材评价框架的看法，以了解他们对语文教材的需求体现在哪些方面。

访谈对象共两位，一位是区教育局基础教育科的教育行政人员，所属科室主要指导、管理全区中小学及幼儿园教材、教辅资料和学具使用工作；另一位是小学副校长，拥有 30 年的一线教学经验。我们将该教育行政人员和小学校长分别编码为 X1 和 X2。通过对访谈资料进行分析，本小节的语文教材评价框架总体上得到了教育行政部门人员的肯定。首先，教育行政部门人员将思想性作为语文教材的首要属性。其次，知识的科学性与学生的心理发展规律也是需要考虑的重要内容，最终都是为了促进学生发展。以下是笔者节选自与教育行政人员的访谈内容。

研究者：您如何看待这个语文教材评价框架？

X1：这个评价框架是比较全面的，每个维度都有所涉及，而且这几个维度都很重要。思想性肯定是首要关注的，尤其是我们中小学要把好教材的政治关，因为它要保证我们学生增强国家认同。我们前段时间就给中小学校发了《习近平新时代中国特色社会主义思想学生读本》，也就是这个目的。你这个标准属于语文学科，那肯定也是要凸显的，毕竟现在我们用统编教材，就是因为语文、历史、道德与法治这三科是最能够培养学生国家观、历史观和文化观的学科，虽然语文的形式不一样，语文是通过文章去彰显价值导向，比较润物无声吧。再一个就是知识科学性和学生的认知特点，这个是我们一直都在考虑的，你借鉴的这个评价工具是比较权威的。你还提了社会主义核心价值观、文化自信、核心素养这些内容，这个也是现在倡导的比较新的东西。

X2：我觉得你这个调查，从不同人的角度去思考他们喜欢什么教材，然后拿出来这个框架还是比较完整的，以前哪有人会去想学生喜欢什么教材，家长喜欢什么教材啊，教材都是指定的，我们评价教材好不好，实际上就是看学生学得好不好，书上的东西他能不能读懂，能不能做题，而且这个是很依赖老师的，学生的关注点都在老师的讲授上，他们到底喜欢什么样的教材，很少去关注这些，我们只能努力去让学生学会教材的内容，去接纳它。现在提倡以学生为主体，他们的想法确实需要去了解，老师和家长的意见可以作参考，最重要的还是要促进学生的发展。虽然说一本教材很难满足所有人的需要，但是至少收集了不同人的意见，集合各方努力去让教材变得更好。

当然，教育行政部门人员也对改进后的评价工具提出了一些建议：第一，希望研究能够在实践中进一步增强评价工具的操作性，如 X1 提到："我觉得你可以尝试运用这个评价框架评价一本教材好不好，不只是你来评价，让大家都来试着评价一下。"第二，扩大评价工具的适用范围，如"你是针对小学学段构建的评价框架，也可以结合初高中的实际情况做一个修改，扩大它的适用范围"。

5. 不同用户对小学语文教材的需求情况

由于研究采用问卷调查法了解学生、教师和家长对小学语文教材的需求，而对教育行政部门人员采用访谈法，因此，下文比较学生、教师和家长对各维度回答赋值的均值。

1）学生、教师和家长对语文教材各维度回答赋值的均值比较

学生、教师和家长对语文教材各维度的均值比较见图 7-1。

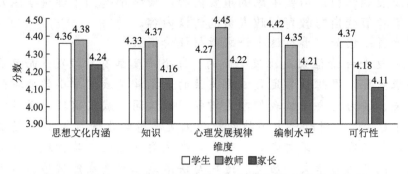

图 7-1　学生、教师和家长对语文教材各维度的均值比较

如图 7-1 所示，在评价各维度上，学生、教师和家长的均值都超过 4.0 分，表明借助评价框架做出的各项指标的假设，基本能反映三类用户群体的需求。在思想文化内涵维度上，教师的均值在三类用户中最高，达到 4.38 分，学生次之，为 4.36 分，家长最低，为 4.24 分，表明教师非常重视语文教材的思想性和文化性。在知识维度上，教师的均值也处于最高，达到 4.37 分，学生次之，为 4.33 分，家长最低，为 4.16 分。教材是教师开展语文教学工作的主要工具和载体，可以看出，作为教学主导者的教师对语文教材的选文、活动、编排等提出更高要求。在心理发展规律维度上，教师的均值同样最高，达到 4.45 分，学生次之，为 4.27 分，家长最低，为 4.22 分。这表明教师格外关注学生的心理与认知发展规律，希望语文教材符合学生的身心发展特点，尊重学生的个别差异，有利于在教学中激发学生的主体性活动，促进学生的个性化发展。在编制水平维度上，学生的均值在三者中处于最高，达到 4.42 分，教师次之，为 4.35 分，家长最低，为 4.21 分，表明学生非常在意语文教材的语言、封面、插图、纸张和特色，希望在使用教材的过程中获得良好的体验。在可行性维度上，学生的均值也达到最高，为 4.37 分，教师次之，为 4.18 分，家长最低，为 4.11 分，表明学生认为语文教材应该符合地区实际，并为教师和家长提供便利，以促进自己更好地学习。

家长在各个维度的均值低于教师和学生。分析家长对各维度的均值可

以发现，家长在可行性维度的均值相对较低，为 4.11 分。分析问卷数据发现，0.7%的家长第 28 题选择"比较不满意"，25.0%的家长选择"一般"，选择"比较满意"和"非常满意"的家长占比之和为 74.3%，表明少数家长对教材"为家长提供辅导材料"这一假设并不赞成，这可能与家长的教育观念或工作性质有关。

2）不同用户对小学语文教材的需求具体情况比较

（1）小学生最为关注语文教材的编制水平。

从学生对语文教材的需求情况分析中发现，学生在语文教材的编制水平维度上的得分最高，表明学生非常在意语文教材的语言、封面、插图、纸张和特色，希望在使用教材的过程中获得良好的体验。其次是可行性维度和思想文化内涵维度。在实践调研时，从 206 位小学生对语文教材提出的各种期待中感受到，学生喜欢好玩、有趣、好用的教材，这种趣味性不仅表现在教材的外观上，也表现在教材内容之中。

首先，教材的封面对学生有着强烈的吸引力。学生们运用丰富的色彩和元素设计了他们心中的教材，他们希望从拿到教材的这一刻起，就能被漂亮、美观的封面所吸引，从而唤起他们翻开教材阅读的愿望。其次，教材的内容也深深吸引着学生。学生希望语文教材有色彩丰富、形象生动的各种插图，有贴近现实生活、类型多样、趣味十足的课文，有丰富多彩的活动形式，有贴近生活的实用知识……这样有趣的教材能够深深吸引着学生，促进他们主动学习，并在学习中获得快乐的情感体验。最后，学生还希望教材好用，不仅提供有助于他们独立使用教材的各种注音、注释、提示、参考书目等，还希望教材的难度合理，以使他们更好地学习。

（2）教师最为关注语文教材与学生心理发展规律的适切性。

从教师对语文教材的需求情况分析中发现，教师在语文教材符合学生心理发展规律上有着最为迫切的需要。首先，教师认为语文教材应符合学生的认知与心理发展特点，尊重学生的个别差异，从而有助于在教学中激发学生的主体性活动。其次，教师也格外关注语文教材的思想性与文化性，希望学生能够在学习知识的过程中形成正确的价值观和科学的思维方式，厚植文化底蕴。此外，教师也十分看重语文教材的知识，对教材的选文、活动练习、编排结构和时代性方面提出了较高的要求。在实践调研时，从受访教师对语文教材提出的构想中也发现，教师非常重视教材的教学体验。

首先，教师希望教材的单元明确学习目标，按照主题进行编排。这种编排使得教师教学思路更加清晰，能够围绕单元学习目标和主题更有针对性地进行教学，体现"一课一得"的教学理念。其次，教师希望教材提供各种教学资源，除了教材本身的情境资源、事实资源、活动资源等，还希望提供与教材配套的资源，为教师提供教学指导。教师赋予教材"教学资源库"的角色，从而引导学生参与到教学活动中，达到更好的教学效果。最后，教师希望教材能够促进专业发展，在使用教材备课、上课、反思评价的动态过程中，教师不仅能够积累和更新专业知识，又能提升教育教学水平，还能提高评价和研究能力。

（3）家长对语文教材思想文化内涵有着最为迫切的需要。

从家长对语文教材的需求情况分析中发现，首先，家长在语文教材培养孩子正确的道德观念和文化素养上有着最为迫切的需要，家长认为语文教材应该多增加一些古诗词和文言文，介绍一些传统文化习俗，让孩子去感受中华文化的博大精深，帮助孩子树立正确的世界观、人生观和价值观。其次，家长也希望语文教材符合孩子的心理发展规律，能够激发孩子的学习兴趣和求知欲，培养孩子的自主学习能力和良好的学习习惯。此外，家长也十分看重语文教材的编制水平，尤其重视教材的特色与创新。在实践调研时，从 7 位学生家长对语文教材提出的期待中发现，家长非常重视教材在促进儿童成长方面所发挥的作用。

一方面，家长将教材视为培养孩子的重要手段。例如一位家长表示，"最能提高孩子学习兴趣的，一个是老师，一个是教材"。家长希望语文教材能够促成儿童全方面的发展，既包括学习兴趣和阅读习惯的培养，又包括书写技能和自学能力的发展，还包括思维和道德的形成。另一方面，家长将教材作为自己辅导孩子学习的重要工具。2021 年 7 月，为提高教育质量，减轻学生学业负担，中共中央办公厅、国务院办公厅印发《关于进一步减轻义务教育阶段学生作业负担和校外培训负担的意见》（以下简称"双减"），这一政策使得家长陪伴和辅导孩子的时间增多，一些家长认为减校外辅导不能减家庭督导，市面上的辅导资料质量参差不齐，家长希望教材能够补充一些对课文、题目等相关内容进行解读的材料，以便更好地辅导孩子学习，成为家长的"好帮手"。

（4）教育行政部门将语文教材的思想性放在首位。

教育行政部门是站在国家全局高度对教材进行统筹规划和管理的。从对教育行政人员的访谈中得出，语文教材的思想性是首要关注的，知识的科学性与学生的身心发展规律也是语文教材重点考虑的内容。习近平总书记关于教材的重要论述、教育部颁布的各项有关教材的文件以及教育行政部门人员对教材质量标准的论述中反映了国家对于语文教材的需求，基本上包括思想性、科学性、民族性、时代性、系统性五个方面。教育行政部门期待语文教材体现国家意志、坚持正确方向、弘扬主流价值，发挥培根铸魂、启智增慧的功能。

三、语文教材局部评价案例——统编语文教材与民族地区教师适切性评价

　　教材适切性评价是教材评价的下位概念，教材适切性评价就是探讨在教材实际使用过程中，由教材编制者、研究人员、教师或学生等评价主体，对教材与实际使用者的契合度、匹配度、适切度做出评价。教材与教师适切性评价包括教材内容设计有弹性、教师能够驾驭教材等六项指标。[①]向瑞把对教师使用教材影响较大的知识水平、教学能力、教学方法作为教材适切性评价的一级指标，教材的内容和编排是教师教学的主要凭借，因此它们也作为适切性评价的一级指标。教材与教师适切性的评价指标及其互动关系，如图 7-2 所示[②]。

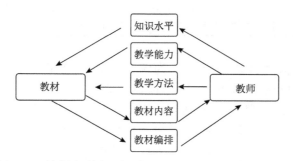

图 7-2　教材与教师适切性的评价指标及其互动关系

　　提取、筛选评价指标后，研究者根据专家、教研员和一线教师的建议，对指标进行了修改和调整，最终确定统编教材与民族地区教师适切性的评价指标，如表 7-7 所示。

表 7-7　统编教材与民族地区教师适切性评价指标

一级指标	二级指标
教材与教师知识水平的适切性	教材能适应教师的本体性知识水平 教材能适应教师的条件性知识水平
教材与教师教学能力的适切性	教师能依据教材进行教学设计 教师能依据教材组织课堂教学

---

　　① 张爱萍. 基础教育课程教材适切性评价研究[J]. 教育理论与实践，2005（13）：44-48.
　　② 向瑞. 统编小学语文教科书与民族地区教师的适切性评价研究[J]. 当代教育与文化，2020（2）：62-67.

续表

一级指标	二级指标
教材与教师教学方法的适切性	教师能适应教材倡导的一般教学法 教师能适应教材倡导的学科教学法
教材内容与教师的适切性	教师总体上能把握阅读、习作、口语交际等内容 教师能把握教材中古诗文的教学 教师能把握阅读策略单元和习作单元的教学 教师能理解并把握课外阅读课程化的教学 教材内容有助于培养教师的国家认同感 教材容量、难度既在教师可控范围内，又有一定的提升 教学资源充足，教师能便利地获得教学资源
教材编排与教师的适切性	教师能理解教材阅读与表达并重的编排特色 教师能理解教材双线组元的编排方式 教材阅读、习作、口语交际等各板块搭配组成的单元，适合教师教学 教师能理解先学识字、再学拼音的编排方式并开展教学 教师能理解阅读策略单元与习作单元的编排方式

研究者①以新疆维吾尔自治区为调研点，调查走访了乌鲁木齐、伊犁哈萨克自治州、巴音郭楞蒙古自治州、阿克苏地区、喀什地区的 15 所学校。考虑到研究以提高教师与教材适切性为研究目的，也考虑到民族地区教师汉语理解和表达能力，研究者尝试结合民族学的田野工作法，以参与观察、座谈会、访谈、听课等方法，走近教师、走进课堂，在内部评价的基础上，以研究者为评价主体进行外部评价，也就是以民族学"他观方法"，站在局外立场，用调查者所持一般观点去解释所看到的现象。

（一）教材与教师知识水平的适切性

统编教材与民族地区教师的知识水平呈现高水平的适切性。

首先，教师具备普通话二级甲等证书和汉语专业背景，在课堂和日常生活中，能自如使用汉语沟通交流。转岗、分流、招聘政策实行后，留下来的一般是汉族教师、民考汉的少数民族教师，以及大学专业为汉语言文学等相关专业的少数民族教师。他们具有较好的汉语能力，在用汉语交流时流利通畅、经常阅读汉语书籍、能熟练使用社交软件与他人沟通。

其次，教师能基本理解并掌握统编教材的知识系统，课堂上能及时纠正学生出现的知识性错误。统编教材涉及的汉语基础知识，如拼音、词汇、

---

① 向瑞. 统编小学语文教科书与民族地区教师的适切性评价研究[J]. 当代教育与文化，2020（2）：62-67.

语法结构等，教师表示上学的时候都学过、考过，可以把熟悉的基础知识教授给学生。以拼音为例，由于少数民族语言与汉语的语言系统不同，维吾尔语和哈萨克语只有语调，没有声调，在声、韵、调中，声调是民族学生语音学习最大的难点，尤其是第二声和第三声。但研究者[①]发现，民族地区教师的拼音知识基础扎实，教学时最常做的就是提醒和纠正学生的发音，并强调和示范讲解重要语音知识。比如，乌鲁木齐市 R 老师讲授《秋天的雨》时，频繁纠正学生"频、留"的声调，强调"衣裳、喇叭、钥匙"中的轻声字，并用释意法区分多音字"扇"的读音。

但是，一些教师仍存在文学素养匮乏的问题。有教研员表示，民族地区教师对文体、情感、写作技巧、背景知识等了解很少，难以达到深度解读课文的要求。

（二）教材与教师教学能力的适切性

统编小学语文教材与民族地区教师的教学能力呈现中等水平适切性。

首先，教师基本依托于教材和教师教学用书进行教学设计、组织课堂教学。教师认为篇章页、课后练习题、交流平台三位一体聚焦"语文要素"，从认知到训练再到强化，使他们能抓住单元教学目标、每课目标、课时目标，并参考教师教学用书的"教学建议""教学设计举例"设计教学。有的学校会组织教师先进行集体备课分析教材，再分别写完整的教案。在课堂教学中，教师基本能依据教材每单元的安排，围绕各板块的教学目标组织教学。

其次，教师在教学设计和课堂教学时缺乏灵活性和有效性。小学阶段少数民族学生汉语听说能力较差，还达不到"听懂会说"的要求。教师教学用书提供的教学设计样例，以及出版社提供的（网络）教学设计，未必适合少数民族学生，但教师参考时，往往不会根据实际情况再做调整，使教学存在"拔高要求"的问题。还有教师教学时，会严格按照教案组织教学，学生与预设稍有偏离，课堂便会"滞留"在某些教学环节，占用大量时间，削弱教学的有效性。比如，有教师在导入《对韵歌》"山清对水秀"时，想从"山"导入，提出是否喜欢爬山、山上有什么等问题，但是学生囿于汉语水平的限制，始终无法做出教师预设的"山上有水，山清水秀"的回答，致使导入就绕了很大弯路，削弱了教学效果。

---

① 向瑞. 统编小学语文教科书与民族地区教师的适切性评价研究[J]. 当代教育与文化，2020（2）：62-67.

（三）教材与教师教学方法的适切性

统编小学语文教材与民族地区教师的教学方法呈现低水平的适切性。

首先，教师重"讲"轻"练"，统编教材倡导自主、探究、合作的教学方式，教师要么鲜用探究、合作学习，要么就是走走过场、流于形式。向瑞研究发现，有些教师很少用自主、探究的方式推进教学环节，尤其在"预测""提问"等注重学生思维过程的阅读策略单元，有些教师也是采取满堂讲授法，把预设的后续情节或问题直接抛给学生。[①]这与阅读策略单元学习阅读方法、迁移阅读能力的教学目标相背离。而在低年级，自主、探究方法并没有聚焦于"真问题"上，往往是四人小组讨论生字的偏旁、结构、字义，形式大于内容，课堂管理混乱。

其次，教师重"语"轻"文"，而统编教材倡导"语文教学"，不只是"语言教学"。这里的"文"指文章、文学、文化等综合意义的集合。对少数民族汉语教学是一种特殊的第二语言教学，它是少数民族对国家通用语言文字的学习。第二语言教学离不开字词积累，但一些教师容易陷入把"语文教学"简化为"语言教学"的误区，即重视单个字词的逐一讲解，忽视语言的语境，弱化文意的理解，对培养学生语言应用能力产生消极影响。

低年段教师的主要任务是教学字词，中高年段教师至少用一课时专门讲解字词，且讲解时字词与篇章相分离，很少有教师做到字不离词、词不离句、句不离篇。单个逐一讲解字词时，教师会先拼音节、释字义，然后让学生组词造句，最后再分析结构、示范写字。这种忽视语境的字词教学有悖于统编教材重视语用、随文识字的理念。比如，有的教师让学生用"苹、梨、夸、把"等字组词、造句，学生只听教师释义，没有在语境中理解字的用法，只能造"我把来了一支铅笔"之类错误用字的句子，或只复述课文原句。有教研员表示，语文教学不应只教字词，教师们应关注更深层次的文章内容、语言表达以及作品背后的文化意蕴。

（四）教材内容与教师的适切性

由于二级指标呈现的适切性水平高低不一，总体上看，统编小学语文教材内容与民族地区教师的适切性处于中等水平。

---

① 向瑞. 统编小学语文教科书与民族地区教师的适切性评价研究[J]. 当代教育与文化，2020（2）：62-67.

第一，教师能理解阅读、习作、口语交际等板块大部分内容，但统编教材的新编内容、超出教师知识能力水平的内容则较难掌握。有些教师存在对新课文、长课文的畏难情绪，对新课文、长课文教学没有信心。而对某些特定文体，如抒情散文、说明文、议论文，一些教师认为这些文体既不具象化，也难以勾连已知，要查阅大量课外资料才能深入理解。

第二，有些教师认为基本可以把握古诗文教学。这与民族地区教师认知结构的特殊性有关。一是教师认为篇幅小的课文比篇幅大的课文更容易把握；二是古文和白话文对于大部分民族地区的教师来说，不存在实际意义的差别，都属于第二语言教学。由于统编教材古诗文篇幅短小，注释清晰，只要求理解大意和会读会背，因而对教师没有造成过重负担。研究者随机抽取 10 个中年段学生，他们都能朗读古诗和古文，明白大意，但尚不能完整、流利地背诵。

第三，教师能理解课外阅读课程化的重要性，并以课堂讲授、布置图书角、利用早读和午读、安排阅读课等形式开展课外阅读。教师表示，对缺乏语言环境的民族学生来说，课外阅读是培养语感、训练语用能力的重要通道。以往教学从未达到课程标准阅读总量的要求，因此，统编小学语文教材设置《和大人一起读》《快乐读书吧》等栏目，与民族地区师生需求不谋而合。有些教师认为不能再用一本教材教语文，某些硬件设施齐全的学校均设有电子或纸质阅览室，班级设有图书角。有些学校利用早读、午读或专门开设阅读课进行课外阅读，内容包括好词好句以及《论语》《三字经》《弟子规》等蒙学读物，高年级还尝试整本书阅读。

第四，教材内容有助于培养教师的国家认同感。国家认同可以从对其他国家的评价、中国的评价、政策和重大事件的认同以及经济社会发展状况的评价考察。有些教师认为，入学教育的《我是中国人》《为中华之崛起而读书》《少年中国说（节选）》《草原》等课文及古诗文，根植革命文化教育、中华优秀传统文化教育、民族团结教育，有助于加强自身的国家认同。教师受访时，常用"强大""自豪""祖国"等词表达对国家的归属感和依赖感，印证了教材在培养教师国家认同中所起的积极作用。

第五，有些教师尚不能把握阅读策略单元和习作单元的内容。教师了解这两种新编单元是让学生掌握阅读、习作的方法，在课堂教学中却经常上成与其他单元无异的阅读理解课，而非方法指导课。如有教师讲授《一颗豆荚里的五粒豆》时，把重点放在讲解分析"五粒豆"的性格特点上，并围绕这个重点串讲课文内容。这便切断了学生与文本自主对话的路径，阅读策略"提问"和解答都由教师"一揽子式"地包办了。

第六，有些教师认为教材从四年级起，容量和难度增大，难以在规定时间内完成教学任务。有教师表示，词汇多、课文篇幅长、课文总量多是造成压力的主要原因。师生词汇量少，增加了教师扫清字词障碍的时间，从而压缩了理解课文的时间。再加上部分课文本来就难，所以，教学经常超出课时安排。为了在学期末上完所有课文，教师不得不"抢课、要课、加课"，这无疑增加了教师和学生的负担。

第七，有些教师认为适用的配套教学资源较少，表现为缺少实物教具、视听资源、学生可用资源，以及获得资源途径的信息不对等。有些教师表示，民族学生学习汉语，需要大量可视化的图文、音视频支撑。如播放涨潮、退潮的视频，学生就能读懂《观潮》；把加注音和去掉注音的生字卡片贴在黑板上，学生就能每天复习巩固生字；一段充满感情的《四季之美》的课文音频，学生就能模仿诵读。为了方便学生学习，教师需要画图、打印、拼接实物教具，制作和搜查图片、音视频，还经常用社交软件录音，让家长放给学生听，但又担心发音不准误导学生。另外，教师获取教学资源的途径很少，几乎依靠自己制作，这便大量消耗了教师的时间与精力，限制了教师发挥创造性使用教材。

（五）教材编排与教师的适切性

统编教材编排与民族地区教师呈现较高水平的适切性。

第一，教师认为统编教材关注语言表达、语言运用能力的培养，适合民族地区教师的实际情况。缺失语言环境使师生阅读能力普遍好于口语和书面表达的能力。教材阅读与表达并重的编排，既便于教师教学，客观上也能促进教师表达能力的提高。

第二，教师认为以"语文要素"为明线的编排，使教学目标更为清晰、明确，对教材理解不够的教师来说，有利于其拨开迷雾，精准抓住教学目标和重难点。

第三，教师认为每个单元各板块内容组配合理、结合紧密，便教利学。每个单元阅读、口语交际、习作等板块的话题基本相同或相似，教师能把课文的主题（话题）、聚焦语文要素获得方法、围绕话题先说后写串联起来，打通听、说、读、写的感官通道，全面培养学生语言能力。

第四，由于拼音是汉语教学的难点，教师认为先识字再学拼音，有利于建立字音和字形、字义的联系，比先学拼音再识字，教学效果更好一些。如有老师表示，没学拼音前学生发音还很准确，学了拼音后，有些学生发音反而出现问题。

第五，教师能理解阅读策略和习作单元的编排，认为阅读提示、"学习伙伴"的批注、习作例文、"初试身手"等能循序渐进地指导教师达成教学目标。

第二节　基础教育数学教材质量监控和评价指标体系的应用

一、基础教育数学教材质量评价标准

研究首先以全面质量管理理论为指导，利用内容分析法总结国家教材政策文件和国内外学术文献中相关研究结果，保证教材评价指标符合国家要求和内容科学合理。其次，评价指标的修改与确定，采用德尔菲法进行专家咨询，确保指标内容的信度与效度。再次，确定指标进行权重分析，选用层次分析法进行分析。最后，形成基础教育数学教材质量监控和评价指标体系[①]（表 7-8）。

表 7-8　基础教育数学教材质量监控和评价指标体系

类别		具体指标	不合格（0分）	基本合格（1分）	合格但无特色（2分）	合格且局部有特色（3分）	合格且特色鲜明（4分）
内在质量	1.教材的价值导向	1.1 根据数学学科性质、任务和学生年龄特点，渗透社会主义核心价值体系，加强爱国主义、革命传统、中华优秀文化、中华民族共同体意识等教育，加强学生基本道德素质培养，体现国家和民族基础价值观，体现人类知识积累和创新成果					
		1.2 数学教材应在促进国家认同、民族文化认同上有所贡献；数学教材必须凸显中国元素，体现中华优秀传统文化，体现数学的文化价值和数学美					

① 曾公开发表：
孔凡哲，赵欣怡，李潇萌. 基础教育数学教材质量监控和评价："研究现状""指标体系"和"模型建构"[J]. 数学教育学报，2023，32（06）：18-24.

续表

类别		具体指标	不合格（0分）	基本合格（1分）	合格但无特色（2分）	合格且局部有特色（3分）	合格且特色鲜明（4分）
内在质量	1. 教材的价值导向	1.3 面向全体学生，促进学生全面发展					
		1.4 体现时代精神，鼓励学生探索、创新，促进学生个性发展					
		1.5 体现恪守全体公民平等权利和义务					
		1.6 教材解释的内容、例子、任务和模式应从一系列社会文化背景中得出，在选择此类内容时，应考虑教材使用者的不同社会文化背景					
		1.7 教材内容必须考虑学生的身心特点，如情感意志、认知偏好和学习动机等；教材不应局限于对学术知识的中性介绍，在可能的情况下，要为学生量身定制内容					
		1.8 教材的内容及其解释应与社会相关，向社会展现其内容的具体价值以及这些内容如何与日常生活相关					
		1.9 教材传播的所有价值内容应与特定教育水平下数学学科的性质和目标一致，该内容的有意义信息也应是一致的，并且能够建立一个价值体系					
		1.10 教材不得因种族、民族、族裔、语言、文化、宗教、社会地位、性别、年龄、身体或精神残疾、疾病等特殊身份，进行歧视，教材不得以任何明示或暗示的方式传播种族主义、民族主义、性别歧视、种族或宗教仇恨，或对任何形式的宗教或其他利益的个人或团体排斥或排除，教材不得包含可能对任何社会或族裔群体成员冒犯的名字或标签，教材应尊重多样性					
	2. 教材与课程准的一致性	2.1 总体设计体现课程标准的基本理念					
		2.2 编排与呈现反映课程标准确定的课程目标					
		2.3 覆盖广度符合课程标准规定的内容范围					
		2.4 难易程度符合课程标准规定的要求					
	3. 教材内容的选择	3.1 内容的设计具有整体性					
		3.2 内容严谨精确、结构合理，富有时代性					
		3.3 内容贴近生活现实，涉及日常生活遇到的问题					
		3.4 内容素材的选择具有广泛性，能结合学生生活经验					
		3.5 内容具有时代性，体现与社会进步、科技发展和信息技术的联系					

续表

类别		具体指标	不合格（0分）	基本合格（1分）	合格但无特色（2分）	合格且局部有特色（3分）	合格且特色鲜明（4分）
内在质量	3. 教材内容的选择	3.6 内容的深度和广度符合学生不同的认知水平和语言水平					
		3.7 内容具有足够的复杂性，立足学生已有知识技能基础					
	4. 教材内容的呈现	4.1 内容呈现慎重使用网络语言					
		4.2 内容呈现使用学生能够理解的语言、符号和术语					
		4.3 呈现方式遵循学生的认知发展规律，内容编排和情境设计有利于激发学生兴趣、提升学生对学习的投入程度，促进学生主动学习和深度理解，培养创新精神					
		4.4 插图与课文内容密切相关有利于学生的理解和学习					
		4.5 内容表达清晰、准确、生动，可读性强；没有不必要的重复与交叉					
		4.6 教材的主题单元结构应清晰明确、有针对性、一致性和完整性：每个主题单元及其组成要素必须有明确的功能和具体的目的，清楚标明其最重要部分及其对学生的期望，并在内容或逻辑上与教材的前后部分内容相互衔接，以建立某一领域的知识之间的整体性关联；主题单元内容的呈现，必须有清晰而连贯的结构，使用适当的语言和图形手段；连贯性涉及相互关联的主题和问题、合乎逻辑的流程和发展的主题内容、语言和插图与主题结构和流程的连贯一致；主题单元的结构（文本、插图、摘要、问题和任务等内容）要以清晰的视觉标记，并贯穿在全书之中；避免过度使用某些教材组件，以免导致视觉单调和结构不良					
		4.7 活动设计基于课程标准期望知识能力要求，学习活动（包括实验、讨论等）多样，设计目的明确、要求合理，具有可操作性					
		4.8 栏目设计合理、形式活泼					
		4.9 练习有助于学生理解、运用和拓展等能力的发展，数量和难度适当					
		4.10 注意册与册、本学科与相关学科之间的联系					
		4.11 各章节内部和章节之间的衔接顺畅					
		4.12 没有性别歧视的内容					

类别		具体指标	不合格（0分）	基本合格（1分）	合格但无特色（2分）	合格且局部有特色（3分）	合格且特色鲜明（4分）
内在质量	4. 教材内容的呈现	4.13 尊重和关爱残疾人					
		4.14 没有科学性和常识性错误，没有涉及暴力、伪科学、神秘化、攻击性的描述					
		4.15 没有任何形式的商业宣传					
		4.16 语言选取和使用得当					
		4.17 有效利用各种恰当的媒体和平台					
		4.18 色彩和版式的设计、运用生动、实用，重点突出					
		4.19 插图、图表以及照片等清晰而且准确，并符合版面设计及其相关法规要求					
		4.20 字体、字号、行距、留白等设计符合相应学段学生实际					
	5. 教材对学习和教学的引导	5.1 教材具有吸引力，能激发学生学习愿望、兴趣和求知欲					
		5.2 提供帮助学生学习的"脚手架"，引导学生的学习和思考，加深理解					
		5.3 为学生提供动手动脑的学习机会，设计多样的实践性活动和作业，如个人的、小组的、口头的、书面的、图像的、实物的、课内的、课外的等，鼓励和支持学生进行探究性学习活动，形成自己的想法和观点					
		5.4 引导和支持教师根据课程目标和教学对象选择合适的教学策略，启发教师设计和组织学生主动参与的学习活动					
		5.5 提供引导师生完成教学任务的课程资源线索					
		5.6 引导和支持教师根据不同的学习目标和内容，选择恰当的方式指导学生对学习过程和结果进行评估、总结					
外在质量	6. 教材的编辑与设计	6.1 教材开本大小、形状、纸张质量和印张质量满足学生携带方便、实用，耐用、环保等要求					
		6.2 教材印刷、封面、装订、包装质量精良，能满足大多数学生频繁、持久使用和保存					
		6.3 版面设计清爽美观，文图配合得当，插图质量高，数量合适，图像清晰					
		6.4 能够慎重对待卡通人物、虚拟图片					

续表

类别		具体指标	不合格（0分）	基本合格（1分）	合格但无特色（2分）	合格且局部有特色（3分）	合格且特色鲜明（4分）
外在质量	6. 教材的编辑与设计	6.5 各种符号标识一以贯之，标点符号、数字和计量单位使用规范					
		6.6 文字差错率不超过万分之零点二五					
		6.7 教材资源的组件（配套教学材料、教具、学具、光盘、数字资源等）设计合理、配搭方便，这些材料组织清晰、符合逻辑、容易使用、价格合理					
		6.8 教材提供的链接、网址等符合相关规定和使用政策					
	7. 可行性	7.1 教材与时代发展和教育需求的一致程度					
		7.2 教材与使用教材地区的经济、社会发展的适应程度					
		7.3 教材与实际使用的符合程度					
		7.4 教材与教师、学生水平的适应程度					

二、应用标准评价数学教材

采用基础教育数学教材质量监控和评价指标体系，对中小学数学教材进行评价，评价结果如表 7-9 所示，审读意见表参见表 7-10。

表 7-9　义务教育数学教科书审读意见

学科：小学数学（2012 年版、2022 年修订、2023 年出版）　样书编号：1912　册次：六年级下册
（注：请在选项内打"√"）

类别		具体指标	不合格（0分）	基本合格（1分）	合格但无特色（2分）	合格且局部有特色（3分）	合格且特色鲜明（4分）
内在质量	1. 教材的价值导向	1.1 根据数学学科性质、任务和学生年龄特点，渗透社会主义核心价值体系，加强爱国主义、革命传统、中华优秀文化、中华民族共同体意识等教育，加强学生基本道德素质培养，体现国家和民族基础价值观，体现人类知识积累和创新成果			√		

续表

类别		具体指标	不合格（0分）	基本合格（1分）	合格但无特色（2分）	合格且局部有特色（3分）	合格且特色鲜明（4分）
内在质量	1. 教材的价值导向	1.2 数学教材应在促进国家认同、民族文化认同上有所贡献；数学教材应凸显中国元素，体现中华优秀传统文化，体现数学的文化价值和数学美			√		
		1.3 面向全体学生，促进学生全面发展			√		
		1.4 体现时代精神，鼓励学生探索、创新，促进学生个性发展			√		
		1.5 体现出恪守全体公民平等权利和义务			√		
		1.6 教材解释的内容、例子、任务和模式应从一系列社会文化背景中得出，在选择此类内容时，应考虑教材使用者的不同社会文化背景			√		
		1.7 教材内容要考虑到学生的具体特点，如情感、偏好和动机等；教材不应局限于对学术知识的中性介绍，在可能的情况下，要为学生量身定制内容			√		
		1.8 教材的内容及其解释应与社会相关,向社会展现其内容的具体价值以及这些内容如何与日常生活相关			√		
		1.9 教材传播的所有价值内容应与特定教育水平下数学学科的性质和目标一致，该内容的有意义信息也应是一致的，并且能够建立一个价值体系			√		
		1.10 教材不得因种族、民族、族裔、语言、文化、宗教、社会地位、性别、年龄、身体或精神残疾、疾病等特殊身份，进行歧视，教材不得以任何明示或暗示的方式传播种族主义、民族主义、性别歧视、种族或宗教仇恨，或对任何形式的宗教或其他利益的个人或团体排斥或排除，教材不得包含可能对任何社会或族裔群体成员冒犯的名字或标签，教材应尊重多样性			√		
	2. 教材与课程准的一致性	2.1 总体设计体现课程标准的基本理念			√		
		2.2 编排与呈现反映课程标准确定的课程目标			√		
		2.3 覆盖广度符合课程标准规定的内容范围			√		
		2.4 难易程度符合课程标准规定的要求			√		
	3. 教材内容的选择	3.1 内容的设计具有整体性			√		
		3.2 内容严谨精确、结构合理，富有时代性			√		
		3.3 内容贴近生活现实，涉及日常生活遇到的问题			√		

续表

类别		具体指标	不合格（0分）	基本合格（1分）	合格但无特色（2分）	合格且局部有特色（3分）	合格且特色鲜明（4分）
内在质量	3. 教材内容的选择	3.4 内容素材的选择具有广泛性，能结合学生生活经验			√		
		3.5 内容具有时代性，体现与社会进步、科技发展和信息技术的联系				√	
		3.6 内容的深度和广度符合学生不同的认知水平和语言水平			√		
		3.7 内容具有足够的复杂性，立足学生已有知识技能基础			√		
	4. 教材内容的呈现	4.1 内容呈现慎重使用网络语言			√		
		4.2 内容呈现使用学生能够理解的语言、符号和术语			√		
		4.3 呈现方式遵循学生的认知发展规律，内容编排和情境设计有利于激发学生兴趣、提升学生对学习的投入程度，促进学生主动学习和深度理解，培养创新精神			√		
		4.4 插图与课文内容密切相关有利于学生的理解和学习			√		
		4.5 内容表达清晰、准确、生动，可读性强；没有不必要的重复与交叉			√		
		4.6 教材的主题单元结构具有明确性、针对性、一致性、整体性的特点，每个主题单元及其组成部分必须有明确的功能和目的，清楚地标出其最重要部分以及对学生的期望，在内容上或逻辑上与教材的前后部分相连接，建立某一领域知识之间的整体联系；主题单元内容的呈现必须有清晰连贯的结构，使用适当的语言和图形手段；连贯性涉及互连的主题和问题、合乎逻辑的流程和发展的主题内容、语言和插图与主题结构和流程的连贯；主题单元的结构（文本、插图、摘要、问题和任务等）必须以清晰的方式进行视觉标记，并贯穿全书；避免过度使用某些组件，或者视觉单调和结构不良			√		
		4.7 活动设计基于课程标准期望知识能力要求，学习活动（包括实验、讨论等）多样，设计目的明确、要求合理，具有可操作性				√	
		4.8 栏目设计合理、形式活泼			√		
		4.9 练习有助于学生理解、运用和拓展等能力的发展，数量和难度适当			√		
		4.10 注意册与册、本学科与相关学科之间的联系			√		

续表

类别		具体指标	不合格（0分）	基本合格（1分）	合格但无特色（2分）	合格且局部有特色（3分）	合格且特色鲜明（4分）
内在质量	4. 教材内容的呈现	4.11 各章节内部和章节之间的衔接顺畅			√		
		4.12 没有性别歧视的内容			√		
		4.13 尊重和关爱残疾人			√		
		4.14 没有科学性和常识性错误，没有涉及暴力、伪科学、神秘化、攻击性的描述			√		
		4.15 没有任何形式的商业宣传			√		
		4.16 语言选取和使用得当			√		
		4.17 有效利用各种恰当的媒体和平台			√		
		4.18 色彩和版式的设计、运用生动、实用，重点突出			√		
		4.19 插图、图表、照片等清晰、准确，符合版式和相关法规要求			√		
		4.20 字体、字号、行距、留白等设计符合相应学段学生实际			√		
	5. 教材对学习和教学的引导	5.1 教材具有吸引力，能激发学生学习愿望、兴趣和求知欲			√		
		5.2 提供帮助学生学习的"脚手架"，引导学生的学习和思考，加深理解			√		
		5.3 为学生提供动手动脑的学习机会，设计多样的实践性活动和作业，如个人的、小组的、口头的、书面的、图像的、实物的、课内的、课外的等，鼓励和支持学生进行探究性学习活动，形成自己的想法和观点				√	
		5.4 引导和支持教师根据课程目标和教学对象选择合适的教学策略，启发教师设计和组织学生主动参与的学习活动			√		
		5.5 提供引导师生完成教学任务的课程资源线索			√		
		5.6 引导和支持教师根据不同的学习目标和内容，选择恰当的方式指导学生对学习过程和结果进行评估、总结			√		
外在质量	6. 教材的编辑与设计	6.1 教材开本大小、形状、纸张质量和印张质量满足学生携带方便、实用，耐用、环保等要求			√		
		6.2 教材印刷、封面、装订、包装质量精良，能满足大多数学生频繁、持久使用和保存			√		
		6.3 版面设计清爽美观，文图配合得当，插图质量高，数量合适，图像清晰				√	

续表

类别		具体指标	不合格（0分）	基本合格（1分）	合格但无特色（2分）	合格且局部有特色（3分）	合格且特色鲜明（4分）
外在质量	6. 教材的编辑与设计	6.4 能够慎重对待卡通人物、虚拟图片			√		
		6.5 各种符号标识一以贯之，标点符号、数字和计量单位使用规范			√		
		6.6 文字差错率不超过万分之零点二五			√		
		6.7 教材资源的组件（配套教学材料、教具、学具、光盘、数字资源等）设计合理、配搭方便，这些材料组织清晰、符合逻辑、容易使用、价格合理			√		
		6.8 教材提供的链接、网址等符合相关规定和使用政策			√		
	7. 可行性	7.1 教材与时代发展和教育需求的一致程度			√		
		7.2 教材与使用教材地区的经济、社会发展的适应程度			√		
		7.3 教材与实际使用的符合程度			√		
		7.4 教材与教师、学生水平的适应程度			√		

表 7-10　审读意见表

该套教材的主要特色：

1. 教材编写的指导思想明确，能较好地贯彻《基础教育课程改革纲要（试行）》精神，落实课程标准的要求，体现培养学生全面发展的方向

2. 学习内容以数学活动为线索安排，以"情境+问题串"的方式进行呈现，按照"问题情境—建立模型—解释与应用"的叙述方式编排，能有效促进学生的自主参与、探究和交流

3. 重视选择贴近学生实际和突出数学意义的情境，使学生认识数学学习的价值，激发数学学习的兴趣

4. 重视通过直观方式帮助学生理解知识本身和知识背后的原理，关注学生多样化的思考方法，鼓励学生找到解决问题的多样化策略

5. 为学生提供动手动脑的学习机会，多样化的个人的、小组的、口头的、书面的、图像的、实物的、课内的、课外的实践性活动和作业，鼓励和支持学生进行探究性学习活动，形成自己的想法和观点

6. "总复习"按"回顾与交流""巩固与应用"的结构编排，引导学生对知识进行分类整理，对方法进行有效指导，线条清晰

7. 版面设计清爽美观，插图质量高，数量合适，图像清晰

对该册的建议：

　　28 页"图形的旋转（一）"中，人物"淘气"展示了时针、分针、秒针都是如何绕着中心点旋转的。并配有一幅示意图。该图中表示方向的箭头由第一象限指向第四象限，建议再呈现由第三象限至第二象限的箭头，以丰富学生对顺时针方向的直观认识与经验

对该套书的几点建议：

1. 不同年级中的相同单元课题应作适当区分，以方便教师和学生根据单元标题了解学习内容

2. 适当增加关于运算法则、数学基本概念、定义等的归纳与总结文字

专家签字：
20□□年 2 月 10 日

第三节 基础教育数字教材质量监控和评价 指标体系的应用

一、数字教材质量监控和评价的指标体系

数字教材是信息技术与教材结合的产物，体现着强烈的技术特征与电子出版物属性。数字教材评价是对数字教材价值关系的揭示和深层认知[①]，是根据数字教材质量评价指标，通过搜集、整理、分析与数字教材相关的资料和信息，对数字教材做出价值判断。数字教材质量监控和评价指标的建构将直接影响数字教材评价的质量[②]，是数字教材评价的首要工作。

（一）数字教材质量监控和评价指标的建构依据[③]

建构数字教材质量监控和评价指标体系，首先应明确数字教材的概念与属性。

结合教材定义及数字教材的特殊性质与应用环境，数字教材是指以课程标准为依据，以数字信息技术为支撑，以经国家教育行政部门审定通过的国家课程教材为内容基础，所开发的用于教学活动的电子图书。[④]

基于此定义，数字教材的本质是教材，同时又是一种特殊的电子出版物。因而，既要考虑数字教材作为教材的评价标准，又兼顾其作为技术产品以及电子出版物的特质，是数字教材质量监控和评价指标建构的基本依据。

1. 数字教材作为教材的基本坚守

新时代教材建设，以落实中国学生提升核心素养为目标，重在培养学生应具备的、能适应终身发展和社会发展的正确价值观、必备品格与关键

---

① 张增田，侯前伟. 论教科书评价的基本内涵[J]. 教育研究，2017（12）：76-80，95.
② 罗儒国，刘佳. 我国教材评价研究的回顾与展望[J]. 教师教育学报，2017（4）：76-83.
③ 王润，余宏亮. 数字教材评价的指标体系与观测要领[J]. 教育研究与实验，2022（2）：77-82.
④ 国家新闻出版广电总局. 中小学数字教材加工规范（CY/T 125－2015）[S]. 北京：中国书籍出版社，2015：1.

能力。数字教材虽然呈现出全新的形态，但数字教材是教材家族中的一员，它的教学性、教诲性和合标准性使之区别于数字化资源。数字教材产生与发展的原动力就是为了教学、服务教学，基本特征是便于教学，是为了学生在学校、课堂、教师的引导下更好的学习。①"教材立场"是数字教材的基本坚守。

然而，完全参照纸质教材质量监控和评价指标体系来对数字教材进行价值判断显然是不可取的，必须建构符合数字教材综合特性的评价方案，从内在机制与外在条件审慎考察数字教材的质量，如此，才可以更合理地为数字教材定位。

2. 数字教材作为技术产品的特质

数字教材的形态与内容组织、设计带有明显的数字化标签。数字化发展经历了使用计算机语言表达与传播知识、文字处理、多媒体时代到来、网络时代到来、虚拟化五大阶段②，目前已经能够有效实现文字、声音、图像、视频等的数字化。数字教材所具有的非线性、丰富性、智能化、个性化等特征，以及由此带来的多媒体功能、交流反馈功能、网络平台远程支持等功能的实现，都有赖于显示技术、存储技术、屏幕触控技术、多媒体技术、智能语音技术、网络技术、传感技术、虚拟现实及增强现实技术、云技术等数字技术③的赋能。也正是由于这些支撑性和保障性技术，数字教材才能够采用音频、视频、图片、动画等形式展现内容，并提供工具与应用服务，不断拓宽知识传播渠道、扩展教学空间。而针对这一特性，不少学者也指出其隐藏"潜在副作用"与可能风险④，迫切需要建设科学、可行的评价机制，以有效促进数字教材技术介入的正向价值的发挥。

3. 数字教材作为出版物的特殊性

从出版层面来看，数字教材是一种特殊的电子出版物，有着特殊的内容组织结构，具有可读性、教学性。因而，数字教材的研制不仅涉及选题、内容开发、技术加工等环节，还必须经由编辑、审校、测试等质量控制过程以及封装、上线、发布等传播过程，当然还涉及定价等管理问题，以及

---

① 石鸥，牟艳娜，孙建辉. 重新认识数字教科书的本质、价值与关键特征[J]. 中小学数字化教学，2020（7）：5-8.

② 鲍宗豪. 数字化与人文精神[M]. 上海：上海三联书店，2003：20-24.

③ 乐进军. 从纸质教材到电子教材：教材数字化变革研究[M]. 北京：北京师范大学出版社，2017：61-62.

④ 王润. 论数字教科书风险的生成及其规避[J]. 全球教育展望，2021（5）：45-57.

使用过程中内容和功能的更新、技术支持等相关服务。^①也就是说，作为出版物的数字教材要符合相关出版标准^②，只有达到出版水准的数字教材才能够获得鲜明的数字出版物标识，才能够成为可推广、发行、准入的正式数字教育产品。^③据此，数字教材评价应充分考虑数字教材作为数字出版物的特殊性，在评价中需要充分体现其出版管理规范、产品规范等内容。

（二）数字教材评价指标体系的建构[④]

1. 数据来源

基于已有研究[⑤]，按照《教育信息化 2.0 行动计划》等有关政策文件对基础教育数字教材的要求，将基础教育数字教材评价体系分成 4 个一级指标、9 个二级指标、24 个三级指标（表 7-11）。

表 7-11　基础教育数字教材评价体系指标集

一级指标	二级指标	三级指标
教材内容	科学性	教育规律性
		教学适应性
	学科性	学科素养体现性
		网络适用性
		内容先进性
		内容扩展性
教材设计	结构设计	完整性
		流畅性
		关联性
	界面设计	文字阅读舒适性
		图片美观性
		图文匹配性

---

① 王志刚，沙沙. 中小学数字教材：基础教育现代化的核心资源[J]. 课程·教材·教法，2019（7）：14-20.

② 数字教材　中小学数字教材质量要求和检测方法[EB/OL]. https://std.samr.gov.cn/gb/search/gbDetailed?id=DD3D95E5C0F771EBE05397BE0A0AF33F.（2022-04-15）[2023-06-09].

③ 李晓鹏. 出版新形态教材与数字课程助推信息技术与大学数学教学深度融合[J]. 大学数学，2019（3）：49-52.

④ 胡燕参与了本指标体系的开发和使用研究。

⑤ 王润，余宏亮. 数字教材评价的指标体系与观测要领[J]. 教育研究与实验，2022（2）：77-82.

续表

一级指标	二级指标	三级指标
技术应用	标准性	格式标准性
		技术标准性
	便捷性	登录便捷性
		翻阅便捷性
		搜索便捷性
	交互性	文字互动性
		图片互动性
		视频互动性
教材合规	来源合规性	版权合规性
		出版流程合规性
	内容合规性	价值导向正确性
		政治方向正确性

2. 数据分析

采用利克特五级量表开发相应的结构性调查问卷，邀请 12 位专家依据指标重要程度对 24 个三级评价指标进行打分（1：极不重要，2：不重要，3：一般，4：重要，5：非常重要）。受邀专家均有基础教育工作经验，部分专家同时具备网络教材开发经验。考虑到不同专家综合能力有所差异，依据专家从教时间、实践经历，对其评分赋予不同加权系数，专家评分加权系数赋值见表 7-12。

表 7-12　专家评分加权系数赋值

专家	情况	分值/分
从事基础教育教学、研究工作年限	$Y \geqslant 20$ 年	3
	10 年 $\leqslant Y < 20$ 年	2
	$Y < 10$ 年	1
网络开发工作经历	$Y \geqslant 10$ 年	3
	5 年 $\leqslant Y < 10$ 年	2
	1 年 $< Y < 5$ 年	1

对 12 位专家 24 个评价项打分情况进行灰色关联度分析，设置分辨系数为 0.5。关联度值越大，代表其与母序列之间的相关性越强，对应的重

要性越强，灰色关联度见表 7-13。观察可见，24 个三级指标中，教育规律性、教学适应性、内容先进性的综合评价最高，对应关联度为 1.000；第二梯队是价值导向正确性、版权合规性、政治方向正确性、出版流程合规性、网络适用性、图片互动性，对应灰色关联度均超过 0.9。设置关联度低限值为 0.6，筛选出教育规律性、教学适应性、网络适用性、学科素养体现性、登录便捷性等 20 个评价指标。根据专家意见，价值导向正确性、政治方向正确性、版权合规性、出版流程合规性 4 个指标系 "一票否决" 指标，不宜参加权重划分。

表 7-13　指标灰色关联度结果

指标	关联度	排名
教育规律性	1.000	1
教学适应性	1.000	2
内容先进性	1.000	3
价值导向正确性	0.998	4
版权合规性	0.993	5
政治方向正确性	0.981	6
出版流程合规性	0.956	7
网络适用性	0.922	8
图片互动性	0.915	9
文字互动性	0.896	10
流畅性	0.895	11
技术标准性	0.799	12
学科素养体现性	0.785	13
搜索便捷性	0.751	14
完整性	0.741	15
格式标准性	0.705	16
内容扩展性	0.691	17
文字阅读舒适性	0.655	18
图片美观性	0.611	19
登录便捷性	0.603	20
翻阅便捷性	0.556	21
视频互动性	0.502	22
关联性	0.439	23
图文匹配性	0.418	24

（三）评价指标权重分析

1. 构建层次

重新梳理上述筛选所得指标，形成包含三个层次的综合评价指标体系。其中，第一层包括教材内容、教材设计、技术应用 3 个一级指标。中间层包括科学性、学科性、结构设计、界面设计、标准性、便捷性、交互性 7 个二级指标。第三层包括教育规律性、教学适应性、学科素养体现性等 16 个三级指标。

2. 确定指标权重

采用九级比例标尺，对比两个指标之间的相对重要性。若两个指标重要性相同，标度为 1。若一个指标较另一指标轻微重要，标度为 3；轻微次要，则标度为 1/3。若一个指标较另一指标重要，标度为 5；次要，则标度为 1/5。若一个指标较另一指标较为重要，标度为 7；较为次要，则标度为 1/7。若一个指标较另一指标极为重要，标度为 9；极为次要，则标度为 1/9。2、4、6、8 及对应倒数代表介于相邻判断之间。针对 16 个三级指标构建的 16 阶判断矩阵，采用层次分析法进行层次分析，得到特征向量及各指标对应权重值。结合特征向量计算求得最大特征根，并采用 CR 值进行一致性检验。CR 值越小，判断矩阵随机一致性越高。通常情况下，当 CR 值小于 0.1，则判断矩阵随机一致性通过检验。具体计算过程如下：

第一步，计算矩阵 A 最大特征值 $\lambda max A$，借助 MATLAB 软件求得本文 $\lambda max A$ 为 16.185。第二步，计算偏离一致性指标 CI_A，对应公式为 $CI = \dfrac{\lambda - n}{n - 1}$。为判断矩阵阶数，代入求得 CI=0.012。第三步，计算随机一致性 CR 值，对应公式为 $CR = \dfrac{CI}{RI}$。公式中，RI 为随机一致性指标，当 n=16 时，RI =1.59，代入求得 CR =0.008。

可见，本小节判断矩阵满足一致性检验，计算所得权重具备一致性。

（四）评价指标结果分析

将上述分析结果整理汇总，得到最终的基础教育数字教材评价指标体系（表 7-14）。4 项"否决性"指标分别为政治方向正确性、价值导向正确性、版权合规性、出版流程合规性，且不参与权重性分析，其余 16 项筛选通过的指标则参与权重性分析。

表 7-14 基础教育数字教材评价体系

一级指标	二级指标	三级指标
教材内容 （61.72%）	科学性 （27.23%）	教育规律性（15.61%）
		教学适应性（11.62%）
	学科性 （34.49%）	学科素养体现性（6.51%）
		网络适用性（10.58%）
		内容先进性（10.36%）
		内容扩展性（7.04%）
教材设计 （19.05%）	结构设计 （11.69%）	完整性（7.13%）
		流畅性（4.56%）
	界面设计 （7.36%）	文字阅读舒适性（4.25%）
		图片美观性（3.11%）
技术应用 （19.23%）	标准性 （5.54%）	格式标准性（2.53%）
		技术标准性（3.01%）
	便捷性 （5.27%）	登录便捷性（1.63%）
		搜索便捷性（3.64%）
	交互性 （8.42%）	教学互动性（5.12%）
		管理互动性（3.30%）

对表 7-14 进行进一步深入分析，得到如下结论。

1. 评价基点：数字教材合规

教育信息化时代下，基础教育数字教材处于初始发展阶段，其合规性问题必须引起相关部门高度重视。最终形成的评价指标体系中，政治方向正确性、价值导向正确性、版权合规性、出版流程合规性，成为决定数字教材是否可用的决定性指标。与商业出版物、网络视频相比，教材的育人属性决定了其审核必须严格，这也是基础教育数字教材评价的基点所在。具体而言，一方面，要保证基础教育数字教材的内容及出版流程符合法律规定，对于存在侵权、不符合出版制作流程的数字教材要坚决抵制；另一方面，要关注价值导向及政治方向的正确性。无论基础教育数字教材表现出怎样的外在形式，其仍旧肩负着立德树人的根本任务。为此，对于意识形态方面出现问题的数字教材，必须要采取零容忍态度。

2. 评价重点：数字教材内容

从指标评价体系权重排序结果可知，在 3 个一级评价指标中，"教材内容"所占权重最大，达 61.72%。"教材设计""技术应用"所占权重接近，分别为 19.05%、19.23%。16 个三级评级指标中，权重最大指标为"教育规律性"，权重为 15.61%。权重排名前五的评价指标中，来自教材内容的有 4 项，分别为"教育规律性"（15.61%）、"教学适应性"（11.62%）、"网络适应性"（10.58%）、"内容先进性"（10.36%）。

可见，教育信息化 2.0 时代下，数字教材内容仍旧是评价数字教材质量的核心指标。

3. 评价难点：数字教材设计与技术应用

教育信息化 2.0 时代下，基础教育数字教材的评价涵盖"技术应用"这一全新维度，无论是"格式标准性"，还是"搜索便捷性"，均是传统基础教育教材评价很难涉及的领域。对于评价主体而言，其需要切身体验评价对象与同类型产品，在多方对比下得出结果，从而保障评价结果的客观性。此外，在数字教材设计方面，尽管纸质教材评价同样也涉及"结构设计"与"界面设计"，但数字教材表现形式的差异使得二者之间评价并不具备通用性。评价主体无法完全按照以往教材评价经验评估数字教材设计的合理性。综合而言，基础教育数字教材不仅评价维度更加多元，评价难度亦有所上升，针对教材设计与技术应用的科学赋分，将成为未来评价的难点所在。基础教育数字教材评价体系的决定性指标包括版权合规性、出版流程合规性、价值导向正确性、政治方向正确性。

二、数字教材质量监控和评价的观测要领[1]

因数字教材载体与纸质教材的差异性，数字教材质量监控和评价活动变得更具特殊性与专业性。因而，全面考量数字教材的价值与质量，还需要明确数字教材评价的若干观测要领。

（一）构筑科学的数字教材评价主体结构，提升评价规范性与专业化水平

数字教材文本不仅具有纸质教材的属性，还呈现出强烈的技术与电子

---

[1] 王润，余宏亮. 数字教材评价的指标体系与观测要领[J]. 教育研究与实验，2022（2）：77-82.

出版物属性。这一特质在一定程度上彰显了数字教材实现多元评价的可能性，同时也体现出对多方利益主体参与数字教材评价以保障评价质量、服务数字教材的研制与使用的强烈呼吁。而就目前来看，数字教材评价主体还处于缺失状态[①]，相关主体的评价意识薄弱[②]，技术人员参与度不足。破解这一难题，保障数字教材评价的规范性与专业化水平，需要构筑科学的评价主体结构，确保数字教材多元相关利益主体的充分参与。此外，数字教材凭借技术工具与手段的赋能，能够"以区域智慧教育云平台为基础，通过智慧教室、录播教室、在线学习系统等采集教育活动数据，并将这些数据汇集在区域教育大数据中心。教育大数据面向多元主体平等共享，为各利益提供访问教育数据的便捷通道和网络空间，让各利益主体能够平等参与教育评价。这种体系能够满足各利益相关者价值追求，革除了传统评价中不同利益相关者只关注自身权益而忽视其他群体的利益的弊端，让不同的评价主体可以根据自身不同的评价需求获得不同的评价数据，从而开展不同的评价"[③]，从而更加充分、全面地观测与认知数字教材的质量与价值。

（二）选择恰切的数字教材评价方法与工具，保障评价过程可靠性

仔细考量、对照国外教材改革所取得的成就，可以发现我国教材改革的进程还有待推进。与此相应的是我们的教材评价对这种变化与要求的敏锐度与关注度还不够，或者说，正是由于教材评价没有与时俱进，评价指挥棒失灵[④]，从而数字教材的研发处于无序状态。鉴于此，数字教材评价应严格依照"评价模式和评价方式方法的选择，要根据评价的目的和评价的对象等多方面的因素来确定，要克服那种过于追求评价方式和手段复杂化的心态"[⑤]。在进行数字教材评价时，不仅应关注评价方法与工具的信息化水平，还应根据评价指标、评价任务与评价环节选择精细化、针对性的评价方法与工具，以增强数字教材评价过程的可靠性。比如，在数字教材研发阶段，以教育理论专家、技术专家、数字教

① 王小莎. 教科书评价流程之探究[J]. 当代教育科学，2010（7）：43-46.
② 孔凡哲，王郢. 提升教师教科书评价意识保障教科书质量[J]. 教育理论与实践，2006（19）：58-62.
③ 彭波，王伟清，张进良，等. 人工智能视域下教育评价改革何以可能[J]. 当代教育论坛，2021（6）：1-15.
④ 纪文平. 论信息化对教材评价的影响[J]. 当代教育科学，2011（9）：53-54.
⑤ 柯严. 要重视对课程教材评价的研究——全国中小学课程教材评价研讨会综述[J]. 课程·教材·教法，1996（3）：3.

材研究者、学科专家、数字教材管理者等为主要评价主体，这一阶段主要对数字教材内容资源选择、组织与呈现展开评价，可采用文件分析法、插图评价法、综合分析法等评价方法；在数字教材试用阶段，以教师、学生、家长等为主要评价主体，侧重于对数字教材应用的动态评价，可运用审核表法、实验评价法、问卷调查法、学生评价法等评价方法与工具。[①]概而言之，在数字教材评价中，应充分"注意统一性与灵活性相结合，终结性评价与形成性评价相结合，宏观评价与微观评价相结合，单本教材评价与全套教材评价相结合，知识评价与能力评价相结合，认知因素评价与非认知因素评价相结合，实验评价与专家评价相结合"[②]的评价思路方法。

（三）综合考虑评价环节，关注数字教材的开放性及应用的动态性

数字教材功能的新发展，突出表现在三个方面，即信息化功能——作为学科内容进行的知识选择与传递的功能（真实性、思想性）；结构化功能——有助于学习者自身知识系统化的结构化功能（系统性）；指导性功能——让学习者学会合理的学习方式的教学功能（教学性）。[③]这些功能的发挥依托并呈现在数字教材的开放性组织、动态性应用等环节。因此，对数字教材的评价应该关注数字教材的新功能及其引发的课堂教学新特征，综合考虑与布局评价环节。一方面，关注数字教材评价的开放性。数字教材拓宽了知识传播渠道，使学习突破时间、空间的限制。但丰富的研究结果也正在提醒我们，基于互联网平台的学习难以让学生集中精力，并且纷繁多样的网络资源的推送会对学生的学习形成干扰。当这种干扰成为一种持续性的存在时，学习者无法将注意力集中在学习中，这时候学习者的大脑难以形成强烈而广泛的神经联结，这就意味着，学习者无法进入深层次思考。[④]那么，数字教材到底应开放到什么程度、如何开放、开放后如何保障内容质量等都应该在评价中充分思考。另一方面，关注数字教材应用的动态性。要在使用情境中动态考察与比对数字教材的应用效果，分析存在的问题，以便针对性地助力数字教材编制与使用的改进。

---

① 王小莎. 教科书评价流程之探究[J]. 当代教育科学，2010（7）：43-46.
② 靳玉乐，王洪席. 十年教材建设：成就、问题及建议[J]. 课程·教材·教法，2012（1）：12-16.
③ 日本教育方法論学会. 日本におけるメンターシップに関する研究（第2卷）—日本における奨学金研究の方法と形態—[M]. 東京：学文社，2009：22.
④ 李芒，蒋科蔚. 教育信息化与"现代化风险"[J]. 现代远程教育研究，2012（2）：3-12.

（四）科学联合第三方评价，凸显数字教材评价结果的权威性与客观性

教育第三方评价日益受到重视，在教材评价中也逐渐受到关注。第三方评价有别于学校第一方评价和政府第二方评价，既打破了第一方评价囿于自身视野、利益而不能自觉、客观、公正地评价自我发展的局限性，又革除了政府在教育管理和评价中既担任裁判员又担任教练员的管评部分弊端。①数字教材是立体化的新形态教材，除了能够提供课堂教学所需要的内容资源、工具以及相关功能之外，还开发与提供学生课后延伸拓展与自主学习所需要的资料库以及相关网络资源与信息服务。然而，数字教材的诸多功能都基于网络、媒体等所产生与实现，且其内容资源具有强烈的富媒体性、交互性与延展性，这些特性会引发意识形态层面、学生学习层面、教育教学层面以及学校管理层面的风险。②这就需要专业的评价人员，运用专业的评价方法与技术，对数字教材的交互、生成性内容展开全面且系统的分析与判断。

总之，对数字教材的评价应采取数字教材多元利益主体评价与第三方评价联合的评价方式，如此才能更加有力地保障数字教材评价结果的权威性与客观性。

第四节　基础教育教材质量监控和评价指标体系的应用策略

根据评价目的，当前我国教材评价工作可以分为审查性评价、选用性评价、研究性评价、使用性评价和自检性评价五大类。审查性评价是由教育行政部门主导的，在对教材内容、形式、结构等做出基本判断的基础上，得出教材审查结论，具有强制性和全面性特点；选用性评价是遵循《中小学教科书选用管理暂行办法》，由教科书选用委员会在国务院教育行政部门制定的全国中小学教学用书目录中选择合适教材过程中进行的评价；研究性评价是由高校、科研机构等单位的科研人员出于研究兴趣，自发或申请

---

① 杨明．教育治理现代化呼唤第三方评价[J]．教育发展研究，2016（6）：3.
② 王润．论数字教科书风险的生成及其规避[J]．全球教育展望，2021（5）：45-57.

课题对教材进行评价；使用性评价是教材的具体使用者，包括教师和学生、学生家长，以及一切关心教材质量的社会人士，根据教材在使用中的情况进行评价；自检性评价是教材编写和出版单位自行组织的自发性评价。虽然我国教材评价类型较多，开展的实践活动也非常丰富，但总体来看，目前我国教材评价的理论还不够成熟，评价方法技术也有待完善，亟须建立操作性强、认可度高的评价指标体系。基于对国外教材评价工作的分析和总结，并结合对我国教材评价现状的认识和思考，要实现教材评价的全面性、科学性、客观性，我国教材评价工作需要从以下几个方面进行改进。①

一、理念先行，以先进的理念指导教材评价实践

在教材评价工作中，应该遵循科学的理念，重视评价的改进功能，采用量化研究和质性研究相结合的评价方式，注重教材评价主体和客体的全覆盖，以学生和教师的最终发展为评价导向。尤其需要注意的是，在我国基础教育教材评价工作中，应该采用发展性评价的理念，不仅要发挥教材评价的价值判断功能，更应该强化过程性评价的激励引导作用和诊断完善功能，促使教材编写和出版单位改进教材质量，充分发挥教材在促进学生全面发展、帮助教师更新教育观念、转变教学方式、提高教育教学效果、激励教师自我实现，以及推进课程改革等方面的重要作用。

同时，在我国当前教材评价者和使用者分离的现实情况下，应充分认识到教材作为评价客体复杂的社会属性，充分重视使用者需求。中小学教材的主要用户是教师和学生，这要求教材的内容组织和编排除要符合学科内容的内在逻辑外，还要适应学生的身心发展规律以及教师的教学心理、接受程度和教学习惯。但是，受传统观念影响，很多研究者过于主张教材的本源性和权威性，往往看重教材能否完成规定的教学任务等工具性功能，而对教材使用者需求关注不够。

此外，当前我国教材评价主体中，缺乏教材的直接使用者——学生的参与。另外一大直接使用者——教师，也仅限于获得高级职称或特级荣誉称号的教师，一般教师很难参与到教材评价工作中。我国教材评价实践中也要加强教材使用者作为评价主体的参与度。

---

① 王晓丽. 国外教材评价：基本特征、发展趋势及启示[J]. 课程·教材·教法，2016（9）：107-113.

二、理论支撑，夯实教材评价的基本理论和方法论基础

当前我国教材评价的理论研究情况还不够理想，远远滞后于实践需要。具体表现为：关于教材评价基本理论，缺乏明确、系统、深刻的阐述，尚未形成既符合我国教材评价工作实际，又与国际接轨的教材评价基本理论；而教材评价方法技术方面的理论也缺少系统的探讨。上述原因导致在教材评价实践中缺乏坚实的理论基础和科学有效的方法论指导。

教材评价的实践发展受到教材基本理论和方法论发展的影响和制约。国外教材研究者注重教材评价的理论基础，其教材评价往往建立在相对坚实的基本理论基础之上，遵循科学的方法论进行研究，提出的指标体系往往具有深层次的理论依据。我国今后教材评价中，应加强对教材本体论、教材设计论、教材管理论等基本理论的研究，建立起教材评价基本理论体系，构建科学的教材评价方法论体系。在此基础上，结合教育学、社会学、文化学、质量管理学、心理学等理论开展教材评价工作，进一步推进教材评价的实践发展。

三、具体可操作，构建科学有效的教材评价指标体系

（一）重视教材评价指标体系的开发

制定科学的教材评价指标体系是保障教材审查质量和选用效果的关键所在，也是保障教材研究结果客观性的重要手段。评价指标法是在对教材进行系统、详尽的内容分析基础上，结合对教材应该具有的基本特征的理论思考，制定教材评价框架，通过理论分析列出影响教材质量的关键要素，对这些要素进行细致划分，确定教材评价体系应该具有哪些维度，然后具体化为操作性较强的评价指标，确定每个维度的二级指标、三级指标，并制定具体评价标准。如果有必要，再通过实证研究确定指标权重，最后收集数据，进行分析并做出判断。评价指标法综合了质性研究和量化研究的优势，具有系统性强、方便使用、清晰明了、客观公正等特点。不同评价者借助科学的教材评价指标体系，根据标准的评价程序，可以得出一致的结论，能够有效减少评价者的主观因素影响。因此，应当重视教材评价指标体系的开发。

（二）制定科学的教材评价指标体系

当前我国研究者提出的教材评价指标体系尚存在结构不够健全、逻辑不够清晰、维度划分不尽合理、对指标之间关系的理论思考不足导致冗余较多等问题，因此应该制定科学客观的教材评价指标体系。

总体而言，我国教材评价指标应该包括：一是思想性指标，包括教材是否与课程标准一致、是否符合学科特性、是否具有鲜明的特色、是否符合国家相关政策要求等。二是科学性指标，从内容、结构、形式等方面判断教材的正确性、逻辑性和规范性等。三是适切性指标，要求教材适合学生的学习基础和发展需求；有利于教师使用，方便教师教学；适合不同学校和地区的现状和发展需求。四是社会性指标，教材要体现公平性，避免性别、职业、年龄、民族等刻板印象。五是个体性指标，引导学生关注健康和安全，提倡健康安全的生活方式。[①]

（三）深刻理解指标之间的关系

上述指标之间存在着内在的逻辑关系：思想性指标是统领，是底线，是教材的"政治关"；科学性指标通常涉及教材内容的正确性、准确性、逻辑性，形式的正确性、清晰度、美观性，结构的合理性等；适切性指标则从匹配的角度考察教材是否满足相应的对象群体，如学生、教师、学校、地区等的要求，科学性指标是适切性指标的基本前提，适切性指标是科学性指标的更高要求；社会性指标和个体性指标分别从社会和个体角度考察教材与社会、教材与个人的关系。根据教材评价目的，将五大类指标有机结合，是保证教材评价指标体系合目的性和合规律性相统一的基本要求。

（四）关注教材评价指标体系的适用性

不同类型评价的目的不同，侧重点不同，则评价指标也应该相应地有所区别，应综合考虑，制定特色化的指标体系。

审查性评价主要目的是判断教材是否符合国家关于中小学教材的相关规定，是否达到了相应的内容标准和出版标准，因而，应该主要是合格

性评价，着重强调思想性、科学性等最基本指标。

选用性评价目的是判断教材是否符合地区或学校的教学实际，适切性应该是主要标准，用来判断哪种教材最适合在本地区或学校使用。

研究性评价目的在于对教材质量进行客观评价，指出改进方向，可能会侧重将某一大类指标具体化、细化，也可能会全面研究，还可能会在上述框架之外提出更多的指标。

使用性评价则更关注教材是否便于使用、能否引发学生兴趣以及个别内容的组织、编排等是否合适，未必全面，但往往能够有重大发现，加之当今时代信息传播的便捷性，容易引发公众的广泛关注。

上述四种评价中，审查性评价和选用性评价应该制定全国统一的指标体系，在建立适用于所有学科的评价指标体系的基础上，也要考虑到不同学科教材的个性化要求，处理好普适性和特色之间的关系。

（五）提供信度和效度指标

虽然我国很多研究者都开发了教材评价工具，但基本上都没有提供信度和效度指标，无法保证教材评价的质量和效果。今后研究中应该加强对教材评价指标体系可靠性和有效性的研究，提供教材评价指标体系的信度和效度指标，以保证教材评价工具的科学性，便于不同研究之间的相互借鉴以及研究结果之间的相互比较，避免重复开发研究工具，造成人、财、物力的大量浪费。

四、不同教材评价主体差异整合的基本路径

多元主体必然导致差异的客观存在，而不同评价主体之间的差异自然会导致不同的评价结论。因而，必须从价值取向、制度体系、专门培训和技术平台等方面整合教材评价主体间的差异，构建一个多元、立体化的评价主体共同体[①]。

（一）价值整合：树牢教材评价主体正确的价值取向

价值取向是教材评价的深层结构。教材评价主体的价值取向主要体现

---

① 潘信林. 教材评价主体之间的差异及其整合[J]. 课程·教材·教法，2022（12）：74-79.

在如何看待教材的基本属性和功能上。简而言之，体现为正确的教材观。教材不是一般的产品，它是集教育属性、社会属性、文化属性、市场属性和意识形态属性于一体的公共产品。因此，评价教材不能仅就某一个方面来评价，需要全面考量、综合评价。一切教材评价活动都是评价主体在其价值取向指引之下的评价行为，有什么样的教材观、什么样的目标导向、什么样的审美品位，就会产生相应的评价行为并进而形成相应的评价结论。

因此，要培育教材评价主体正确的教材观，确保教材评价主体在教材评价过程中，能够在正确认识教材的基础上全面关注并兼顾各方诉求，正确处理自身诉求与不同主体的诉求，特别是与公共诉求的关系，实现诉求均衡。

教材评价主体树立正确价值取向的实质是价值整合：一方面，评价主体要苦练"内功"，正确认识和把握教材的价值，把握教材的评价标准和评价尺度；另一方面，要营造良好的外部环境，加强对评价行为的制度引导和舆论监督，建设良好的评价环境和评价文化，形成对教材评价主体的"软约束"。

（二）制度整合：健全教材评价主体差异整合的制度体系

历史经验表明，制度是整合社会诉求差异的主要工具。制度整合是价值整合的规则化表述。对不同教材评价主体之间诉求目标差异的整合也同样需要依靠制度。要通过教材评价制度对教材评价主体的选择及其权责关系做出合理的安排。

首先，要"把人整合到一起"。让真正关心教材的人和组织成为教材评价的主体，用制度确立多种教材评价主体的秩序，形成科学合理的教材评价主体治理结构。其次，要"把诉求整合到一起"。通过制度安排，稳定多种评价主体的诉求表达渠道，用制度来规范教材评价主体诉求表达的程序和方式，同时尽量避免诉求表达的非理性冲突，保持对强势主体的限制，保护弱势主体的诉求，形成诉求共识，达成诉求均衡。最后，要"把目标整合到一起"。不同教材评价主体的目标虽各有侧重，但就评价活动本身而言，他们的目标是一致的，即实现对教材的科学评价。因此，需要通过制度安排，将公共权力型评价主体、消费型评价主体、生产型评价主体、专业型评价主体规范在一个科学的评价主体体系之中，使之围绕共同的目标进行，因为只有共同的目标才能成就共同的事业。

（三）能力整合：加强提升不同主体评价水平和能力的专门培训

教材评价是一项政治性、专业性都极强的工作，必须具备较高的政策理论水平和专业知识素养，熟悉教材特点和教材建设规律才能作好教材评价。因此，对教材评价主体开展专门的培训是非常必要而迫切的。

首先，全面提高教材评价主体对党和国家有关教材政策要求的理解和认识水平。教材建设是国家事权，必须体现党和国家意志。习近平总书记提出的"一坚持五体现"作为教材建设的指导思想和总体要求，即坚持马克思主义的指导地位，体现马克思主义中国化要求，体现中国和中华民族风格，体现党和国家对教育的基本要求，体现国家和民族基本价值观，体现人类文化知识积累和创新成果。党和国家意志，特别是有关教材政策要求，是教材评价的重要标准。这个标准没有掌握好，教材评价活动就很有可能偏离方向，自然难以保证评价结论的正确性。

其次，努力提高运用先进评价技术和方法的能力。充分运用大数据等先进技术，广泛运用多种评价方法，依据科学的评价指标体系对教材开展评价，用事实说话、用数据说话，避免没有依据的主观判断和评估。

（四）技术整合：搭建教材评价主体差异整合的技术平台

主体差异的整合需要依靠制度，同时也可以依据现代技术加以解决。数字政府建设有利于推动政民互动模式转型，进而促进社会关系的重塑，促进网上办事工作的顺利执行。①

现代数字信息、信息技术、网络技术的飞速发展为评价的信息化、科学化提供了更多的选择和更有力的技术保障，为主体差异的整合提供了更先进的技术手段和技术路径。目前，我国的教材信息化、数字化有了很大发展，但教材评价信息化建设水平还有待提升。我们应借助现代技术建立健全教材评价主体参与机制，把线上参与、线下参与有效结合起来，建立健全教材评价主体之间信息沟通机制、信息共享机制，确保教材评价有准确、完整的评价信息材料以及信息反馈、扩散机制，从而搭建多元教材评价主体之间差异整合的技术平台。建立基于数字平台的教材评价网络协同机制，通过不同机构的协同整合，提升教材评价的效率。②

当然，整合不是杂糅，也不是拼凑，而是系统构建、有机融合，对不

---

① 马亮. 网上办事不求人：政府数字化转型与社会关系重塑[J]. 电子政务，2022（5）：31-42.
② 孟宪云，余致晓. 新时代高校教材评价体系建构的时代意蕴与逻辑进路[J]. 黑龙江高教研究，2020（8）：17-20.

同评价主体的差异进行矫正和取舍，以达成一致性诉求。在此基础上，构建以公共权力型评价主体为主导的，各种主体共同参与的评价主体共同体，为确保教材评价的科学性提供可靠而有力的主体支持。在技术上则通过实践效果和各种主体的实际需要，确定不同主体在整个评价主体体系中的占比和权重，并不断优化结构，以确保评价的科学性。

参 考 文 献

安东尼·奥罗姆. 1989. 政治社会学——主体政治的社会剖析[M]. 张华青，孙嘉明，等译. 上海：上海人民出版社.

陈宝生. 建设高质量教育体系 加快建成教育强国[J]. 旗帜，（12）：8-10.

褚宏启. 2009. 漫漫现代路：我国基础教育管理 60 年简评[J]. 中小学管理，（10）：4-9.

褚宏启. 2014. 教育治理：以共治求善治[J]. 教育研究，2014，35（10）：4-11.

辞海编辑委员会. 1999. 辞海（上、中、下）[M]. 上海：上海辞书出版社.

戴维·珀金斯. 2015. 为未知而教，为未来而学[M]. 杨彦捷译. 杭州：浙江人民出版社.

菲利浦·克劳士比. 2006. 质量免费：确定质量的艺术[M]. 杨钢，林海译. 北京：中国人民大学出版社.

冯平. 1995. 评价论[M]. 北京：东方出版社.

格奥尔格·耶里内克. 2013. 《人权与公民权利宣言》——现代宪法史论[M]. 李锦辉译. 上海：商务印书馆.

国家新闻出版广电总局. 2015. 中小学数字教材加工规范（CY/T125－2015)[S]. 北京：中国书籍出版社.

侯前伟，张增田. 2018. 基于功能——结构分析的教科书通用评价框架建构[J]. 教育学报，14（5）：37-46.

黄越岭，韩玉梅，陈恩伦. 2020. 新时代继续教育质量评价与提升：价值取向、指标体系和模型构建[J]. 中国电化教育，（9）：96-104.

纪文平. 2011. 论信息化对教材评价的影响[J]. 当代教育科学，（9）：53-54.

教育部《基础教育教材评价工具制定》项目组. 2002. 新课程实验教科书的初步分析评价[J]. 全球教育展望，31（9）：35-41.

课程教材研究所，小学数学课程教材研究开发中心. 2004. 义务教育课程标准实验教科书：数学（1-6 年级）[M]. 北京：人民教育出版社.

课程教材研究所. 2010. 出版管理卷[M]. 北京：人民教育出版社.

乐进军. 从纸质教材到电子教材：教材数字化变革研究[M]. 北京：北京师范大学出版社，2017.

刘湉祎，潘信林，李正福. 2022. 教材建设质量保障体系：结构框架、运行成效与未来展望[J]. 课程·教材·教法，42（2）：60-66.

柳斌. 1988. 关于义务教育教材建设的几个问题[J]. 课程·教材·教法，1988（7）：5-7.

罗儒国，刘佳. 2017. 我国教材评价研究的回顾与展望[J]. 教师教育学报，4（4）：76-83.

罗生全，杨柳. 2021. 论教材建设国家事权的法理逻辑[J]. 湖南师范大学教育科学学
  报，20（5）：35-43.

石鸥，牟艳娜，孙建辉. 2020. 重新认识数字教科书的本质、价值与关键特征[J]. 中小
  学数字化教学，（7）：5-8.

屠莉娅. 2009. 课程政策过程的权力生态：从课程政策概念化的一般形态与中国特征
  谈起[J]. 全球教育展望，38（11）：15-28.

王仿子. 2007. 制订《一般书籍、课本定价标准表》忆旧（连载·下）[J]. 中国出版，
  （2）：37-41.

王润. 2021. 论数字教科书风险的生成及其规避[J]. 全球教育展望，50（5）：45-57.

王晓丽. 2016. 国外教材评价：基本特征、发展趋势及启示[J]. 课程·教材·教法，36
  （9）：107-113.

王湛. 2017. 落实国家事权的重大战略举措[N]. 中国教育报，2017-07-14（7）.

王志刚，沙沙. 2019. 中小学数字教材：基础教育现代化的核心资源[J]. 课程·教材·教
  法，39（7）：14-20.

维辰. 2022. 教材插图问题，哪些环节失守了[N]. 南方日报，2022-06-01（4）.

余宏亮. 2020. 建设教材强国：时代使命、主要标志与基本路径[J]. 课程·教材·教法，
  40（3）：95-103.

余宏亮. 2021. 通向根脉与面向未来：建构教材学的基础、逻辑与方略[J]. 华东师范大
  学学报（教育科学版），39（2）：30-39.

翟志峰，董蓓菲. 2019. 美国教材评价标准的指标和方法——以《优质教材工具》为例[J].
  全球教育展望，48（5）：91-104.

翟志峰，董蓓菲. 2022. 中学语文教科书评价指标体系的建构[J]. 课程·教材·教法，
  42（9）：129-135.

张增田，侯前伟. 2017. 论教科书评价的基本内涵[J]. 教育研究，38（12）：76-80，95.

张增田，侯前伟. 2020. 教科书评价：基础研究与标准建构[M]. 重庆：西南师范大学
  出版社.

张增田，彭寿清. 2018. 主体需要：教科书评价的出发点和基本依据[J]. 教育研究，39
  （9）：133-138.

张振，刘学智. 2020. 教材制度建设的困境与超越：国家治理视角[J]. 中国教育学刊，
  （10）：53-57.

郑富芝. 2020. 尺寸教材 悠悠国事——全面落实教材建设国家事权[J]. 人民教育，
    （Z1）：6-9.

中国质量协会. 2018. 全面质量管理[M]. 4 版. 北京：中国科学技术出版社.

中华人民共和国教育部. 2012. 义务教育数学课程标准（2011 年版）[S]. 北京：北京
    师范大学出版社.

中华人民共和国教育部. 2022. 义务教育数学课程标准（2022 年版）[S]. 北京：北京
    师范大学出版社.

Ansary H，Babaii E. 2002. Universal characteristics of EFL/ESL textbooks：A step
    towards systematic textbook evaluation[J]. The Internet TESL Journal，8（2）：1-8.

Deming W E. 1982. Quality，Productivity，and Competitive Position[M]. Cambridge：
    Massachusetts Inst Technology.

Fey C C，Eva M. 2017. Das Augsburger Analyse-und Evaluationsraster für analoge und
    digitale Bildungsmedien（AAER）[M]. Bad Heilbrunn：Verlag Julius Klinkhardt.

Feigenbaum A V. 1956. Total quality-control[J]. Harvard Business Review，34（6）：
    93-101.

Gaudin J P. 2002. Pourquoi la Gouvernance? [M]. Paris：Presses de Sciences Po.

Hackman J R，Wageman R. 1995. Total quality management：Empirical，conceptual，and
    practical issues[J]. Administrative Science Quarterly，40（2）：309-342.

Martínez-Lorente A R，Dewhurst F，Dale B G. 1988. Total quality management：Oorigins
    and evolution of the term[J]. The TQM Magazine，10（5）：378-386.

Sulaiman W N A W，Mustafa S E. 2020. Usability elements in digital textbook
    development：A systematic review[J]. Publishing Research Quarterly，36（1）：74-101.

Underwood Jr J E. 2020. Consensus Definition of Self-love：A Delphi Study[D]. Atlanta：
    Mercer University.

West N. 1998. Middle Management in the Primary School：A Development Guide for
    Curriculum Leaders，Subject Managers and Senior Staff[M]. 2nd ed. London：David
    Fulton Publishers.

后　记

2021 年 7 月 18 日，笔者主持申报的"基于国家事权的基础教育教材质量监控和评价指标体系研究"课题，入选国家社会科学基金"十四五"规划 2021 年度教育学一般课题，课题批准号 BFA210071。2021 年 11 月 3 日，课题组如期开题，开题专家组一致认为，"课题研究提出的方案和路径切实可行，预期能够达成研究目标"。2021 年 11 月 15 日，所在单位科研管理部门和全国教育科学规划办批准"通过开题"。

在笔者的组织下，课题组核心成员胡燕、潘婉茹、张胜利、赵欣怡、赵娜、李潇萌、史宁中、张恰、潘华云、吴佳欣、叶晓艳、汪越积极参与课题的核心研究。

经过两年五个月的齐心协力、集体攻关，课题组圆满完成预期任务，形成系列成果，包括 2 部学术专著、5 篇 CSSCI 来源期刊论文、1 篇 SSCI 国际索引期刊论文、4 篇北大核心期刊论文、7 篇 AMI 核心期刊（或普刊）论文、一篇国际学术会议论文（被人大报刊复印资料全文转载 2 篇、被《教育文摘周报》全文核心转载 1 篇）。其中，核心成果《基础教育教材质量监控和评价研究》书稿主要由笔者撰写完成，在读研究生赵欣怡、李潇萌、叶晓艳、许丽梅、祝芳、汪越和胡燕副教授、潘婉茹博士、刘莉教授参与合作完成了部分内容（相应内容已在脚注中标注），史宁中教授、张胜利教授、张恰研究员、赵娜副教授和在读博士生潘华云、吴佳欣协助完成了若干重要工作，在此对他们的辛苦付出表示感谢！

感谢卡拉法大学蔡金法教授、中正大学蔡清田教授给予的支持和帮助。

2023 年 12 月，"基于国家事权的基础教育教材质量监控和评价指标体系研究"课题如期结项验收，2024 年 1 月，课题顺利通过结项验收。

我们深知任何作品都难以做到尽善尽美。因此，我们诚挚地邀请广大读者在阅读过程中，对书稿中的不足之处提出宝贵的批评和建议。

于武汉南湖畔